Hanns W. Maull (Hrsg.), Südafrika

Hanns W. Maull (Hrsg.)

Südafrika
Politik — Gesellschaft — Wirtschaft
vor dem Ende der Apartheid

Leske + Budrich, Opladen 1990

CIP-Titelaufnahme der Deutschen Bibliothek

Südafrika: Politik — Gesellschaft — Wirtschaft
Vor dem Ende der Apartheid: Hanns W. Maull (Hrsg.). —
Opladen: Leske + Budrich, 1990

ISBN: 3-8100-0714-5

NE: Maull, Hanns W. [Hrsg.]

© 1990 by Leske Verlag + Budrich GmbH, Opladen
Satz: Leske + Budrich
Druck und Verarbeitung: Presse-Druck GmbH, Augsburg
Printed in Germany

Vorwort

Am 15. August 1989 endete in Südafrika die Ära Botha. Elf Jahre lang hatte „Pee Wee", wie er von seinen Landsleuten nach den Initialen seiner Vornamen (Pieter Willem) genannt wurde, die Geschicke des Staates bestimmt — zunächst als Premierminister, dann als Staatspräsident mit umfassenden Gewalten, die eine neue, auf ihn zugeschnittene Verfassung bereitstellte. Botha hatte diese Machtfülle voll zu nutzen gewußt: Sein Regiment wurde immer mehr zur Alleinherrschaft eines Mannes, der — gestützt auf einen engen Zirkel persönlicher Berater — nicht nur seine Partei, sondern auch seine Regierung überging. Mit Hilfe dieser Machtfülle hoffte Botha, die Vorherrschaft des „weißen Mannes" in Südafrika durch eine Mischung aus Reform und Repression dauerhaft sichern zu können. Das System der Rassentrennung (Apartheid) sollte entrümpelt, sollte seiner überflüssigen oder störenden Elemente beraubt werden, um es so zu Hause wie im Ausland weniger anstößig erscheinen zu lassen; zugleich sollte der Kern der Apartheid, nämlich die politische Vormachtstellung der weißen Minderheit, durch die Einbindung eines Teils der nichtweißen Bevölkerungsmehrheit in dieses System dauerhaft abgestützt werden. Zur Durchsetzung dieser Strategie stützte sich Botha vor allem auf den umfangreichen Sicherheitsapparat des Apartheidsystems, der unter seiner Ägide systematisch ausgebaut wurde.

Am Ende dieser elf Jahre an der Spitze des südafrikanischen Staates stand Botha vor einem Trümmerhaufen. Gewiß: In den 80er Jahren waren zentrale Aspekte des alten Apartheidsystems abgebaut oder doch einschneidend verändert worden. Dabei hatten freilich der Druck der Bevölkerungsexplosion der schwarzen Mehrheit und die Sachzwänge der Wirtschaftsentwicklung eine mindestens ebenso bedeutsame Rolle gespielt wie die Reformen der Regierung. Und diese Reformen waren in den Augen der Bevölkerungsmehrheit niemals glaubwürdig: Sie kamen zu spät und waren zu halbherzig, ihr Zweck (die Zementierung der weißen Herrschaft) zu durchsichtig. So blieb den Bemühungen Bothas um eine Kooptation authentischer Vertreter der schwarzen Mehrheit der Erfolg versagt. Zugleich erwies sich sein gewichtigstes Instrument — der Machtapparat der Streitkräfte und der Polizei — als unzureichend: Außenpolitisch stieß die Gewaltpolitik Südafrikas 1988 in Angola an ihre Grenzen, innenpolitisch schälte sich 1988/1989 immer deutlicher heraus, daß die Kraft der schwarzen Oppositionsbewegung trotz aller massiven Repressionsmaßnahmen des Sicherheitsapparates nicht gebrochen war. Zudem hatten diese Versuche, die weiße Vorherrschaft mit Zuckerbrot und Peitsche abzusichern, Südafrika international isoliert und damit wirtschaftlich nahezu ruiniert: Die Sanktionen des Westens verschärften den Druck auf eine Volkswirtschaft, die durch die Kosten der Apartheid ohnehin zunehmend belastet wurde.

Die Bilanz der Ära Botha lautete also: Zuwenig Reform, zuviel Repression. Der Preis dieser Politik war die internationale Ächtung, der ungebrochene Widerstand der schwarzen Bevölkerungsmehrheit und die weitgehende Demontage der verbleibenden, exklusiv weißen Demokratie: Unter dem Banner des totalen Sicherheitsstaates wurde die Pressefreiheit beschnitten, das Parlament entmachtet, die Nationale Partei beiseite geschoben.

Bezeichnenderweise schwenkte Bothas Nachfolger, Frederik Willem de Klerk, rasch auf eine völlig neue Linie ein. Sein Aufstieg war das Ergebnis einer Revolte der Nationalen Partei gegen ihren alten Vorsitzenden, ein unblutiger Staatsstreich der Politiker gegen die „Sekurokraten" um Botha. Obwohl de Klerk bis dahin als konservativer Gegenspieler Bothas gegolten hatte, der Reformen blockiert statt gefördert hatte, deutete sein neuer Kurs rasch auf Bereitschaft zum politischen Dialog und zu ernsthaften Verhandlungen — nicht zuletzt auch als Voraussetzung für einen Abbau der internationalen Ächtung und eine Wiedereingliederung Südafrikas in die internationale Staatenwelt, die die Burenrepublik schon aus wirtschaftlichen Gründen so dringend brauchte. „Wir stehen auf der Schwelle einer neuen Ära in Südafrika und im südlichen Afrika. Die Geschichte bietet uns eine einmalige Chance für eine friedliche Lösung", erklärte de Klerk nach seiner Vereidigung zum amtierenden Staatspräsidenten[1], und etwas später versprach er: „Ich werde alles in meiner Macht stehende tun, um in Südafrika eine für alle Rassen gerechte Verfassung zu schaffen, die allen Südafrikanern die Möglichkeit zur Regierungsteilnahme auf allen Ebenen eröffnen wird. Dies muß aber auf dem Verhandlungswege geschehen und wird keiner Bevölkerunsggruppe gestatten, über andere zu dominieren"[2].

Diesen konzilianten Tönen folgten ambivalente Taten: So wurden zwar erstmals Demonstrationen gegen das Apartheidsystem zugelassen — doch im Zusammenhang mit den Wahlen im September 1989 kam es zu schweren Ausschreitungen der Polizei gegen Demonstranten, die zahlreiche Todesopfer forderten; so suchte die Regierung den Kontakt mit dem ANC, den noch Botha mit seiner dramatischen Einladung Nelson Mandelas zum Tee in seine Residenz eingeleitet hatte, und führte auf kommunaler Ebene Gespräche mit führenden Vertretern des *Mass Democratic Movement* — doch hielt sie weiterhin fest an der zentralen Forderung nach Gruppenrechten, die einen demokratischen Umbau Südafrikas entscheidend erschweren, wenn nicht gar verhindern könnte.

Südafrika steht also erneut vor der entscheidenden Frage seiner Nachkriegsgeschichte: Ist die weiße Regierung bereit zu echten Verhandlungen und einer Preisgabe ihres Herrschaftsanspruchs? Oder zieht sie es vor, an diesem Herrschaftsanspruch festzuhalten, die Mehrheit zu unterdrücken und damit zu riskieren, wie Samson ganz Südafrika in ihren Untergang hineinzuziehen? Die internationalen Rahmenbedingungen für eine friedliche Lösung erscheinen im Herbst 1989 so günstig wie seit langem nicht mehr. Denn auch der ANC orientiert sich — unter dem Eindruck der Rückschläge im „bewaffneten Kampf" und gewaltsamer Opposition gegen das Apartheidsystem, nicht zuletzt aber auch unter dem Einfluß der Großmächte einschließlich der Sowjetunion — verstärkt auf eine politische Lösung. Ebenso wie im weißen Lager, versteift sich freilich auch unter den Schwarzen der Widerstand der radikalen Kräfte gegen Kompromisse: Droht auf Seiten der Schwarzen eine Torpedierung politischer Lösungsbemühungen durch Anhänger einer gewaltsamen Zerstörung der Apartheid und ihrer Ablösung durch ein System afrikanischer Vorherrschaft, so sind es auf Seiten der Buren die Rechtsextremisten der Konservativen Partei, des Afrikaner-Widerstandsbundes AWB und ihre Anhänger in Polizei und Verwaltung, die Verhandlungen mit Gewalt verhindern könnten.

Scheint also die Entwicklung hin zu einer Post-Apartheid-Ordnung unaufhaltsam, so ist der Weg dorthin noch sehr unklar. Weitere Ausbrüche offener Gewalt und Gegengewalt sind nicht auszuschließen; sie könnten jedoch entweder die blutige Begleitmusik eines gleichberechtigen und realistischen politischen Dialogs zwischen den Gruppen darstellen oder ein Abgleiten in eine Eskalation der Gewalt und Zerstörung. Der Bürgerkrieg in Südafrika könnte mit anderen Worten in eine konstruktive Spirale der realistischen Konfliktregelungen oder in eine destruktive Schraube des Zerfalls münden.

Das zerstörerische Potential dieses Rassenkonfliktes einzudämmen und politische Wege der Konfliktaustragung und -regelung zu entwickeln, ist eine politische und moralische Herausforderung nicht nur für die Südafrikaner selbst, sondern auch für den Westen, für die Bundesrepublik. Südafrika geht uns an — und nicht nur deshalb, weil die Bundesrepublik im südlichen Afrika wirtschaftliche und politische Interessen hat. Es ist die — trotz aller Reformen ungebrochene — rassistische Dimension des weißen Herrschaftssystems in Südafrika, die uns angesichts unserer eigenen Vergangenheit in besonderem Maße herausfordert. Dies ist eine zentrale Schlußfolgerung, die sich aus den hier vorgelegten Analysen zur Entwicklung Südafrikas in den 80er Jahren ziehen ließe.

*

Die folgenden Beiträge versuchen eine umfassende Bestandsaufnahme der Entwicklungen im südlichen Afrika in den 80er Jahren. Dabei wird auch der historischen Dimension relativ breiter Raum gegeben, um eine bessere Einordnung der gegenwärtigen Situation zu ermöglichen. Jede derartige Untersuchung der Situation in Südafrika stößt dabei auf Probleme der Terminologie und Sprachregelung: Es ist letztlich kaum vermeidbar, auch auf das Vokabular des Apartheid-Systems einzugehen und es bis zu einem gewissen Maße zu adoptieren. Wenn dies im folgenden geschieht, so sollte klar sein, daß diese Verwendung von Apartheid-Terminologie in hohem Maße problematisch ist, sich jedoch aus Gründen der Lesbarkeit — gewissermaßen als Kürzel, dessen Problematik jeweils mitgedacht werden sollte — kaum umgehen läßt. Wenn also im folgenden das Vokabular der Gruppeneinteilung im Apartheid-System übernommen wird, so nur aus diesen Gründen und in vollem Bewußtsein des rassistischen Hintergrundes und der ideologischen und moralischen Defekte dieser Begriffe. Wir folgen dabei auch dem inzwischen geläufigen Sprachgebrauch der Südafrika-Forschung, die mit der Bezeichnung „Schwarze" alle nicht-weißen Südafrikaner erfaßt, also Farbige *(Coloureds)*, Asiaten und Afrikaner.

*

Dieses Buch ist das Ergebnis eines Experimentes — entstanden aus dem Versuch, im Rahmen einer von mir geleiteten studentischen Arbeitsgruppe an der Universität München jungen Wissenschaftlern in enger Zusammenarbeit mit erfahren Experten die Möglichkeit zu geben, sich vertieft mit den Problemen des südlichen Afrikas in den 80er Jahren auseinanderzusetzen. Die Arbeit in der Gruppe wurde ohne Forschungsmittel durchgeführt, getragen allein von der Motivation und der Leistungsbereitschaft der Teilnehmer und der großzügigen Hilfestellung, die wir von Seiten der Stiftung Wissenschaft und Politik erfuhren. Das war für alle Beteiligten sicherlich nicht immer einfach; umso bemerkenswerter erscheint mir die Beharrlichkeit und der Einsatz, mit dem alle Beteiligten das Experiment vorantrieben.

Das Ergebnis kann sich, so hoffen wir, sehen lassen: Eine systematische Aufarbeitung der wichtigsten Problembereiche der Innen- und Außenpolitik der Republik Südafrika unter P.W. Botha liegt bislang in deutscher Sprache noch nicht vor. Daß sie möglich geworden ist, verdanken wir nicht zuletzt der tatkräftigen Unterstützung der beiden Afrika-Experten der SWP, Dr. Winrich Kühne und Bernhard Weimer, die beide auch Beiträge zu diesem Projekt beisteuerten. Besondere Erwähnung verdient auch die uneigennützige Hilfe von Gerald König. Fehler und Unzulänglichkeiten sind freilich nur den Autoren und dem Herausgeber anzulasten.

München, im Oktober 1989 *Hanns W. Maull*

Anmerkungen

1   Zit. nach Financial Times, 16. August 1989
2   Zit. nach Nico Dekker, „Für Südafrika ist der Augenblick der Wahrheit gekommen", in: Frankfurter Rundschau, 19. August 1989

„Homelands" in Südafrika

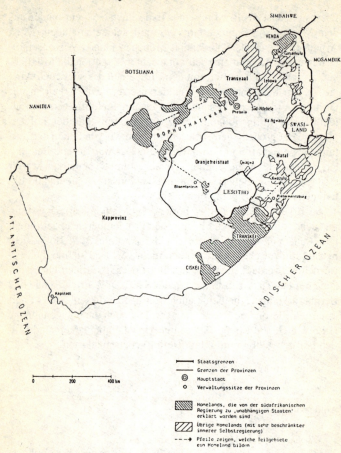

Quelle: Stat. Bundesamt Wiesbaden 85 0893 mit eigenen Ergänzungen

Inhalt

Vorwort 5

Stephan Raabe, Die Geschichte Südafrikas von 1652 bis 1978 im Überblick 13

Hanns W. Maull, Neo-Apartheid: Eine Bilanz der Ära Botha 75

Suitbert Schmüdderich, Der schwarze Widerstand 129

Siegmar Schmidt, Gewerkschaften und Industriebeziehungen in Südafrika: Der Kampf um wirtschaftliche und politische Emanzipation 191

Hanns W. Maull, Südafrikas Wirtschaft: Achillesferse des Apartheidstaates? 243

Karl Schwarz, Südafrikas Regionalpolitik 265

Hubert K. Meese, Sanktionen gegen Südafrika 297

Bernhard Weimer, Auswirkungen von Wirtschaftssanktionen gegen Südafrika auf die Southern African Development Coordination Conference (SADDC) 335

Winrich Kühne, Südafrika ohne Apartheid 361

Glossar 392
Anhang 401

Die Geschichte Südafrikas von 1652 bis 1978 im Überblick

Stephan Raabe

1. Die koloniale Eroberung Südafrikas

Am 6. April 1652, über 150 Jahre nach der Umsegelung der Südspitze Afrikas durch den Portugiesen Bartolomeo Diaz (1488), gingen drei Schiffe der Niederländischen Vereinigten Ostindienkompanie in der Tafelbucht am Kap der Guten Hoffnung vor Anker. Ihr Kommandant Jan van Riebeeck sollte am Kap eine Versorgungsstation errichten, die Schiffe auf dem Weg von und nach Ostindien anlaufen konnten. Die holländischen Seefahrer setzten ihren Fuß nicht auf unbewohntes Territorium: Seit Jahrhunderten lebten in den Küstenstrichen und im Hinterland des Kaps die Khoikhoi („Hottentotten") und San („Buschmänner"). Im Unterschied zu den viehzüchtenden Khoikhoi waren die San Jäger und Sammler.[1] Im Kernland und im Osten lebten Mitte des 17. Jahrhunderts verschiedene bantusprachige afrikanische Gruppen, die im Verlauf ihrer Südwanderung nach der Zeitenwende ins südliche Afrika vorgedrungen waren.[2]

Vom Stützpunkt zur Siedlerkolonie

Getreu seiner Order ließ Jan von Riebeeck von Kompanieangestellten Gärten anlegen und versuchte, mit den Khoikhoi geregelte Handelsbeziehungen zu errichten, um den Viehbedarf des Stützpunktes zu decken. Diese Politik stieß jedoch schon bald an ihre Grenzen: Die kompanieeigenen Gärten erwiesen sich als unwirtschaftlich; vor allem aber waren die Khoikhoi zu den bestehenden Bedingungen nicht bereit, Vieh in ständig steigender Zahl zu veräußern, denn es war sowohl die Grundlage ihres Wirtschafts- als auch ihres Sozialsystems.[3] Damit war der bewaffnete Konflikt um den Besitz von Land und Vieh vorgezeichnet. Die Situation spitzte sich zu, als die Kompanie 1657 erstmals Angestellte entließ, die fortan als „Freibürger" *(vrijburger)* Ackerbau und Viehzucht betreiben sollten, ihre Erzeugnisse allerdings zu festen Preisen an die Kompanie verkaufen mußten. Nach einem kurzen Krieg (1658) mußten die Khoikhoi den Bauern weichen, die den Kern einer weißen Siedlerbevölkerung bildeten.[4]

Mit der Ausweitung des Stützpunktes stellte sich das Problem der Arbeitskräfte: Die Kompanie importierte ab 1658 Sklaven[5], vor allem aus Madagaskar, Mosambik und Ostafrika; die Kolonisten beschäftigten Khoikhoi, deren billige Arbeitskraft ein wichtiges Funktionselement der Siedlerkolonie wurde. Khoikhoi wurden auf diesem Weg allmählich in das weiße Wirtschafts- und Sozialsystem integriert, und es entstand eine Kolonialgesellschaft, in der es zur Vermischung der verschiedenen Gruppen kam.[6]

„Kapstadt", wie die Kolonisten ihre Ansiedlung nannten, entwickelte sich zur „Taverne zwischen den Meeren", und schon bald reichten die Anbau- und Weideflächen in der Tafelbucht nicht mehr aus. Auf einer Reihe von Kriegszügen drangen die Kolonisten dank ihrer überlegenen Waffentechnik weit in die heutige Kap-Provinz vor. Immer mehr Khoikhoi fielen dem Prozeß von kolonialer Gewalt und Gegengewalt zum Opfer; andere mußten sich bei weißen Siedlern als Erntearbeiter, Hausbedienstete und Hirten verdingen und gerieten so in ein totales Abhängigkeitsverhältnis. Nur wenige Khoikhoi konnten ins Landesinnere flüchten, wo sie häufig die Lebensweise der San übernahmen.[7]

Kaum 50 Jahre nach der Landung der Holländer war das Sozialsystem der Khoikhoi am West-Kap weitestgehend zerstört. Den Schlußpunkt dieser dramatischen Entwicklung setzte 1713 eine Pockenepidemie, der Tausende Khoikhoi zum Opfer fielen.

Unter den weißen Siedlern bildeten sich zwei Gruppen heraus. Einige betrieben Ackerbau; dazu gehörten Hugenotten, die am Kap Zuflucht gesucht hatten und sich vor allem am Südwest-Kap niederließen, um Getreide und Wein anzubauen. Andere Kolonisten verlegten sich auf die Viehhaltung. Die Zahl der Viehzüchter stieg nach 1700 rasch an, und sie entfernten sich auf der Suche nach neuem Weideland immer weiter von Kapstadt, wobei ihre Lebensweise allmählich halbnomadische Züge annahm und sie zu Wanderbauern — „Treckburen"[8] — wurden. Die Treckburen trieben die Expansion des weißen Siedlungsgebietes unermüdlich voran und führten gegen die Khoikhoi, vor allem aber gegen die San einen regelrechten Vernichtungsfeldzug. Die Ausbreitung der Treckburen kam erst zum Erliegen, als sie im Osten auf das Bantu-Volk der Xhosa stießen, die von den Weißen verächtlich als „Kaffer" bezeichnet wurden. 1779 widersetzten sich die Xhosa im ersten von insgesamt neun Kriegen (bis 1878) erfolgreich der burischen Landnahme. Gleichzeitig standen im Norden die unwirtlichen Gegebenheiten und die San einer weiteren Expansion im Wege.

Ab 1770 geriet die Kolonie in eine allgemeine Krise.[9] Die Zeiten unbegrenzten Zugriffs auf Land schienen vorerst vorüber, die wirtschaftliche Entwicklung litt unter den monopolistischen Praktiken der Kompanie und die Landwirtschaft unter mangelnden Absatzmöglichkeiten. In den Reihen der Kolonisten machte sich Unmut breit, und im östlichen Grenzgebiet kam es sogar zur bewaffneten Rebellion. Vor diesem Hintergrund besetzten im September 1795 britische Truppen das Kap und machten dem Regiment der krisengeschüttelten Kompanie ein Ende.

Die Kap-Kolonie unter den Briten

Ohne die soziale Struktur der Kolonialgesellschaft zu verändern, drückten die neuen Herrscher dem Kap — das 1815 britische Kolonie wurde — ihren Stempel auf. Nach der Niederwerfung der Rebellion im östlichen Grenzgebiet gingen die Briten daran, ihre Vorstellung von Recht und Ordnung im gesamten Kolonialgebiet durchzusetzen. Die Verwaltung wurde modernisiert, und ab 1811 reisten Gerichtskommissionen durch alle Distrikte *(Circuit Courts)*, um Strafsachen zu verhandeln. 1812 beschäftigte sich der *Circuit Court* mit mehreren Fällen, in denen Buren beschuldigt wurden, ihre Khoikhoi-Bediensteten mißhandelt zu haben. Die Verfahren endeten zwar mit Freispruch, dennoch war der *Black Circuit* für die Buren eine schockierende Erfahrung, denn erstmals wurde an den gewohnten Herr-Knecht-Strukturen gerüttelt.

Das Verbot des Sklavenhandels im britischen Weltreich (1807) machte eine Regulierung der Arbeitskräfteversorgung nötig. Der „Hottentotten-Kodex" von 1809[10] zwang die Khoikhoi in die Farmarbeit. Jeder Khoikhoi mußte eine hölzerne oder metallene Plakette um den Hals tragen, auf der Wohnsitz und Arbeitsstelle festgehalten waren; ohne einen solchen „Paß" konnte er wegen Landstreicherei verhaftet und einem Farmer überstellt werden. Für Khoikhoi war es fortan kaum möglich, ihrem Dienstherrn zu entkommen. Ab 1812 waren zudem die Kinder von Khoikhoi-Bediensteten verpflichtet, bei den Herren ihrer Eltern als „Lehrlinge" zu arbeiten. Der Versuch, durch repressive Gesetze den Arbeitskräftebedarf zu decken, erwies sich als Fehlschlag.[11] 1828 wurden deshalb die Beschränkungen der Freizügigkeit von Khoikhoi aufgehoben und die Registrierung von Arbeitsverträgen eingeführt, deren Laufzeit auf ein Jahr begrenzt wurde *(Ordinances 49* und *50)*. Der freie Arbeitsmarkt änderte wenig an der Ausbeutung der Khoikhoi, zumal die Kolonisten Mittel und Wege fanden (Kredite, Alkohol oder Gewaltandrohung), Arbeiter langfristig an sich zu binden.[12]

Nichtsdestotrotz fürchteten die Buren, langfristig die Kontrolle über ihre Bediensteten zu verlieren, und sie sahen sich darin durch die von London dekretierte Sklavenbefreiung (ab 1834) bestätigt. Vor allem aber lehnten sie die in der *Ordinance 50* enthaltene rechtliche Gleichstellung der Khoikhoi ab, die nunmehr als „freie Farbige" galten.[13]

Auf burische Ablehnung stieß des weiteren die zunehmende Anglisierung der Kolonie, die mit der Ansiedlung britischer Einwanderer am Ost-Kap (1820) begonnen hatte und durch Änderungen in der Verwaltung (Englisch als Amtssprache) und im politischen System weiter vorangetrieben wurde. Die burischen Grenzfarmer sahen sich überdies in ihrer territorialen Expansion eingeschränkt. Die Briten hatten zwar die Xhosa weiter nach Osten vertrieben, aber auch den Freiraum der berittenen Buren-Trupps (Kommandos) eingeschränkt, die nur noch in Begleitung regulärer Truppen die Grenzlinie überschreiten durften.

Dessen ungeachtet suchten Buren während einer Dürreperiode Weidegründe im Xhosa-Gebiet, woraufhin 1834 ein Krieg ausbrach und britische Truppen — ganz im Sinne der Buren — das Kampfgebiet (die heutige Ciskei) besetzten. In London war man indes zu Recht der Ansicht, die Buren hätten den Krieg vom Zaun gebrochen, beorderte die Truppen zurück und machte die Besetzung rückgängig. Dieser Rückzug erfolgte zu einem Zeitpunkt, als die ersten Buren im Konkurrenzkampf um Land innerhalb der Kolonie nicht mehr mithalten konnten.[14]

Insgesamt bedrohte die britische Wirtschaftsordnung mit ihrer Marktorientierung die vorkapitalistische Existenz der Buren. Zudem erschienen die Veränderungen in der Rechts- und Sozialordnung vielen Buren mit den gewohnten Herr-Knecht-Strukturen nicht mehr vereinbar. So begann 1836 eine burische Massenabwanderung ins Landesinnere — der „Große Treck", der in der burischen Geschichtsschreibung gern als gottgelenkter „Zug der Auserwählten" verklärt wird.[15]

Der „Große Treck"

Bis 1838 verließen etwa 6000 Männer, Frauen und Kinder, das gesamte Hab und Gut auf Ochsenwagen verstaut, mit Bediensteten und Vieh in mehreren Gruppen die Kap-Kolonie. Kaum hatten die *Voortrekker* den Fluß Oranje überquert, kam es zu ersten Streitigkeiten. Während sich ein Teil der *Trekker* auf der Hochebene verstreute, zogen andere unter Hendrik Potgieter weiter nach Norden, wobei die Ndebele ins heutige Zimbabwe vertrieben wurden. Die Hauptgruppe machte sich jedoch unter Führung von Piet Retief — dem Verfasser eines „Manifestes", das die Beschwerden der Buren auflistete und 1837 im *Grahamstown Journal* veröffentlicht worden war — auf den Weg über die Drakensberge hinunter an die Ostküste, nach Natal, das von den Zulu beherrscht wurde. Der Zulu-König Dingaan ahnte die Gefahr, die von den Buren ausging. Er lockte Retief in einen Hinterhalt und ließ ihn sowie seine 70 burischen und 30 farbigen Begleiter umbringen. In den folgenden Monaten töteten Zulu-Krieger 250 Siedler und ebenso viele Bedienstete — die Lage der Buren schien ausweglos. Ende 1838 kam ihnen jedoch ein schwerbewaffnetes Kommando unter dem Befehl von Andries Pretorius zu Hilfe, der den Zulu am 16. Dezember 1838 eine vernichtende Niederlage beibrachte. Pretorius und seine Mannen (darunter Khoikhoi und Farbige) hatten sich in einer Wagenburg *(laager)* verschanzt und metzelten 3000 anrennende Zulu-Krieger nieder, ohne auch nur einen Toten beklagen zu müssen. Nach der „Schlacht am Blut-Fluß", die einen zentralen Platz in der politischen Mythologie der Apartheid einnimmt[16], gründeten die Buren 1839 die Republik *Natalia*. Sie wurde jedoch schon 1843 von den Briten annektiert, um den Hafen Port Natal (später Durban) zu sichern. Daraufhin machten sich viele Buren noch einmal auf den beschwerlichen Weg über die Drakensberge, um sich auf die Hochebene zurückzuziehen.

Der Nordkeil der Trekker war inzwischen weit ins Landesinnere vorgedrungen. Die im Gebiet von Oranje und Vaal lebenden bantusprachigen Afrikaner (Sotho und Tswana) hatten den burischen Vormarsch nicht aufhalten können, weil ihre politischen und sozialen Strukturen nach einer Kriegsperiode — bekannt als *Difaqane* oder *Mfecane*[17] — zerrüttet waren: Im Gefolge der militärischen Expansion des Zulu-Reiches war es ab 1820 zu Kriegen zwischen den Bantu-Völkern gekommen. Im Verlauf der langjährigen Auseinandersetzungen waren durch Flucht und Vertreibung die Lebensgebiete der Afrikaner im gesamten südlichen Afrika nicht nur verschoben, sondern einzelne Landstriche auch weitgehend entvölkert worden. Vor diesem Hintergrund konnten die *Voortrekker* riesige Landflächen in Besitz nehmen und kleine, weit verstreute Ansiedlungen gründen. Die Zahl der burischen Siedler stieg in der Folgezeit rasch an, weil sich bis 1845 weitere 10000 Menschen aus der Kap-Kolonie absetzten und auf den Spuren der *Voortrekker* ins Landesinnere zogen.[18] Als sich die Buren jedoch anschickten, eigenständige Staatsgebilde aufzubauen, besetzten 1848 britische Truppen weite Teile der Hochebene. Dies blieb eine Episode, denn in London gelangte man zu der Ansicht, daß zum Schutz des Seeweges nach Indien und der britischen Handelsinteressen die Kontrolle über das Kap und die Küste Natals genügte: 1852 erkannten die Briten zunächst die Unabhängigkeit der Buren nördlich des Vaal — im Transvaal — an und räumten 1854 auch das Gebiet zwischen Oranje und Vaal, wo die Buren sofort eine Republik — den Oranje-Freistaat — ausriefen. Die Transvaal-Buren dagegen, die verstreut über ein Gebiet von der Größe der Bundesrepublik lebten, waren heillos zerstritten und es dauerte über ein Jahrzehnt, bis die *Zuid-Afrikaansche Republiek*, wie der Transvaal dann offiziell hieß, zur Ruhe kam.

In einem Punkt allerdings waren sich alle Buren einig: Gleichheit zwischen Weißen und Nicht-Weißen durfte es, so auch die Verfassung des Transvaal, „weder in der Kirche, noch im Staat" geben.[19] Afrikaner, die dem burischen Kolonialismus zum Opfer fielen, lebten daher als Bedienstete oder tributpflichtige Ackerbauern in feudalistisch anmutenden Abhängigkeitsverhältnissen, die von Gewalt geprägt waren. Um ihren Arbeitskräftebedarf zu decken, schien den Buren jedes Mittel recht zu sein; so verschleppten Transvaal-Buren häufig sogar afrikanische Kinder auf ihre Farmen.[20] In der Kap-Kolonie dagegen gab es nach der Sklavenbefreiung auch keine durchgängige Diskriminierung aufgrund der Hautfarbe mehr. 1853 erhielt die Kolonie im Zuge der „repräsentativen Selbstregulierung" ihr eigenes Parlament mit einem „farbenblinden" Wahlrecht, das allerdings an Einkommen und Besitz gebunden war, so daß letztlich nur wenige, „zivilisierte" Afrikaner das Wahlrecht erhielten. Die afrikanische Arbeitskraft wurde indes auch weiterhin ausgebeutet: 1856 verabschiedete das Kap-Parlament den *Masters and Servants Act,* der den Bruch des Arbeitsvertrages zu einem Gesetzesverstoß machte, der mit drakonischen Strafen geahndet wurde, und so die Stellung der weißen Farmer gegenüber ihren afrikanischen Arbeitern wesentlich stärkte.[21]

Viele Xhosa waren als Bauern noch nicht darauf angewiesen, bei weißen Farmern zu arbeiten. 1856/57 kam jedoch der Durchbruch zur „Proletarisierung" der Xhosa[22]: Aufgrund einer Weissagung töteten Xhosa ihr Vieh und vernichteten die Ernte in der verzweifelten Hoffnung, ihre Ahnen würden daraufhin die weißen Eroberer vertreiben. Die Folge war eine katastrophale Hungersnot, der allein 20000 Xhosa zum Opfer fielen. Mindestens ebensoviele Xhosa aber mußten sich, um zu überleben, bei weißen Farmern verdingen.

In Natal, das 1856 Kronkolonie wurde, unternahm Theophilus Shepstone, der für die „Eingeborenenpolitik" der Kolonie zuständig war, den ersten Versuch einer territorialen Rassentrennung[23]: Einzelnen Stammesgruppen wurden Reservationen zugewiesen, die ernannten Stammesführern unterstanden. Shepstones Politik festigte die weiße Herrschaft, ließ den Afrikanern jedoch die Möglichkeit, in den Reservatsgebieten ihren Lebensunterhalt als Bauern zu bestreiten. Im Norden Natals widersetzten sich zudem die Zulu erfolgreich der kolonialen Unterwerfung und fielen damit als Arbeitskräfte aus. Als in den Küstengebieten Natals Zuckerrohrplantagen angelegt wurden[24], gelang es nicht, genug afrikanische Arbeiter zu mobilisieren. Deshalb wurden ab 1860 Kontraktarbeiter aus Indien herbeigeschafft, die nach Ablauf ihrer Verträge vielfach im Lande blieben.

Neben der Zuckerrohrverarbeitung in Natal gewann die Schafzucht am Ostkap infolge steigender Exporte ins Mutterland rasch an Bedeutung. Das Kap profitierte darüber hinaus vom Binnenhandel, der jedoch kaum zur Erschließung des Landesinneren beitrug. Da es keine schiffbaren Flüsse gab, waren Ochsenwagen das einzige Transportmittel im Handel mit den Buren, deren Wirtschaftssystem auch weiterhin Züge einer Tauschwirtschaft aufwies.[25] Beide Republiken stagnierten in ihrer Entwicklung. Im Transvaal schließlich führten die Kriegszüge gegen die Afrikaner zu einer dauerhaften Finanzkrise, denn die burischen Kommandos wurden auf Kosten der Republik ausgerüstet. Da die Staatsschulden mit Land abgedeckt wurden, wuchs mit der Höhe der Schulden stets auch der Drang zu neuen Eroberungszügen, was die Staatskasse so belastete, daß an den Aufbau eines geordneten Staatswesens nicht zu denken war.[26]

2. Der Kampf um Südafrika

1867 fand ein spielender Junge im Norden der Kap-Kolonie einen Diamanten und lenkte damit die Aufmerksamkeit von Prospektoren auf das Gebiet am Zusammenfluß von Oranje und Vaal. In der Folge wurden vier riesige Diamantenvorkommen in einem Umkreis von sechs Kilometern entdeckt, woraufhin die Briten 1871 das gesamte Diamantengebiet annektierten. Der Diamantenabbau leitete einen revolutionären sozio-ökonomischen Umwälzungsprozeß ein, ohne den das heutige Südafrika nicht denkbar wäre.

Diamanten, das Empire und der Transvaal

Die Nachricht von den Diamantenfunden verbreitete sich wie ein Lauffeuer. Weiße Diamantenschürfer strömten in Scharen nach Kimberley, um auf abgesteckten Parzellen *(claims)* nach den Steinen zu graben. Von Anfang an wurden die schwersten Arbeiten von Afrikanern verrichtet, die häufig aus weit entfernten Gebieten nach Kimberley zogen, dort mehrere Monate arbeiteten und für ihren Lohn Gebrauchsgüter (z.B. Pflugscharen) und Waffen kauften.[27] Viele dieser Wanderarbeiter waren Pedi, die in organisierten Gruppen zu den Diamantenfeldern zogen und mit Gewehren zurückkehrten, die sie in die Lage versetzten, sich im Kampf gegen die Buren zu behaupten.[28]

Die weißen Diamantenschürfer waren entschlossen, Afrikaner grundsätzlich von der Diamantensuche auszuschließen. Sie griffen afrikanische Arbeiter und *claim*-Besitzer immer wieder tätlich an, weil sie angeblich Diamanten stahlen bzw. mit gestohlenen Diamanten handelten, und setzten eine verschärfte Kontrolle der Arbeiter durch: Nach einer Verordnung von 1872 mußten sich alle Afrikaner bei ihrer Ankunft im Diamantengebiet registrieren lassen und ständig eine Abschrift ihres Arbeitsvertrages bei sich tragen, die als Aufenthaltsberechtigung galt. In Anknüpfung an das Herr-Knecht-Gesetz von 1856 mußten Arbeiter, die ihren Arbeitsplatz unerlaubt verließen, mit Auspeitschungen und Geldstrafen rechnen.[29]

Auf der fieberhaften Jagd nach den Diamanten wurde so viel Erdreich und Gestein abgetragen, daß in Kimberley eine tiefe Grube, das „Große Loch" entstand. Die Zeit der kleinen Diamantenschürfer, die oft nur den Teil eines *claims* ihr eigen nannten, neigte sich dem Ende zu. Sie mußten ihre Schürfrechte verkaufen, weil abrutschende Erd- und Gesteinsmassen die *claims* verschütteten oder wolkenbruchartige Regenfälle sie überfluteten.

Mit der Abbautiefe veränderte sich die Gesteinsformation, was nicht nur einen verstärkten Einsatz technischer Hilfsmittel, sondern auch zusätzliche Arbeiter erforderlich machte. Die standen jedoch nicht unbegrenzt zur Verfügung: Als die Pedi infolge kriegerischer Auseinandersetzungen mit den Transvaal-Buren ausblieben, wurden in Kimberley die Arbeiter knapp und die Löhne stiegen. 1876 beschäftigte sich erstmals eine Kommission mit dem Arbeitskräfteproblem, und die britischen Behörden ergriffen Maßnahmen, um die Versorgung mit Arbeitern vor Ort zu regulieren und die Abwerbung von Arbeitern einzudämmen, die die Löhne zusätzlich in die Höhe trieb. Zum einen wurde ein zentrales Depot als Anlaufstation für alle afrikanischen Arbeiter errichtet, zum anderen kontrollierten Polizisten verstärkt die Arbeitspapiere und führten Razzien durch. Afrikaner ohne gültige Papiere wurden vor ein Schnellgericht gestellt und wegen „Paßvergehen" zu Geldstrafen, ersatzweise aber auch zu mehrwöchiger Zwangsarbeit verurteilt. Auch wenn die Kontrollen lückenhaft blieben, mußten Afrikaner eben doch ständig damit rechnen, aufgegriffen zu werden.[30]

Nach 1877 beschleunigte sich die Zusammenlegung von *claims*, und auch die Mechanisierung nahm zu. So stieg zwischen 1877 und 1881 die Zahl der Dampfmaschinen in Kimberley von 16 auf über 300.[31] Um das nötige Kapital aufbringen zu können, wurden vermehrt Aktiengesellschaften gegründet, darunter die *De Beers Mining Company* unter Leitung von Cecil Rhodes.

Nach dem Zusammenbruch des europäischen Diamantenmarktes Ende 1882 mußten viele Gesellschaften in Kimberley aufgrund ihrer dünnen Kapitaldecke aufgeben und ihre Schürfrechte verkaufen. Dies war die Stunde von Männern wie Rhodes, dessen Gesellschaft bereits eines der vier Vorkommen um Kimberley kontrollierte. Ihm war klar, daß nur über eine Kontrolle der Produktion der Diamantenmarkt zu stabilisieren sein würde; so begann ein gnadenloser Kampf um die Übernahme von Schürfrechten, den Rhodes schließlich für sich entschied: 1890 hatte die *De Beers Consolidated Mines* das Monopol im Diamantenbergbau.

Der Übernahmekampf verstellte den Diamantenmagnaten indes nicht den Blick für ihre gemeinsamen Interessen. Ab 1880 gehörte Kimberley zur Kap-Kolonie und durfte zwei Abgeordnete in das Kap-Parlament entsenden. Einer davon war Rhodes, der auch schon bald einen Erfolg melden konnte. 1882 schuf der *Diamond Trading*

Act die Grundlage für ein rigoroses Vorgehen gegen den Diamantenschwarzhandel. Damit nicht genug: Ab 1883 mußten alle Arbeiter das Grubengelände durch bewachte Ausgänge verlassen, wobei sie in Baracken, nach Hautfarbe getrennt, durchsucht wurden. Afrikanische Arbeiter mußten sich völlig entkleiden und eine entwürdigende Leibesvisitation über sich ergehen lassen.[32]

Es erwies sich jedoch als unmöglich, 12 000 Afrikaner zweimal am Tag (mittags und abends) genau zu durchsuchen. Eine genaue Kontrolle der Arbeiter schien jedoch aus der Sicht der Grubenbesitzer unverzichtbar zu sein, und eine Lösung war schnell gefunden: Viele afrikanische Arbeiter waren schon in Baracken untergebracht, wobei sie die Barackenlager *(compounds)* in der arbeitsfreien Zeit verlassen konnten. Allerdings hatten die Grubenbesitzer von Zeit zu Zeit Polizisten angefordert, um die Baracken durchsuchen zu lassen.[33] 1884 begannen die drei größten Gesellschaften, darunter *De Beers,* geschlossene Barackenlager *(closed compounds)* zu errichten. Diese Lager glichen Gefängnissen; sie waren nachts beleuchtet und mit Stacheldraht gesichert. 1889 waren alle afrikanischen Bergarbeiter in Kimberley in den hoffnungslos überbelegten Lagern untergebracht, wo sie unter ständiger Kontrolle standen. Nahrungs- und Genußmittel wurden innerhalb der Lager verkauft, was den Gesellschaften zusätzliche Einnahmen brachte. Angemerkt sei noch, daß die Grubenbesitzer auch ihre weißen Arbeiter kasernieren wollten, dies jedoch am Widerstand der Geschäftsleute in Kimberley scheiterte, die um ihre Kunden fürchteten.[34]

Mit dem Diamantenabbau erschlossen sich völlig neue Perspektiven für die wirtschaftliche Entwicklung des Kaps; dies führte auch zu einer Änderung der britischen Politik im Landesinneren. Mit Benjamin Disraeli wurde 1874 ein Mann Premierminister, der für eine expansionistisch-imperialistische Kolonialpolitik stand, die mit einem Nationalchauvinismus *(Jingoism)* untermauert wurde. Sein Ziel war eine Südafrikanische Konföderation und damit ein einheitlicher Wirtschaftsraum unter Führung der Kap-Kolonie, der 1872 die Selbstregierung zugestanden worden war. Für unabhängige afrikanische Gesellschaften war in diesen Plänen kein Platz: Ihre Unterwerfung war beschlossene Sache, um ihr Arbeitskräftepotential ausschöpfen zu können.

Der Transvaal stand den britischen Plänen im Wege: Die burische Regierung lehnte eine Konföderation ab, weil sie plante, sich durch den Bau einer Eisenbahnlinie zur Delagoa-Bucht in Portugiesisch-Ostafrika (Mosambik) ganz aus der Abhängigkeit vom Kap zu lö-

Besiedlungsgeschichte — Südafrika zur Zeit des Großen Trecks (ab 1835)

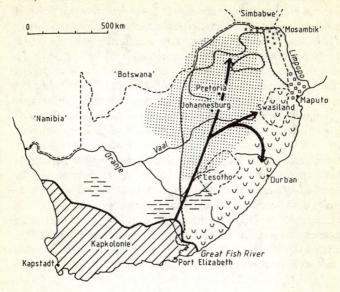

→ Stoßrichtung der großen Trecks (1835 - 43)
///// "Kapkolonie", Ausbreitungsgebiet der weißen Siedler bis 1835
::::::: Siedlungsgebiet der Sotho
ᵛ ᵁ ᵛ ᵁ Siedlungsgebiet der Nguni
□ ₀ ᵈ ₀ □ Siedlungsgebiet der Tsonga
× × × Siedlungsgebiet der Venda
—·—·— Verstreute San (Buschmänner)
⁓⁓⁓⁓ Regenfallgrenze 600mm pro Jahr; im Osten feuchter, im Westen trockener

© Michler 1988, Umzeichnung nach Cornevin (1981) mit eigenen Ergänzungen

aus: Walter Michler: Weißbuch Afrika, Berlin, Bonn 1988

sen. Zudem behinderten die Paßgesetze des Transvaal die Freizügigkeit afrikanischer Arbeiter, die im Diamantengebiet und im Eisenbahnbau am Kap gebraucht wurden.[35] Als der Transvaal durch einen Krieg gegen die Pedi geschwächt war, annektierten die Briten 1877 die Burenrepublik und gingen daran, die afrikanischen Gesellschaften zu unterwerfen. 1879 marschierten britische Truppen in Zululand ein und waren — trotz einer anfänglichen Niederlage — schließlich siegreich: Nach der Niederlage bei Ulundi im Juli 1879 mußten sich die Zulu den Briten beugen. Noch im selben Jahr fiel auch das Pedi-Königreich, das dem Transvaal zugeschlagen wurde.

Die Briten hatten ihre Rechnung indes ohne die Buren gemacht: Als auch William E. Gladstone, der 1880 Disraeli als Premierminister ablöste, die Annexion des Transvaal aufrechterhielt, griffen die Buren zu den Waffen und brachten den Briten im Februar 1881 bei *Majuba Hill* eine herbe Niederlage bei. Gladstone lenkte ein und erkannte die Unabhängigkeit des Transvaal unter der Oberhoheit (Suzeränität) der britischen Krone an. Vor dem Hintergrund der Ereignisse im Transvaal entstand in der Kap-Kolonie eine politische Organisation der Buren — der *Afrikaner Bond,* der zur bestimmenden Kraft im Kap-Parlament wurde.

Der Transvaal und der Goldbergbau

Der Transvaal war als Binnenland nach wie vor vom Kap abhängig; die wirtschaftlichen Perspektiven der Republik besserten sich jedoch durch die Erschließung von Goldfeldern im Ost-Transvaal. 1883 wurde Paul Krüger, der an der Spitze der Erhebung gegen die Briten gestanden hatte, zum Präsidenten gewählt. Um die Finanzlage des Staates zu verbessern, begann Krüger, Konzessionen für die Versorgung mit Gütern und Dienstleistungen zu vergeben. Die Praxis der Vergabe zeichnete sich vor allem durch Patronage aus, wobei die Konzessionen vielfach nur erworben wurden, um sie wieder meistbietend zu veräußern. Die politischen Geschicke der Republik wurden weitgehend von Großgrundbesitzern bestimmt, denen eine wachsende Zahl landloser Buren gegenüberstand, die als Pächter bei Großgrundbesitzern oder auf dem Land von Verwandten ihr Dasein fristeten *(bijwoner)*. Die Zahl der landlosen Buren stieg infolge der in Erwartung weiterer Bodenschatzfunde ausufernden Bodenspekulation, an der sich Inhaber öffentlicher Ämter bis hinauf zum Präsidenten beteiligten, rasch an.[36]

Die Erwartung erwies sich als begründet, denn 1886 stieß ein Prospektor am Witwatersrand, einem Höhenzug unweit der Hauptstadt Pretoria, auf Gold. Es kam zu einem Goldrausch: Tausende Weiße — Goldgräber, Bergbauunternehmer, Geschäftsleute und Abenteurer — strömten in das Goldgebiet, kurz *Rand* genannt, wo inmitten der vorindustriellen und agrarisch geprägten Burenrepublik eine Enklave des Kapitalismus entstand. Innerhalb weniger Monate wurden in Johannesburg die ersten Häuser errichtet, und das Goldgräberlager entwickelte sich zu einer Bergwerksstadt.[37]

Die Buren beobachteten den Zustrom zumeist englischsprachiger Ausländer *(uitlander)* mit Mißtrauen. Die schnellebige Bergwerkstadt trennten Welten vom kaum 50 Kilometer entfernten, verschlafenen Pretoria. Für den strenggläubigen Krüger war Johannesburg nichts anderes als ein einziger Sündenpfuhl, die *Duiwelstad,* und er war entschlossen, den Ausländern die politische Mitsprache in der Republik zu verwehren: Ab 1890 mußten sie 14 Jahre warten, bis sie das Wahlrecht erhielten.

Die Bewohner der „Goldstadt" hatten zunächst nur einen Gedanken, nämlich das Geschäft. Mit Kapital aus Kimberley wurden zahlreiche Aktiengesellschaften gegründet, und viele Finanziers machten allein durch Aktienspekulation ein Vermögen. Mitte 1889 wurde jedoch entdeckt, daß das Gold ab einer gewissen Tiefe nur mit Hilfe chemischer Verfahren gewonnen werden konnte — ein technisches Problem, das eine Finanzkrise auslöste, der 44 Gesellschaften zum Opfer fielen. Bereits im Jahr darauf wurde jedoch ein geeignetes Verfahren gefunden, und der Goldbergbau trat in eine Phase der Neuordnung.[38] Die großen Bergbaumagnaten — als *Randlords* berühmt und berüchtigt[39] —, begannen, ihre Grubenanteile umzustrukturieren und verwendeten die Erlöse aus dem Tagebergbau für die Erschließung tiefergelegener Vorkommen, die ihnen langfristig gewinnträchtiger schienen. Der Deutsche Alfred Beit gründete 1893 mit französischem und deutschem Kapital die neue Gesellschaft *Rand Mines,* die Vorbild für das „Gruppensystem" war: Einzelne Gesellschaften legten ihre Grubenanteile zusammen und boten damit Anlegern die Möglichkeit, Aktien zu erwerben, deren Risiko sorgsam zwischen Tage- und Untertagebergbau gestreut war. Dem Beispiel von Beit folgten andere Gesellschaften, und es entstanden weitere „Minenhäuser", darunter unter Führung von Cecil Rhodes *Consolidated Gold Fields of South Africa.* Die Reorganisation hauchte dem Goldbergbau neues Leben ein: Auf einen steilen Anstieg der Aktienkurse folgte 1895 ein Boom, und südafrikanische

Goldaktien — „Kaffern" genannt — waren an den Börsen Europas gefragt wie nie zuvor.

Die führenden Gesellschaften nutzten den Kapitalzufluß aus Europa, um weitere Anteile im Untertagebergbau zu erwerben. Der Untertagebergbau stellte die *Randlords* jedoch vor eine Reihe von Problemen. Erstens wurden wesentlich mehr billige afrikanische Arbeiter als bisher benötigt. Bereits 1889 hatten die Bergwerksbesitzer die Bergwerkskammer *(Chamber of Mines)* gegründet, zu deren Hauptaufgabe es gehörte, die Löhne der Afrikaner auf ein „vernünftiges Maß" zu senken und gleichzeitig dafür zu sorgen, daß jederzeit genügend Arbeiter zur Verfügung standen. 1890 hatte die Kammer einen ersten Versuch zur Lohnsenkung unternommen, der jedoch gescheitert war. Die *Randlords* waren zur Kontrolle der Arbeiter auf die Regierung angewiesen, die indes bis dahin nichts unternommen hatte. Zweitens mußten beim Untertagbergbau ungleich größere Mengen an Sprengstoff eingesetzt werden, der von einem staatlichen Konzessionär zu beziehen war, der aufgrund seiner Monopolstellung überhöhte Preise fordern konnte. Drittens trieben die Frachttarife der transvaalschen Eisenbahngesellschaft, auch sie im Besitz einer Konzession zur Abwicklung des gesamten Schienenverkehrs in der Republik, die Kosten für Kohle und Kapitalgüter in die Höhe. Und viertens schließlich war die Bergwerkskammer aufgrund der Beeinträchtigung der Arbeitsleistung zum entscheidenden Anhänger der Prohibition geworden, während sich die Regierung weigerte, etwas gegen den Alkoholhandel am *Rand* zu tun.[40]

Nicht nur die Bergwerksbesitzer, auch die Ausländer insgesamt hatten viel an Krügers Regime zu kritisieren. Bereits 1892 hatten sie die *National Union* gegründet, die immer wieder auf die Gewährung des Wahlrechts und die Abstellung von Mißständen drängte — und die waren nach Ansicht der Ausländer zahlreich und erschwerten ihnen das tägliche Leben. So war etwa die Wasserversorgung von Johannesburg chronisch schlecht (auch dies eine staatliche Konzession) und die hohen Zölle verteuerten begehrte Importwaren.

1895 erreichten die Spannungen ihren Höhepunkt. Im August wies der *Volksraad,* das transvaalsche Parlament, eine Petition der *National Union* mit 38 000 Unterschriften brüsk zurück. Weit wichtiger noch war der ebenso unerwartete wie nachhaltige Zusammenbruch des „Kaffernbooms" an den Börsen Europas im September 1895. Für einen Teil der *Randlords* war klar: Hauptursache ihrer Malaise war der „Krügerismus". In dieser Hinsicht stimmten sie mit Cecil Rhodes überein, der zu diesem Zeitpunkt auf dem Höhepunkt seiner Macht stand: Er kontrollierte den Diamantenbergbau in Kimberley, war stark im Goldbergbau engagiert und zudem seit 1890 mit Unterstützung des *Afrikaner Bond* (dem er die Unterstützung der burischen Farmer zugesichert hatte) Premierminister der Kap-Kolonie. Darüber hinaus verstand er es meisterhaft, seine eigenen Ambitionen mit denen Londons in Einklang zu bringen und konnte daher auf britische Unterstützung zählen. Er persönlich hatte die Expansion des Transvaal in Richtung Norden unterbunden: Ausgestattet mit einem königlichen Freibrief hatte er mit seiner *British South Africa Company* das Gebiet im Norden der Republik in Besitz genommen, das ihm zu Ehren den Namen Rhodesien erhielt. Seine Hoffnung, dort einen „zweiten *Rand*" zu entdecken, hatte sich indes nicht erfüllt.

Mit Wissen des britischen Kolonialministeriums schmiedete Rhodes 1895 Pläne für den Sturz Krügers. In Johannesburg wurde eine bewaffnete Rebellion vorbereitet, und Rhodes' Vertrauter Leander Starr Jameson stellte eine Truppe zusammen, die nach dem Losschlagen der Ausländer in Johannesburg von Bechuanaland (heute Botswana) aus in den Transvaal einmarschieren sollte. Der *Jameson Raid* wurde zum Debakel, denn der Aufstand in Johannesburg blieb aus, und Jameson, der dennoch mit 470 Berittenen am 29. Dezember 1895 die Grenze überschritt, wurde gefangengenommen. Während Rhodes als Kap-Premier zurücktreten mußte, weil ihm der *Afrikaner Bond* die Unterstützung entzog, war Krüger nunmehr in seiner Position unangefochten.

Den *Randlords,* die teilweise in das Komplott verstrickt waren, blieb nur, sich auf denjenigen Kostenfaktor zu konzentrieren, den sie beeinflussen konnten — die Löhne der afrikanischen Arbeiter. 1896 hatte sich zwar die Zahl der Arbeiter gegenüber 1891 vervierfacht, gleichzeitig waren jedoch die Löhne deutlich gestiegen. Daher unternahm die Bergwerkskammer Ende 1896 einen erneuten Versuch, die Löhne zu drücken — diesmal mit Erfolg. Arbeiter, die zu den niedrigeren Löhnen nicht mehr arbeiten wollten, konnten ersetzt werden, da in weiten Teilen des Subkontinents die afrikanischen Bauern durch kriegerische Auseinandersetzungen und Viehseuchen Hunger litten. 1897 begann die Kammer zudem, systematisch Arbeiter in Mosambik anzuwerben, so daß von den 100 000 Afrikanern, die 1899 am *Rand* arbeiteten, bereits zwei Drittel aus Mosambik kamen. Die Regierung Krüger zeigte sich auch weiterhin nicht willens, durchgreifende Reformen einzuleiten. Als Krüger die Empfehlungen einer Untersuchungskommission, die sich 1897 eingehend mit den Problemen des Bergbaus beschäftigt hatte, rundheraus ablehnte, kamen viele *Randlords* zu der Ansicht, die einzig mögliche Lösung sei die Beseitigung Krügers durch ein militärisches Eingreifen Londons.

Kollisionskurs

Durch die Goldfunde hatte sich der wirtschaftliche Schwerpunkt Südafrikas an den *Rand* verschoben, und die Kontrolle der Burenrepublik war zum Schlüssel zur Dominanz auf dem Subkontinent geworden. Zudem war der Transvaal ein fehlendes Glied in der Kette britischer Kolonien vom Kap bis nach Kairo. Daher beobachtete man in London mit Sorge, wie Krüger versuchte, sich aus der britischen Abhängigkeit zu lösen, konnte jedoch nicht verhindern, daß mit Hilfe deutschen Kapitals[41] 1894 die Bahnlinie zwischen Pretoria und Lourenço Marques (heute Maputo) fertiggestellt wurde. Der Transvaal verfügte damit über eine Verbindung zum Meer, die sich britischer Kontrolle entzog.

Als die Kap-Eisenbahn versuchte, durch Tarifsenkungen ihren Anteil am Gütertransport zum *Rand* zu sichern, verdreifachte die transvaalsche Eisenbahngesellschaft die Tarife auf dem Streckenabschnitt zwischen dem Vaal und Johannesburg. Die Kap-Eisenbahn ging daraufhin dazu über, die Güter am Vaal abzuladen und sie die letzten 80 Kilometer bis zum *Rand* mit Ochsenwagen zu transportieren. Krüger griff ein und ließ die Furten sperren — es kam zur Machtprobe mit dem Empire, auf dessen massiven Druck hin Krüger schließlich einlenkte. Die „Furt-Krise" vom November 1895 hatte Rhodes in seinen Umsturzplänen bestärkt, von denen auch der britische Kolonialminister Joseph Chamberlain, erst kurz im Amt, wußte. Chamberlain konnte nach dem Scheitern des *Jameson Raid* seine tatsächliche Rolle vertuschen, nicht zuletzt, weil die öffentliche Empörung über das Debakel des *Jameson Raid* in London verstummte, als die „Krüger-Depesche" bekannt wurde, in der der deutsche Kaiser Wilhelm II. Krüger gratulierte, weil es ihm gelungen sei, die Unabhängigkeit der Republik ohne die Hilfe befreundeter Mächte zu wahren.

Chamberlain war überzeugt, daß Krüger nur durch Druck zur Änderung seiner antibritischen Politik bewegt werden konnte. Um die britische Öffentlichkeit hinter sich zu bringen, nahm er sich der *Uitlander*-Probleme an, was er bis dahin als Einmischung in die inneren Angelegenheiten des Transvaal abgelehnt hatte. Entscheidend für die weitere Entwicklung war 1897 die Ernennung Alfred Milners zum britischen Hochkommissar in Südafrika.[42] Milner, der sich selbst als „British race patriot"[43] bezeichnete, war entschlossen, es gegebenenfalls auch zum Krieg kommen zu lassen und bestand ohne Abstriche auf dem Wahlrecht für Ausländer. Krüger war in dieser Frage jedoch zu keinen Zugeständnissen bereit und sah sich in dieser Haltung durch seine Wiederwahl bestätigt. Er hoffte, im Falle eines bewaffneten Konflikts würden befreundete Mächte, etwa das Deutsche Reich, den Transvaal unterstützen. Diese Hoffnung war trügerisch, denn im August 1898 erkannte das Deutsche Reich in einem Geheimabkommen beide Burenrepubliken als britische Einflußzone an. Als sich Krüger und Milner im Mai 1898 zu Verhandlungen in Bloemfontein, der Hauptstadt des Freistaates trafen, war deren Scheitern für Milner bereits beschlossene Sache. Er schlug daher auch das Angebot Krügers aus, die Wartezeit bis zur Erteilung des Wahlrechts auf sieben Jahre zu verkürzen.

Der Krieg war nunmehr unvermeidlich. Während viele Ausländer bereits aus Johannesburg flohen, versuchten die Briten, Zeit zu gewinnen, um ihre Truppen zu verstärken, wurden aber durch ein burisches Ultimatum vor vollendete Tatsachen gestellt. Nachdem eine britische Antwort ausblieb, erklärten die Burenrepubliken am 11. Oktober 1899 den Briten den Krieg.[44] Bei Kriegsbeginn standen den etwa 25000 Buren nur 20000 Briten gegenüber. Die Buren brachten den Briten eine Serie von Niederlagen bei, versäumten es jedoch, rasch in Richtung Küste vorzumarschieren. Statt dessen banden sie den Hauptteil ihrer Kräfte durch die Belagerung von Mafeking und Kimberley in der Kap-Kolonie sowie von Ladysmith in Natal. Anfang 1900 landeten die britischen Einsatztruppen unter dem Kommando von Frederick Roberts und Horatio Kitchener, die sofort mit der Gegenoffensive begannen. Im März 1900 besetzten britische Truppen Bloemfontein, am 31. Mai Johannesburg und am 5. Juni Pretoria. Roberts drängte die Buren in Richtung mosambikanische Grenze ab und am 1. September 1900 wurde nach dem Freistaat (24. Mai) auch Transvaal annektiert — der Krieg schien für die Buren verloren. Im Oktober 1900 schiffte sich Krüger in Lourenço Marques nach Europa ein, wo er 1904 im Schweizer Exil starb.

Inzwischen war die Führung der Buren an Männer wie Louis Botha, Jan C. Smuts und James Barry Munnik Hertzog übergegangen, die nicht zur Aufgabe bereit waren und zum Guerillakampf übergingen. Die burischen Kommandos überfielen britische Truppen aus dem Hinterhalt, störten den Nachschub und unterbrachen die Eisenbahnlinien. Kitchener entwickelte eine brutale Gegenstrategie: Um den Buren den Nachschub zu entziehen, brannten die Briten deren Farmen nieder, töteten das Vieh und vernichteten die Ernte; insgesamt wurden über 40 000 burische Anwesen zerstört. Die Familienangehörigen der Kommando-Buren sowie die auf den Farmen lebenden Afrikaner wurden in Internierungslager („Konzentrationslager") verbracht, in denen 26 000 Buren, vor allem Frauen und Kinder, sowie 14 000 Afrikaner aufgrund der verheerenden sanitären Verhältnisse und der Hungerrationen elend zugrundegingen. Die Sterberate sank erst, als die Lager im November 1901 ziviler Verwaltung unterstellt wurden.[45]

Neben seiner Taktik der verbrannten Erde ließ Kitchener über 8 000 Blockhäuser errichten, die durch Stacheldrahtverhaue miteinander verbunden waren (insgesamt wurden über 8 000 Kilometer Stacheldraht verlegt). Auf diese Weise wurde das Operationsgebiet der Kommandos in Zonen unterteilt, die systematisch gesäubert werden konnten. Zusätzlich deportierten die Briten gefangene Buren nach Übersee (St. Helena, Indien, Ceylon). Zum Jahreswechsel 1901/02 war auch der Guerillakampf aussichtslos geworden: Im Februar 1902 nahmen die Burengenerale Verhandlungen mit den Briten auf, und am 31. Mai 1902 wurde der Friedensvertrag von Vereeniging unterzeichnet. In den mit erbitterter Härte geführten Auseinandersetzungen hatten 22 000 Briten (zwei Drittel davon durch Krankheiten), etwa 33 000 Buren (die Toten in den Lagern eingeschlossen) und über die 14 000 Toten in den Lagern hinaus eine unbekannte Anzahl von Afrikanern ihr Leben verloren.[46]

Der Weg zur Union

Alfred Milner unterstand der Wiederaufbau der vormaligen Burenrepubliken, und er war entschlossen, die britische Vorherrschaft dort auch für die Zukunft zu sichern. Er wollte deshalb die Buren durch britische Einwanderer zur politischen Minderheit machen, darüber hinaus die burischen Kinder durch ein neues Schulsystem anglisieren und schließlich ein modernes Staatswesen mit leistungsfähiger Wirtschaft und Verwaltung schaffen.[47]

Im Bereich der Landwirtschaft stand Milner vor großen Problemen: Der Viehbestand war durch den Krieg fast völlig dezimiert, die Bodenqualität war (verstärkt durch die burische Art der Landnutzung) schlecht und der Entwicklungsstand der Landwirtschaft war niedrig. Die Wiederbelebung der Landwirtschaft wurde zudem durch eine anhaltende Dürreperiode (1903-08) erschwert. Das alte System der Erbteilung hatte die Zunahme der landlosen Buren gefördert. Als nun Milner die Abschaffung des alten Systems des Landbesitzes und des Erbrechtes dekretierte, wurde dieser Prozeß weiter beschleunigt. Vielen landlosen Buren blieb da nur die Abwanderung in die Stadtregionen. Die schlechten Bedingungen in der Landwirtschaft verhinderten auch die Einwanderung englischsprachiger Farmer, auf die Milner gehofft hatte.[48]

Um seine Vorhaben langfristig überhaupt finanzieren zu können, war Milner auf die Einnahmen aus der Besteuerung der Gewinne im Goldbergbau angewiesen. Es lag daher in seinem Interesse sicherzustellen, daß genügend afrikanische Arbeiter verfügbar waren. Ende 1901 handelte er mit der portugiesischen Kolonialverwaltung in Mosambik ein Abkommen aus, das den *Rand*-Bergwerken die Anwerbung von Arbeitern erlaubte. Trotzdem kamen nicht genug Arbeiter an den *Rand*. Die Bergwerkskammer mußte eine andere Lösung finden und beschloß, Arbeiter in China zu rekrutieren. Um sich der Zustimmung der weißen Arbeiter zu versichern, die bereits 1893 erste Rassenschranken am Arbeitsplatz durchgesetzt hatten, wurde festgelegt, daß die chinesischen Arbeiter nur bestimmte Tätigkeiten ausüben durften, die in der *Transvaal Labour Importation Ordinance* festgehalten waren. Im Juni 1904 landete schließlich das erste Kontingent chinesischer Arbeiter in Durban; insgesamt wurden 1904/05 etwa 63000 Chinesen an den *Rand* geholt[49], die dem Bergbau über eine schwierige Phase hinweg halfen. 1906 war der Nachkriegsaufschwung vorbei, der Afrikanern alternative Beschäftigungsmöglichkeiten (etwa im Eisenbahnbau) erschlossen hatte. In der Folge mußten sich wieder mehr Afrikaner im Bergbau verdingen. Die Zahl der afrikanischen Bergarbeiter erreichte im Januar 1907 mit 94000 wieder annähernd den Vorkriegsstand und stieg bis Dezember 1908 auf 150000.[50] Vor diesem Hintergrund war bereits im November 1906 die Anwerbung chinesischer Arbeiter eingestellt worden, deren Repatriierung 1908 begann. 1910 schließlich verließen die letzten Chinesen Südafrika.

Milner mußte bereits im April 1905 aus seinem Amt ausscheiden, nachdem seine Politik im britischen Unterhaus auf heftige Kritik gestoßen war. Zu seinen unbestrittenen Leistungen zählten der Aufbau leistungsfähiger Stadtverwaltungen (u.a. in Pretoria und Johannesburg), die Einrichtung eines Landwirtschaftsministeriums im Transvaal und mit der Schaffung eines einheitlichen Eisenbahntarifsystems sowie einer Zollunion zwei wichtige Weichenstellungen für eine Vereinigung Südafrikas.

Auf der anderen Seite war Milner wie wohl kein zweiter für die Verbitterung zwischen Buren und Briten verantwortlich, und seine Politik hatte den Wiederaufstieg der Buren zur Macht beschleunigt: Bereits im Januar 1905 hatte sich im Transvaal eine Partei — *Het Volk* — unter Führung der ehemaligen Burengenerale Botha und Smuts gegründet.[51] Nachdem im Januar 1906 der britische Premierminister Henry Campbell-Bannerman in den Unterhauswahlen einen überwältigenden Wahlsieg gegen die Konservativen errang (ein Wahlkampfthema war die Behandlung der chinesischen Arbeiter in Südafrika gewesen), schlug die Stunde der Buren. 1906 wurde dem Transvaal die Selbstregierung zugestanden und *Het Volk* konnte im Februar 1907 die Wahlen gewinnen. Ende 1907 konnte sich dann auch im Oranje-Freistaat, dem ebenfalls die Selbstregierung gewährt worden war, mit der von Hertzog gegründeten *Orangia Unie* eine burische Partei bei den Wahlen durchsetzen.[52].

Beide Parteien hatten die Milnerschen Anglisierungsmaßnahmen bekämpft, Botha und Smuts entwickelten jedoch rasch ein kooperatives Verhältnis zur Bergbauindustrie, denn sie erkannten deren überragende Bedeutung für den Staatshaushalt. Als im März 1907 weiße Bergarbeiter in den Streik traten, weil sie fürchteten, von afrikanischen Arbeitern allmählich verdrängt zu werden, ging Smuts mit britischen Truppen gegen die Streikenden vor und die Bergwerksbesitzer stellten etwa 2 000 Buren als Streikbrecher ein. Für die burische Arbeiterschaft war dies der Durchbruch: Innerhalb von 15 Jahren waren drei Viertel der weißen Bergarbeiter Buren.[53]

Nachdem im Februar 1908 mit John X. Merriman auch in der Kap-Kolonie ein Premierminister die Regierung übernahm, der von Buren unterstützt wurde, traten im Oktober 1908 30 weiße Delegierte aus allen vier Kolonien zu einem Nationalkonvent zusammen, um die Gründung eines vereinten Südafrika vorzubereiten. 1909 verabschiedete das britische Parlament den *South Africa Act*, der sich an den Entwürfen des Nationalkonvents orientierte. Als am 31. Mai 1910, nur acht Jahre nach Ende des Krieges, die Südafrikanische Union offiziell gegründet wurde, war dies für die Buren ein Triumph. Die Afrikaner jedoch, die so zahlreich auf britischer Seite am Krieg teilgenommen hatten, sahen sich in ihren Hoffnungen jäh enttäuscht. Zwar war das Wahlrecht der Nicht-Weißen in der Kap-Kolonie in der Verfassung verankert und zu seiner Abschaffung eine Zweidrittelmehrheit in einer gemeinsamen Sitzung beider Kammern des Unionsparlaments nötig; diese Bestandsgarantie konnte jedoch nicht darüber hinwegtäuschen, daß in der Union die überwiegende Mehrzahl der Afrikaner keinerlei Entwicklungsmöglichkeiten hatte.

3. Die Ära der Burengenerale

Von 1910 bis 1948 lenkten die drei ehemaligen Burengenerale Botha, Smuts und Hertzog als Premierminister die Geschicke Südafrikas. Unter ihrer Verantwortung wurden die Entrechtung der afrikanischen Bevölkerungsmehrheit im wirtschaftlichen und politischen Bereich weiter vorangetrieben und die gesetzlichen Grundlagen für getrennte afrikanische Wohngebiete in den Städten sowie für afrikanische Reservationen geschaffen. Die Grundprinzipien dieser Rassentrennungspolitik *(segregation)* waren bereits von der *South African Native Affairs Commission* (1903-05) entwickelt worden[54]; mit ihrer Umsetzung wurde der Grundstein für das Apartheid-System nach 1948 gelegt.

Die Allianz von Gold und Mais

Louis Botha bildete zunächst eine Übergangsregierung, die im September 1910 von den Wählern bestätigt wurde. Im November 1911 schlossen sich schließlich die burischen Parteien der einzelnen Provinzen zur *South African Party* (SAP) zusammen, der im Parlament die britisch orientierten Unionisten als Vertreter der Bergbauinteressen und die 1910 begründete *Labour Party*, die die englischsprachigen Arbeiter vertrat, gegenüberstanden.

Innerhalb der Regierung kam es schon bald zu schwerwiegenden Meinungsverschiedenheiten. Hertzog, der das Amt des Justizministers innehatte, bestand im Gegensatz zu Botha und Smuts darauf, daß sich die beiden weißen Sprachgruppen als unterschiedliche ethnische Ströme gleichberechtigt nebeneinander entwickeln sollten (Zwei-Strom-These), auch wenn er grundsätzlich von der Einheit aller Weißen ausging, die sich zu Südafrika bekannten. Hertzog sah die kulturelle Eigenständigkeit der Buren durch den Versöhnungskurs von Botha und Smuts gefährdet, die in erster Linie auf den Ausgleich innerhalb der weißen Bevölkerung bedacht waren.[55] Dieser Konflikt schwelte auch nach der Vereinigung der burischen Parteien zur SAP weiter.

Eines der wichtigsten Ziele von Botha und Smuts war es, dafür zu sorgen, daß den Bergwerken und den weißen Farmern genügend billige afrikanische Arbeiter zur Verfügung standen. Mit dem *Native Labour Regulation Act* wurde deshalb 1911 das System der Wanderarbeit konsolidiert und die Regelungen für die Rekrutierung, die Arbeitsverträge und die Unterbringung der Afrikaner vereinheitlicht. Bei Verstößen gegen ihren Arbeitsvertrag mußten afrikanische Arbeiter mit harten Strafen rechnen. Wenn sie einer Anweisung nicht Folge leisteten oder ihre Arbeitsstelle unerlaubt verließen, konnten sie mit bis zu zwei Monaten Zwangsarbeit bestraft werden. Damit waren faktisch auch Streiks verboten. Mit Rücksicht auf die weißen Farmer war in den weißen Agrargebieten die Anwerbung afrikanischer Arbeiter für die Bergwerke untersagt.[56]

Mit dem *Mines and Works Act* von 1911 wurden Kontrollen über die Arbeitsbedingungen (Arbeitszeit etc.) gesetzlich verankert und qualifizierte Tätigkeiten für weiße Arbeiter reserviert *(job reservation)*. Die Zugeständnisse an die weiße Arbeiterschaft hatten jedoch ihre Grenzen: Der Goldbergbau stand unter starkem Kostendruck, da der Goldgehalt des Gesteins am *Rand* niedrig war und der Goldpreis in den Finanzmetropolen Europas festgelegt wurde. Um die Produktivität zu steigern, wurden im Zuge der Mechanisierung immer mehr afrikanische Arbeiter der Aufsicht eines weißen Vorarbeiters unterstellt: Während 1907 ein weißer Arbeiter für drei Bohrmaschinen verantwortlich war, mußte er 1913 bereits die afrikanischen Arbeiter an sechs bis zehn Bohrmaschinen beaufsichtigen. Vor diesem Hintergrund traten die weißen Bergarbeiter 1913 erneut in den Streik. Der Regierung fehlten zu diesem Zeitpunkt die Mittel, um den Streik allein mit Gewalt niederzuschlagen. Smuts, der Minister für Bergbau, Inneres und Verteidigung war, hatte gerade erst die Gesetze auf den Weg gebracht, um die südafrikanischen Streitkräfte aufzubauen, und mußte zudem einen Streik der 250 000 afrikanischen Bergarbeiter befürchten. Die weißen Bergarbeiter konnten daher wenigstens eine Anerkennung ihrer Gewerkschaft und einige kleine Zugeständnisse erreichen.[57]

Mit dem *Natives Land Act* von 1913[58] versuchte die Regierung, die Arbeits- und Besitzverhältnisse in den ländlichen Gebieten neu zu ordnen. Das Recht von Afrikanern, Land zu erwerben und zu besitzen, wurde auf „ausgewiesene Gebiete" *(scheduled areas)* beschränkt, die zunächst 7,3 % der Gesamtfläche Südafrikas umfaßten. Dies entsprach zum einen den Interessen der weißen Farmer, die die Konkurrenz afrikanischer Bauern fürchteten und sich daher auch über die Landkäufe von Afrikanern vor allem im West-Transvaal beschwerten[59]. Das Land-Gesetz kam zum anderen Großfarmern entgegen, die auf afrikanische Arbeitskräfte angewiesen waren: Afrikanische Bauern auf Land im Besitz von Weißen durften ihre Pacht nur noch in Form von Arbeitsleistungen entrichten *(labour tenancy)*. Pachtverhältnisse, die auf Ernteteilung *(share cropping)* beruhten, sollte es fortan nicht mehr geben. Vor allem die kleinen burischen Maisfarmer fanden jedoch Wege, diese Bestimmung zu umgehen.[60] Auf vielen Farmen wurde die Ernteteilung bis in die 40er Jahre hinein mehr oder weniger offen praktiziert, wobei der Ernteanteil, der den afrikanischen Bauern zugestanden wurde, häufig von den weißen Farmern gesenkt wurde.[61]

Das Land-Gesetz zeigte vor allem im Oranje-Freistaat Wirkung: Nur wenige Wochen nach seinem Inkrafttreten wurden viele Afrikaner von weißen Farmern vertrieben und waren deshalb gezwungen, ihr Vieh zu niedrigen Preisen zu verkaufen. In den anderen Provinzen blieb das Gesetz in seiner Wirkung beschränkt und wurde in der Kap-Provinz 1917 sogar von einem Gericht für ungültig erklärt, da es das in der Verfassung verankerte Wahlrecht der Afrikaner (das ja an Einkommen und Besitz gebunden war) untergrub.

Inzwischen war es im Kabinett Botha zum offenen Konflikt gekommen. Nach wiederholten öffentlichen Angriffen gegen den politischen Kurs von Botha und Smuts hatte Hertzog sein Ministeramt abgeben müssen; Ende 1913 trat er auch aus der SAP aus, um im Januar 1914 die *Nasionale Party* (NP) zu gründen. Diese Abspaltung hatte auch wirtschaftliche Hintergründe: Die Maisfarmer im Transvaal hatten lukrative Verträge zur Belieferung der Bergwerke, von denen die Farmer im Freistaat, die politische Basis Hertzogs, ausgeschlossen waren. Die NP erhielt darüber hinaus Zulauf von burischen Kleinbauern, die sich durch die Expansion von Großfarmern in ihrer Existenz bedroht sahen.[62]

Die NP stand unter dem Schlagwort „Südafrika zuerst" für einen Kurs der nationalen Autonomie, und als wenige Monate nach der Gründung der Partei der Erste Weltkrieg ausbrach, lehnten die burischen Nationalisten einen Kriegseintritt auf der Seite Großbritanniens ab. Aus Protest gegen den geplanten Einmarsch südafrikanischer Truppen in Deutsch-Südwestafrika kam es zu einer bewaffneten Rebellion burischer Nationalisten. Hertzog vermied es zwar, den Aufstand zu unterstützen; die NP opponierte jedoch weiterhin gegen die Kriegsbeteiligung Südafrikas und konnte in den Wahlen von 1915 die Zahl ihrer Parlamentssitze von sieben auf 26 erhöhen.

Die SAP erhielt 54 Sitze und wurde im Parlament von den Unionisten unterstützt. Smuts setzte nach dem Tod Bothas (1919) die Politik zugunsten der Bergbauindustrie und der Großfarmer fort. Seine politische Basis wurde jedoch schmäler: In den Wahlen von 1920 verlor die SAP in den ländlichen Regionen der Kap-Provinz und Transvaals erheblich an die NP und verfügte nur noch über 41 Sitze, während sich die NP auf 44 Sitze verbessern konnte. Smuts konnte sich nun nur noch mit Hilfe der 25 Unionisten an der Macht halten, die sich noch im selben Jahr der SAP anschlossen.

Vor diesem Hintergrund schrieb Smuts 1921 vorzeitige Neuwahlen aus. Durch den Appell an die Abneigung der englischsprachigen Arbeiter gegen die burischen Nationalisten konnte die durch die Unionisten verstärkte SAP zusätzlich 12 Sitze von der *Labour Party* gewinnen und verfügte nun mit 79 Sitzen über eine sichere Parlamentsmehrheit, der 45 NP- und 9 *Labour*-Abgeordnete gegenüberstanden.

Infolge der Zerrüttung des Weltwährungssystems nach Kriegsende sank der Goldpreis, und viele Goldbergwerke drohten in die Verlustzone zu geraten. Daher beschlossen die Bergbaumagnaten Lohnkürzungen, die sie allerdings indirekt durchsetzen wollten: Weiße Arbeiter sollten durch billige afrikanische Arbeiter ersetzt werden. Ende 1921 kündigte die Bergwerkskammer die einseitige Aufkündigung des Status-quo-Abkommens an, mit dem im September 1918 das Zahlenverhältnis von weißen zu afrikanischen Arbeitern im Bergbau festgeschrieben worden war. Als Verhandlungen zwischen Gewerkschaften und den Konzernen ergebnislos verliefen, traten die weißen Bergarbeiter in den Streik, der schließlich in einen bewaffneten Aufstand — die *Rand*-Revolte — mündete. Im März 1922 mußte Smuts ein großes Truppenkontingent, Artillerie und sogar Flugzeuge einsetzen, um den Aufstand niederzuwerfen, wobei über 200 Arbeiter getötet wurden.[63] Die Niederschlagung der Revolte sollte sich für Smuts als Pyrrhussieg erweisen, denn fortan standen die Arbeiter geschlossen gegen seine Regierung.

Seit Kriegsende sah sich Smuts auch immer wieder mit Streiks afrikanischer Arbeiter konfrontiert, deren Höhepunkt 1920 ein Streik afrikanischer Bergarbeiter war. Die Regierung ging daran, eine landesweit verbindliche Politik für die Afrikaner in städtischen Gebieten zu entwerfen. Zwei Gremien hatten dazu Berichte vorgelegt: die Stallard-Kommission (1922) und das interministerielle Godley-Komitee (1923). Beide Berichte stimmten darin überein, daß der Zuzug der Afrikaner in die Stadtgebiete reguliert werden müsse, und beide befürworteten getrennte Wohnbezirke.[64] Der *Native (Urban Areas) Act* von 1923 setzte diese beiden Empfehlungen um: Er gab Stadtverwaltungen die Möglichkeit, den Zuzug von Afrikanern einzuschränken und legte die gesetzliche Grundlage für getrennte afrikanische Wohngebiete — *locations* oder *townships*. Im selben Jahr wurde in Kapstadt eine *location* in Langa, einige Kilometer vom Stadtzentrum entfernt, errichtet.[65]

Die Regierung baute daneben die Rassendiskriminierung in den Arbeitsbeziehungen aus. Der *Apprenticeship Act* versperrte ab 1922 allen Afrikanern und den meisten Farbigen den Zugang zur Facharbeiterausbildung; mit dem *Industrial Conciliation Act* wurden 1924 Afrikaner und Inder vom Begriff des „Arbeitnehmers" und damit von dem im Gesetz festgelegten Schlichtungssystem zur Beilegung von Arbeitskonflikten ausgeschlossen.

Die *Rand*-Revolte hatte der *Labour Party* neuen Auftrieb verschafft, und sie ging mit Hertzogs NP ein Wahlbündnis ein. Smuts trat daraufhin die Flucht nach vorne an und schrieb 1924 Neuwahlen aus. Die *Labour Party* und die NP hatten sich auf ein klares Wahlprogramm geeinigt: Sie forderten Arbeitsbeschaffungsmaßnahmen für Weiße, die Beseitigung der nicht-weißen Konkurrenten auf dem Arbeitsmarkt, die Förderung von weißen Farmern und verarbeitender Industrie und den Ausbau der Rassentrennung. Dem hatte die SAP nur einen hastig erarbeiteten Maßnahmenkatalog entgegenzusetzen, der sich obendrein wie das Eingeständnis des eigenen Versagens las. Nach erbittertem Wahlkampf siegte das Bündnis aus burischen Nationalisten und organisierter weißer Arbeiterschaft mit deutlicher Mehrheit: Die NP erhielt 63 und die *Labour Party* 18 Sitze; die SAP dagegen verfügte nur noch über 53 Sitze. Die Mehrzahl der Abgeordneten vertrat die englischsprachige Landbevölkerung am Ost-Kap und in Natal sowie die englischsprachige städtische Mittel- und Oberschicht; darüber hinaus wurde die SAP auch weiterhin von den burischen Großfarmern unterstützt. Die NP dagegen war zu einer Sammlungsbewegung des Burentums geworden. Sie vertrat die burischen Kleinbauern, die landlose burische Unterschicht („arme Weiße") und die sich daraus rekrutierende burische Arbeiterschaft sowie die burische Intelligenz. Des weiteren unterstützten viele Staatsbedienstete in einfachen oder gehobenen Positionen die NP.[66]

Der Ausbau der Rassendiskriminierung unter Hertzog

Das drängendste Problem für den neugewählten Premier Hertzog war die weiße, vor allem burische Unterschicht: 1921 hatten bereits 120 000 Menschen zur Gruppe der „armen Weißen" gehört, deren Zahl ständig weiter anstieg.[67] Um dieser Entwicklung entgegenzuwirken, führte die Regierung Hertzog im Juli 1924 die *civilized-labour*-Politik ein. Im staatlichen Sektor wurden anstelle von afrikanischen weiße Arbeiter beschäftigt, allerdings zu Löhnen, die ihnen einen „zivilisierten" (für Weiße angemessenen) Lebensstandard ermöglichten: Von 1924 bis 1933 stieg so die Zahl der bei den Staatsbahnen beschäftigten ungelernten weißen Arbeiter um etwa 13 000, während die Zahl der afrikanischen Arbeiter um 15 500 zurückging.[68]

In der Landwirtschaftspolitik knüpfte Hertzog an bereits aufgelegte Förderprogramme an, allerdings wurden die Kleinbauern, die die Basis der NP darstellten, mehr als bisher in der Mittelvergabe berücksichtigt. Im Staatsdienst wurde das Gebot der Zweisprachigkeit strenger als bisher gehandhabt und diente als Hebel, um bevorzugt Buren einzustellen. Zudem wurde Afrikaans, das sich gegenüber dem Holländischen durchgesetzt hatte, 1925 zweite Amtssprache neben dem Englischen.

Mit dem *Native Administration Act* konnte Hertzog 1927 eine Neuordnung der „Eingeborenenverwaltung" durchsetzen. Das Gesetz erweiterte die Befugnisse des Ministeriums für „Eingeborenenangelegenheiten", wobei die Verwaltung nach dem Vorbild Shepstones auf der Basis der traditionellen Stammesstrukturen erfolgte.[69] Dagegen scheiterte Hertzog mit seinem Versuch, das Wahlrecht der Afrikaner in der Kap-Provinz abzuschaffen.

Die Frage der zukünftigen „Eingeborenenpolitik" stand im Mittelpunkt des Wahlkampfs von 1929. Hertzog beschuldigte Smuts, er wolle Südafrika der afrikanischen Mehrheit ausliefern. Diese Drohung mit der *swart gevaar* tat ihre Wirkung: Die NP konnte in den ländlichen, burisch geprägten Wahlkreisen zulegen und gewann mit 77 Sitzen knapp die absolute Mehrheit.

Kurz nach den Wahlen wurde Südafrika von der Weltwirtschaftskrise erfaßt. Während Großbritannien im September 1931 den Goldstandard aufgab, weigerte sich Hertzog über ein Jahr, diesen Schritt nachzuvollziehen und beschleunigte dadurch die wirtschaftliche Talfahrt des Landes. Die Goldstandard-Krise von 1932 brachte Bewegung in die politischen Fronten: Im Februar 1933 einigten sich

Hertzog und Smuts auf die Bildung einer Koalitionsregierung, wobei Hertzog Premier blieb. In vorgezogenen Neuwahlen gewannen SAP und NP zusammen 136 von 150 Sitzen und schlossen sich schließlich 1934 zur *United Party* (UP) zusammen. Aus Protest gegen die „Fusion" gründeten 19 NP-Abgeordnete unter Führung von Daniel F. Malan, einem ehemaligen Geistlichen, der 1915 die Kanzel verlassen hatte, um in die Politik zu gehen, die *Gesuiwerde* (Gereinigte) *Nasionale Party,* deren Basis im Hinterland des Kaps lag.

Bereits vor der „Fusion" hatten sich SAP und NP auf eine „Eingeborenenpolitik" mit dem Ziel verständigt, die afrikanische Landflucht zu stoppen. Der *Native Service Contract Act* von 1932 band die afrikanische Landbevölkerung an die weißen Farmen: Alle Mitglieder einer afrikanischen Pächterfamilie konnten vom weißen Landbesitzer 180 Tage im Jahr je nach Bedarf zu Arbeiten herangezogen werden. Wenn ein Afrikaner seinen Arbeitspflichten nicht nachkam, konnte der Farmer, ohne ein Gericht anrufen zu müssen, die ganze Familie von seinem Anwesen vertreiben. Neben den Bediensteten konnten nun auch afrikanische Pächter, die ihre Pacht abarbeiteten, bei Vergehen mit Peitschenhieben bestraft werden.[70]

Beide Parteien hatten auch über die Vollendung der politischen Diskriminierung der Afrikaner eine Einigung erzielt, der sich nur eine kleine Schaar ehemaliger SAP-Politiker verweigerte. Mit dem *Representation of Natives Act* wurde 1936 das Wahlrecht der Afrikaner in der Kap-Provinz abgeschafft, das bereits vorher durch die Einführung des Wahlrechts für weiße Frauen (1930) und die Abschaffung der Wahlrechtsqualifikationen für weiße Männer (1931) ausgehöhlt worden war.[71] Fortan konnten die Afrikaner in der Kap-Provinz nur noch auf getrennten Wahllisten drei weiße Vertreter ins Parlament wählen. Darüber hinaus wurde ein „Eingeborenen-Repräsentativrat" *(Natives Representative Council)* eingerichtet, der indes nur beratende Funktion hatte.

Neben der politischen wurde auch die territoriale Rassentrennung vervollständigt: Der *Natives Trust and Land Act* von 1936 sah vor, die Reservationen („Eingeborenengebiete"), die 1913 festgelegt worden waren, um zusätzliche Flächen zu erweitern. Zu diesem Zweck wurde der *South African Native Trust* geschaffen, der die nötigen Landkäufe und die Erweiterung der Reservationen abzuwickeln hatte, die insgesamt 13 % der Gesamtfläche Südafrikas umfassen sollten. Mit dem Land-Gesetz von 1936 verloren auch die Afrikaner in der Kap-Provinz ihr Recht, Land außerhalb der Reservationen zu erwerben.[72]

Nach der Aufgabe des Goldstandards erlebte der Goldbergbau einen Boom. Mit den Einnahmen aus der Besteuerung des Goldbergbaus konnte die Regierung Hertzog/Smuts eine aktive Wirtschaftspolitik finanzieren. Die Gelder flossen etwa in die 1928 gegründete staatliche *Iron and Steel Corporation of South Africa* (ISCOR), deren Stahlwerke nahe Pretoria 1934 den Betrieb aufnahmen und ihre Produktion bis 1939 verdoppelten. ISCOR wurde durch Schutzzölle von überseeischer Konkurrenz abgeschottet und war der einzige Lieferant der staatlichen Eisenbahngesellschaft. Die Expansion im industriellen Sektor trug dazu bei, daß das Problem der „armen Weißen", deren Zahl nach Untersuchungen der Carnegie-Kommission auf 300000 Menschen gestiegen war (dies waren etwa ein Fünftel aller weißen Familien Südafrikas), allmählich gelöst werden konnte.[73]

Die burischen Nationalisten um Malan hatten inzwischen damit begonnen, ihre organisatorische Basis zu erweitern. Da der politische Rückhalt von Malan im Oranje-Freistaat und vor allem im Transvaal ausgesprochen gering war, wurde dort der *Afrikaner Broederbond* zur treibenden Kraft des burischen Nationalismus.[74] Er war 1918 von burischen Akademikern und Geistlichen in Johannesburg gegründet worden, um die kulturelle Eigenständigkeit der Buren zu fördern und dem englischen Einfluß in der südafrikanischen Gesellschaft entgegenzuwirken. 1921 hatte sich der *Broederbond* in eine Geheimgesellschaft umgewandelt, der fast ausschließlich städtische Buren mit hohem Bildungsstand angehörten. Um seinen Einfluß in der burischen Gesellschaft zu vergrößern, hatte sich der *Broederbond* 1929 mit der *Federasie van Afrikaanse Kultuurverenigings* eine Frontorganisation geschaffen, die die Vielzahl burischer Vereinigungen im kulturellen und gesellschaftlichen Bereich unter einem Dach zusammenfassen sollte. Nachdem Malan und seine Gefolgsleute 1934 die „Gereinigte" *Nasionale Party* gegründet hatten, begann der *Broederbond,* seine Aktivitäten auf den wirtschaftlichen Bereich auszudehnen. So versuchten die burischen Nationalisten, burische Arbeiter in eigenen Gewerkschaften wie der Eisenbahnergewerkschaft *Spoorbond* zu organisieren oder innerhalb der bestehenden, von englischsprachigen Gewerkschaftern beherrschten Arbeitnehmerorganisationen die Führung zu übernehmen, was ihnen im Fall der *Mine Workers' Union,* der Gewerkschaft der weißen Bergarbeiter nach harten Auseinandersetzungen schließlich 1948 auch gelingen sollte.[75] Zugleich begann der *Broederbond,* burische Wirtschaftsunternehmen gezielt zu unterstützen. Zu diesem Zweck wurde 1934 die Genossenschaftsbank *Volkskas* gegründet; zudem hatten führende burische Politiker in der Kap-Provinz bereits 1918 die Versicherungs- und Finanzierungsgesellschaft SANLAM gegründet, der nun eine zentrale Rolle bei der Förderung burischer Wirtschaftsunternehmen zukam.

Die Wahlen von 1938 zeigten, daß der Weg zur Regierungsmacht für Malan noch weit war. Die *United Party* konnte im Wahlkampf auf die Erfolge der Fusions-Regierung verweisen, die die *segregation* weiter ausgebaut und Südafrika aus der wirtschaftlichen Krise geführt hatte. Die Partei von Hertzog und Smuts gewann 111 Sitze, während Malans NP lediglich 27 Mandate erringen konnte, zumeist in Wahlkreisen in der Kap-Provinz, in denen der Anteil der „armen Weißen" über dem Landesdurchschnitt lag.[76]

Wie schon 1914 kam es auch 1939 zum Konflikt über den Kriegseintritt auf britischer Seite. Hertzog unterlag mit seiner Forderung, Südafrika solle neutral bleiben, im Parlament mit 67 gegen 80 Stimmen und trat in der Hoffnung auf Neuwahlen vom Amt des Premierministers zurück. Der General-Gouverneur beauftragte jedoch Smuts mit der Bildung einer neuen Regierung, woraufhin Hertzog und 37 weitere Abgeordnete aus der *United Party* austraten. Im Januar 1940 gründeten Hertzog und Malan die *Herenigde* (Wiedervereinigte) *Nasionale Party.* Diese Zusammenarbeit war jedoch nur von kurzer Dauer: Bereits 1941 überwarf sich Hertzog mit Malan, weil er dessen aggressiven burischen Nationalismus ablehnte, und zog sich ganz aus der Politik zurück. Malan gelang es nach dem Rückzug Hertzogs, einen großen Teil von dessen Anhängern vor allem im Oranje-Freistaat, der stets eine Hochburg Hertzogs gewesen war, an die *(Herenigde) Nasionale Party* zu binden. Darüber hinaus konnte er sich gegen militante und pronazistische Organisationen wie die *Ossewa Brandwag,* die die Regierung Smuts auch mit Sabotageaktionen bekämpfte, als politischer Führer des burischen Nationalismus durchsetzen.

Seit 1939 hatte der *Broederbond* zusammen mit SANLAM verstärkt versucht, burische Arbeiter, Farmer und Angestellte zu motivieren, in Form von Spareinlagen oder durch den Erwerb von Lebensversicherungen die finanziellen Mittel für die Gründung und die Erweiterung burischer Wirtschaftsunternehmen bereitzustellen. Im Oktober 1939 organisierten führende burische Nationalisten um Malan einen „Wirtschaftlichen Volkskongreß" *(Ekonomiese Volkskongress),* auf dem mit dem *Reddingsdaadbond* eine Institution geschaffen wurde, um den Aufbau originär burischer Unternehmen mit burischen Geldern voranzutreiben. Man wollte den Buren die wirtschaftliche Stellung ihrer Bevölkerungsgruppe ins Bewußtsein rücken, ihre Ersparnisse in burische Unternehmen lenken und ihre Kaufkraft zur Unterstützung der burischen Geschäftsleute mobilisieren. Der Appell an die Buren, ihr Geld in burischen Unternehmen anzulegen, brachte Erfolge: Der Wert der Guthaben bei der *Volkskas* stieg von 1935 bis 1948 von 26000 auf 30 Millionen Rand; der Kapitalstock von SANLAM versechsfachte sich zwischen 1939 und 1948.[77]

Die Rassentrennung im Umbruch

Der Zweite Weltkrieg führte in Südafrika zu einer Phase raschen wirtschaftlichen Wachstums. Vor allem in der verarbeitenden Industrie kam es zu einer massiven Ausweitung der Produktion, so daß der Bedarf an afrikanischen Arbeitern ständig wuchs. Als Folge stieg nach offiziellen Statistiken die Zahl der städtischen Afrikaner von 1,1 Millionen (1936) auf 1,7 Millionen (1946) und schließlich auf 2,3 Millionen (1951). Gleichzeitig nahm der Frauenanteil stark zu, was als Indiz dafür angesehen werden kann, daß sich immer mehr afrikanische Familien dauerhaft in städtischen Gebieten niederließen.[78] Ein wichtiger Grund für die afrikanische Landflucht waren die Lebensumstände in den Reservationen, wo die Bedingungen für die Landwirtschaft bereits Anfang der 30er Jahre so schlecht gewesen waren, daß die *Native Economic Commission* 1932 in ihrem Bericht festgestellt hatte: „Ein Eingeborenengebiet ist aufgrund seiner Verödung auf Anhieb zu erkennen."[79]

Das rasche industrielle Wachstum führte zu einem Mangel an weißen Facharbeitern und angelernten Arbeitern, der noch dadurch vergrößert wurde, daß viele weiße Arbeiter während des Krieges in den südafrikanischen Streitkräften Dienst taten. Unter diesen Umständen war das System der *job reservation,* demzufolge qualifizierte Positionen Weißen vorbehalten waren, nicht mehr aufrechtzuerhalten. In den staatseigenen Betrieben waren schließlich Ende 1944 fast 14000 afrikanische und farbige angelernte Arbeiter auf Positionen eingesetzt, die bei strenger Auslegung der einschlägigen Gesetzesbestimmungen Weißen vorbehalten gewesen wären.[80]

Vor dem Hintergrund der afrikanischen Verstädterung schien die Regierung 1942 Korrekturen am bestehenden System der Rassentrennung ins Auge zu fassen. In einer vielbeachteten Rede vor dem *South African Institute of Race Relations* erklärte Smuts im Februar

1942, die *segregation* sei überholt und die Auflösung der Stammesbindungen der afrikanischen Stadtbevölkerung nicht mehr aufzuhalten. Seine neue Formel für die „Eingeborenenpolitik" hieß „Treuhänderschaft" *(trusteeship)* — ein vager Paternalismus, der den städtischen Afrikanern die Verbesserung ihrer wirtschaftlichen und sozialen Lage in Aussicht stellte, ohne jedoch die politische Diskriminierung der Afrikaner zu beseitigen und die Rassentrennung abzuschaffen.[81]

Wie ernst es der Regierung mit Reformen war, mußte sich nicht zuletzt an den Paßgesetzen beweisen. Im Mai 1942 wurde ein Moratorium der Verhaftungen wegen „Paßvergehen" für alle großen Städte mit Ausnahme Kapstadts verkündet. Am Witwatersrand ging die Zahl der verhafteten Afrikaner von 13 641 zwischen Februar und April 1942 auf 1 808 von Juni bis August zurück. Die Lockerung der Paßkontrollen wurde jedoch stillschweigend wieder aufgegeben, weil die Regierung befürchtete, die Kontrolle über den Zuzug von Afrikanern in die Städte vollends zu verlieren.[82]

Nach ihrer Wiederwahl 1943 versuchte die Regierung Smuts, mit einer Neufassung des *Natives (Urban Areas) Act* von 1923, der bereits in den 30er Jahren mehrmals ergänzt worden war, den afrikanischen Zuzug in die Städte unter Kontrolle zu bekommen. Der *Natives (Urban Areas) Consolidation Act* räumte 1945 den Stadtverwaltungen weitreichende Befugnisse ein: Ohne behördliche Genehmigung war Afrikanern der Aufenthalt in Stadtgebieten untersagt; zudem wurde auch das Wohnrecht für in den Stadtgebieten geborene Afrikaner und für Familienangehörige der dort ansässigen Afrikaner eingeschränkt.[83] Das Gesetz konnte jedoch den Zustrom von Afrikanern in die städtischen Wirtschaftszentren nicht rückgängig machen: So war Johannesburgs afrikanische Bevölkerung zwischen 1936 und 1946 von 229 000 auf 384 000 Menschen angewachsen; etwa 90 000 Afrikaner lebten unter erbärmlichen Umständen in Hüttensiedlungen *(squatter camps)* am Rand der Stadt.[84] Nach Schätzungen fehlten 1947 in Johannesburg allein über 16 000 Wohneinheiten[85] und in allen Stadtgebieten Südafrikas zusammen über 150 000 Familienunterkünfte und über 100 000 Einzelunterkünfte für afrikanische Arbeiter.[86] Die Lebensumstände in den Städten führten zu erheblichen Konflikten zwischen Afrikanern und den weißen Behörden, die ihre Ursache auch in den hohen Lebensmittelpreisen und den Tarifen der Verkehrsmittel hatten.

Die Regierung Smuts sah sich nicht nur mit dem Problem der städtischen Afrikaner konfrontiert, sondern war auch dem wachsenden Druck der afrikanischen Arbeiterschaft ausgesetzt. Im zweiten Halbjahr 1942 gab es trotz gesetzlicher Verbote 22 Streiks afrikanischer Arbeiter und Ende 1943 legten die Arbeiter in den Elektrizitätswerken am Witwatersrand die Arbeit nieder. Ihren Höhepunkt erreichten die Arbeitskämpfe im August 1946, als 74 000 afrikanische Bergarbeiter in den Streik traten.[87] Anläßlich des Bergarbeiterstreiks kam es zum Konflikt zwischen der Regierung und dem „Eingeborenen-Repräsentativrat". Smuts hatte ohnehin nie an seinen Sitzungen teilgenommen und die Regierung überging auch jetzt die Vorschläge des Rates, der sich daraufhin auf unbestimmte Zeit vertagte.

Die „Eingeborenenpolitik", und dabei vor allem die Politik gegenüber der afrikanischen Stadtbevölkerung, stand im Mittelpunkt der Auseinandersetzung zwischen der Regierung Smuts und der burischen Opposition und wurde 1948 zum zentralen Wahlkampfthema. Die Regierung hatte 1946 die *Native Economic Commission* (Fagan-Kommission) eingesetzt, die die Grundzüge der zukünftigen „Eingeborenenpolitik" unter einer *United Party*-Regierung ausarbeiten sollte und ihren Bericht im Februar 1948, ein Vierteljahr vor den Wahlen, vorlegte. Die *Nasionale Party* unter Malan hatte ihrerseits die Sauer-Kommission eingesetzt, um ein eigenes Konzept zu entwickeln. In beiden Kommissionsberichten nahm die Frage der afrikanischen Verstädterung breiten Raum ein[88]: Der Fagan-Bericht sah die Zunahme der afrikanischen Stadtbevölkerung als unvermeidlich und wirtschaftlich wünschenswert an, forderte jedoch die Regulierung der Urbanisierung. Die Sauer-Kommission dagegen verlangte, der Zuzug von Afrikanern in die Städte müsse gebremst und langfristig sogar umgekehrt werden. Beide Kommissionen traten für ein landesweites Netz von Arbeitsvermittlungsstellen und ein einheitliches Paßsystem ein. Nach dem Fagan-Bericht sollten die Arbeitsvermittlungsstellen den Zuzug von afrikanischen Arbeitern in die städtischen Industriegebiete regulieren, wobei zwischen dauerhaft in den Städten lebenden Arbeitern und Wanderarbeitern unterschieden wurde. Im Unterschied dazu sah die Sauer-Kommission in Arbeitsvermittlungsstellen ein Instrument, um eine weitere Zunahme der afrikanischen Stadtbevölkerung zu blockieren und „überzählige" Afrikaner aus den Städten abzuschieben.

Die beiden Kommissionen entwickelten völlig unterschiedliche Konzepte für die langfristige „Eingeborenenpolitik". Die Fagan-Kommission sprach sich für eine Abkehr von der Rassentrennung aus: Die politische Diskriminierung der Afrikaner sollte schrittweise abgebaut und die Trennung der Wohnbezirke in den Städten allmählich gelockert werden, während die Politik der territorialen Rassentrennung überhaupt nicht mehr weiterverfolgt werden sollte. Die Sauer-Kommission dagegen trat dafür ein, die territoriale Rassentrennung konsequent umzusetzen. Alle in den städtischen Gebieten lebenden Afrikaner waren dem Sauer-Bericht zufolge nur als „Besucher" anzusehen und sollten schrittweise in die Reservationen abgeschoben werden. Im Rahmen einer Strategie der Dezentralisierung der Wirtschaft sollten deshalb Industriebetriebe direkt in den Reservationen oder in den angrenzenden „weißen" Gebieten angesiedelt werden. Die Sauer-Kommission entwickelte allerdings keine zeitlichen Vorstellungen darüber, wann an eine Umkehr des Zuzugs von Afrikanern in die städtischen Gebiete gedacht werden könnte.

Im Wahlkampf 1948 bekannte sich die *Nasionale Party* zum Prinzip einer strikten Rassentrennung auf der Grundlage des Sauer-Berichtes, die unter dem Begriff „Apartheid"[89] zusammengefaßt und mit dem Hinweis auf die Zustände in den Städten gerechtfertigt wurde, die nach Ansicht der NP in der „schwarzen Flut" zu versinken drohten. Die burischen Nationalisten wollten sowohl die burischen Farmer als auch die burischen Arbeiter für sich gewinnen und konnten dabei auch auf die weitverbreitete Unzufriedenheit mit der Regierung Smuts bauen.[90]. Nach 1945 mußten 250000 Kriegsteilnehmer wieder in den Produktionsprozeß eingegliedert werden, was den Unmut der weißen Arbeiter über die von der Regierung geduldete Aufweichung der Arbeitsplatzreservierung verstärkte. Die Farmer wiederum fürchteten, ihre afrikanischen Arbeiter zu verlieren, falls die Paßgesetze und Zuzugskontrollen gelockert würden; sie kritisierten zudem die von der Regierung verfügten Preiskontrollen für ihre Erzeugnisse. Mit der Entscheidung, auch 1947 den Preis für Mais festzusetzen, hatte die Regierung Smuts jede Chance vertan, ländliche Wahlkreise in Transvaal zu gewinnen. Das Programm der NP war dagegen genau auf die Interessen der burischen Farmer und Arbeiter zugeschnitten, und die Partei verfügte mittlerweile landesweit über eine schlagkräftige Organisation.

In den Wahlen konnte die NP zusammen mit der *Afrikaner Party* (eine Kleinpartei aus ehemaligen Gefolgsleuten Hertzogs) 75 bis 80 Prozent der burischen Stimmen[91] auf sich vereinigen und aufgrund des Mehrheitswahlrechts im Verein mit einer Wahlkreiseinteilung, die das Gewicht der ländlichen Regionen erhöhte, eine Mehrheit der Sitze erringen: Dem neuen Parlament gehörten 79 burische Nationalisten, 65 UP- und 6 *Labour*-Abgeordnete an.[92] Die *United Party* hatte in den ländlichen Regionen, auf dem *platteland*, schwere Einbußen hinnehmen müssen: Während sie 1943 noch 15 von 23 Wahlkreisen Transvaals gewonnen hatte, gingen 1948 alle 23 Wahlkreise an burische Nationalisten; von allen ländlichen Wahlkreisen Südafrikas konnte die UP lediglich acht gewinnen. Neben den Farmern hatten die burischen Berg-, Eisenbahn- und Stahlarbeiter für die NP gestimmt, die so acht Sitze am Witwatersrand und fünf in Pretoria (dem Sitz der staatseigenen Stahlwerke) gewinnen konnte.[93]

4. Der Apartheid-Staat

Die burischen Nationalisten hatten sich drei Grundprinzipien auf ihre Fahnen geschrieben, an denen sich die Regierungspolitik ausrichten sollte: die Rassentrennung auf allen gesellschaftlichen Ebenen und in allen gesellschaftlichen Bereichen, die kompromißlose Verteidigung der weißen Vorherrschaft und die politische Vormachtstellung der Buren mit dem Ziel, eine Republik auf „christlich-nationaler" Grundlage zu errichten. Die Strategen der NP hatten bereits die zentralen Elemente entwickelt, die für die Verwirklichung der Apartheid unabdingbar waren und nun gesetzlich verankert werden sollten. Im einzelnen waren dies die Unterteilung der Bevölkerung in Rassengruppen, die strikte Trennung dieser Gruppen in den städtischen Gebieten, die Einschränkung der afrikanischen Urbanisierung, die Ausweitung des Systems der Wanderarbeit und eine stärkere Betonung der Stammesstrukturen und -traditionen in der „Eingeborenenverwaltung". Um dies umsetzen zu können, mußte darüber hinaus die Gesetzgebung im Bereich der inneren Sicherheit ausgeweitet und verschärft werden.

In den folgenden Jahren wurden diese einzelnen Elemente zu einem System zusammengefügt und immer weiter ausgearbeitet und verfeinert. Die Folge war eine Flut von Gesetzen, die ständig geändert, ergänzt und neugefaßt wurden — ein „legalistisches Gewirr"[94], das eine Allmacht des Staatsapparates begründete, der die Betroffenen nahezu schutzlos ausgeliefert waren.

Die Regierung Malan ging unmittelbar nach ihrem Amtsantritt daran, die Grundlagen für das Apartheid-System zu schaffen, wobei sie in vielen Bereichen an bestehende Gesetze anknüpfen konnte.

Die Abschottung der „weißen Rasse"

In den Reihen der NP war anfänglich umstritten, welche Stellung die Mischlingsbevölkerung der Farbigen *(Coloureds)* im Apartheid-System einnehmen sollte. Die Kap-Farbigen stellten die Nationalisten vor ein Dilemma, denn sie hatten mit den Buren die Sprache (Afrikaans) und auch das Stammland, die ländlichen Gebiete des West-Kaps, gemein. Vor diesem Hintergrund sahen manche NP-Politiker in der Kap-Provinz die Farbigen als „braune Buren" an. Die Apartheid-Ideologen in der Partei verlangten jedoch eine klare Trennlinie zwischen der weißen und der farbigen Bevölkerungsgruppe und plädierten dafür, eine eigenständige „Farbigen-Identität"[95] zu schaffen.

Und sie setzten sich durch: Bereits 1949 wurden mit dem *Prohibition of Mixed Marriages Act* Mischehen verboten. 1950 folgte das Ergänzungsgesetz zum *Immorality Act* von 1927, der außerehelichen Geschlechtsverkehr zwischen Afrikanern und Weißen verboten hatte. Dieses Verbot wurde nun auf alle nicht-weißen Bevölkerungsgruppen ausgedehnt. Der *Immorality Act* von 1957 stellte schließlich „jede unmoralische oder anstößige Handlung" zwischen Angehörigen unterschiedlicher Rassengruppen unter Strafe; es drohten bis zu sieben Jahren Gefängnis und bis zu zehn Peitschenhiebe. Die Sorge um die „Reinheit der weißen Rasse" — Folge einer Mischung aus religiösem Puritanismus, psychologischen Verdrängungsmechanismen und offenem Rassismus — zeitigte bizarre Ansätze zu einem Überwachungsstaat. Spezielle Polizeikräfte überwachten das Privatleben der „Unmoral" verdächtiger Personen, um sie auf frischer Tat zu überführen. Von 1950 bis Ende 1980 wurden etwa 11 500 Menschen aufgrund der genannten Gesetze verurteilt, wobei einige Schuldsprüche bereits wegen Küssens erfolgten.[96]

1971 erregte ein Gerichtsverfahren gegen 5 Buren und 15 Afrikanerinnen in einer Kleinstadt im Freistaat landesweites Aufsehen. Der Prozeß wurde zwar kurz vor seiner Eröffnung abgesetzt, für einen der Angeklagten kam diese Wendung jedoch zu spät, denn er hatte Selbstmord begangen.[97] Da dies bereits der fünfte Selbstmord innerhalb eines Jahres war, erhielt die Polizei Anweisung, übereilte Verhaftungen zu unterlassen und damit den beteiligten Weißen den Prozeß zu ersparen, so daß nach 1971 die Zahl der Prozesse zurückging.[98]

Die Rassenklassifizierung

1950 wurde mit dem *Population Registration Act* die Grundlage für die Realisierung der Apartheid gelegt.[99] Das Gesetz verlangte die Einteilung der gesamten südafrikanischen Bevölkerung nach rassischen bzw. ethnischen Kriterien. Zunächst wurden drei rassische Hauptgruppen geschaffen, nämlich Weiße, Farbige *(coloureds)* und Afrikaner (zunächst als *Natives* später als „Bantu" bezeichnet). 1959 wurde die Gruppe der Farbigen weiter unterteilt, wobei die Inder als wichtigste neue Gruppe hinzukamen.[100]

Kriterien für die Klassifizierung, die in einem Rassenregister und in den Ausweisdokumenten festgehalten wurden, waren zunächst die äußere Erscheinung und die Anerkennung durch das gesellschaftliche Umfeld. Besonders unter den Farbigen, also jenen Südafrikanern, die — so das Gesetz — weder weiße Personen noch „Eingeborene" waren, gab es zahlreiche Zweifels- bzw. Grenzfälle. Vom Inkrafttreten des Gesetzes bis 1966 wurden über eine Viertelmillion derartiger Zweifelsfälle in langwierigen und entwürdigenden Verfahren mit persönlicher Inaugenscheinnahme entschieden, wobei abstruse „wissenschaftliche" Verfahren zur Entscheidungsfindung herangezogen wurden: Neben den Fingernägeln entschied die Breite der Nasenflügel über die Rassenzugehörigkeit; blieb ein Kamm im Haar stecken, so galt dies als Beweis für afrikanische Abstammung.[101]

Jahr für Jahr gab es Hunderte von Umklassifizierungen, wobei einzelne Personen mehrmals umklassifiziert wurden. Diese Entscheidungen führten zu menschlichen Tragödien: Familien wurden auseinandergerissen und Geschwister voneinander getrennt. Mit der Rassenklassifizierung entschied der Apartheid-Staat über die zukünftigen Lebenschancen eines Menschen.

„Gruppengebiete" — Apartheid-Ghettos in den Städten

Nachdem die Aufteilung der Bevölkerung in Rassengruppen gesetzlich verankert war, ging die Regierung daran, die räumliche Trennung dieser Gruppen in den Stadtgebieten durchzusetzen. Der *Group Areas Act* von 1950 bildete die Grundlage für die Schaffung getrennter Wohn- und Geschäftsbezirke für Weiße, Farbige und Inder.[102] Getrennte Wohngebiete für Afrikaner waren bereits aufgrund des *Natives (Urban Areas) Act* von 1923 und des Konsolidierungsgesetzes von 1945 möglich. Der *Natives (Urban Areas) Con-*

solidation Act hatte den Stadtverwaltungen weitreichende Befugnisse an die Hand gegeben, getrennte Wohngebiete für Afrikaner auszuweisen. Alle Afrikaner konnten verpflichtet werden, in diesen Gebieten oder in Massenunterkünften *(hostels)* zu wohnen. Auch Inder waren bereits in ihrem Niederlassungsrecht eingeschränkt: Seit 1885 durften sie im Transvaal nur in bestimmten Bezirken und Straßenzügen Grund oder Häuser erwerben; im Oranje-Freistaat war es Indern seit 1891 untersagt, sich niederzulassen, und in Natal waren die Einschränkungen in den 40er Jahren erfolgt.[103] Die Trennung der Wohnbezirke zwischen den einzelnen Bevölkerungsgruppen ergab sich auch aufgrund sozialer Mechanismen.

Der *Group Areas Act* machte aus der begrenzten, unsystematischen Rassentrennung in den Stadtgebieten ein rigides System mit landesweiter Gültigkeit. In ausgewiesenen Gebieten konnten die Eigentums-, Wohn- und Nutzungsrechte für bestimmte Rassengruppen eingeschränkt werden. Für den Übergang zu vollen „Gruppengebieten", in denen nur die Angehörigen einer Rassengruppe Wohn-, Eigentums- und Gewerberechte besaßen, waren bis zu zehn Stufen vorgesehen. Der *Group Areas Act* bildete die Grundlage der systematisch geplanten „Apartheid-Stadt", die sich deutlich von „segregierten" Städten unterschied, in denen sich die Trennung der Bevölkerungsgruppen in erster Linie durch soziale Mechanismen herausbildete.[104]

Die Regierung ging sofort nach Inkrafttreten des *Group Areas Act* daran, „Gruppengebiete" festzulegen und führte Mitte der 50er Jahre die ersten Zwangsumsiedlungen durch. Bis Ende 1970 wurden etwa 55 000 Familien umgesiedelt, davon waren 59 % farbig, 39 % indisch und nur 2 % weiß.[105] Die Umsiedlungen von Afrikanern innerhalb städtischer Gebiete setzten ebenfalls in den 50er Jahren ein; sie erfolgten auf der Grundlage verschiedener Ergänzungsgesetze zum *Natives (Urban Areas) Act* von 1923. Die Regierung war bei der Zwangsumsiedlung städtischer Afrikaner auf die Kooperation der zuständigen Stadtverwaltungen angewiesen: Als sich der Johannesburger Stadtrat jedoch weigerte, bei Umsiedlungen mit den Regierungsstellen zusammenzuarbeiten, schuf sich die Zentralregierung mit dem *Natives Resettlement Act* 1954 ein Eingriffsrecht und konnte schließlich die Umsiedlung von etwa 10 000 afrikanischen Familien in neue *Townships* im Südwesten Johannesburgs durchsetzen.[106]

Bei Zwangsumsiedlungen gemäß dem *Group Areas Act* dürften auch wirtschaftliche Hintergründe eine Rolle gespielt haben, denn von den über 2000 Geschäftsleuten, die bis 1983 umgesiedelt wurden, waren 90 % Inder.[107] Neben der Verdrängung unliebsamer Konkurrenz zogen Weiße, die teilweise über gute Drähte zur NP verfügten und im voraus über neue „Gruppengebiete" informiert waren, Gewinn aus spekulativen Immobiliengeschäften und Notverkäufen.[108]

Petty Apartheid — Rassenschranken im Alltag

So ausgearbeitet die Trennung der Wohn- und Geschäftsbezirke auch sein mochte, ein Mindestmaß an sozialem Miteinander im Alltag schien nicht vermeidbar zu sein. Die Apartheid-Strategen versuchten jedoch, den Raum für Kontakte zwischen den Rassengruppen zu vermindern und auch im mikrosozialen Bereich die Rassentrennung durchzusetzen.

Sinnbild für die *Petty Apartheid* („Kleine Apartheid") waren die allgegenwärtigen Verbotsschilder und -tafeln mit Aufschriften wie *Net Blankes* oder *Whites Only* („Nur für Weiße"), die beispielsweise in öffentlichen Verkehrsmitteln, an den Eingängen von Gaststätten und öffentlichen Toiletten und an Parkbänken zu finden waren.[109]

Die *Petty Apartheid* wurde von der Regierung häufig mit der Notwendigkeit begründet, Konfliktsituationen zu vermeiden, und war in der offiziellen Sprachregelung eine bloße Differenzierung. Tatsächlich aber war die *Petty Apartheid* einer der „sichtbarsten Auswüchse des Systems der Rassendiskriminierung"[110].

Bereits 1949 hatte die Regierung Malan per Gesetz verfügt, daß Zugabteile für die ausschließliche Benutzung durch eine Bevölkerungsgruppe reserviert werden konnten. In mehreren Urteilen hielten Gerichte jedoch den Grundsatz aufrecht, nach Rassen getrennte Einrichtungen in Postämtern oder Bahnhöfen (Schalter oder Wartesäle) müßten gleich sein. So wurde ein Afrikaner, der in Kapstadt einen Bahnhofswartesaal für Weiße benutzt hatte, freigesprochen und dieses Urteil auch vom Obersten Gerichtshof 1953 bestätigt. Im selben Jahr gab der Innenminister bekannt, die Frage der getrennten Einrichtungen nunmehr verbindlich regeln zu wollen: Mit dem *Reservation of Seperate Amenities Act* wurde 1953 der Grundsatz getrennter öffentlicher Einrichtung allgemeinverbindlich, ohne daß diese gleich sein mußten. Betroffen waren alle öffentlich zugänglichen Gelände oder Gebäude sowie öffentliche Verkehrsmittel, ausgenommen waren nur Straßen und Wege. Mit einem Ergänzungsgesetz wurden 1972 auch Strände zu „öffentlichen Einrichtungen". Im Hotel- und Gaststättengewerbe wurde die *Petty Apartheid* fast voll verwirklicht. In öffentlichen Gebäuden gab es getrennte Eingänge, wobei die Eingänge für Afrikaner meist kleine Seiteneingänge waren. In Postämtern gab es getrennte Schalter und Weiße wurden bevorzugt abgefertigt. Die Regierung brach auch den hinhaltenden Widerstand einiger Stadtverwaltungen, denen die Bereitstellung getrennter Busse zu kostspielig war. Die für Afrikaner bestimmten Busse und Eisenbahnwaggons waren schlechter ausgestattet und infolge der viel zu geringen Anzahl stets überfüllt.

Als Fazit bleibt somit festzuhalten: „Nichts zerstört überzeugender die ... Bemühungen der Apartheidapologeten, Rassismus durch den Hinweis auf einen angeblich nicht diskriminierenden Pluralismus zu verschleiern ..."[111]

Zuzugskontrollen und Paßgesetze

In der Opposition hatten NP-Politiker die Regierung Smuts scharf attackiert, weil sie dem afrikanischen Zuzug in die Städte nicht entschlossen entgegentrete. Nach der Regierungsübernahme ging die NP daran, die „schwarze Flut" zu stoppen. Sie orientierte sich dabei an der Philosophie des Sauer-Berichts, demzufolge die Afrikaner in den städtischen Gebieten als „Besucher"[112] anzusehen waren.

Das erste Opfer der neuen Politik waren die Elendssiedlungen an den Stadträndern. Der *Prevention of Illegal Squatting Act* von 1951 initiierte ein rigoroses Programm zur Vertreibung von Afrikanern, die sich illegal in den Stadtgebieten aufhielten; die Stadtverwaltungen wurden ermächtigt, die *squatter* zu vertreiben und ihre Behausungen zu zerstören.[113]

Im nächsten Schritt wurden die Zuzugskontrollen zu einem lückenlosen System der Mobilitätskontrolle verdichtet. Der *Natives Law Amendment Act* von 1952 dehnte die Zuzugskontrollen auf alle Stadtgebiete aus.[114] Die Behörden konnten nun wirtschaftlich nicht aktive und damit „überflüssige" Afrikaner abschieben. Zentrale Bestimmung des Gesetzes aber war die berüchtigte *Section 10*, in der die Ausnahmen geregelt waren, nach denen sich Afrikaner länger als 72 Stunden in Stadtgebieten aufhalten durften. Eine Aufenthaltsgenehmigung, die nur für ein bestimmtes Gebiet galt, konnte Afrikanern erteilt werden, wenn sie a) von Geburt an in einem solchen Gebiet gelebt hatten, b) mindestens 10 Jahre dort ununterbrochen für einen Arbeitgeber gearbeitet hatten oder dort mindestens 15 Jahre rechtmäßig wohnhaft waren, c) Ehefrauen, unverheiratete Töchter oder Söhne unter 18 Jahren eines unter a) bzw. b) Berechtigten waren oder d) anderweitig eine Genehmigung erhalten hatten (vor allem zeitlich befristete Genehmigungen von Arbeitsvermittlungsstellen).[115]

Um eine strikte Einhaltung der Zuzugs- und Aufenthaltsbestimmungen zu gewährleisten, wurde 1952 der *Natives (Abolition of Passes and Co-ordination of Documents) Act* erlassen. Die vielen unterschiedlichen Pässe wurden zu einem „Referenzbuch" zusammengefaßt, das ab 1958 für afrikanische Männer, ab 1963 auch für Afrikanerinnen obligatorisch war.[116] Bis Ende 1954 wurden bereits über 790 000 Referenzbücher ausgegeben und bis 1959 waren etwa 3,6 Millionen Afrikaner im Besitz dieses neuen Passes. Parallel zur Ausgabe der Referenzbücher stieg die Zahl der Verhaftungen wegen „Paßvergehen"; zwischen 1951 und 1962 wurden im Jahresdurchschnitt 339 255 Afrikaner aufgrund der verschiedenen Paßgesetze verurteilt.[117]

Da in den weißen Farmgebieten afrikanische Arbeiter knapp waren, wurde auf verschiedene Weise versucht, Afrikaner auf die Farmen zu schleusen. Zur Erntezeit wurden Afrikaner, denen eine Aufenthaltserlaubnis für ein Stadtgebiet verweigert worden war, gruppenweise auf Farmen geschickt. Afrikaner, die sich eines „Paßvergehens" schuldig gemacht hatten, konnten offiziell zwischen der Arbeit auf einer weißen Farm und einer Haftstrafe wählen; faktisch jedoch wurden sie zur Landarbeit gezwungen und häufig auf die Farmen verbracht, ohne daß ihre Angehörigen davon informiert wurden. Dieses Verfahren geriet in die Schlagzeilen, als in den 50er Jahren die nur notdürftig verscharrten Leichen einiger Afrikaner gefunden wurden. Eine Untersuchung ergab, daß Zwangsarbeiter zumeist in heruntergekommenen Baracken untergebracht wurden, nur wenig zu essen bekamen und auch von den weißen Farmern mißhandelt wurden. Ende der 50er Jahre wurde die Überstellung von verhafteten Afrikanern an weiße Farmer aufgegeben.[118]

Bantu Authorities und *Bantu Education*

Nach dem Amtsantritt der Regierung Malan blieben in einigen Ministerien die leitenden Beamten aus der Smuts-Ära auf ihren Posten. Schon bald gelangten verschiedene NP-Politiker zu der Überzeugung, daß ein Teil dieser Beamten jede Gelegenheit nutzte, um die Umsetzung der Apartheid-Politik zu verschleppen. Besonders im Ministerium für „Eingeborenenangelegenheiten" wurde ihrer Meinung nach der neue Minister E.G. Jansen mit Detailfragen belastet und verlor darüber die große Linie der Apartheid-Politik aus den Augen. Die Apartheid-Ideologen in der NP hatten überdies Zweifel, ob Jansen, der das Ministerium schon unter Hertzog von 1929 bis 1933 geleitet hatte, überhaupt willens war, die Apartheid konsequent umzusetzen. Deshalb wurde Jansen W.W.M. Eiselen, ein deutschstämmiger Anthropologe und kompromißloser Befürworter der Apartheid, als Staatssekretär zur Seite gestellt. Als Jansen schließlich General-Gouverneur wurde, wurde Hendrik F. Verwoerd sein Nachfolger, der zum Architekten der Apartheid werden sollte.[119]

Verwoerd ging sofort daran, eine Neuorientierung in der „Eingeborenenpolitik" auf der Grundlage der überkommenen Stammesstrukturen einzuleiten (Tribalismus). Er begann mit der politischen Neuordnung der Reservationen: Mit dem *Bantu Authorities Act* wurden 1961 hierarchisch gegliederte Verwaltungsstrukturen (Stammes-, Regional- und Territorialräte) eingeführt. Die Zentralregierung behielt sich weitgehende Eingriffs- und Kontrollrechte vor und konnte unbotmäßige Stammesführer aus ihrem Amt entfernen. Wichtigste Funktion der neuen Verwaltungsstrukturen war die indirekte Kontrolle: Die Stammesführer sollten als besoldete Vollzugsgehilfen Pretorias fungieren. Mit dem *Bantu Authorities Act* wurde auch der „Eingeborenen-Repräsentativrat" abgeschafft und damit das einzige Gremium im Land, das die Interessen der afrikanischen Bevölkerungsmehrheit kollektiv vertrat.[120]

1953 brachte Verwoerd mit dem *Bantu Education Act* auch das Schulwesen für Afrikaner unter seine Kontrolle[121], das bis dahin vor allem Missionsgesellschaften unterhalten hatten. Die Missionsschulen wurden von NP-Politikern heftig kritisiert, weil sie nach ihrer Ansicht in den afrikanischen Kindern durch die christliche Lehre der Gleichheit aller Menschen vor Gott falsche Erwartungen weckten und die traditionelle „Bantu-Kultur" zerstörten. Ab 1954 wurden den Missionsgesellschaften nach und nach die Zuschüsse gestrichen und die Schulen sowie die Lehrerausbildung vom Staat übernommen. Da auch die Gehälter der afrikanischen Lehrkräfte gesenkt wurden, nahm in der Folgezeit die Zahl der afrikanischen Lehramtsanwärter ab, obwohl die Schülerzahlen stiegen. Verwoerd rechtfertigte seine Politik 1954 mit dem Hinweis, in der weißen Gesellschaft sei für Afrikaner oberhalb „des Niveaus verschiedener

Formen der Arbeit" kein Platz. Verwoerd weiter: „Bis jetzt war er (der Afrikaner, St. R.) einem Schulsystem unterworfen, das ihn seiner eigenen Gemeinschaft entfremdet und ihn irregeleitet hat, indem ihm die grünen Wiesen der europäischen Gesellschaft gezeigt wurden, auf denen er ohnehin nicht grasen durfte."[122]

Die Machtkonsolidierung der NP

1948 hatte eine Mehrheit der Wähler gegen die burischen Nationalisten gestimmt, die nur dank des südafrikanischen Mehrheitswahlrechtes und seiner spezifischen Wahlkreiseinteilung eine knappe Mehrheit der Sitze in der Versammlung, der ersten Kammer des Parlaments, erringen konnten. Premierminister Malan, der Hohepriester des burischen Nationalismus, machte von Anfang an deutlich, daß die in der Wirtschaft dominierenden englischsprachigen Südafrikaner von der politischen Macht ausgeschlossen werden sollten. Sein Kabinett bestand zum ersten Mal in der Geschichte der Union nur aus Buren, wobei bis auf zwei alle Minister dem *Broederbond* angehörten. Die höchsten Ämter im Staatsdienst wurden in der Folgezeit mit treuen Parteigängern besetzt, die zumeist ebenfalls dem *Broederbond* angehörten. Die Apartheid-Gesetzgebung schuf einen bürokratischen Apparat, der viele Möglichkeiten zur Patronage bot. Im gesamten zivilen Staatssektor (Verwaltung, Eisenbahn, Stahlindustrie) kehrte man zur *civilized labour*-Praxis zurück — der Staatsdienst wurde zu einer burischen Domäne. Im Bereich der Justiz wurden englischsprachige Kandidaten bei der Beförderung übergangen, bei der Vergabe von Staatsaufträgen wurden burische Unternehmen bevorzugt und in Regierungskommissionen nur selten englischsprachige Vertreter berufen.[123]

Auch auf der parlamentarischen Ebene konnte die NP ihre Macht ausbauen. In Mißachtung von Beschlüssen der Vereinten Nationen erhielt die weiße Bevölkerung Südwestafrikas (das ein Mandatsgebiet der Vereinten Nationen war), das Recht, Abgeordnete ins südafrikanische Parlament zu entsenden. Obwohl in Südafrika selbst die Wahlkreise zwischen 9000 und 12000 Wähler hatten, wurden den etwa 24000 Weißen in Südwestafrika (Namibia) sechs Abgeordnete zugestanden. Die NP gewann 1950 alle sechs Wahlkreise. Die *Afrikaner Party* war damit als Mehrheitsbeschafferin überflüssig und löste sich schließlich 1952 als eigenständige Partei auf.

Mit dem *Suppression of Communism Act* legte die Regierung 1950 den Grundstein der Sicherheitsgesetzgebung und schuf sich die

Möglichkeit, gegen Oppositionelle auf dem Gesetzeswege vorzugehen. Personen, die die Ziele des „Kommunismus" förderten, konnten mit einer ministeriellen „Bann"-Verfügung belegt werden, die die Freizügigkeit sowie die Rede- und Versammlungsfreiheit drastisch beschnitt. Die Definition von „Kommunismus" war so weit gefaßt, daß jedwede grundsätzliche Opposition gegen den Apartheid-Staat (auch aus einer christlichen oder liberalen Haltung heraus) darunter fiel. Mit dem „Gesetz zur Unterdrückung des Kommunismus" wurde die Kommunistische Partei Südafrikas (die älteste auf dem Kontinent) verboten und die Gewerkschaftsbewegung entscheidend geschwächt. In den ersten fünf Jahren nach Inkrafttreten des Gesetzes wurden 76 Gewerkschafter als „Kommunisten" gebannt und 57 mußten alle Kontakte zu ihren Gewerkschaften abbrechen.[124]

Die Kritik der weißen Opposition entzündete sich im Wahlkampf 1953 nicht nur an der Sicherheitsgesetzgebung und der systematischen Bevorzugung von Buren, sondern auch am Versuch der Regierung, das Wahlrecht der Farbigen abzuschaffen. Nach Ansicht von NP-Politikern gaben die Stimmen der Farbigen in sieben Kap Wahlkreisen den Ausschlag zugunsten der Opposition.[125] Deshalb war bereits 1951 der *Separate Representation of Voters Act* verabschiedet worden, mit dem die Farbigen von den allgemeinen Wahllisten gestrichen werden sollten. Dieses Gesetz hatte jedoch vor Gericht keinen Bestand, weil es nur mit einfacher Mehrheit in der Versammlung verabschiedet worden war und nicht, wie für Verfassungsänderungen vorgeschrieben, mit einer Zweidrittelmehrheit in einer gemeinsamen Sitzung von Versammlung und Senat. Die Regierung versuchte daraufhin, mit verfassungsrechtlichen Manövern ans Ziel zu gelangen, was im Vorfeld der Wahlen von 1953 zu heftigen Protesten außerparlamentarischer Oppositionsgruppen führte. Die *United Party* versuchte nun, mit Hilfe der *Labour Party* und der weißen außerparlamentarischen Opposition die Rückkehr in die Regierungsverantwortung zu schaffen. Die NP präsentierte sich im Wahlkampf als Wahrerin von Recht und Ordnung; ihre Politiker beschworen immer wieder die „kommunistische Gefahr", der die Opposition zumindest tatenlos gegenüberstehe. Vor dem Hintergrund ihrer konsequenten Politik zugunsten der burischen Bevölkerung gewann die NP mit 88 Sitzen gegenüber 61 der Opposition eine sichere Mehrheit.[126]

Innerhalb der Partei gab es jedoch Auseinandersetzungen zwischen der Kap-NP und der Transvaal-NP, die sich an der Person Verwoerds entzündeten, dem vorgeworfen wurde, er habe sein Ministerium für „Eingeborenenangelegenheiten" zu einem „Staat im Staate" gemacht. Als 1954 der greise Malan die politische Bühne verließ, wurde der langjährige Führer der Transvaal-NP, J.G. Strijdom, sein Nachfolger. Mit der Wahl Strijdoms, eines alten Kämpen des burischen Nationalismus und kompromißlosen Verfechters des weißen „Herrentums" *(baaskap)*, verschob sich das Gewicht innerhalb der Partei zugunsten des Transvaal und damit zugunsten jener NP-Politiker, die stets für eine scharfe Trennlinie zu den Farbigen eingetreten waren. Unter Strijdom wurde das Wahlrecht der Farbigen endgültig abgeschafft. Die Regierung setzte kurzerhand eine Erweiterung des Senats durch, wobei alle neuen Senatoren Parteigänger der NP waren. Auf diese Weise konnte der *Separate Representation of Voters Act* ordnungsgemäß vom Parlament verabschiedet werden. Dieses Vorgehen wurde zusätzlich dadurch abgesichert, daß der Oberste Gerichtshof mit Richtern besetzt wurde, die der NP nahestanden. Als Folge konnten die Farbigen in der Kap-Provinz ab 1956 nur noch vier weiße Parlamentsabgeordnete auf getrennten Wahllisten wählen (dieses Recht wurde 1969 ebenfalls abgeschafft).

Im Wahlkampf 1958 machte die NP vor dem Hintergrund der einsetzenden Entkolonialisierung in Afrika erneut die „schwarze Gefahr" zu ihrem zentralen Thema. Ihre Politiker betonten, nur die NP sei in der Lage, die „weiße Zivilisation" in Südafrika zu erhalten, und appellierten an das burische *volk,* geschlossen der *swart gevaar* zu begegnen. Verwoerd versprach, den afrikanischen Zustrom in die Städte umzukehren und behauptete, in der Lage zu sein, die Zahl der Nicht-Weißen in den „weißen" Gebieten Südafrikas (die nach dem Landgesetz von 1936 87 % der Fläche des Landes umfaßten) bis zum Jahr 2000 auf sechs Millionen zu begrenzen.[127] Erstmals sprach Verwoerd von einer „getrennten Entwicklung" der Reservationen, durch die die politische Vorherrschaft der weißen Minderheit langfristig gesichert werden sollte. Die *United Party* konnte sich zu keiner klaren Opposition gegen die Apartheid aufraffen und wurde von heftigen inneren Auseinandersetzungen erschüttert. Ihr konservativer Flügel befürwortete grundsätzlich die Rassentrennung, und die Führung der Partei versuchte, mit ihrer Zustimmung zu einzelnen Aspekten des Apartheid-Systems gemäßigte Buren zurückzugewinnen.[128]

Der Wahlausgang wurde zum Debakel für die Opposition: Die NP gewann 97 von 150 Sitzen und verfehlte die Mehrheit der Wählerstimmen nur knapp.[129] Die UP war nunmehr die einzige im Parlament vertretene Oppositionspartei — ohne auch nur den Hauch einer Chance, in absehbarer Zeit einen Machtwechsel herbeiführen zu können. 1959 kam es in der Partei überdies zum offenen Konflikt: Elf Abgeordnete des liberalen Flügels, zumeist aus städtischen Wahlkreisen, verließen die UP und gründeten die *Progressive Party.*

Die Bantustans

Strijdom war nur kurze Zeit nach seinem Wahltriumph gestorben und Verwoerd hatte im September 1958 seine Nachfolge angetreten. Als Premierminister ging Verwoerd sofort daran, sein Konzept einer „getrennten Entwicklung" der Reservationen umzusetzen. Dazu galt es, auch in den eigenen Reihen Überzeugungsarbeit zu leisten, denn in der NP und vor allem in der burischen Wählerschaft auf dem *platteland* gab es nicht unerheblichen Widerstand gegen den Gedanken, überhaupt Land für die ausschließliche Nutzung durch Afrikaner bereitzustellen.[130] In den 50er Jahren hatte sich in den Führungsgremien der NP jedoch ein Umdenkungsprozeß vollzogen, der von Verwoerd vorangetrieben worden war. Man betrachtete die Reservationen nunmehr im Licht der Möglichkeiten, die sie im Sinne einer konsequenten Apartheid-Politik boten. Ihre traditionelle Rolle im System der Wanderarbeit als Arbeitskräftereservoir und Lebensraum für die Angehörigen der Wanderarbeiter sollte beibehalten werden; darüber hinaus sollten sie jedoch auch jene Afrikaner aufnehmen die aus den „weißen", das hieß vor allem den städtischen Gebieten, abgeschoben wurden.

Um die ihnen zugedachte Rolle im Apartheid-System übernehmen zu können, mußten die Reservationen jedoch in die Lage versetzt werden, den dort lebenden Afrikanern auch ein Auskommen zu sichern. Deshalb sollte eine Kommission unter Vorsitz des Agrarwissenschaftlers F.R. Tomlinson Vorschläge zur wirtschaftlichen Belebung der Reservationen erarbeiten, auf deren desolaten Zustand bereits in den 30er Jahren verschiedene Kommissionen hingewiesen hatten. 1955 legte die Tomlinson-Kommission ihren umfangreichen Bericht vor. Mit neun zu einer Stimme hatte sie sich für eine „getrennte Entwicklung" entschieden: Mit entsprechendem finanziellen Aufwand, so der Bericht, würde es möglich sein, acht Millionen Afrikaner in den Reservationen unterzubringen, die dann nur zum Teil auf Erlöse aus der Wanderarbeit angewiesen wären. Neben zahlreichen Maßnahmen zur Verbesserung der landwirtschaftlichen Ertragslage (z.B. Bewässerung) schlug der Tomlinson-Bericht für die Reservationen ein großangelegtes wirtschaftliches Entwicklungsprogramm und die Zusammenfassung der über 260 Gebietsflecken in mehrere zusammenhängende Territorien vor. Für ein Zehnjahresprogramm veranschlagte die Kommission Kosten in Höhe von 104 Millionen Pfund.

Die meisten Vorschläge der Tomlinson-Kommission wurden von der Regierung verworfen, weil sie zu weitreichend und zu teuer waren. Ein bezeichnendes Beispiel war in diesem Zusammenhang die Frage der territorialen Konsolidierung der Reservationen. Die Tomlinson-Kommission hatte die Schaffung von sieben großen Flächengebieten vorgeschlagen, in denen die „getrennte Entwicklung" umgesetzt werden sollte. Die Regierung sprach sich zwar ebenfalls für eine territoriale Konsolidierung aus, legte aber über Jahre hinweg keine konkreten Konsolidierungsvorschläge vor.[131]

Der nächste Schritt zur politischen Neustrukturierung der Reservationen dagegen erfolgte bereits 1959. Mit dem *Promotion of Bantu Self-Government Act* wurde die „getrennte Entwicklung" auf der politischen Ebene formal in Gang gesetzt. Hatte sich Verwoerd bis dahin immer bedeckt gehalten, wenn es um die politische Zukunft der Reservationen gegangen war, so zeichnete sich nun die politische Landkarte des heutigen Südafrika ab. Die afrikanische Bevölkerung wurde auf der Grundlage von Sprache und Kultur in Volksgruppen („nationale Einheiten") unterteilt, denen jeweils bestimmte Reservationsgebiete als *Bantustan* zugewiesen wurden. Gleichzeitig wurde der letzte Rest afrikanischer Beteiligung am politischen System Südafrikas, die Vertretung durch weiße Abgeordnete im Parlament, beseitigt. Als Ersatz wurde für die *Bantustans* der schrittweise Übergang zur „Selbstregierung" angekündigt, wobei die Territorialräte der *Bantustans* Exekutivvollmachten erhalten sollten.[132]

Die *Bantustan*-Politik folgte einem einfachen Prinzip: Alte Trennlinien aus vorkolonialer Zeit wurden herangezogen, um afrikanische „Nationen" voneinander abzugrenzen; diesen „Nationen" wurden die Landstriche zugeordnet, die die koloniale Eroberung überdauert hatten bzw. der afrikanischen Bevölkerung nach der Unterwerfung zugewiesen worden waren.[133]

Das Millionenheer von Afrikanern, die gemeinsam ihre Rechte einfordern konnten, wurde in einzelne Volksgruppen aufgespalten, deren Ausschluß aus den Zentren von Macht und Wohlstand mit dem Hinweis auf die *Bantustans* und ihre Selbstverwaltungsstrukturen gerechtfertigt werden sollte.

Triumph in der Isolation

Das Jahr 1960 begann für die weiße Bevölkerung mit einem Paukenschlag: Im Februar besuchte der britische Premierminister Harold Macmillan zum Abschluß seiner Afrikareise auch Südafrika. In seiner Rede vor dem südafrikanischen Parlament kündigte Macmillan unter der Überschrift *Winds of Change* an, daß Großbritannien angesichts der politischen Entwicklung in anderen Staaten Afrikas das Apartheid-System nicht länger kritiklos hinnehmen werde.

Einen Monat später führte das Massaker von *Sharpeville* der Weltöffentlichkeit die Unmenschlichkeit des Apartheid-Regimes vor Augen. Aus Protest gegen die Paßgesetze versammelten sich in Sharpeville, einem *Township* im Süden Johannesburgs, am 21. März 1960 20000 Afrikaner vor der örtlichen Polizeistation, ohne ihre Pässe bei sich zu haben. Angesichts dieser Menschenmenge eröffneten die Polizisten das Feuer auf die Demonstranten, wobei allein 69 Menschen — vielfach durch Schüsse in den Rücken — getötet wurden. In der Folge erfaßte eine Welle von Unruhen und Demonstrationen das Land. Die Regierung rief schließlich den Ausnahmezustand aus und ging massiv gegen die afrikanische Opposition vor — die Unterdrückungsmaschinerie, verankert in Gesetzen der 50er Jahre, rollte an. Die Wirtschaft reagierte auf ihre Weise: Kapital wurde fluchtartig aus Südafrika abgezogen und die Investitionstätigkeit eingestellt. Der Wert der südafrikanischen Währung verfiel ebenso wie die Immobilien- und Aktienpreise; Südafrikas Gold- und Devisenreserven schrumpften um mehr als die Hälfte.

Verwoerd, der das Apartheid-System wie kein zweiter personifizierte, blieb indes unbeirrt. Nach einem Attentat nur knapp dem Tod entronnen, ging er daran, Südafrika zur Republik zu machen und das Land aus dem *Commonwealth* herauszulösen: Ein Referendum im Oktober 1960 brachte eine knappe Mehrheit für die Republik, und im Frühjahr 1961 erklärte Verwoerd angesichts massiver Kritik am Apartheid-Staat den Austritt Südafrikas aus dem *Commonwealth*. Die vorzeitigen Neuwahlen von 1961 wurden zum persönlichen Triumph für Verwoerd: Die NP gewann 99 Sitze, davon allein 67 ohne Gegenkandidaten, und konnte damit ihre Parlamentsmehrheit erneut vergrößern.

Trotz der bestehenden Sicherheitsgesetze gelang es der Regierung Verwoerd nicht, den afrikanischen Widerstand in die Knie zu zwingen. Mehr noch: Nach seinem Verbot beschloß der *African National Congress* (ANC), nach einem halben Jahrhundert des gewaltfreien

Widerstands gegen die Rassendiskriminierung, den bewaffneten Kampf gegen das Apartheid-Regime aufzunehmen. In Balthazar John Vorster fand Verwoerd in dieser Situation den geeigneten Mann, um dieser Herausforderung zu begegnen: Mit Vorsters Ernennung zum Justizminister begann in Südafrika die „Dekade der politischen Prozesse, der willkürlichen Festnahmen und der tödlich verlaufenden Verhöre"[134]. Das Unterdrückungssystem wurde Zug um Zug perfektioniert, so daß im Ergebnis der permanente Ausnahmezustand herrschte.

Vorster konnte durch die Errichtung eines Polizeistaates das Vertrauen der internationalen Finanzwelt in die politische Stabilität der Kap-Republik wiederherstellen. Die internationalen Konzerne begannen, wieder in Südafrika zu investieren — angelockt von den phänomenalen Renditen im Apartheid-Staat, und das Land trat in eine Hochphase seiner wirtschaftlichen Entwicklung ein mit jährlichen Wachstumsraten um die sechs Prozent.

Vor dem Hintergrund des Wirtschaftsbooms und der beginnenden Umsetzung der „getrennten Entwicklung" konnte Verwoerd in den Wahlen von 1966 mit 120 Sitzen für die NP ein Rekordergebnis erzielen. Im September desselben Jahres wurde Verwoerd von einem Parlamentsdiener ermordet. John Vorster trat seine Nachfolge als Partei- und Regierungschef an, der sich in seiner Amtszeit als Justizminister einen Ruf als kompromißloser Verteidiger der weißen Minderheitsherrschaft erworben hatte.

Apartheid mit neuer Fassade: Die Homeland-Politik

Verwoerd hatte die Notwendigkeit erkannt, der Weltöffentlichkeit eine überzeugende Rechtfertigung für das Apartheid-System zu liefern. Zu diesem Zweck mußte das Konzept der „getrennten Entwicklung" in eine zumindest bei oberflächlicher Betrachtung überzeugende Praxis umgesetzt werden.

Die Transkei war der erste Anwärter für eine „positive" Apartheid[135]: Mit dem *Transkei Constitution Act* wurde der Transkei 1963 die „Selbstregierung" zugestanden. Der Territorialrat wurde in eine „gesetzgebende Versammlung" umgewandelt, in der die traditionellen Stammesführer die Mehrheit hatten. Die „Selbstregierung" war faktisch eine eng begrenzte Form der Selbstverwaltung, da sich die weiße Zentralregierung sehr weitgehende Eingriffsrechte vorbehielt.

Vorster trieb die von Verwoerd in Gang gesetzte *Bantustan*-Politik weiter voran. Unter seiner Verantwortung wurden die Bemühungen um eine wirtschaftliche Entwicklung der *Bantustans* verstärkt.[136] In ihrem Memorandum zum Tomlinson-Bericht hatte die Regierung 1956 die Ansiedlung von Industriebetrieben innerhalb der *Bantustans* abgelehnt, sich jedoch für den Vorschlag ausgesprochen, Unternehmen zu fördern, die sich in „Grenzgebieten", d.h. an Standorten in unmittelbarer Nähe zu *Bantustan*-Gebieten niederlassen wollten. Mit dieser Strategie der industriellen Dezentralisierung sollte der Anteil der Afrikaner erhöht werden, die in den *Bantustans* lebten; sie war mithin ein Instrument zur Umsetzung der territorialen Rassentrennung. Mit dem *Physical Planning and Utilization of Resources Act* versuchte die Regierung Vorster nun ab 1967, die industrielle Dezentralisierung regelrecht zu erzwingen: Allen „nicht ortsgebundenen" Betrieben, deren Belegschaft zu mehr als zwei Dritteln aus Afrikanern bestand, wurde eine „Expansion" (gemeint war damit eine Zunahme der afrikanischen Beschäftigten) in den industriellen Ballungszentren Südafrikas untersagt. Zur direkten Förderung der wirtschaftlichen Entwicklung in den *Bantustans* war bereits 1959 die *Bantu Investment Corporation* gegründet worden, deren Stammkapital jedoch mit knapp einem halben Prozent der im Tomlinson-Bericht für ein Zehnjahresprogramm veranschlagten Summe dem Anspruch einer „getrennten Entwicklung" Hohn sprach. Insgesamt konnte auch nicht annähernd die Zahl von Arbeitsplätzen in den *Bantustans* geschaffen werden, die von der Tomlinson-Kommission für eine erfolgreiche „getrennte Entwicklung" als notwendig erachtet worden war.

Anfang der 70er Jahre schuf die Regierung für alle *Bantustans*, die nunmehr offiziell als *Homelands* („Heimatländer") bezeichnet wurden, die gesetzliche Grundlage, um die „getrennte Entwicklung" auf der politischen Ebene voranzutreiben. Mit dem *Bantu Homelands Citizenship Act* wurde 1970 zusätzlich zur südafrikanischen Staatsangehörigkeit eine „*Homeland*-Bürgerschaft" eingeführt und verfügt, daß jeder Afrikaner aufgrund weitgefaßter Kriterien zum Bürger eines *Homelands* erklärt werden sollte. Der *Bantu Homelands Constitution Act* zeichnete 1971 den Entwicklungsweg der *Homelands* vor: Die Zentralregierung konnte jedes *Homeland* zum „selbstverwalteten Territorium" erklären, wobei der Territorialrat durch eine „gesetzgebende Versammlung", die mehrheitlich aus ernannten Stammesführern bestand, ersetzt wurde und die Verwaltung des *Homelands* in die Hände einer „Regierung" überging, deren Kompetenzen jedoch so gering waren, daß von einer Autonomie der *Homelands* im Stadium der „Selbstverwaltung" nicht die Rede sein konnte.

Dieses Modell der *Homeland*-Verwaltung war in der Transkei bereits 1963 eingeführt worden, die auch als erstes *Homeland* am 26. Oktober 1976 in die „Unabhängigkeit" entlassen wurde. Über Nacht verloren nicht nur jene 1,6 Millionen Xhosa, die tatsächlich in der Transkei lebten, sondern auch 1,3 Millionen Xhosa in „weißen Gebieten" ihre südafrikanische Staatsbürgerschaft und damit auch alle Rechte in Südafrika. Am 6. Dezember 1977 wurde auch in Bophuthatswana die südafrikanische Flagge eingeholt, und damit wurden wiederum 1,6 Millionen Afrikaner ausgebürgert, von denen über 1 Million nicht im *Homeland*-Gebiet lebten.[137] Mit Venda (1979) und der Ciskei (1981) wurden inzwischen zwei weitere *Homelands* in die „Unabhängigkeit" entlassen und damit bis heute insgesamt über 8 Millionen Afrikaner ausgebürgert.[138]

Ein zentraler Bestandteil der *Bantustan*-Politik waren großangelegte Zwangsumsiedlungen von Afrikanern, die aus den „weißen" Landesteilen in die *Bantustan*-Gebiete abgeschoben wurden. Diese Zwangsumsiedlungen können in verschiedene Kategorien unterteilt werden[139]:

— Zwangsumsiedlungen aus ländlichen „weißen" Gebieten: Anfang der 60er Jahre war vor allem in Natal und im Transvaal das System der *labour tenancy* noch weit verbreitet. Danach erhielten afrikanische Familien das Recht, auf „weißen" Farmen zu leben und ein Stück Land zu bewirtschaften, wenn sich der Familienvorstand verpflichtete, drei bis neun Monate im Jahr für den weißen Farmer zu arbeiten. Um die Zahl der auf „weißen" Farmen lebenden Afrikaner und damit auch die „Einschwärzung" des *platteland*[140] unter Kontrolle zu bringen, wurde die *labour tenancy* im Transvaal und im Freistaat bis 1969 vollständig abgeschafft. In Natal dagegen untersagte die Regierung aufgrund der Proteste weißer Farmer 1970 zunächst nur den Abschluß neuer Kontrakte, um schließlich Ende 1979 auch dort die *labour tenancy* völlig abzuschaffen. Nur ein Teil der ehemaligen *labour tenants* wurde weiterhin als Landarbeiter auf den „weißen" Farmen beschäftigt, alle übrigen wurden ebenso wie Afrikaner, die auf den Farmen als *squatter* (Ansiedler ohne Rechtstitel) lebten, in die *Bantustans* abgeschoben. Der Großteil dieser Zwangsumsiedlungen erfolgte während der 60er Jahre, als eine Million Afrikaner die „weißen" Farmen verlassen mußten.

— Die Beseitigung von *black spots:* Die „schwarzen Flecken" waren Landstücke, die inmitten „weißer" Gebiete lagen, von Afrikanern bewohnt wurden und Eigentum von Afrikanern oder Missionsgesellschaften waren. Nach dem *Native Trust and Land Act* von 1936 konnten die Behörden *black spots* auflösen und ihre Bewohner in ein *Bantustan* umsiedeln.

— Zwangsumsiedlungen aus städtischen Gebieten: Nach den Plänen der Apartheid-Bürokraten sollten möglichst viele afrikanische Arbeiter mit ihren Familien aus den städtischen *Townships* in die *Bantustans* umgesiedelt werden. Bei den Städten, die in unmittelbarer Nähe eines *Bantustans* lagen, wurden die Grenzen einfach neu gezogen, so daß die vormalig städtischen *Townships* nun innerhalb des *Bantustans* lagen. In Städten, die bis zu 75 Kilometer von *Bantustans* entfernt waren, wurden ganze *Townships* aufgelöst und deren Bewohner in die *Bantustans* umgesiedelt.[141] Darüber hinaus stellten die Stadtbehörden in einigen Fällen den Bau von Häusern in den *Townships* ein, so daß die afrikanischen Familien in den Städten keine legale Wohnung fanden. Infolge der Umsiedlungen waren immer mehr Arbeiter gezwungen, trotz großer Entfernungen täglich zwischen den *Bantustans* und ihrer Arbeitsstätte zu pendeln, was mit stundenlangen Busfahrten verbunden war.[142] Wenn tägliches Pendeln nicht mehr möglich war, wurden die Arbeiter in den „weißen" Industriegebieten in Sammelunterkünften *(hostels)* untergebracht. Neben der Umsiedlung von *Township*-Bewohnern wurden in den Städten *squatter*-Siedlungen zerstört und ihre Bewohner in oft völlig unerschlossene *Bantustan*-Gebiete abgeschoben.

— Zwangsumsiedlungen infolge der Zuzugskontrollen: Jahr für Jahr wurden Tausende Afrikaner in die *Bantustans* abgeschoben, weil sie keine Aufenthaltsberechtigung für ein Stadtgebiet nachweisen konnten. Um die Zahl der in den Städten lebenden Afrikaner zu senken, wurden in den 60er Jahren nicht nur die Zuzugskontrollen verschärft, sondern auch die Aufenthaltsrechte gemäß *Section 10* vor allem für Frauen und Kinder eingeschränkt.[143]

— Zwangsumsiedlungen zur *Homeland*-Konsolidierung: 1972 legte die Regierung erstmals Konsolidierungsvorschläge vor, die nach mehrmaliger Überarbeitung 1975 vom Parlament verabschiedet wurden. Mit den vorgeschlagenen Konsolidierungsmaßnahmen sollte die Zahl der voneinander abgetrennten Teilgebiete, aus denen sich die einzelnen *Homelands* zusammensetzten, reduziert werden[144].

Nach Schätzungen des *Surplus People Project* wurden von 1960 bis 1983 etwa 2,8 Millionen Afrikaner zwangszweise umgesiedelt[145], laut Informationen des *South African Institute of Race Relations* belief sich die Zahl der umgesiedelten Afrikaner allein bis 1970 auf 1,8 Millionen Menschen.[146]

Die Innenpolitische Entwicklung unter Vorster

Mit der Schaffung „unabhängiger" *Homelands* vollendete John Vorster die Politik, die Hendrik F. Verwoerd, der Architekt der „getrennten Entwicklung", in Gang gesetzt hatte. Verwoerds Erbe war außerdem eine dramatische Verbesserung der wirtschaftlichen und sozialen Stellung der Buren in der südafrikanischen Gesellschaft: Ihre systematische Bevorzugung durch die NP-Regierung hatte im Verbund mit dem Wirtschaftsaufschwung zum Aufstieg burischer Wirtschaftsunternehmen in der Industrie, im Handel und im Bankenwesen, zu einer raschen Verstädterung und allgemein zu einer Angleichung des sozio-ökonomischen Profils der burischen an das der englischsprachigen Bevölkerungsgruppe geführt.[147]

Dieser Erfolg der NP brachte freilich auch Probleme, die Vorster schon bald nach seinem Amtsantritt im Jahre 1966 zu spüren bekam. Denn mit der Veränderung und Differenzierung der burischen Gesellschaft brachen auch Interessengegensätze zwischen traditionalistischen und modernen Segmenten dieser Bevölkerungsgruppe auf. Als Vorster versuchte, auch englischsprachige Südafrikaner für die NP zu gewinnen und größere Aufgeschlossenheit gegenüber den Interessen der zunehmend reformorientierten Wirtschaftsverbände zu zeigen begann, stieß dies auf den Widerstand von NP-Politikern, die sich an den überkommenen Werten des Burentums orientierten. Die wichtigsten Repräsentanten dieser Gruppe *(verkramptes)* waren Albert Hertzog, der Sohn des ehemaligen Premiers, und Andries Treurnicht. Sie lehnten zentrale Elemente der Politik Vorsters — wie die um eine Verständigung mit den schwarzafrikanischen Staaten bemühte Außenpolitik — ab. Der Konflikt innerhalb der NP zwischen *verkramptes* und ihren reformorientierten Gegenspielern, den *verligtes,* nahm an Schärfe zu, als Vorster Abstriche an der Rassentrennung im Bereich des Sports machte, um außenpolitische Bewegungsfreiheit zu erlangen. Es kam schließlich zur offenen Konfrontation innerhalb der Partei: Hertzog und drei seiner Mitstreiter wurden aus der NP ausgeschlossen und gründeten 1969 die *Herstigte* (wiederhergestellte) *Nasionale Party* (HNP); Treurnicht jedoch blieb entgegen der Hoffnung der Dissidenten in der NP. Die HNP berief sich auf die Tradition Malans und beschwor mit populistischer Rhetorik die Werte des burischen Nationalismus, die sie durch den rapiden sozio-ökonomischen Wandel in der burischen Gesellschaft gefährdet sah. Den *verligtes* und auch Vorster warf die HNP vor, die Interessen der burischen Bevölkerung zugunsten einer

Annäherung an die englischsprachigen Weißen aufzugeben und Bestandteile des Apartheid-Systems, wie die Arbeitsplatzreservierung und Bestimmungen der *Petty Apartheid,* aus wirtschaftlichen und außenpolitischen Überlegungen zur Disposition zu stellen. Angesichts der Herausforderung durch Hertzog schrieb Vorster 1970 Neuwahlen aus — ein Schachzug, der erfolgreich war: Nach einem erbittert geführten Wahlkampf verlor die HNP alle Sitze im Parlament.

Waren die Wahlen 1970 bestimmt von den Auseinandersetzungen innerhalb des burischen Lagers, so ging es 1974 um die Zukunft der Opposition.[148] Die *United Party* war durch innere Auseinandersetzungen geschwächt, und Vorster machte sich dies mit vorzeitigen Neuwahlen zunutze. Er führte die NP erneut zu einem klaren Wahlsieg, während die UP empfindliche Rückschläge gegenüber der *Progressive Party* hinnehmen mußte, die in Kapstadt und Johannesburg sieben Sitze gewann. Dieses Wahlergebnis war ein Indiz dafür, daß die Auseinandersetzungen innerhalb der weißen Bevölkerungsgruppe zunehmend eine Frage der Haltung zur Apartheid geworden waren.

Im Gefühl breiter Unterstützung durch die weiße Bevölkerung ging die Regierung Vorster daran, das System der *Bantu Education* zu vervollständigen. Seit dem *Bantu Education Act* von 1953 war die Frage, in welcher Sprache die Afrikaner unterrichtet werden sollten, umstritten gewesen. 1955 hatte die Regierung verfügt, daß der Unterricht in höheren Schulen — soweit er nicht in einer afrikanischen Sprache erfolgte — je zur Hälfte in Englisch und in Afrikaans zu halten sei. Diese Regelung wurde indes nie strikt befolgt, weil es an entsprechend ausgebildetem Lehrpersonal und an Schulbüchern fehlte.

1976 beschloß nun das Ministerium für „Bantu-Erziehung", die Verwendung von Afrikaans durchzusetzen. Für die afrikanischen Schüler bedeutete dies nicht nur ein erhebliches zusätzliches Handicap im Erziehungssystem (sie mußten jetzt drei Sprachen beherrschen), sondern mehr noch eine symbolische Demütigung. Im Mai 1976 kam es deshalb zu ersten Schülerstreiks, und am 16. Juni 1976 demonstrierten in Soweto, einem *Township* nahe Johannesburg, 20 000 Schüler gegen die verhaßte Unterrichtssprache Afrikaans. Als eine kleine Gruppe von Demonstranten die Polizei mit Steinen bewarf, eröffnete diese das Feuer und tötete über 170 Kinder und Jugendliche.[149] In der Folgezeit erfaßte eine Welle von Unruhen das Land, die über ein Jahr andauerten. Die Heftigkeit dieser Unruhen, bei denen insgesamt mindestens 575 Menschen ums Leben kamen, war eine Folge der lang aufgestauten Frustration und Erbitterung der Afrikaner über die soziale und politische Entrechtung im Apartheid-Staat; die Minderwertigkeit des *Bantu Education*-Systems und der Versuch, Afrikaans als Unterrichtssprache durchzusetzen, waren die Tropfen gewesen, die das Faß zum Überlaufen brachten.

Daß diese Unruhen gerade in Soweto ausbrachen, ist kaum verwunderlich, denn die Lebensverhältnisse dort waren erbärmlich: Nur etwa ein Fünftel der winzigen Häuser *(„matchboxes")* waren ans Stromnetz angeschlossen, nur ein Teil hatte Wasseranschlüsse. Rund 40 % der Haushalte lebten unterhalb der offiziellen — und ohnehin sehr niedrig angesetzten — Armutsgrenze. Alle Probleme einer raschen Urbanisierung waren durch das Apartheid-System dramatisch verschärft worden.

Die Unruhen wurden mit brutaler Härte unterdrückt. Auf einer Woge der Verunsicherung und des Trotzes gegen die internationale Ächtung Südafrikas im Gefolge der Unruhen erzielte Vorster 1977 mit 134 Sitzen das beste Wahlergebnis in der Geschichte der NP: Südafrika schien auf dem Weg zum Ein-Parteien-Staat.[150] Doch schon ein Jahr später wurde Vorster aufs politische Altenteil ins Amt des Staatspräsidenten abgeschoben. Der *Muldergate*-Skandal[151] hatte Vorsters Machtposition zutiefst erschüttert und die NP in eine schwere Krise gestürzt. Auslöser dieses Skandals waren Informationen, wonach Informationsminister Connie Mulder, Geheimdienstchef van den Bergh und der Leiter des Presseamtes, Eschel Rhoodie, mit Billigung Vorsters eine umfangreiche Propaganda- und Desinformationskampagne im In- und Ausland durchgeführt hatten, die mit heimlich abgezweigten Haushaltsmitteln finanziert worden war.

Über diese Enthüllungen stolperte nicht nur Vorster, sondern auch sein designierter Nachfolger Connie Mulder, denn die NP entschied sich für Pieter W. Botha als Nachfolger Vorsters im Amt des Partei- und Regierungschefs. Botha übernahm eine Partei, die das 1948 propagierte Ziel der Apartheid mit Unerbittlichkeit und bürokratischer Perfektion realisiert hatte — und nunmehr mit den zunehmend negativen wirtschaftlichen und politischen Auswirkungen dieses Systems konfrontiert und über die richtigen Antworten auf diese Herausforderungen zerstritten war; er übernahm einen Staat, der im Zuge der Unterdrückung der schwarzen Bevölkerungsmehrheit in einen Polizeistaat mit enormen Vollmachten der Exekutive umgestaltet worden war, ohne daß die „schwarze Gefahr" wirklich gebannt werden konnte. Obendrein mußte Südafrika zusehen, wie die Entkolonialisierung seine Nachbarstaaten Angola, Mosambik und zunehmend auch Rhodesien erfaßte.

Anmerkungen

1 Khoikhoi und San werden oft als Khoisan zusammengefaßt. Ihre physische Erscheinungsform und Sprache hat sich bis heute bei den San-Jägern erhalten, die in den Wüstengebieten der Kalahari in Namibia und Botswana leben (Marianne Cornevin: Apartheid. Mythos und Wirklichkeit, Wuppertal 1981, S. 58).
2 Neuere Untersuchungen mit Hilfe des Karbon-Verfahrens lassen den Schluß zu, daß bantusprachige Afrikaner vom 3. nachchristlichen Jahrhundert an im nördlichen Transvaal seßhaft waren (Cornevin, op. cit., S. 86).
3 Hierzu Richard Elphick: Kraal and Castle. Khoikhoi and the Founding of White South Africa, New Haven 1977.
4 S. Nigel Worden: Slavery in Dutch South Africa, Cambridge 1985.
5 Hierzu Leonard Guelke: The White Settlers, 1652-1795, in Richard Elphick / Hermann Giliomee (Hg.): The Shaping of South African Society, 1652-1820, Kapstadt 1979, S. 41-74.
6 S. Richard Elphick / Robert Shell: Intergroup Relations: Khoikhoi, Settlers, Slaves and Free Blacks, 1652-1795, in Elphick / Giliomee, op. cit., S. 116-169.
7 Hierzu Susan Newton-King: Background to the Khoikhoi Rebellion of 1799-1803, in: The Societies of Southern Africa in the Nineteenth and Twentieth Centuries, Bd. 10 (= Collected Seminar Papers Nr. 26, hg. v. Institute of Commonwealth Studies, London), 1979, S. 1-12.
8 Guelke, op. cit., S. 58 ff.; Anthony Lemon: Apartheid in Transition, Aldershot 1987, S. 19 ff. Der Begriff Bure leitet sich aus dem holländischen Wort für Bauer ab; die Bezeichnung meint im weiteren Text alle holländisch- bzw. afrikaanssprachigen Weißen.
9 André du Toit / Hermann Giliomee: Afrikaner Political Thought. Analysis and Documents, Bd. 1: 1790-1850, Kapstadt 1983, S. 2 ff.
10 Doug Hindson: Pass Controls and the Urban African Proletariat, Johannesburg 1987, S. 16.
11 S. Susan Newton-King: The Labour Market of the Cape Colony 1807-28, in Shula Marks / Anthony Atmore (Hg.): Economy And Society in Pre-Industrial South Africa, London 1980, S. 171-207.
12 Robert Ross: The Origins of Capitalist Agriculture in the Cape Colony: A Survey, in William Beinart / Peter Delius / Stanley Trapido (Hg.): Putting a Plough to the Ground. Accumulation and Dispossession in Rural South Africa 1850-1930, Johannesburg 1987, S. 56-100,(S. 81 ff.).

13 Zum Wortlaut der *Ordinance 50* s. G.W. Eybers: Select Constitutional Documents Illustrating South African History 1795-1910, London 1918, S. 26 ff.
14 Ross, op. cit., S. 66.
15 Zu den Ursachen des „Großen Trecks" s. du Toit/Giliomee, op. cit., S. 16 ff.
16 Hierzu Leonard Thompson: The Political Mythology of Apartheid, New Haven 1985, S. 144 ff.
17 *Difaqane* ist das Wort der Sotho für die dramatische Kriegsperiode und läßt sich mit „erzwungene Wanderung" übersetzen; *Mfecane* ist das entsprechende Zulu-Wort, das mit „Zertrümmerung" übersetzt werden könnte (Cornevin, op. cit., S. 119); s. hierzu auch Richard W. Hull: Southern Africa: Civilizations in Conflict, New York 1981, S. 54 ff.
18 du Toit/Giliomee, op. cit., S. 19.
19 Eybers, op. cit., S. 364.
20 Hierzu Peter Delius/Stanley Trapido: Inboekselings and Oorlams: The Creation and Transformation of a Servile Class, in: Journal of Southern African Studies (JSAS), Bd. 8, Nr. 2, 1982, S. 214-242.
21 Ross, op. cit., S. 84. Die Herr-Knecht-Gesetze wurden erst 1974 abgeschafft (Merle Lipton: Capitalism and Apartheid. South Africa 1910-84, Aldershot 1985, S. 93).
22 Hindson, op. cit., S. 18.
23 Hull, op. cit., S. 67.
24 Hierzu Peter Richardson: The Natal Sugar Industry in the Nineteenth Century, in Beinart et al., op. cit., S. 129-175.
25 Hierzu D. Hobart Houghton/Jenifer Dagut: Source Material on the South African Economy: 1860-1970, Bd. 1: 1860-1899, S. 14 ff.
26 Stanley Trapido: The South African Republic: Class Formation and the State, 1850-1900, in: The Societies ..., Bd. 3 (= Collected Seminar Papers Nr. 16), 1973, S. 53-65 (S. 54).
27 Zur Entwicklung Kimberleys s. Rob Turrell: Kimberley: Labour and Compound, 1871-1888, in Shula Marks/Richard Rathbone (Hg.): African Class Formation, Culture, and Consciousness, 1870-1930, London 1982, S. 45-76.
28 Hierzu Peter Delius: Migrant Labour and the Pedi, 1840-80, in Marks/Rathbone, op. cit., S. 293-312.
29 Hindson, op. cit., S. 22.
30 William Worger: Workers as Criminals: The Rule of Law in Early Kimberley, 1870-1885, in Frederick Cooper (Hg.): Struggle for the City: Migrant Labour, Capital, and the State in Urban Africa, Beverly Hills 1983, S. 51-90 (S. 65).
31 Turrell, op. cit., S. 57.
32 Worger, op. cit., S. 79.
33 Rob Turrell: Kimberley's Model Compounds, in: Journal of African History (JAH), Bd. 25, Nr. 1, 1984, S. 59-75 (S. 67 ff.).

34 Turrell, Kimberley: Labour, op. cit., S. 66 f.
35 Anthony Atmore / Shula Marks: The Imperial Factor in South Africa in the Nineteenth Century: Towards a Reassessment, in: The Journal of Imperial and Commonwealth History, Bd. 3, Nr. 1, 1974, S. 105-139 (S. 125).
36 Hierzu Stanley Trapido: Landlord and Tenant in a Colonial Economy: The Transvaal 1880-1910, in: JSAS, Bd. 5, Nr. 1, 1978, S. 26-58.
37 Hierzu Charles van Onselen: The World the Miniowners Made: Social Themes in the Economic Transformation of the Witwatersrand 1886-1914, in ders.: Studies in the Social and Economic History of the Witwatersrand 1886-1914, Bd. 1: New Babylon, London ^{2}1986, S. 1-43.
38 Ibid., S. 10 ff.
39 S. Geoffrey Wheatcroft: The Randlords. The Men Who Made South Africa, London 1986.
40 Peter Richardson / Jean-Jacques Van-Helten: The Gold Mining Industry in the Transvaal 1886-1902, in Peter Warwick (Hg.): The South African War. The Anglo-Boer War 1899-1902, London 1980, S. 18-36 (S. 31 f.).
41 Hierzu Jean-Jacques Van-Helten: German Capital, the Netherlands Railway Company and the Political Economy of the Transvaal 1886-1900, in: JAH, Bd. 14, Nr. 2, 1978, S. 369-390.
42 S. Andrew N. Porter: British Imperial Policy and South Africa 1895-99, in Warwick, op. cit., S. 37-56.
43 Ibid., S. 49.
44 Eine umfassende Darstellung des „Burenkrieges" findet sich im zweiten Teil des Buches von Warwick, op. cit., S. 57-332.
45 Ibid., S. 60.
46 Zur Kriegsbeteiligung von Afrikanern s. Peter Warwick: Black People and the South African War 1899-1902, Cambridge 1985. Warwick schätzt, daß bis zu 30 000 Afrikaner auf britischer Seite an den Kämpfen teilnahmen.
47 Hierzu Simon E. Katzenellenbogen: Reconstruction in the Transvaal, in Warwick, The South African War, op. cit., S. 341-361.
48 Ibid., S. 347 ff.
49 Hierzu Peter Richardson: Chinese Mine Labour in the Transvaal, London 1982.
50 Katzenellenbogen, op. cit., S. 354 ff.
51 Hierzu N.G. Garson: ‚Het Volk': The Botha-Smuts Party in the Transvaal, 1904-11, in: The Historical Journal, Bd. 9, Nr. 1, 1966, S. 101-132.
52 Zur Entwicklung der weißen Parteien in Südafrika s. Alf Stadler: The Political Economy of Modern South Africa, Kapstadt 1987, Kap. 4, S. 65-85.
53 Eddie Webster: Background to the Supply and Control of Labour in the Gold Mines, in ders. (Hg.): Essays in Southern African Labour History, Johannesburg 1978, S. 9-19 (S. 13 f.).

54 S. John W. Cell: The Highest Stage of Supremacy. The Origins of Segregation in South Africa and the American South, New York 1982, S. 196 ff.
55 T. Dunbar Moodie: The Rise of Afrikanerdom. Power, Apartheid, and the Afrikaner Civil Religion, Berkeley 1975, S. 78 f.
56 Hindson, op. cit., S. 24 f.
57 S. David Yudelman: The Emergence of Modern South Africa. State, Capital, and the Incorporation of Organized Labor on the South African Gold Fields, 1902-1939, Westport/Conn. 1983, S. 93 ff.
58 Hierzu P.L. Wickins: The Natives Land Act of 1913: A Cautionary Essay on Simple Explanations of Complex Change, in: The South African Journal of Economics, Bd. 49, Nr. 2, 1981, S. 107-129.
59 Timothy Keegan: Crisis and Catharsis in the Development of Capitalism in South African Agriculture, in: African Affairs, Bd. 84, Nr. 336, 1985, S. 371-398 (S. 383). Im Unterschied zum Freistaat durften Afrikaner im Transvaal bis 1913 Land erwerben.
60 S. Tim Keegan: The Sharecropping Economy, African Class Formation and the 1913 Natives Land Act in the Highveld Maize Belt, in Belinda Bozzoli (Hg.): Town and Countryside in the Transvaal. Capitalist Penetration and Popular Response, Johannesburg 1983, S. 108-127.
61 Keegan, Crisis, op. cit., S. 393.
62 Isabel Hofmeyr: Building a Nation from Words: Afrikaans Language, Literature and Ethnic Identity, 1902-1924, in Shula Marks/Stanley Trapido (Hg.): The Politics of Race, Class and Nationalism in Twentieth Century South Africa, London 1987, S. 95-123 (S. 107).
63 Hierzu Rob Davies: The 1922 Strike and the Political Economy of South Africa, in Belinda Bozzoli (Hg.): Labour, Townships and Protest. Studies in the Social History of the Witwatersrand, Johannesburg 1979, S. 298-324.
64 Hindson, op. cit., S. 35 ff.; Stadler, op. cit., S. 88 ff.
65 Ellen Hellmann: Urban Areas, in dies. (Hg.): Handbook on Race Relations in South Africa, Kapstadt 1949, S. 225-274 (S. 233, 252).
66 Zur Wahl von 1924 s. Hans Detlef Lass: Nationale Integration in Südafrika. Die Rolle der Parteien zwischen den Jahren 1924 und 1933, Hamburg 1969, S. 43 ff.
67 Laurence Salomon: The Economic Background to the Revival of Afrikaner Nationalism, in Jeffrey Butler (Hg.): Boston University Papers in African History, Bd. 1, Boston 1964, S. 217-242 (S. 231).
68 Ibid., S. 234.
69 Hierzu Saul Dubow: Holding ‚a Just Balance Between White and Black': The Native Affairs Department in South Africa c. 1920-1933, in: JSAS, Bd. 12, Nr. 2, 1986, S. 217-239; Essy M. Letsoalo: Land Reform in South Africa. A Black Perspective, Johannesburg 1987, S. 36 ff.
70 Hierzu Marian Lacey: Working for Boroko. The Origins of a Coercive Labour System in South Africa, Johannesburg 1981, S. 169 ff.

71 Ibid., S. 74 ff.
72 Zu den Gesetzen von 1936 s. Robert Schrire: The Homelands: Political Perspectives, in ders. (Hg.): South Africa. Public Policy Perspectives, Kapstadt 1982, S. 112-140 (S. 115).
73 Salomon, op. cit., S. 231.
74 Hierzu Dan O'Meara: The Afrikaner Broederbond 1927-1948: Class Vanguard of Afrikaner Nationalism, in: JSAS, Bd. 3, Nr. 2, 1977, S. 156-186.
75 S. Dan O'Meara: Volkskapitalisme. Class, Capital and Ideology in the Development of Afrikaner Nationalism, 1934-1948, Cambridge 1983, Kap. 6, S. 78-95.
76 Newell M. Stultz: Afrikaner Politics in South Africa, 1934-1948, Berkeley 1974, S. 57.
77 Robert Davies/Dan O'Meara/Sipho Dlamini: The Struggle for South Africa. A Reference Guide to Movements, Organizations and Institutions, Bd. 1, London 1984, S. 80, 73; s. auch O'Meara, Volkskapitalisme, op. cit., S. 107 ff.
78 Hindson, op. cit., S. 53.
79 Zitiert in Jeffrey Butler/Robert I. Rotberg/John Adams: The Black Homelands of South Africa. The Political and Economic Development of Bophuthatswana and KwaZulu, Berkeley 1977, S. 11.
80 T.R.H. Davenport: The Smuts Government and the Africans, 1939-1948, in: The Societies ..., Bd. 5 (=Collected Seminar Papers Nr. 18), 1974, S. 80-91 (S. 81).
81 Ibid., S. 82.
82 Ibid., S. 84.
83 Hellmann, Urban Areas, op. cit., S. 234 ff.
84 Alf Stadler: Birds in the Cornfield: Squatter Movements in Johannesburg 1944-1947, in: JSAS, Bd. 6, Nr. 1, 1979, S. 93-123 (S. 109, 93).
85 Davenport, op. cit., S. 85.
86 Hindson, op. cit., S. 55.
87 Hierzu Dan O'Meara: The 1946 African Mine Workers' Strike and the Political Economy of South Africa, in: The Journal of Commonwealth and Comparative Politics, Bd. 13, Nr. 2, 1975, S. 146-173.
88 Hierzu Hindson, op. cit., S. 59 ff.
89 Der Begriff Apartheid („Getrenntsein") wurde in den 40er Jahren von burischen Intellektuellen geprägt, die 1948 das „Südafrikanische Büro für Rassenangelegenheiten" (SABRA) als Gegeninstitution zum *South African Institute of Race Relations* und Denkfabrik in Sachen Apartheid gegründeten (Leonard Thompson/Andres Prior: South African Politics, New Haven 1982, S. 155 f.).
90 Zur Wahl von 1948 s. O'Meara, Volkskapitalisme, op. cit., S. 225 ff.; Lipton, op. cit., S. 274 ff.
91 Lipton, op. cit., S. 277.
92 S. Kenneth A. Heard: General Elections on South Africa 1943-1970,

London 1974, S. 30 ff.
93 O'Meara, Volkskapitalisme, op. cit., S. 226, 237 f.
94 Joseph Lelyveld: Die Zeit ist schwarz. Tragödie Südafrika, Frankfurt/M. 1986, S. 107.
95 Ian Goldin: The Reconstitution of Coloured Identity in the Western Cape, in Marks/Trapido, The Politics of Race, op. cit., S. 156-181 (S. 168).
96 Roger Omond: The Apartheid Handbook. A Guide to South Africa's Everyday Racial Policy, Harmondsworth 1985, S. 28.
97 Graham Leach: South Africa. No Easy Path to Peace, London 1987, S. 75.
98 Omond, op. cit., S. 28.
99 S. Cristoph Sodemann: Die Gesetze der Apartheid, Bonn 1986, S. 23 ff; Muriel Horrell: Laws Affecting Race Relations in South Africa (To the End of 1976), Johannesburg 1978, S. 16 ff.
100 Die Farbigen-Gruppe wurde wie folgt unterteilt: Inder, Kap-Farbige, Kap-Malaien, Griqua, Chinesen, „andere Asiaten" und „andere Farbige".
101 Omond, op. cit., S. 22 f.; Sodemann, op. cit., S. 25.
102 Hierzu John Western: Outcast Cape Town, Minneapolis 1981, S. 70 ff.; Sodemann, op. cit., S. 56 ff.
103 S. Maurice Webb: Indian Land Legislation, in Hellmann, Handbook, op. cit., S. 206-213.
104 Hierzu Western, op. cit., Kap. 4, S. 84-120.
105 Laurine Platzky/Cherryl Walker (Surplus People Project): The Surplus People. Forced Removals in South Africa, Johannesburg 1985, S. 99 f.
106 S. Nigel Mandy: A City Divided. Johannesburg and Soweto, New York 1984, S. 180 ff.
107 Lemon, op. cit., S. 251.
108 Platzky/Walker, op. cit., S. 102.
109 S. Horrell, op. cit., S. 113 ff.
110 Sodemann, op. cit., S. 60.
111 Bernd Morast: Die südafrikanische Rassenpolitik. „Getrennte Entwicklung" und weiße Vorherrschaft, Frankfurt/M. 1979, S. 38.
112 Hindson, op. cit., S. 60.
113 Platzky/Walker, op. cit., S. 104.
114 S. Hindson, op. cit., S. 61 f.
115 Platzky/Walker, op. cit., S. 105.
116 Hierzu Horrell, op. cit., S. 174 ff.
117 David Welsh: The Politics of Control: Blacks in the Common Areas, in Schrire, South Africa, op. cit., S. 87-111 (S. 96).
118 Hindson, op. cit., S. 66.
119 Henry Kenney: Architect of Apartheid. H.F. Verwoerd — An Appraisal, Johannesburg 1980; zum Konflikt innerhalb der NP s. Hermann

Giliomee: Afrikaner Politics: How the System Works, in Heribert Adam/Hermann Giliomee: Ethnic Power Mobilized. Can South Africa Change?, New Haven 1979, S. 196-257 (S. 222 f.).
120 S. Morast, op. cit., S. 48 ff.; Platzky/Walker, op. cit., S. 111 f.
121 Zur *Bantu Education* s. Pam Christie/Colin Collins: Bantu Education: Apartheid, Ideology and Labour Reproduction, in Peter Kallaway (Hg.): Apartheid and Education. The Education of Black South Africans, Johannesburg 1984, S. 160-183.
122 Zitiert in ibid., S. 173.
123 S. Henry Lever: South African Society, Johannesburg 1978, S. 17 f.
124 Don Foster: Detention and Torture in South Africa. Psychological, Legal and Historical Studies, London 1987, S. 17. Zum Unterdrückungssystem s. den zusammenfassenden Überblick bei Sodemann, op. cit., S. 97 ff.; eine unverzichtbare Quelle sind in diesem Zusammenhang die Jahresberichte des *South African Institute of Race Relations.*
125 Goldin, op. cit., S. 170
126 Stadler, The Political Economy, op. cit., S. 76.
127 Lemon, op. cit., S. 85.
128 Stadler, The Political Economy, op. cit., S. 78.
129 Lemon, op. cit., S. 84.
130 Platzky/Walker, op. cit., S. 109.
131 Ibid., S. 112.
132 Schrire, The Homelands, op. cit., S. 116. Die ethnischen Gruppen sind: Nord- und Süd-Sotho, Tswana, Zulu, Swasi, Xhosa, Tsonga, Venda sowie ab Mitte der 70er Jahre die Ndebele. Der Xhosa-Gruppe wurden zwei *Bantustans,* die Ciskei und die Transkei, zugeordnet.
133 Platzky/Walker, op. cit., S. 113.
134 Helen Joseph: Allein und doch nicht einsam. Ein Leben gegen die Apartheid, Reinbek b. Hamburg 1987, S. 175.
135 Zur Transkei s. Patrick Laurence: The Transkei. South Africa's Politics of Partition, Johannesburg 1976; Barry Streek/Richard Wickstead: Render unto Kaiser. A Transkei Dossier, Johannesburg 1981.
136 S. Gavin Maasdorp: Industrial Decentralisation and the Economic Development of the Homelands, in Schrire, South Africa, op. cit., S. 233-268.
137 John Kane-Bermann: Soweto. Black Revolt, White Reaction, Johannesburg [3]1979, S. 96 f.
138 Platzky/Walker, op. cit., S. 22.
139 Ibid., S. 30 ff.; Sodemann, op. cit., S. 66 ff; für die 60er Jahre Alan Baldwin: Mass Removals and Separate Development, in: JSAS, Bd. 1, Nr. 2, 1975, S. 213-227.
140 Platzky/Walker, op. cit., S. 120.
141 Ibid., S. 33.
142 Hierzu Lelyveld, op. cit., S. 141 ff.
143 Hindson, op. cit., S. 68.

144 Zur Konsolidierung s. Platzky/Walker, op. cit., S. 37 ff.
145 Nach ibid., S. 10.
146 Baldwin, op. cit., S. 216.
147 Hierzu Hermann Giliomee: The Afrikaner Economic Advance, in Adam/Giliomee, op. cit., S. 145-176.
148 S. A(lf) W. Stadler: The 1974 General Election in South Africa, in: African Affairs, Bd. 74, Nr. 295, 1975, S. 209-218; zur Innenpolitik bis 1974 s. C. David Dalcanton: Vorster and the Politics of Confidence 1966-1974, in: African Affairs, Bd. 75, Nr. 299, 1976, S. 163-181.
149 Zur Vorgeschichte des 16. Juni 1976 und zu den nachfolgenden Unruhen s. Kane-Berman, op. cit.
150 Lemon, op. cit., S. 94 ff.
151 Zum *Muldergate*-Skandal s. Richard Pollak: Up against Apartheid: The Role and the Plight of the Press in South Africa, Carbondale — Edwardsville 1981, S. 20 ff.

Neo-Apartheid: Eine Bilanz der Ära Botha

Hanns W. Maull

Die Ära Botha endete, wie sie begann: mit einem Machtkampf in der *National Party*. Am 15. August 1989 trat Pieter Willem („Pee Wee") Botha als Staatspräsident zurück und räumte damit eine mit überwältigender Machtfülle ausgestattete Position. Der Rücktritt brachte zugleich einen Eklat: In einer Fernsehansprache an die Bevölkerung rechnete Botha verbittert ab mit seinen Parteifreunden und Kabinettskollegen, die ihm die Gefolgschaft aufgekündigt hatten. Das „große Krokodil" (so P.W. Bothas politischer Spitzname) nahm dabei kaum noch Rücksicht auf seine eigene Partei. Vor allem jedoch versuchte er, seinen Nachfolger Frederik Willem de Klerk nach Kräften zu diskreditieren, indem er an die alte Furcht der Buren vor der „schwarzen Gefahr" appellierte. Mit diesem Fernsehauftritt verabschiedete sich ein Mann, der die weiße Politik Südafrikas über vierzig Jahre lang mitgeprägt hatte: als Abgeordneter der *National Party* seit 1948; seit 1966 als Verteidigungsminister; und zuletzt, seit 1978, als Premierminister und dann später als Staatspräsident.

„Adapt or die" — das weiße Südafrika müsse sich anpassen oder untergehen, forderte Pieter Willem Botha wenige Monate nach seiner Machtübernahme als Ministerpräsident im Jahr 1978. Diese Losung wurde oft zitiert — und gründlich mißverstanden: Sie reflektiert nicht etwa die Einsicht in die Unhaltbarkeit oder gar Verwerflichkeit des Apartheidsystems, sondern vielmehr das Bestreben, seine inneren Widersprüche und Brüche aufzulösen und es durch technokratische Modernisierung an veränderte innere und äußere Gegebenheiten anzupassen. Die Amtszeit Bothas war daher gekennzeichnet durch eine Forcierung der Reform der Apartheid von oben bei gleichzeitiger Verschärfung der Unterdrückung jeglicher Opposition gegen die Apartheid von unten. Die Rhetorik von der „Abschaffung der Apartheid"[1] in dieser neuen Phase weißer Vorherr-

schaft war zwar nicht ohne realen Kern — doch die von oben eingeleiteten Veränderungen zielten nicht auf den Abbau des Systems der Apartheid, sondern auf die langfristige Absicherung von Rassentrennung und weißer Vorherrschaft durch die Beseitigung oder doch Reformierung periphärer Elemente dieses Systems. Zur Kennzeichnung dieser Politik hat sich daher der Begriff der „Neo-Apartheid" durchgesetzt.

Als der damalige Verteidigungsminister Botha sich 1978 innerhalb der *National Party* knapp als Nachfolger von Ministerpräsident John B. Vorster durchsetzen konnte, galt er — obwohl er stets für einen harten Kurs in der Außenpolitik eingetreten war — als Kandidat der *„verligtes"*, also des reformorientierten Flügels der Partei, zugleich jedoch auch als der Mann der Streitkräfte. Seinen Wahlsieg verdankte er in erster Linie der Tatsache, daß sich sein Gegenspieler Connie Mulder (der vom rechten Flügel der Partei, den *„verkramptes"*, und vom Geheimdienst BOSS favorisiert wurde) durch einen massiven Skandal diskreditiert hatte[2]. Bothas Wahl stellte innerhalb der Partei und des Staatsapparates also durchaus einen Machtwechsel dar. Allerdings verfügte auch Botha über eine — aus der Sicht der NP — untadelige Vergangenheit: Bothas Mutter hatte während des Burenkrieges in einem britischen Konzentrationslager zwei Kinder verloren, der 1916 geboerene Pieter brach als Zwanzigjähriger sein Studium ab, um sich ganz der Arbeit in der NP zu widmen. Für einige Jahre gehörte er, wie auch schon Vorster, der stark nationalsozialistisch geprägten *Ossewa Brandwag* („Ochsenwagen-Wache") an. Als Verteidigungsminister unter Vorster hatte er sich insbesondere durch den südafrikanischen Vorstoß in Angola als „Falke" profiliert[3].

Auch Bothas Fall im Jahre 1989 war das Ergebnis eines Machtkampfes innerhalb der *National Party*. Schon gegen Ende des Jahres 1988 erschütterten Korruptionsskandale die NP — ein deutlicher Hinweis auf die Zerfallserscheinungen im Gefolge einer übergroßen Machtkonzentration und der zunehmend autoritären und selbstherrlichen Amtsführung Bothas. Der eigentliche Sturz Bothas begann dann mit seinem Gehirnschlag am 18. Januar 1989. In der Phase der Rekonvaleszenz beging er einen entscheidenden Fehler, als er das Amt das Parteivorsitzenden niederlegte, das er bis dahin in Personalunion mit der Funktion des Staatschefs bekleidet hatte. Offenbar hatte Botha den Unmut unterschätzt, den sein ruppiges, selbstherrliches und autokratisches Regiment in der Partei hatte entstehen lassen: Zahlreiche NP-Politiker lauerten nur auf eine Chance, sich zu rächen.

Diese Chance kam mit der Wahl des neuen NP-Vorsitzenden am 2. Februar 1989: Mit knapper Mehrheit entschieden sich die Mitglieder der NP-Parlamentsfraktion (der sogenannte *caucus*) für Frederik Willem de Klerk — und gegen Bothas Wunschkandidaten, Finanzminister Barend du Plessis. Das war zugleich der Auftakt für einen Machtkampf hinter den Kulissen — zwischen den „Sekurokraten", den Exponenten des Nationalen Sicherheitsstaates, der unter Botha aufgebaut worden war, und einer Gruppe von Politikern der NP unter Führung der Parteiveteranen Erziehungminister de Klerk und Außenminister Roelof „Pik" Botha[4]. In dieser Auseinandersetzung agierten die Sekurokraten in doppelter Hinsicht geschwächt: Ihre Stellung war zum einen abhängig von Bothas überragender Machtposition im Staate, die nun jedoch durch Bothas angeschlagene Gesundheit beeinträchtigt war; zum anderen hatten die Sekurokraten auch durch die militärische Schlappe der südafrikanischen Streitkräfte in Angola Ende 1988 innenpolitisch an Boden verloren.

Von Februar bis Juni 1989 gelang es de Klerk, seine Position in der Partei zu konsolidieren und auf dem Parteitag die NP fast geschlossen um sich zu scharen. Bothas spektakuläres Treffen mit Nelson Mandela im Amtssitz des Staatspräsidenten mag auch ein Versuch gewesen sein, den ungeliebten Nachfolger abzublocken und die politische Initiative zurückzugewinnen. Der *show down* im August 1989 wurde durch de Klerks Pläne zu einem Treffen mit Kenneth Kaunda, dem Staatspräsidenten Sambias, ausgelöst. Bothas Versuche, dieses Treffen zu verhindern und damit de Klerks Position zu untergraben, scheiterten am Widerstand des Kabinetts, das sich geschlossen hinter de Klerk stellte. Botha resignierte daraufhin und trat zurück.[5]

Die Gründe für den Fall Bothas sind vielfältig. Sein ruppiger politischer Stil trug zweifellos dazu bei, seinen Rückhalt in der Partei zu untergraben. Der Auf- und Ausbau des Nationalen Sicherheitsrates mit den zentralen Institutionen des *State Security Council* und der Pyramidenstruktur der *Joint Management Centers* bedeutete strukturell eine schleichende Entmachtung der Partei und ihrer Möglichkeiten, Entscheidungen in Parlament und Kabinett zu beeinflussen. Und schließlich muß drittens gesehen werden, daß Bothas Politik Südafrika Anfang 1989 immer deutlicher in die Sackgasse der internationalen Isolation und des Bürgerkrieges geführt hatte: Die Politik des Nationalen Sicherheitsstaates, die „totale Strategie" Bothas und seiner Sekurokraten waren an die Grenzen militärischer und polizeilicher Macht gestoßen: In Angola erlitten südafrikanische Truppen vor Cuito Cuanavale Anfang 1988 eine Niederlage, in Südafrika selbst hielt der schwarze Widerstand an, international war Südafrika isoliert und die Wirtschaft des Landes steckte in einer durch Saktionen verschärften Dauerkrise. Bothas Politik der Neo-Apartheid war damit gescheitert — ihr Preis wurde nunmehr auch der eigenen Partei zu hoch.

Damit schloß sich ein Zirkel — denn auch als Botha 1978 die Macht übernahm, hatte sich die Politik der Apartheid in ihrer bisherigen Ausprägung festgefahren. Die Versuche seines Vorgängers Vorster, das Apartheidsystem zu reformieren, ohne die politische Vorherrschaft der weißen Minderheit und deren Privilegien zu gefährden, waren gescheitert; die inneren Widersprüche des Apartheidsystems — die Unvereinbarkeit des burischen Machtanspruchs mit den demographischen Realitäten einer zunehmend ausgeprägten Minderheitssituation und der Gegensatz zwischen ökonomischer Verflechtung der Bevölkerungsgruppen und politisch motivierten Segregationsbestrebungen — machten sich immer nachdrücklicher bemerkbar. Die Renovierung des Apartheid-Gebäudes wurde damit zur zentralen Aufgabe des neuen Mannes.

1. Grundwidersprüche des Apartheidsystems

Die Herausforderungen und Probleme, die das Erbe der Apartheidpolitik Botha hinterlassen hatte, stellten sich 1978 knapp skizziert folgendermaßen dar:

a) Wirtschaftlich erwiesen sich die Beschränkung der Aufstiegsmöglichkeiten für schwarze Facharbeiter und die Vernachlässigung des schwarzen Bildungssystems zunehmend als Hemmschuhe. Das rasche Wirtschaftswachstum der 60er Jahre und der technologische Wandel führten zu einem wachsenden Bedarf an Facharbeitern, der aus der weißen Bevölkerungsgruppe nicht mehr zu decken war: Schon Anfang der 70er Jahre schätzte man diesen Fehlbedarf in wichtigen Industriezweigen auf zwischen acht und 13 %, das Defizit an Lehrlingen (also an zukünftigen Facharbeitern!) sogar auf 29 %[6]. Das Apartheidsystem behinderte die Rekrutierung schwarzer Facharbeiter durch Reservierung von Arbeitsplätzen für Weiße und vor allem durch die Vernachlässigung der Ausbildung der schwarzen Bevölkerung. Im Ergebnis bedeutete diese Facharbeiterknappheit für die Unternehmen erhebliche zusätzliche Kostenbelastungen, gegen die sich zunehmend Widerstand regte[7]. Ähnlich stieß auch die Begrenzung der geographischen Mobilität der nichtweißen Bevölkerung durch die Zuzugskontrollen des Apartheidsystems zunehmend auf Kritik aus Kreisen der Industrie und der modernen, technokratisch orientierten Schichten der weißen Bevölkerung.

b) Innenpolitisch hatten sich — ironischerweise nicht zuletzt aufgrund der Erfolge der Politik der NP seit 1948 bei der Förderung des Wirtschaftswachstums und der Begünstigung burischer Unternehmer — im burischen Lager zwei unterschiedliche Strömungen herausgebildet: Ein moderner, technokratisch orientierter Flügel (die *„verligtes"*) und ein traditioneller Flügel (*"verkramptes"*). Zu ersteren zählten die Spitzen der Bergbau- und der verarbeitenden Industrie, Angehörige der technokratischen Mittelschichten und auch ein Teil der Landwirtschaft[8]. Das Drängen dieser Gruppierungen auf einen Abbau der wachstumshemmenden Aspekte der Apartheid verstärkte jedoch zugleich den Widerstand der traditionellen Kräfte innerhalb der NP (deren soziologische Basis vor allem weiße Arbeiter, Staatsbedienstete sowie die Mehrheit der ländlichen Bevölkerung bildete), sodaß es zu einer zunehmenden Polarisierung innerhalb des politischen Burentums, zugleich jedoch auch zu einer Verwischung der einst so scharfen politischen und sozio-ökonomischen Unterschiede zwischen Buren und britisch-stämmigen Weißen kam. Auf der anderen Seite verschärfte der Gegensatz zwischen den integrativen und mobilisierenden Tendenzen des modernen Sektors der südafrikanischen Wirtschaft und Gesellschaft und den starren Gittern, mit denen das Apartheidsystem im wörtlichen wie im bildlichen Sinne die überkommenen Machtstrukturen zu konservieren suchte, die Entfremdung insbesondere der städtischen afrikanischen Bevölkerung. Deren materielle Situation hatte sich im Verlauf der 70er Jahre zwar erheblich verbessert, doch schürte dies nur ihre Ablehnung des Apartheidsystems, dessen politische Defizite nun um so schärfer hervortraten.

c) International geriet das Apartheidsystem nach dem Zusammenbruch des portugiesischen Kolonialreichs in Angola und Mosambik 1974 zunehmend in die Defensive. Die Tendenz zur internationalen Isolation Südafrikas, die von der südafrikanischen Wirtschaft mit großer Besorgnis verfolgt wurde, konnte weder durch Vorsters Schwarzafrika-Diplomatie noch durch die Vorstöße südafrikanischer Truppen in Angola 1975/6 (sie endeten schließlich mit einem durch die Supermächte erzwungenen Rückzug) aufgebrochen werden. Damit wurden Wirtschaftssanktionen gegen Südafrika und mithin eine Beeinträchtigung seiner Export- und Expansionsmöglichkeiten zunehmend wahrscheinlicher[9].

In den Unruhen von Soweto 1976 spiegelten sich diese Strukturprobleme des Apartheidsystems in nachdrücklicher Weise. Die Ursprünge dieser Zusammenstöße lagen generell in angestautem Haß und Frustration der schwarzen Bevölkerung, insbesondere der Jugendlichen; die Apartheid im Bildungssektor lieferte den Auslöser für die Unruhen; die Reaktionen auf Soweto schließlich zeigten auf der einen Seite die Fragilität der weißen Reformbereitschaft (die NP erzielte unter dem Eindruck der Unruhen 1977 das beste Wahlergebnis ihrer Geschichte mit einem Wahlkampf unter dem Schatten einer immer wieder beschworenen „schwarzen Gefahr"), andererseits jedoch die wachsende internationale Ächtung Südafrikas (1977 beschloß der UN Sicherheitsrat ein Waffenembargo gegen Südafrika; in den USA steuerte der neue Präsident Jimmy Carter, aber auch der Kongreß nunmehr eine sehr viel kritischere Linie in der Südafrikapolitik)[10]. Botha trat also ein schwieriges Erbe an.

Strukturen und Entwicklungstendenzen der Apartheid

Auch unter P.W.Bothas Ära der Reformen änderte sich die Grundstruktur der Apartheid nicht. In der Politik der Neo-Apartheid blieb die Essenz der Apartheids-Politik erhalten. Sie besteht aus:

a) Trennung der Rassen bzw.ethnischen Gruppen oder „Gemeinschaften" (so die neueste Sprachregelung) unter weißer Vorherrschaft,
b) Erhaltung der privilegierten sozio-ökonomischen Position der Weißen und damit der Diskriminierung und systematische Benachteiligung der nichtweißen Bevölkerung und
c) der politischen Abschottung dieses Systems gegen Versuche, es von außen (also gegen die burische Bevölkerungsgruppe) grundlegend zu verändern. Seit dem Wahlsieg der *National Party* 1948 wurden diese Prinzipien in immer ausgefeilterer und umfassenderer Form realisiert. Diese Durchsetzung der Apartheid stellte — in den Worten von Leo Kuper — eine „Konter-Revolution" dar[11]; zugleich war sie eines der durchschlagendsten Experimente in *„social engineering"*, der gezielten Beeinflussung sozialer Strukturen durch politisches Handeln. Das Grunddilemma dieser Politik freilich, der Widerspruch zwischen dem

Streben nach einer möglichst vollständigen sozialen Trennung der Rassen und ihrer unaufhebbaren wirtschaftlichen Verflechtung durch die Abhängigkeit der weißen Minderheit von der Arbeitskraft der schwarzen Bevölkerungsmehrheit ließ sich durch die Gesetzeswerke des Apartheidsystems nicht aufheben; es verschärfte sich im Gegenteil[12].

Die Trennung der Rassengruppen entfaltete die Politik der Apartheid seit 1948 auf drei Ebenen: Auf der Ebene des Alltagskontaktes der Bevölkerung in allen sozialen Bereichen (Mikro- oder „kleine" Apartheid), in den städtischen Bereichen durch die Aufteilung der Bevölkerungsgruppen auf bestimmte Wohnbereiche (Meso-Apartheid) und schließlich auf der Ebene des gesamten Territoriums Südafrikas in Form der Homeland-Politik (Makro-Apartheid). Veränderungen substantieller Art erfolgten innerhalb der letzten Dekade von 1978 bis 1988 vor allem im ersten Bereich; dagegen blieben die wesentlichen Elemente der Meso-und Makroapartheid erhalten.

Rassenklassifizierungs-System

Voraussetzung für die Realisierung der Rassentrennung war die umfassende Klassifizierung der südafrikanischen Bevölkerung nach rassischen bzw. ethnischen Kriterien. Die gesetzliche Grundlage hierfür wurde im *Population Registration Act* von 1950 geschaffen. Eine umfangreiche Bürokratie, das *Race Classification Board* und die Appellationsinstanz des *Race Classification Appeal Board*, teilten danach die Bevölkerung in vier große rassische Gruppen ein: Weiße, Farbige, Inder und Eingeborene (später dann als Bantus, heute als Afrikaner bezeichnet). Die Festlegung der Gruppenzugehörigkeit und damit der sozialen Identität erfolgt durch bürokratische Verfahren anstatt durch freie Entscheidung des einzelnen. Wer welcher Rasse angehört, bestimmt der Apartheidstaat — und er entscheidet damit auch über zukünftige Lebenschancen eines Menschen. Die Ergebnisse eines Systems, das allein von 1950 bis 1966 immerhin über 267.541 „Zweifelsfälle" entschied und jedes Jahr hunderte von „Umklassifizierungen" hervorbringt[13], sind oft tragisch und bisweilen bizarr: So wurden zwei Kinder von der Polizei drei Jahre lang „zur Feststellung ihrer Rassenzugehörigkeit" in Gewahrsam gehalten; ein Südafrikaner, Vic Wilkinson, wurde insgesamt fünfmal neu eingestuft[14].

Innerhalb der vier großen Bevölkerungsgruppen unterscheidet die Apartheidbürokratie weitere Untergruppen. Besonders bedeutsam — da grundlegend für die Homeland-Politik der Schaffung schwarzer „Nationalstaaten" — ist die Unterteilung der afrikanischen Bevölkerungsgruppe. Diese Unterteilung beruht auf linguistischen und kulturellen Gemeinsamkeiten und versucht, den so umrissenen Ethnien zugleich bestimmte „traditionelle" Siedlungsräume zuzuordnen, die als Ausgangspunkt der Homeland-Grenzziehung herangezogen werden. Beides ist jedoch in hohem Maße fragwürdig: die sprachlichen und kulturellen Gemeinsamkeiten afrikanischer Ethnien beziehen sich auf traditionelle Lebensformen, die heute nur noch sehr begrenzte Relevanz aufweisen, während die geographische Zuordnung von Siedlungsräumen letztlich nichts anderes reflektiert als diejenigen Räume, in denen die afrikanische Bevölkerung zum Zeitpunkt der Verfestigung der britischen und burischen Herrschaft im südlichen Afrika durch die überlegene Macht der Weißen „festgenagelt" worden war[15]. Dementsprechend problematisch ist die Zuordnung der neun Ethnien aus vier großen Sprachgruppen (Nguni: Swasi, Zulu, Xhosa; Sotho-Tsawa: Nord-Sotho, Süd-Sotho, Tswana; Venda; Tsonga; Ndebele) in zehn (!) Homelands; wie Tab.2 zeigt, repräsentieren diese Homelands trotz ihrer ausgeprägten territorialen Zersplitterung meist keineswegs die Mehrheit der jeweiligen Ethnien — eine Tatsache, die nicht nur die starke städtische afrikanische Bevölkerung reflektiert, sondern auch erhebliche ethnische Minderheiten in mehreren Homelands. Südafrikas Bevölkerung ist — ebenso wie seine Volkswirtschaft — unauflöslich verschränkt und verwoben.

Soziale Diskriminierung im Alltag ("petty Apartheid")

Im alltäglichen Miteinander der südafrikanischen Bevölkerungsgruppen hatte die Diskriminierung der Schwarzen bereits vor der formellen Institutionalisierung des Apartheidstaates eine lange Geschichte. Bereits 1685 beschloß die niederländisch-ostindische Kompanie ein Verbot der Eheschließung zwischen Weißen und Schwarzen (nicht jedoch zwischen Weißen und und Farbigen), ohne jedoch angesichts des bestehenden Männerüberschusses in der Siedlung eine weitere Vermengung der Bevölkerungsgruppen verhindern zu können. 1902 untersagte ein Gesetz Geschlechtsverkehr zwischen schwarzen Männern und weißen Frauen, 1927 schließlich verbot der *Immorality Act* jeglichen außerehelichen Geschlechtsverkehr zwischen Weißen und Schwarzen; 1950 wurde diese Regelung durch eine Gesetzesergänzung auf die anderen nichtweißen Bevölkerungsgruppen ausgedehnt. Nach dem Wahlsieg der *National Party* 1948 wurde als eines der ersten Gesetze des neuen Apartheidsystems der *Prohibition of Mixed Marriages Act* verabschiedet; er verbot die Eheschließung zwischen Weißen und Nichtweißen[16].

Das Ergebnis dieser im religiösen Puritanismus des Burentums und seinen Widersprüchen mit den historischen Realitäten verwurzelten Gesetzgebung, die zweifelsohne auch psychologische Verdrängungs- und Projektionsmechanismen widerspiegelt, waren nicht nur ungezählte menschliche Tragödien[17], sondern auch die Entwicklung teilweise geradezu grotesker Ansätze zu einem totalen Überwachungsstaat: Die Polizei stellte eine eigene *Immorality Squad* auf, zu deren Methoden u.a. die Überwachung des Privatlebens Verdächtiger mit Tonbändern und Fernrohren sowie die Überprüfung von Bettzeug und Geschlechtsorganen gehörte.

Die Meso-Apartheid: Zuzugskontrollen und Paßgesetze

Mit dem *Group Areas Act* von 1950 ist der wichtigste Pfeiler der „Meso-Apartheid" angesprochen: Die Aufteilung städtischer Gebiete in den einzelnen Bevölkerungsgruppen zugeordnete Gebiete.

Versuche, die schwarze Bevölkerung von weißen Wohngebieten fernzuhalten, lassen sich weit in die südafrikanische Vergangenheit zurückverfolgen; die Bemühungen um gesetzliche Regelungen beginnen mit dem Bericht der Stallard-Kommission 1922[18]. Der *Group Areas Act* von 1950 (erweitert und systematisiert 1957 und 1966 in Ergänzungsgesetzen) konnte daher auf Gesetzeswerken von 1923 *(Natives (Urban Areas) Act)*, 1937 *(Native Laws Amendment Act)* und 1945 *(Natives (Urban Areas) Consolidation Act)* aufbauen, die bereits extensive Regelungen zur Kontrolle des schwarzen Zuzuges in die städtischen Gebiete vorsahen. Er bildete die Grundlage der systematisch geplanten „Apartheid-Stadt" — einer Stadtform, die sich deutlich von „segregierten" Städten unterscheidet, in denen sich die Trennung der Bevölkerungsgruppen primär durch soziale Mechanismen herausbildete[19]. Die Gesetzgebung des *Group Area Act* bestimmt exklusive städtische Wohngebiete für alle Bevölkerungsgruppen; zu seiner Durchführung waren drastische Eingriffe in Eigentumsrechte und der Aufbau einer eigenen Bürokratie erforderlich[20]. Heute ist das Ziel einer räumlichen Trennung der Wohnbereiche nach Rassengruppen in den städtischen Gebieten oft praktisch vollständig realisiert. Von den insgesamt 899 zumeist städtischen Siedlungszonen mit insgesamt knapp 900.000 ha, die Ende 1984 als *„group areas"* ausgewiesen waren, entfielen 83,6 % auf die Weißen, 10,6 % auf die Farbigen und 5,6 % auf die indische Bevölkerungsgruppe[21]. Zur Durchführung der räumlichen Trennung der Bevölkerungsgruppen griff die Regierung seit 1950 in großem Umfang zu Umsiedelungen: Von 1950 bis Ende 1983 wurden rund 83.000 farbige und knapp 40.000 indische sowie 2.331 weiße Familien umgesiedelt; dies entspricht etwa jeder fünften farbigen und jeder dritten indischen, jedoch weniger als ein Prozent der weißen Familien[22].

Diese Statistiken vermelden nichts über die afrikanische Bevölkerung. Tatsächlich versuchte die Apartheidpolitik lange, das Problem der schwarzen städtischen Bevölkerung durch eine völlige Ausgliederung dieser Gruppe in eigene schwarze Staaten, die Homelands, zu lösen. Die Realität freilich sieht anders aus: Mitte der 80er Jahre lebten rund 8 Mio. Schwarze — etwa ein Drittel der gesamten afrikanischen Bevölkerung — in den „weißen" Städten[23]: Ein Hinweis darauf, daß die jahrzehntelangen Bemühungen der weißen Regierungen um eine Eindämmung der afrikanischen Abwanderungsbewegung in die Städte gescheitert sind.

Zur Durchsetzung ihrer Vorstellungen einer räumlichen Trennung der Bevölkerungsgruppen in den städtischen Gebieten entwickelte der Apartheid-Staat ein System von Zuzugskontrollen. Das wichtigste Gesetzeswerk in diesem Zusammenhang ist der 1945 verabschiedete *Natives (Urban Areas) Consolidation Act*, der mehrmalige Ergänzungen erfuhr. Die berüchtigte *section 10* dieses Gesetzes regelt die Ausnahmefälle, in denen sich Afrikaner in den weißen Wohngebieten, den *„prescribed areas"*, länger als 72 Stunden — also auch auf Dauer — aufhalten können. Nach offiziellen Angaben verfügten 1985 rund 4,2 Mio. Afrikaner nach den Bestimmungen der *section 10* über eine derartige Aufenthaltserlaubnis, weil sie

a) seit ihrer Geburt dort ununterbrochen gewohnt haben,
b) mindestens zehn Jahre in einem solchen Gebiet ununterbrochen für einen Arbeitgeber gearbeitet oder dort mindestens 15 Jahre legal wohnhaft waren,
c) Ehefrauen oder unverheiratete Kinder unter 18 Jahren eines unter a) bzw. b) Berechtigten sind, oder
d) anderweitig eine Genehmigung erteilt bekamen (dies betrifft primär zeitlich befristete Genehmigungen von Arbeitsvermittlungsstellen)[24].

Mit dem Arsenal der gesetzlichen Bestimmungen zur Zuzugskontrolle versuchte das Apartheidsystem seit Beginn der 50er Jahre, die afrikanische Bevölkerungsgruppe aus den weißen Bevölkerungszentren fernzuhalten und zugleich ihr unverzichtbares Arbeitskräftepotential zu kanalisieren. Die Ausnahmeregelungen der *section 10* waren das Eingeständnis, daß dies nicht vollständig miteinander vereinbar war. Dennoch erklärte noch 1978 der damalige Minister für Bantuangelegenheiten und Entwicklung, Connie Mulder, daß letztlich jeder Afrikaner in einem unabhängigen eigenen Staat seine Heimat finden solle[25]. Die Handhabung der Ausnahmeregelungen nach *section 10* wurde im Verlauf der 60er Jahre eingeengt — Ziel der Politik war es seither, die neuen Genehmigungen nach Absätzen a) — c) der *section 10* möglichst beschränkt zu halten[26]. Diese Strategie wurde allerdings durch einige wichtige höchstrichterliche Grundsatzentscheidungen (die Fälle Rikhoto, Komani, Mthiya) durchbrochen, die die Zahl der Wohnberechtigten deutlich erhöht hätten. In der Praxis wurden diese Urteile jedoch durch gegenläufige politische Schritte zunächst unterlaufen[27].

Neben den Zwangsumsiedlungen (man schätzt die Zahl der im Rahmen der *Group Areas* Gesetzgebung gewaltsam entwurzelten Afrikaner auf fast eine Million[28]) waren die Paßgesetze, eines der verhaßtesten Elemente der Apartheidordnung, ein zentrales Instrument für die Durchsetzung der Meso-Apartheid. Die ersten Paßgesetze wurden in Südafrika schon um 1760 erlassen — sie zwangen schwarze Sklaven zum Tragen von Pässen zur Einschränkung ihrer Mobilität und besseren Kontrolle ihrer Arbeitskraft. Das wichtigste Paßgesetz des Apartheidstaates war das in wahrhaft Orwell'scher Manier *Natives (Aboliton of Passes and Coordination of Documents) Act* benannte Gesetz, mit dem 1952 der Paßzwang für Afrikaner nicht etwa abgeschafft, sondern vereinheitlicht wurde. Seit 1958 war der Besitz eines Passes, des *reference book*, für afrikanische Männer, seit 1963 auch für Frauen obligatorisch. Von 1916 bis 1981 wurden unter den verschiedenen Paßgesetzen Südafrikas insgesamt 17,2 Mio. Afrikaner verurteilt, allein von 1975 bis 1985 genau 637 584 Afrikaner — sowie zwei Farbige, jedoch kein Inder und kein Weißer. Da dies bis zu 700 Gerichtsverfahren täglich bedeutete, erfolgten die Verurteilungen (meist zu Geldstrafen bis zu R 90) in Schnellverfahren, die nur noch eine Farce der Rechtsstaatlichkeit darstellten. Die Kosten der Durchsetzung der Paßgesetze veranschlagte eine Studie allein für das Jahr 1977 mit R 113 Mio.[29].

Die Homeland-Politik

Auch die Wurzeln der Makro-Apartheid — der Homeland-Politik — reichen weit in die südafrikanische Geschichte zurück; ihre Ursprünge liegen in den Eingeborenen-Reservaten, die bereits 1829 eingerichtet wurden. 1913 wurden diese Reservate im *Natives Land Act* auf etwa 7 % der Gesamtfläche Südafrikas festgesetzt und danach weitgehend sich selbst überlassen — mit dem Ergebnis eines wirtschaftlichen Zusammenbruchs der Reservate Ende der 30er Jahre und eines Anschwellens der Abwanderung in die Städte zur Flut.

Nach dem Wahlsieg der NP 1948 gingen die Architekten der Apartheid an die Verwirklichung ihrer Idee der Rassentrennung im großen Rahmen: Die gesamte afrikanische Bevölkerung des Landes sollte in sog. Bantustans zusammengefaßt und damit aus der Republik Südafrika ausgestoßen werden, ohne jedoch ihre Rolle als wichtiger Lieferant von Arbeitskraft aufzugeben. Freilich war auch den Architekten dieser Politik klar, daß sich eine solche räumliche Trennung der Rassen angesichts der ökonomischen Abhängigkeiten der Weißen von der Arbeitskraft der Schwarzen nicht über Nacht realisieren ließ[30]. Hier lag das zentrale Problem: Wie konnte eine Politik der räumlichen Trennung der Rassen mit den wirtschaftlichen Anforderungen einer Verflechtung der Bevölkerungsgruppen vereinbart werden? Die Apartheid-Politik setzte dafür auf drei Mittel:

a) Aufbau eigener politischer Strukturen in den Bantustans bzw. Homelands und Entlassung dieser Gebilde in die volle staatliche Unabhängigkeit (jedoch unter Beibehaltung südafrikanischer Oberhoheit und faktischer Kontrolle),

b) Zwangsumsiedelungen und den Verlust der Staatsbürgerschaft sowie

c) Maßnahmen der wirtschaftlichen Dezentralisierung und Entwicklung der Peripherien.

Der erste Schritt zur Durchsetzung der Makro-Apartheid war 1950 die Einberufung der Tomlinson-Kommission, die Vorschläge für eine räumliche Trennung der afrikanischen Bevölkerungsgruppe ausarbeiten sollte. Der Bericht der Kommission — ein schwergewichtiges Dokument — wurde 1955 vorgelegt; die wichtigsten Empfehlungen waren: a) eine Ausweitung der Bantustan-Bevölkerung von damals 3,5 Mio. auf etwa 8 Mio. Menschen; b) die territoriale Konsolidierung der Bantustans in sieben große, zusammenhängende

Flächengebiete; c) die Umsiedelung der außerhalb dieser Gebiete lebenden afrikanischen Bevölkerung; und d) ein massives Entwicklungsprogramm für diese Gebiete, um sie wirtschaftlich einigermaßem überlebensfähig zu machen[31].

Aufbau politischer Strukturen: Diese Vorschläge der Tomlisnon-Kommission wurden jedoch von der Regierung nur sehr teilweise realisiert. Während die Vorschläge zur Ausgliederung übernommen wurden, unterblieben die entscheidenden Schritte, die aus den Bantustans lebensfähige Gebilde hätten machen können — ihre territoriale Konsolidierung zu größeren und geschlossenen Einheiten und umfangreiche Entwicklungsmaßnahmen. So beschloß die Regierung zwar schon 1951 im *Bantu Authorities Act* den Aufbau eigener Verwaltungsstrukturen in den Bantustans auf der Basis der traditionalen Stammesführer; Investitionen weißen Privatkapitals in diesen Regionen wurden jedoch ausdrücklich untersagt. 1959 wurden im *Promotion of Bantu Self-Government Act* acht (später zehn) Bantustans geschaffen, die auf die Unabhängigkeit vorbereitet werden sollten. Der *Bantu Homeland Citizenship Act* von 1970 (mit seinen Ergänzungen aus dem Jahr 1974) und der *Bantu Homeland Constitution Act* von 1971 schufen die gesetzlichen Voraussetzungen für eine einheitliche Verfassungsstruktur der neuzuschaffenden unabhängigen Homelands (mit gesetzgebenden Versammlungen, in denen ernannte Stammesführer über die Mehrheit verfügten, und Regierungen) sowie für die Ausbürgerung der schwarzen Südafrikaner. Die Kriterien für eine Staatsbürgerschaft in den Homelands wurden dabei so umfassend gezogen, daß eine große Zahl von Südafrikanern ausgebürgert und in neue staatliche Gebilde abgeschoben werden konnten, zu denen sie keinerlei Zugehörigkeit empfanden. Die Transkei wurde 1963 als erstes Homeland in die Selbstbestimmung entlassen und am 26.10.1976 in die volle „Unabhängigkeit". Bophuthatswana folgte am 6.12.1977, Venda am 13.9.1979 und die Ciskei am 4.12.1981; der Versuch, auch KwaNdebele in die „Unabhängigkeit" abzuschieben, scheiterte 1987 zunächst am Widerstand der Bevölkerung.

Wirtschaftliche Dezentralisierung: Die Unruhen von Sharpeville 1960 führten zu einem Umdenkungsprozeß innerhalb der NP-Regierung: Premierminister Verwoerd setzte nunmehr auf eine Strategie der „getrennten Entwicklung"; Südafrika war in dieser neuen Sichtweise keine multirassische Gesellschaft, in der die überlegende weiße Rasse zur Führung berufen war, sondern eine Gesellschaft aus „Nationen", die durch einen Prozeß der internen Dekolonialisierung zur vollen Unabhängigkeit geführt werden sollten. Im Rahmen dieser neuen Strategie wurde nunmehr auch das dritte oben angesprochene Bündel von Politikinstrumenten aktiviert: *Wirtschaftliche Dezentralisierungs- und Entwicklungsprogramme.* Eine *Bantu Investment Corporation* wurde gegründet, die Entwicklungsmaßnahmen koordinieren sollte; der *Physical Planning and Utilization of Resources Act* von 1967 lieferte Instrumente zur Kontrolle der Industrie-Expansion in städtischen Bereichen (wobei „Expansion" als Investitionen verstanden wurden, die weitere afrikanische Arbeitsplätze geschaffen hätten) und Anreize für die Entwicklung der Homelands. Im Verlauf der 60er Jahre konnten durch diese Programme freilich insgesamt nicht mehr als etwa 11.600 Arbeitsplätze in zehn Jahren geschaffen werden — gegenüber einem *jährlichen* Bedarf von 20000 Arbeitsplätzen, den die Tomlinson-Kommission errechnet hatte[32]. Ähnlich negativ war die Bilanz bis 1977: Während nach vorsichtigen Schätzungen mindestens 21.000 Arbeitsplätze jährlich hätten geschaffen werden müssen, um allein die neu in den Arbeitsmarkt drängende Bevölkerung der Homelands zu beschäftigen, konnten selbst nach offiziellen Angaben von 1968 bis 1977 *insgesamt* nur etwa 63.600 Arbeitsplätze geschaffen werden[33].

Zwangsumsiedelungen: Die unmenschlichste Konsequenz dieses Versuchs eines geographischen *social engineering* war die Zwangsumsiedelung von mindestens 2 Mio. Afrikanern auf der Basis der Homeland-Politik; weitere 2 Mio. waren 1983 noch von Zwangsumsiedelungen bedroht[34]. Es waren vor allem diese Umsiedelungen, die — mehr noch als natürlicher Bevölkerungszuwachs und territoriale Arrondierungs- und Konsolidierungsmaßnahmen — für ein dramatisches Anwachsen der Homeland-Bevölkerung sorgten: Lebten 1950 in den Reservaten etwa 3,5 Mio. Menschen (rund ein Drittel der gesamten afrikanischen Bevölkerung), so waren es 1980 bereits 10,7 Mio. (etwa 53 %) und 1987 zwischen 15 und 18 Mio. (ca.60 % der afrikanischen Bevölkerung). Etwa 1,5 Mio. Bewohner verdingten sich 1985 als Wanderarbeiter (gegenüber knapp einer Mio. 1970); die Zahl der Pendler von Homelands in angrenzende weiße städtische Gebiete verdreifachte sich gegenüber 1970 annähernd auf über 830.000[35].

Pendler und Wanderarbeiter stellen zugleich auch die wichtigste wirtschaftliche Grundlage der Homelands: Auf sie entfielen 1980 durchschnittlich etwa 70 % des Sozialproduktes der Homelands. Südafrika finanzierte insgesamt etwa drei Viertel der Staatshaushalte dieser Gebilde; ihr Bruttosozialprodukt pro Kopf lag 1980 zwischen

R 44 und R 85 (lediglich das Bergbau-Homeland Bophuthatswana erzielte R 159) — gegenüber einem statistischen pro-Kopf-Bruttosozialprodukt der Republik Südafrika von R 2.477. Mit 42 % der Bevölkerung erwirtschafteten die Homelands 1985 denn auch nur knapp 5 % des Nationalproduktes[36]. In den Homelands selbst war der wichtigste Erwerbszweig die Bürokratie mit 44,5 % aller Beschäftigten: Hier — und vor allem in den jeweiligen politischen Eliten — finden sich diejenigen Afrikaner, die von der Homeland-Politik profitieren und sie deshalb unterstützen.

Die politischen Strukturen, die Südafrika sich in diesen Systemen mit Hilfe kollaborationsbereiter Afrikaner herangezogen hat, zeichnen sich durch Korruption, Nepotismus und oft auch durch eine Brutalität und Willkür der Repression aus, die selbst Südafrika in den Schatten stellt. Verbreitete Unterernährung, Massenarbeitslosigkeit (man schätzt sie insgesamt auf etwa 50 %) und Massenarmut (etwa 70 % der Bevölkerung der Homelands lebt unterhalb der Armutsgrenze) haben trotz massiver Steigerungen der südafrikanischen Zuschüsse in den meisten Homelands zu katastrophalen wirtschaftlichen Verhältnissen und chronischer politischer Instabilität geführt. Dies zwang Pretoria dazu, sich bei der Stützung von Marionettenregimen in den Homelands finanziell und auch militärisch immer stärker zu engagieren, deren Glaubwürdigkeit niemals groß war und inzwischen völlig zerrüttet erscheint.

2. Die neue innenpolitische Strategie

Als Botha 1978 das Amt des Premierministers übernahm, war klar, daß sich das Apartheidsystem in seiner überkommenen Struktur nicht aufrechterhalten ließ. Die demographischen Gegebenheiten sowie die steigenden ökonomischen, innen- und außenpolitischen Kosten dieser Politik machten tiefgreifende Veränderungen unumgänglich. Was Botha in den folgenden zehn Jahren versuchte, war eine Transformation der südafrikanischen Gesellschaft von oben, die vor allem seit etwa 1981 in vieler Hinsicht verblüffend einer Studie des amerikanischen Politikwissenschaftlers Samuel P. Huntington ähnelte[37]. In dieser Studie beschreibt Huntington den Übergang von einer Minderheitsherrschaft zu einer „Konkordanz-Oligarchie", in der alle Bevölkerungsgruppen eine angemessene Rolle spielen können, als einen extrem schwierigen Drahtseilakt, eine Transformation von oben, die sich zugleich gegen konservative

Bremser wie gegen Revolutionäre von unten behaupten muß. Er empfiehlt dafür eine Mischung aus sozialen Reformen und Blitzkriegtaktik, aus Repression und substantiellen Verbesserungen, die allerdings immer aus einer Position der Stärke heraus angekündigt werden müßten und eine wachsende Machtkonzentration in den Händen der Exekutive erforderlich machen könnten.

Bezeichnend für die Ära Botha war jedenfalls eine umfassende Revision der südafrikanischen Regierungspolitik im Sinne einer Transformation von oben, einer Strategie des kontrollierten Wandels für eine „Gesellschaft im Übergang (als) Folge einer sich beschleunigenden unumgänglichen Entwicklung", um Botha selbst zu zitieren[38]. Diese neue Politik forderte wirtschaftliche, soziale und politische Reformen als Antwort auf veränderte demographische, ökonomische und innen- wie außenpolitische Gegebenheiten, aber auch als Voraussetzung einer wirksamen Strategie zur langfristigen Stabilisierung des Systems. Ihre Rechtfertigung bezog diese Politik aus der Vorstellung einer Bedrohung des südafrikanischen Staatswesens von innen und außen. Diese angebliche Bedrohung der weißen Vorherrschaft lieferte die Rechtfertigung für eine neue Ideologie — die Ideologie der „totalen nationalen Sicherheit".

Die traditionelle Ideologie des Apartheidstaates seit 1948 ruhte auf drei Säulen: Auf dem burischen Gefühl der Auserwähltheit vor Gott; auf dem Bewußtsein einer historisch-religiösen „Sendung" des Burentums in Südafrika; und auf einem rassischen Überlegensheitsgefühl gegenüber den Schwarzen[39]. Diese Ideologie fand ihren Niederschlag in den Grundelementen der alten Apartheid-Politik: Die Beschwörung einer „schwarzen Gefahr" für die Machtpositionen und Privilegien der Weißen; die Idee der „getrennten Entwicklung" als Ausweg aus dieser Bedrohung; und schließlich der burische Nationalismus als Ausdruck der Geschlossenheit und des Hegemonieanspruchs der Buren in Südafrika[40]. Diese traditionelle Ideologie geriet im Verlauf der 60er und 70er Jahre in immer größere Argumentationsschwierigkeiten und wurde schließlich unter Botha weitgehend durch eine neue ideologische Orientierung ersetzt, deren zentrale Elemente nunmehr die nationale Sicherheit und das politische Überleben des weißen Südafrikas und die Idee des Marktes und des Wirtschaftswachstums waren. Mit der Entfaltung der Marktdynamik hoffte man nunmehr, über das (bei Herstellung entsprechend gleicher Voraussetzungen) marktinhärente Prinzip der Chancengleichheit sowie über die Verbesserung des Lebensstandards und der Beschäftigungssituation im Sog der erwarteten Wachstumsdynamik auch bei der schwarzen Bevölkerung politische Legitimität zu erwerben. Die Idee einer „totalen Bedrohung durch Kommunismus und Terrorismus" und der als Antwort darauf formulierten „totalen nationalen Strategie" erlaubte eine wachsende Zentralisierung der Macht in den Händen der Exekutive und damit größere Handlungsfreiheit für eine militärisch-technokratische Strategie der „Transformation von oben".

Ein wichtiger Grundgedanke der unter Botha und seinen militärischen Beratern entwickelten und umgesetzten „totalen nationalen Strategie" war die Einbeziehung aller Gesellschafts- und Politikbereiche in diese Strategie; man war sich darüber im klaren, daß militärische Unterdrückung allein die Probleme der weißen Vorherrschaft nicht lösen könnte, und veranschlagte deshalb — beeinflußt von französischen und amerikanischen Erfahrungen in Guerilla-Kriegen, die auf die Bedeutung des Gewinnens politischer Unterstützung (*"winning the hearts and minds"*) hindeuteten — das Verhältnis von militärischen zu politischen Maßnahmen mit etwa 20:80 Prozent. Dementsprechend mußten alle Strukturen und Funktionen des Staates in den Dienst dieser Strategie gestellt werden; Reformen zur Verbesserung der inneren Sicherheit und der Steigerung der Legitimität des Systems waren aus dieser Sicht integrale Bestandteile einer solchen Strategie[41].

Eine Stoßrichtung der neuen Politik waren Reformen zur Verbesserung der sozialen Situation der Afrikaner und der Wachstumsperspektiven der südafrikanischen Wirtschaft —insbesondere im Bereich des Arbeitsmarktes. Sie bildeten einerseits ein Zugeständnis an die lange artikulierten Forderungen der Unternehmen und des westlichen Auslandes, andererseits erhoffte man sich von diesen Reformen auch eine Verbesserung der innenpolitischen Situation[42]. Diese Reformen lassen sich knapp folgendermaßen umreißen:

a) Die Rassentrennungs-Gesetze im Bereich der „*petty apartheid*" wurden bis 1989 in etlichen Bereichen aufgehoben; die sozialen Auswirkungen dieser Maßnahmen blieben zunächst allerdings beschränkt, weil sie durch andere Elemente der Apartheidstruktur und soziale Diskriminierung unterlaufen wurden. Der *Immorality Act* und der *Prohibition of Mixed Marriages Act* wurden im Zuge dieser Reformen seit 1978 abgeschafft. Den ersten Anstoß dazu lieferte ein Interview P.W.Bothas mit der BBC 1979; ein parlamentarischer Untersuchungsausschuß schlug 1984 die Abschaffung dieser Regelungen vor, die dann im Juni 1985 auch beschlossen wurde[43]. Auch in anderen Bereichen der Mikro-Apartheid wie der Rassentrennung in öffentlichen Verkehrsmitteln, Theatern, Kinos, Restaurants, Hotels, Stränden und Parks (nicht jedoch in öffentlichen Krankenhäusern oder Schulen!) sind seit 1975 erhebliche Fortschritte in Richtung auf einen Abbau der Rassenschranken festzustellen. Das Strydom-Komitee, eine Untersuchungskommission zur Neubewertung einer Reihe von Gesetzeswerken der Mikro- und Meso-Apartheid, empfahl 1984 eine Gesetzesreform, die staatliche Regulierungen der Mikro-Apartheid abschaffen und die Entscheidung über soziale Segregation oder Integration in wesentlichen Punkten den Eigentümern überlassen sollte. Das Hotelgewerbe erklärte 1986, 87 % aller Hotels stünden nunmehr auch Schwarzen offen; die Desegregierung von Restaurants und Kinos machte ebenfalls Fortschritte. Busunternehmen in Johannesburg und Durban experimentierten mit der Desegregierung, und die staatlichen südafrikanischen Eisenbahnen (*South African Transport Services*, SATS) stellte integrierte Waggons zur Verfügung. Alle diese im einzelnen durchaus positiven Schritte bedeuteten jedoch keinesfalls, daß damit auch schon alle Probleme der sozialen Diskriminierung im Alltag bereinigt wären: Probleme ergaben sich einerseits aus dem immer wieder rückfälligen Verhalten der Behörden auf allen Ebenen, andererseits aus sozial verankerten Verhaltensweisen und Praktiken der Diskriminierung. Wenngleich in den sozialen Einstellungen der weißen Bevölkerungen positive Veränderungen in Richtung auf Abbau von Vorurteilen festzustellen waren, hielten sich auch unter der Politik der Neo-Apartheid exklusiv weiße Strände, Eisenbahnwaggons, Busse und natürlich städtische Wohn-und Geschäftsbereiche[44].

b) Die substantiellsten Reformen der alten Apartheidstrukturen erfolgten im Bereich der Industriebeziehungen (siehe hierzu den Beitrag von Siegmar Schmidt). Weitere Schwerpunkte der Neo-Apartheid waren der schwarze Bildungssektor, wo zunächst die Mittel für das afrikanische Erziehungssystem erheblich gesteigert und 1985 auch das Prinzip der gleichen Standards und Chancen akzeptiert wurde (die Regierung beharrte allerdings auf der Beibehaltung der Segregation des Erziehungswesens) und der Sozialausgaben, insbesondere in den Bereichen Gesundheitswesen und Wohnungsbau. In einer Verbesserung der sozio-ökonomischen Situation der städtischen Schwarzen sah die Regierung explizit eine wichtige Voraussetzung zur Eindämmung der revolutionären Offensive und damit zur Gewährleistung der Sicherheit des weißen Südafrikas. Die zusätzlich mobilisierten Finanzmittel für diese Ausgabenbereiche wurden daher zunächst auch schwerpunktartig auf unruhige Townships konzentriert; andere städtische Siedlungsbereiche und die ländlichen Gebiete wurden vergleichsweise vernachlässigt. Diese Konzentration der Mittel spiegelte einerseits natürlich politische Erwägungen, andererseits jedoch auch ein grundlegendes Dilemma der neuen Reformpolitik: Die aufgestauten sozialen Probleme der Diskriminierung waren so dramatisch, daß eine rasche Abhilfe Finanzmittel und eine Infrastruktur des weißen Südafrikas vorausgesetzt hätte, die nicht verfügbar waren bzw. politisch nicht durchgesetzt werden konnten[45].

c) Verbesserungen — allerdings nur für die städtische afrikanische Bevölkerung — brachten auch Modifikationen des Prinzips der rassischen Segregation der städtischen Gebiete. Seit 1978 wurde das Regime der Zuzugsregelungen erheblich verändert und reformiert; 1986 kam es schließlich zur völligen Aufhebung der Zuzugskontrollen und ihre Ablösung durch eine (bislang noch nicht vollständig definierte) Politik der „geordneten Urbanisierung". Diese Veränderungen verbesserten einerseits die Situation der afrikanischen Bevölkerung mit Wohnrechten in den städtischen Gebieten — etwa durch Erleichterung der beruflichen Mobilität oder die Möglichkeiten der Erbpacht (1978) und schließlich (1986) des Grunderwerbs —, erhöhten jedoch andererseits eher noch die Barrieren für Neuzugänge[46]. Damit schien die Regierung eine „schwarze Mittelklassen-Strategie" zu verfolgen, die auf die Kooptation eines Teils der afrikanischen Bevölkerungsgruppe zu Lasten der Homeland-Bewohner setzte. 1986 erfolgte dann die bislang dramatischste Reform der *Group Areas*-Gesetze, als 34 Gesetzeswerke — einschließlich der verhaßten *section 10* — der Zuzugskontroll-Politik mit dem *Abolition of Influx Control Act* aufgehoben wurden[47]. Im *Identification Act* wurde zudem das Paßgesetz von 1952 (*Blacks (Abolition of Passes and Co-ordination of Documents) Act*) sowie große Teile des *Population Registration Act* von 1950 abgeschafft und ein einheitlicher Ausweis für alle Bevölkerungsgruppen geschaffen. Gleichzeitig endeten am 23.4.1986 alle Verhaftungen und strafrechtlichen Verfolgungen von Verstößen gegen die Paßgesetze. Statt dieser alten Gesetze formulierte die Regierung nunmehr eine Politik der geregelten Urbanisierung, die auf den Prinzipien einer völligen Bewegungsfreiheit aller Südafrikaner (mit Ausnahme der „Staatsangehörigen" der vier „unabhängigen" Homelands) sowie einer ausgewogeneren Verteilung von Bevölkerung und Wirtschaftsaktivität in Südafrika aufbauen sollte, zugleich jedoch ominöserweise auch an rassisch getrennten Wohnbereichen und an Umsiedlungsmaßnahmen festhielt. Erst die Praxis wird zeigen, ob diese Reformen tatsächlich eine substantielle Veränderung der Meso-Apartheid oder lediglich eine weitere Pseudo-Reform darstellt; bislang scheint die Handhabung der neuen Regelungen sowie die verstärkte Heranziehung alter Gesetze, die faktisch eine Fortsetzung der Zuzugskontrollen auf anderer Rechtsgrundlage ermöglichen, eher dafür zu sprechen, daß auch diese Reform hinter den von ihr geweckten Erwartungen zurückbleiben wird[48].

d) Zweifelhaft ist auch, ob die Benachteiligung der ländlichen afrikanischen Bevölkerung, deren Lage unter der Neo-Apartheid Bothas immer verzweifelter wurde, durch die Ablösung der Zuzugskontrollen durch eine Politik der „geordneten Urbanisierung" sowie die Bereitschaft zur Revision der Ausbürgerung der Homeland-Südafrikaner tatsächlich beendet wird. Immerhin scheint sich die Regierung in Pretoria über das Scheitern der alten Homeland-Politik im klaren zu sein. Sie warf jedenfalls seit 1981 das Ruder in der Homeland-Politik herum und versuchte nunmehr, das alte Dilemma einer räumlichen Trennung gegen die Strukturen der Wirtschaft auf neuen Wegen anzupacken. Die dazu eingeschlagene Politik der Dezentralisierung beruht auf der Einteilung des gesamten Territoriums Südafrikas in neun Entwicklungszonen mit gestaffelten Entwicklungsprioritäten (die Homeland-Territorien werden damit als Ausgangspunkt der Dezentralisierungspolitik aufgegeben) sowie auf umfassenden Investitionsanreizen (so können zwischen 80 und 95 % der Lohnkosten eines Unternehmens für sieben Jahre vom Staat übernommen werden). Diese neue Politik hat zugleich eine erhebliche Steigerung der südafrikanischen Finanzhilfen für die Homelands nach sich gezogen: Allein von 1984/5 auf 1985/6 stiegen die südafrikanischen Zuschüsse für die Homelands von knapp 2,1 Mrd. R auf fast 3 Mrd. R (+ 40 %)[49]. Dies demonstrierte die Entschlossenheit der Regierung in Pretoria, an den Grundzügen der Makro-Apartheid festzuhalten. In den Worten des Entwicklungsministers Gerrit Viljoen: „Obwohl (die Homeland-Politik) das Kind einer politischen Philsophie ist, die inzwischen aufgegeben wurde (— die Apartheid, H.M.), muß sie als einer der Erfolge dieser Philosophie erhalten bleiben"[50]. Die gegenwärtige Strategie Pretorias scheint vor allem darauf ausgerichtet, die Selbstverwaltungsstrukturen der nichtunabhängigen Homelands auszubauen, sie damit den unabhängigen Homelands strukturell — wenn auch nicht rechtlich — gleichzustellen und die Homeland-Führungen als Partner einer konföderativen Struktur für Gesamt-Südafrika aufzubauen. Angesichts der Fehlschläge der bisherigen Maßnahmen zur wirtschaftlichen und politischen Konsolidierung und der rasch eskalierenden Kosten, die sich aus der „Neo-Makro-Apartheid" für das weiße Südafrika ergeben, erscheint ein dauerhafter Erfolg dieser Bemühungen allerdings unwahrscheinlich.[51]

Insgesamt spiegeln diese — substantiellen — Reformen des Apartheid-Systems einerseits die Anpassungszwänge einer Wirtschaft, für die Apartheid immer mehr zu einem strukturellen Wachstumshemmnis geworden war (vgl. Beitrag Maull, Wirtschaft). Auf der anderen Seite zielte die Strategie der Neo-Apartheid auf die politische Kooptation und Integration relevanter, bislang jedoch dem System skeptisch oder ablehnend gegenüberstehender Kräfte. Innerhalb des weißen Lagers ging es der Regierung dabei um die Einbeziehung der Wirtschaft sowie anderer reformorienter Gruppen; darüber hinaus versuchte Botha, die farbigen und asiatischen Bevölkerungsgruppen, die sich zunehmend am schwarzen Widerstand orientierten, auf die Seite der Weißen zu ziehen und — über eine Stärkung der Mittelklasse — auch repräsentative afrikanische Partner für eine Kooptation ins System zu finden. Diese Politik hatte mit einer Demokratisierung Südafrikas allerdings nichts zu tun; sie zielte auf die Modernisierung und langfristige Absicherung der alten Herrschaftsstrukturen. Dies wird noch deutlicher bei einer Analyse der politischen Reformen der Neo-Apartheid.

Politische Reformen I: Die Verfassungsreform

Huntingtons Überlegungen zur Anpassung des südafrikanischen Regierungssystems an neue Gegebenheiten beruhten auf Ansätzen der Konkordanz-Demokratie[52]. Dieses Demokratiemodell entstand aus der Analyse demokratischer Systeme in stark segmentierten Gesellschaften wie der Schweiz, Österreichs oder des Libanon. Seine Attraktivität für Südafrika bestand in der Chance zu einer Demokratisierung ohne Revolution, die sie zu offerieren schien: Zu den wichtigsten Elementen einer Konkordanz-Demokratie zählt nämlich die „Konkordanz-Oligarchie" (Huntington) — der ständige Interessenausgleich und Kompromiß zwischen den Eliten der wichtigen gesellschaftlichen Gruppen als Alternative zur Mehrheitsherrschaft.

In die Überlegungen über eine Reform des politischen Systems flossen deshalb im Verlauf der 70er Jahre zunehmend konkordanzdemokratische Ideen ein. Die Transformation der weißen Vorherrschaft in eine Struktur, die durch demokratische Partizipation und Konsensfindung über Kompromisse zwischen allen Gruppen Südafrikas geprägt wäre, schien auf diesem Wege möglich[53]. Das Interesse an konkordanzdemokratischen Lösungen in der südafrikanischen Verfassungsdiskussion speiste sich dabei grundsätzlich aus zwei Quellen: Auf der einen Seite stand die Hoffnung, dieses Modell könne eine Chance für friedlichen Wandel zu einer genuinen Demokratie unter Einbeziehung aller Rassen darstellen; Träger dieser Hoffnung waren Teile der südafrikanischen Intelligenz, die nach radikalen Auswegen aus der Apartheid suchten. Auf der anderen Seite bot das Vokabular der Konkordanzdemokratie den Exponenten der Neo-Apartheid die Möglichkeit, hinter einem rhetorischen Schleier von Reform und Demokratisierung den politischen Kernbestand des Apartheidsystems durch Kooptation von Teilen der nichtweißen Bevölkerungsgruppen und damit eine Verbreiterung seiner Basis langfristig zu sichern. Mit dem Anspruch, mit politischen Reformen „Konkordanzdemokratie" zu praktizieren, sollte zugleich die internationale Ächtung Südafrikas überwunden werden. Es war die letztere Tendenz, die sich in der Verfassungsreform 1983 durchsetzte.

Der Anstoß zur Verfassungsreform ging von der Tatsache aus, daß bei der Realisierung der Politik der Rassentrennung die Zukunft der Farbigen und Inder in der Schwebe blieb: Sie konnten nicht in eigene Staaten abgeschoben werden, verfügten jedoch andererseits im weißen Südafrika nur über rudimentäre politische Beteiligungsmöglichkeiten (die primär konsultativen Repräsentationsräte), die zudem von der Regierung kaum ernstgenommen wurden und deren Besetzung wenig repräsentativ war. Die 1973 eingesetzte *Theron-Kommission*, die sich mit der Verbesserung der Lage der Farbigen auseinandersetzte, schlug deshalb eine Einbeziehung dieser Bevölkerungsgruppe in das Verfassungssystem vor. Parallel hierzu hatte ein Kabinettsausschuß unter Vorsitz von P.W. Botha (damals noch

Verteidigungsminister) einen Verfassungs-Reformvorschlag erarbeitet, der ebenfalls eine Einbeziehung der Farbigen sowie der Inder in einer neuen Verfassungsstruktur mit einem Drei-Kammern-Parlament, drei Regierungen und einem Exekutiv-Präsidenten vorsah. Dieser Regierungsvorschlag wurde danach in einem eigens eingerichteten Parlamentsausschuß, der später als in die *Schlebusch-Kommission* in gleicher Besetzung seine Arbeit fortsetzte, aufgegriffen. Die Kommission führte zur Einsetzung eines neuen Gremiums, des Präsidialrats (*President's Council*), an dem auch ernannte farbige und indische Vertreter mitwirkten. Ein Verfassungsausschuß dieses Präsidialrates formulierte dann den Entwurf einer neuen Verfassung, der — zusammen mit einem Entwurf der Regierung — die Grundlage der parlamentarischen Diskussionen bildete. Die neue Verfassung wurde dann im südafrikanischen Parlament am 9.9.1983 gegen die Stimmen der Oppositionsparteien von links und rechts beschlossen und im November durch ein Referendum der weißen Wähler mit Zweidrittelmehrheit bestätigt[54].

Auf den ersten Blick erscheint die neue Verfassung Südafrika tatsächlich als eine an konkordanzdemokratischen Prinzipien orientierte Reform; auch die politische Rhetorik der Regierung bediente sich in ihrer Vorstellung dieser Verfassung konkordanzdemokratischer Argumente. Die vier zentralen Merkmale einer Konkordanzdemokratie sind nach *Lijphart*

a) eine „große Koalition" der gegnerischen Gruppen- oder Segmenteliten auf der Basis von Konsens und Kompromissen,
b) der Proporz, also die Beteiligung aller Gruppen an der Besetzung der wichtigen Entscheidungspositionen,
c) ein formelles oder informelles Vetorecht der Segmenteliten mindestens bei Entscheidungen, die zentrale Interessen einer Gruppe berühren (Theodor Hanf nannte das die „Notbremse" der Konkordanzdemokratie[55]), und
d) die Autonomie der Segmente[56].

Betrachtet man die neue südafrikanische Verfassung unter der Perspektive der vier oben skizzierten Prinzipien, so lassen sich in der Tat Entsprechungen finden:

a) Prinzip der „großen Koalition". Dieses Grundelement konkordanzdemokratischer Systeme scheint in der Etablierung dreier Parlamentskammern (*House of Assembly* mit 178 Mitglieder, davon 12 vom Staatspräsidenten ernannt: Die Kammer der Weißen; *House of*

Representatives mit 85 Mitgliedern (darunter fünf ernannten): Kammer der Farbigen; *House of Delegates* mit 45 Mitgliedern, davon wiederum fünf ernannten: Kammer der Inder, dreier Exekutiven (Ministerräte) sowie der Rekrutierung des Wahlkollegiums, das den Staatspräsidenten wählt, des Präsidialrates und der Parlamentsausschüsse aus allen drei Kammern berücksichtigt. Das Gesetzgebungsverfahren erfordert bei Fragen der gemeinsamen Zuständigkeit zunächst eine Mehrheit in allen drei Kammern. Bei genauerer Analyse erweisen sich diese Elemente freilich als konkordanzdemokratischer Schleier, hinter dem sich eine eindeutige Vorherrschaft der weißen Bevölkerungsgruppe verbirgt. Die Zusammensetzung des Wahlkollegiums und des Präsidialrates erfolgt nämlich nach dem alten Westminster-Prinzip, das offiziell als überholt und undemokratisch verpönt ist, weil es die Herrschaft der Mehrheit über die Minderheit ermöglicht. Genau dies beinhaltet jedoch die neue Verfassung an entscheidenden Stellen: Wer in diesen Schlüsselinstitutionen des Systems sitzt, bestimmen die jeweiligen Mehrheitsparteien in den einzelnen Kammern. Der Proporzschlüssel von 4:2:1 (50 weiße, 25 farbige, 13 indische Mitglieder) sichert beispielsweise im Wahlkollegium faktisch die Position des Staatspräsidenten für die Mehrheitspartei in der weißen Kammer —und damit für den Kandidaten der *National Party*. Die „große Koalition" der neuen Verfassungsstruktur ist zudem nicht das Ergebnis freier Verhandlungen, sondern einseitiger Vorgaben der weißen Regierung; fragwürdig ist schließlich auch die Legitimationsbasis der farbigen und indischen Parlamentarier und Minister, wie die niedrige Wahlbeteiligung bei den Wahlen zu diesen beiden Kammern zeigte (s.u.).

b) Vetoprinzip: Das Gesetzgebungsverfahren verlangt zwar bei allgemeinen Angelegenheiten grundsätzlich die Zustimmung aller drei Kammern; jedes Parlament verfügt insofern also über Vetomacht. Dieses Veto hat jedoch im Konfliktfall nur aufschiebende Wirkung: Ist kein Konsens herstellbar, so kann der Staatspräsident die Vorlage über den Präsidalrat verabschieden lassen. Diese Instanz hat also bei Konflikten zwischen den Kammern im Gesetzgebungsverfahren eine Schlüsselfunktion; seine Zusammensetzung sichert in aller Regel dem Präsidenten jedoch von vornehrein eine Mehrheit von mindestens 35 Stimmen für seine Politik: 20 der 60 Mitglieder stellt die Mehrheitspartei des weißen Parlaments, 25 weitere Mitglieder des Präsidialrates werden vom Staatspräsidenten ernannt, der dabei bei fünfzehn völlig freie Hand hat (die restlichen zehn Mitglieder ernennt er auf Vorschlag der Oppositionsparteien der drei Kammern). Zehn bzw. fünf Mitglieder rekrutieren sich aus den Mehrheitsparteien der beiden anderen Kammern. So wurde beispielsweise die Verabschiedung zusätzlicher Sicherheitsgesetze 1986, ohne die Ablehnung der indischen und farbigen Kammern zu berücksichtigen, über die Proklamierung des Notstandes und die Einschaltung des Präsidialrates durchgesetzt. Daß selbst dieses stark eingeschränkte Vetorecht der beiden nichtweißen Kammern gelegentlich Probleme für die weiße Herrschaft aufwerfen kann, zeigte sich allerdings 1988, als Staatspräsident Botha eine Verfassungsänderung wünschte, um die weißen Parlamentswahlen hinausschieben zu können. Eine solche Verfassungsänderung war jedoch nur mit Zustimmung der beiden nichtweißen Kammern zu erreichen; die farbige *Labour Party* nützte dies dazu, ihre Zustimmung von einer Abschaffung zentraler Elemente der Apartheid-Gesetzgebung abhängig zu machen.

c) Segmentautonomie: Die Verfassung von 1983 beruht — im Einklang mit den Grundprinzipien der Apartheid — auf einer Organisation des politischen Systems entlang ethnisch-rassischer Grenzen: Jeder Bevölkerungsgruppe werden daher eigene politische Institutionen und Rechte zuerkannt. Die Unterscheidung zwischen allgemeinen und besonderen Angelegenheiten (*„general affairs"/„own affairs"*) — also Fragen, die von den Bevölkerungsgruppen autonom geregelt werden — ist zentral für die gesamte Verfassung. Die besonderen Angelegenheiten umfassen dabei eine quantitativ lange Liste — primär Fragen des Bildungs- und Gesundheitswesens sowie der Landwirtschaft. Die — politisch zentrale — Entscheidung darüber, ob ein konkretes Problem allgemeiner oder besonderer Art sei, fällt der Staatspräsident letztinstanzlich. Alle Aspekte des Steuerwesens gelten als allgemeine Angelegenheiten; allerdings verfügt jedes Parlament über bestimmte Anteile aus den Staatseinnahmen zur Bewältigung seiner „eigenen Angelegenheiten". Würde der Haushalt des Gesamtparlaments von einer Kammer abgelehnt (oder ein Teilhaushalt von der betreffenden Kammer abgewiesen), so kann der Staatspräsident das Parlament auflösen und Neuwahlen ausschreiben. Die Segmentautonomie ist also in der Realität begrenzt, wenn auch nicht völlig illusorisch. Hinzu kommt, daß die besonderen Angelegenheiten vor allem Bereiche umfassen, in denen die Apartheid traditionell starke Benachteiligungen der nichtweißen Gruppen nach sich zog. So besehen, wird die Segmentautonomie zu einem höchst problematischen Prinzip.

d) Proporzprinzip: Die neue Verfassung sieht in mehreren Institutionen die Vergabe von Sitzen im Verhältnis von 4:2:1 vor — ein Schlüssel, der die gegenwärtigen Stärken der jeweiligen Bevölkerungsgruppen in etwa widerspiegelt. Dieser Proporz reflektiert jedoch die offizielle Zwangseinteilung der Gesellschaft in Gruppen und nicht etwa freiwillige Assoziation und Gruppenbildung und klammert die afrikanische Bevölkerungsmehrheit völlig aus — zwei fundamentale Webfehler dieser Verfassung aus einer demokratischen Perspektive[57].

Eine genauere Analyse zeigt also, daß es sich bei der Verfassung von 1983 um eine Schein-Konkordanzdemokratie handelt: Hinter der Fassade der Demokratie verbirgt sich konter-konkordanzdemokratische Kontinuität der weißen Vorherrschaft: Das Mehrheitswahlrecht, die majoritäre Zusammensetzung der Ministerräte und des Wahlkollegiums, die dominierende Stellung der NP und schließlich die außergewöhnlich starke Position des Staatspräsidenten garantieren diese Vorherrschaft. Keines der vier Prinzipien der konkordanzdemokratischen Theorie sind in der Verfassung gewährleistet; zugleich ist aus der Sicht dieser Theorie ein entscheidender Webfehler der Verfassungsordnung darin zu sehen, daß die sozialen Gruppen nicht autonom und freiwillig konstituiert werden können, sondern durch bürokratische Festsetzung erzwungen sind[58].

Die politischen Rechte der afrikanischen Bevölkerungsmehrheit Südafrikas klammert die Verfassung von 1983 ohnehin völlig aus. Die politischen Zielsetzungen dieser Verfassungsreform richten sich also nicht auf eine Demokratisierung Südafrikas, sondern auf eine Transformation von oben unter ständiger Kontrolle der weißen Minderheitsregierung zur Anpassung des Apartheid-Systems an veränderte Rahmenbedingungen.

Die Verfassung von 1983 erweist sich unter dieser Perspektive als ein zentraler Baustein bei der Errichtung eines „Totalen Sicherheitsstaates": Ihr wichtigsten Merkmal ist eindeutig die Verschiebung der politischen Gewichte zur Exekutive und insbesondere zum Staatspräsidenten. Der Staatspräsident ist Staatsoberhaupt, Regierungschef und Oberbefehlshaber der Streitkräfte; er ernennt die Mitglieder des Kabinetts und der Ministerräte und entsendet ernannte Mitglieder in die drei Parlamentskammern und den Präsidialrat. Über dieses Gremium sowie über seine Entscheidungskompetenz bei Fragen der Zuständigkeit („allgemeine" vs. „besondere Angelegenheiten") verfügt er über eine Schlüsselstellung im Gesetzgebungsverfahren. Darüber hinaus kann er den Ausnahmezustand verhängen. Für die Belange der afrikanischen Bevölkerungsgruppe ist er letztinstanzlich zuständig. Er kann unbegrenzt wiedergewählt werden; einmal im Amt, unterliegt er keiner wirksamen Kontrolle. Insgesamt wurden damit in dieser Verfassung — die bezeichnenderweise über keinen Grundrechtskatalog verfügte — in den Händen des Staatspräsidenten Machtkompetenzen angehäuft, die mit Prinzipien demokratischer und rechtsstaatlicher Kontrolle von Macht nicht mehr vereinbar waren[59].

Politische Reformen II: Regional- und Gemeindeverwaltungen

Die afrikanische Bevölkerungsgruppe war aus der neuen Verfassung ausgeklammert; dementsprechend heftig war ihre Opposition gegen dieses Projekt. Die Sammlungsbewegung *United Democratic Front* entstand als Reaktion auf das Verfassungsprojekt, doch der schwarze Widerstand beschränkte sich keinesfalls auf diese neue, dem ANC nahestehende Kraft, sondern umfaßte auch gemäßigte Gruppierungen wie Buthelezis Inkatha (vgl. hierzu den Beitrag von Suitbert Schmüdderich).

Die praktisch allgemeine Ablehnung der Verfassung durch die afrikanische Bevölkerung bildete den Katalysator für die Welle von Unruhen 1984 bis 1987, in denen die in langen Jahren angestauten Frustrationen und die Verbitterung der Schwarzen gegen das Apartheid-System ihren bislang heftigsten Ausdruck fanden (vgl. Beitrag Schmüdderich). Der Regierung war klar, daß ihre neue Strategie längerfristig ohne eine Einbeziehung von mindestens Teilen der afrikanischen Bevölkerung kaum durchsetzbar war; sie versuchte deshalb in immer neuen Anläufen, glaubwürdige schwarze Verhandlungspartner für eine Politik der Kooptation zu finden, die die weiße Vorherrschaft legitimieren könnte. Daß „authentische" Vertreter der schwarzen Bevölkerung nicht unter den Führern der unabhängigen Homelands zu finden sein würden, war schon Anfang der 80er Jahre erkennbar. Ziel der Transformationspolitik Bothas war es daher, durch sozio-ökonomische Reformen Aufstiegschancen für Scharze und damit die Grundlage für eine afrikanische Mittelklasse mit substantiellen Interessen am Status quo und damit auch politischer Kooperationsbereitschaft zu schaffen. In diesem Zusammenhang sind auch die Reformen zu sehen, die die Situation der städtischen schwarzen Bevölkerung verbessern sollten. Politisch sollten diese Schichten über den Aufbau lokaler Selbstverwaltungsstrukturen eingebunden werden, die inhaltlich zwar begrenzte, aber reale Partizipationsmöglichkeiten offerieren konnten. Derartige Überlegungen wurden zusammen mit der Diskussion des neuen Verfassungsentwurfes angestellt und etwa gleichzeitig verabschiedet (*Black Local Authorities Act*, 1982; *Black Communities Development Act,* 1984). Im Rahmen dieser Gesetzgebung wurden 232 Gemeinderäte durch zu wählende Stadt- bzw. Dorfräte mit erheblich ausgeweiteten Kompetenzen ersetzt.

Mit dem *Regional Services Council Act* wurden für die indische und farbige Bevölkerung 1984 ebenfalls neue örtliche und regionale Selbstverwaltungsgremien geschaffen, die sog. *Primary Local Authorities* (PLA) und die *Regional Service Councils* (RSC). Mit den RSCs verfügte die Regierung nunmehr über Institutionen, die auf regionaler Ebene und unter Mitwirkung von Vertretern aller nichtweißer Bevölkerungsgruppen Dienstleistungsfunktionen organisieren und begrenzte Selbstverwaltungsaufgaben übernehmen konnten. 1988 waren 12 solcher RSCs etabliert worden, weitere 17 in Vorbereitung. Schließlich wurde die alte Provinzialverfassung Südafrikas 1986 aufgehoben; Überlegungen für eine Neugliederung der regionalen Verwaltungseinheiten orientieren sich offensichtlich an ähnlichen Zielsetzungen wie diejenigen, die bei der Reform der lokalen Verwaltungsstrukturen maßgeblich waren: Dezentralisierung, wirksamere Verbesserung der sozio-ökonomischen Situation der nichtweißen Bevölkerungsschichten im Sinne einer „Mittelklassen-Strategie"; Schaffung eines Gegengewichts zur wachsenden Machtzentralisierung; und schließlich die Entschärfung sozialer und politischer Konfliktpotentiale durch die Erschließung inhaltlich beschränkter und gesamtpolitisch kontrollierbarer politischer Partizipationsmöglichkeiten[60].

Die Ergebnisse der ersten Versuche, nichtweiße Bevölkerungsschichten über neue politische Institutionen in das System zu kooptieren, waren freilich aus der Sicht Pretorias insgesamt wenig eindrucksvoll. Die Wahlbeteiligung bei den Wahlen zu den farbigen und indischen Kammern des neuen Parlaments lag bei nur 18 bzw. 16 % der gesamten Wählerschaft und bei 30 % bzw. 20 % der registrierten Wähler; 1989 war die Beteiligung prozentual sogar noch geringer, nämlich 25 % bei den Farbigen und 22 % bei den Indern, obwohl die (farbige) *Labour Party* unter ihrem Führer Allan *Hendrickse* durch ihr Beharren auf der Abschaffung der getrennten Wohngebiete Botha zu diesem Wahltermin gezwungen und damit einen kleinen politischen Sieg über das Apartheid-Prinzip absoluter weißer Dominanz erzielt hatte. Die Wahlergebnisse bei den schwarzen Lokalwahlen zeigten ebenfalls erhebliche Legitimitätsdefizite dieser neuen Institutionen und ihrer Repräsentanten. Schwarze Stadträte wurden bei den Auseinandersetzungen 1984 bis 1986 als „Kollaborateure" immer wieder zur Zielscheibe für z.T. gewalttätige Angriffe der schwarzen Opposition gegen das Apartheidsystem. Auch nach der Verhängung des Ausnahmezustandes gelang es der Regierung bislang nicht, repräsentative schwarze Führer zur Mitarbeit in diesen Gremien zu gewinnen[61]. Umgekehrt bröckelte jedoch die Bereitschaft der burischen Wähler, Bothas Politik der Reformen von oben zu unterstützen, immer deutlicher ab.

Pretoria versuchte daher, über eine Mischung aus Zugeständnissen und systematischer Unterdrückung des schwarzen Widerstandes weitere Anreize zu schaffen und zugleich jegliche Hoffnung auf politische Alternativen zu ersticken. Für die letztere Methode steht der zunächst von Juli 1985 bis März 1986 und dann seit Juni 1986 verhängte Ausnahmezustand, der mit einer weiteren drastischen Einschränkung der politischen Spielräume den Polizeistaatscharakter Südafrikas unterstrich. Die Verhängung des Ausnahmezustandes sollte nicht zuletzt dazu dienen, den rechten Flügel des Burentums zu besänftigen. So wurden im Rahmen des Ausnahmezustandes u.a. folgende Maßnahmen getroffen:

— Alle Angehörigen der südafrikanischen Sicherheitskräfte konnten beim Verdacht der Gefährung der öffentlichen Ordnung das ihnen notwendig erscheinende Maß an Gewalt anwenden, um diese Gefährdung abzuwenden — eine Blanko-Vollmacht für die Sicherheitskräfte
— eine umfassende Behinderung der Berichterstattung, u.a. durch die Beschränkung der Journalisten auf die offizielle tägliche Pressekonferenz der Regierung als einzige zulässige Quelle der Berichterstattung und ein Verbot, Unruhen, Streiks und Boykotte in Fernsehaufnahmen, Fotos oder Tonbandaufnahmen zu dokumentieren. Das Ergebnis dieser Einschränkungen war eine drastische Reduzierung der internationalen Öffentlichkeit für die Vorgänge in Südafrika
— Verschonung von Staatsbediensteten aller Art von Zivil- und Strafverfahren, also eine Immunisierung der Polizeiorgane gegen rechtliche Kontrolle von Mißbräuchen
— Inhaftierung ohne richterlichen Haftbefehl für bis zu 180 Tage
— Möglichkeit, örtliche Notstandsgebiete durch Verwaltungsakte auszurufen, ohne das Parlament einzuschalten; dadurch noch umfassendere Kompetenzen für die Sicherheitskräfte[62].

Im Februar 1988 schließlich holte die Regierung zu ihrem bis dahin schärfsten Schlag gegen den politischen Widerstand aus: 17 führenden Organisationen des Widerstandes (darunter der UDF) wurde jegliche Form der Betätigung ohne Genehmigung der Regierung verboten, während der Gewerkschafts-Dachorganisation COSATU jegliche politische Betätigung untersagt wurde.

Anreize für eine konstruktive Mitarbeit im System sollten von weitergehenden Vorschlägen der politischen Beteiligung ausgehen. Kernstücke dieser Überlegungen waren dabei, soweit erkennbar, auf der zentralen Ebene eine gemeinsame Institution aller „Staaten" Südafrikas, also der Regierung in Pretoria und der unabhängigen Homeland-Regierungen, sowie ein multi-rassischer „Nationalrat", der auch afrikanische Mitglieder umfassen sollte. Die Neugliederung des weißen Territoriums sollte sich an den neun Entwicklungszonen orientieren und möglicherweise föderative Elemente enthalten. Auf der regionalen und lokalen Ebene wurden die oppositionellen Kräfte, die die schwarzen Townships unregierbar zu machen versuchten, systematisch zurückgedrängt und durch schwarze Kollaborateure ersetzt; die Gemeindewahlen 1988 sollten diesen neuen Strukturen Legitimität verleihen. Es gelang Botha dennoch nicht, repräsentative schwarze Führer für die Mitarbeit im System zu gewinnen. Der Hauptadressat solcher Bemühungen war der Zulu-Politiker Mangosuthu *Buthelezi*, der seine Beteiligung an Verhandlungen jedoch von der Freilassung Nelson *Mandelas* und der Zulassung des ANC abhängig machte (vgl. hierzu den Beitrag von Suitbert Schmüdderich).

3. Aufbau des Nationalen Sicherheitsstaates

Die andere Zielsetzung der Politik Bothas seit 1978 war die Stärkung und Straffung der Exekutivgewalt, um so die politische Kontrolle über den Prozeß der „Transformation von oben" zu gewährleisten. Die Rechtfertigung für diese Politik lieferte die neue Ideologie des „*total onslaught of Communism and terrorism*" und der „*total national strategy*"; die „nationale Sicherheit" (verstanden stets als Erhaltung der Machtpositionen und Privilegien der weißen Bevölkerungsgruppe) rückte ins Zentrum allen Regierungshandelns. Konkret umgesetzt wurde dies im nationalen Sicherheitsstaat — dem „*national security management system*"[63].

Die Ursprünge des Nationalen Sicherheitsstaates lassen sich weit in die Geschichte des Apartheidsystems zurückverfolgen: Rückblickend erscheint die politische Entwicklung Südafrikas seit 1948 auch als ein Prozeß der Erosion demokratisch-rechtsstaatlicher Elemente und ihrer Ersetzung durch immer umfangreichere, ausgefeiltere und tendenziell totalitäre Zugriffs- und Repressionsmöglichkeiten der Exekutive und der Sicherheitsorgane. Bothas Qualitäten als Organisator und seine jahrelange enge Zusammenarbeit mit den Militärs (er war von 1966 bis 1980 Verteidigungsminister) führten seit 1978 jedoch zu einem entscheidenden Schub in diesen Tendenzen, der sich nach zehn Jahren in einer exekutiven Parallelstruktur zu den herkömmlichen politischen Institutionen niedergeschlagen hat, die sich demokratischer Kontrolle selbst durch die weiße Opposition völlig entzieht.

Das Herzstück dieser neuen Struktur war ein Kabinettsausschuß, der *State Security Council* (SSC). Die Ursprünge dieses Ausschusses reichen bis in das Jahr 1963 zurück, als Premierminister Verwoerd das *state security committee* zur Koordinierung der Geheimdienst-Informationen einrichtete. In seiner heutigen Form wurde der SSC durch ein Gesetz im Jahr 1972 begründet; seine Aufwertung zur zentralen Organisation des weißen Machtapparates begann jedoch erst unter Botha, der ein unübersichtliches und wenig effizientes System von Kabinettsausschüssen rationalisierte und dabei zugleich den SSC aufwertete. Die besondere Stellung dieses Ausschusses wird daran deutlich, daß er als einziger Kabinettsausschuß gesetzlich verankert ist, vom Staatspräsidenten selbst geleitet wird und über einen erheblich größeren Stab als die anderen Kabinettsausschüsse verfügt. Dieses Sekretariat des SSC (mit ca. 90 Mitarbeitern, von denen sich etwa 65 % aus den Streitkräften rekrutierten[64]) wurde in vier Abteilungen eingeteilt — Strategie, Auswertung nachrichtendienstlicher Erkenntnisse, strategische Kommunikation und Verwaltung; der Generalsekretär des Stabs, Gen.-Leutnant Pieter van der *Westerhuizen*, leitete früher den Nachrichtendienst der südafrikanischen Streitkräfte.

Der SSC trat unter Botha wöchentlich zusammen; seine Aufgabenstellung war so breit, daß praktisch alle Aspekte der Regierungspolitik in diesem Gremium behandelt werden konnten. Die Vorlagen für die Arbeit des SSC erarbeitete ein Arbeitskomitee unter Vorsitz des Generalsekretärs, in dem Spitzenbeamte aller relevanten Ministerien vertreten waren. Dieses Komitee verfügte über dreizehn interministerielle Unterausschüsse, die sich mit einem breiten Spektrum von Politikbereichen (von Forschung und Entwicklung über die Wirtschaft und kulturelle Fragen bis hin zur Zivilverteidigung und Sicherheitspolitik im engeren Sinne) befaßten. Bezeichnenderweise saß in jedem Unterausschuß ein Militärberater. Entscheidungen des SSC bedurften nicht der Bestätigung durch das Kabinett, dessen Bedeutung daher hinter der des SSC immer mehr zurückfiel.

Die Umsetzung der Beschlüsse erfolgt zunehmend ebenfalls an den offiziellen Regierungsinstitutionen und ihren Bürokratien vorbei durch regionale *joint management centers* (JMCs), deren Zahl und Zuständigkeitsbereich sich ursprünglich mit den elf Kommandobereichen der Streitkräfte deckte, dann jedoch auf die neun Entwicklungsregionen abgestimmt wurde. Diese Zentren befanden sich in den wichtigsten Großstädten und Ballungsgebieten; sie wurden von einem Polizei- oder Armeegeneral geleitet und bestanden aus 55 bis 65 Angehörigen der Streitkräfte, der Nachrichtendienste und der Ministerien. Den JMCs unterstanden etwa 60 Unterzentren (*sub*-JMCs), deren Zuständigkeitsbereiche etwa denen der *regional services councils* entsprachen. Die unterste Ebene des Systems bildeten ca. 450 Mini-Zentren (*mini*-JMCs), die für den Bereich von Lokalverwaltungen zuständig waren und sich aus den zuständigen Gemeindeverwaltungsinstanzen rekrutierten. Aufgabe dieser Zentren war es, die Revolte der schwarzen Bevölkerung durch eine Mischung von materiellen Reformen und Verbesserungen der Lebensumstände (*"winning the hearts and minds"*) und die Isolierung und Ausschaltung der politischen Oppositionskräfte zu zerschlagen. Jedes Zentrum verfügte daher — auf allen drei Ebenen des Systems — über drei Unterausschüsse: Einen Sicherheitsausschuß, einen politischen, wirtschaftlichen und Sozialausschuß und einen Kommunikationsausschuß.

Sichtbar wird aus dieser Skizze der neuen „Parallelstruktur" des politischen Systems in Südafrika auch die wachsende Bedeutung des Militärs. Zweifellos läßt sich in diesem Zusammenhang von einer Militarisierung der südafrikanischen Gesellschaft sprechen, wie das einige Beobachter getan haben[65]. Schon die Zahlen über die Entwicklung der SADF sprechen hier eine deutliche Sprache: So stiegen die Militärausgaben im Zeitraum von 1974/5 bis 1989/90 von R 692 Mio. auf R 9.940 Mio. und die Personalstärke der Streitkräfte von 47.500 auf 103.000 Mann bei den regulären Einheiten und von 72.000 auf 425.000 bei den Reservisten; auch der Umfang der paramilitärischen Einheiten wurde von 105.400 auf 290.000 erhöht. Der Preis für diesen Ausbau der Streitkräfte war eine Verlängerung der Wehrdienstpflicht von 9 auf 24 Monate)[66].

Auch der Ausbau der Rüstungsindustrie und die zunehmende Einbeziehung weiter Teile von Wirtschaft und Gesellschaft in die totale Sicherheitsstrategie deuteten in dieselbe Richtung. So spielten neben dem diversifizierten staatlichen Sicherheitsapparat mit den SADF, den Nachrichtendiensten (*Military Intelligence Section* der SADF; *National Intelligence Service*; Sicherheitspolizei), der Polizei (Polizei, paramilitärische Grenzschutztruppe) sowie den Sicherheitsapparaten der Homelands) auch private Sicherheitsdienste der Unternehmen eine immer größere Rolle. Dies ist eine Folge des *National Key Point Act* von 1980, in dem über 600 wichtige Transport- und Wirtschaftseinrichtungen wie Flughäfen, Kraftwerke etc. zu strategischen Einrichtungen erklärt wurden, zu deren Sicherung gegen Sabotageakte die Betreiber umfangreiche Auflagen erfüllen mußten[67]. Auch die Bedeutung der Rüstungsindustrie, insbesondere des Staatsunternehmens ARMSCOR, das direkt rund 23.000 Arbeiter und über neun Tochtergesellschaften und etwa 3.000 Zulieferbetriebe insgesamt etwa 100.000 Arbeiter beschäftigt und extensiv mit der gesamten verarbeitenden Industrie Südafrikas verwoben ist, belegt die Tendenz in Richtung auf eine „Militarisierung"[68]. Treffender erscheint allerdings die Charakterisierung dieses Systems als „Sicherheitsstaat": Die aufgewertete Rolle des Militärs reflektiert nicht so sehr politische Machtgelüste des Offizierskorps und eine Ausschaltung der zivilen politischen Kontrolle, als vielmehr die wachsende Zentralität des Problems „Sicherheit" aus der Sicht des Regimes. Um dieses zentrale Dilemma des weißen Südafrikas hat sich eine „Sicherheits-Machtelite" herausgebildet, in der die führenden Politiker der NP mit Bürokraten, Technokraten und Angehörigen des Sicherheitsapparates von den Streitkräften über die Polizei bis zu den Geheimdiensten zusammenarbeiten (was allerdings bürokratische Rivalitäten und Fraktionskämpfe nicht ausschließt). Demgegenüber verblaßten der Einfluß der *National Party* und vor allem der des Parlaments immer stärker.

Es waren vor allem die Exponenten dieses Systems des Nationalen Sicherheit-Managements, die sich in der Jahresmitte 1986 innerhalb der Regierung Botha durchsetzten und die Wiederherstellung von „Recht und Ordnung" mit dem Instrumentarium des nationalen Sicherheitsstaates betrieben. Zu dieser Strategie gehörte

— die Inhaftierung praktisch des gesamten Führungspersonals des gewaltfreien schwarzen Widerstandes sowie einer erheblichen Zahl von Gewerkschaftsfunktionären (vgl. Beitrag Schmidt).

Durch diese Verhaftungen unter den Bestimmungen des Ausnahmezustandes, die etwa 20.000 Menschen betrafen, sollten die Strukturen des Widerstandes in Südafrika zerschlagen werden;
— die gewaltsame Befriedung der Townships durch den Einsatz von Polizei- und Sicherheitskräften (einschließlich der sog. *kid constables*, im Schnellverfahren zu Hilfspolizisten „ausgebildeten" Schwarzen) und *Vigilantes*; das Vorgehen dieser schwarzen Gegenorganisationen gegen die Anführer der Unruhen kostete allein in den Townships von Pietermaritzburg in Natal bis Ende 1987 über 270 Tote;
— das Dulden (und wohl auch das aktive Schüren) von Konflikten zwischen Schwarzen; besonders blutig waren diese Auseinandersetzungen in Natal zwischen Anhängern der UDF und Inkathas. Die Polizei griff dabei fast niemals ein;
— Bestrebungen, die Lebensumstände in den Zentren des Widerstandes zu verbessern und somit der Opposition das Wasser abzugraben. In diesem Zusammenhang wurden erhebliche Summen zur Installation von Stromanschlüssen, Kanalisationsanlagen u.a. bereitgestellt[69].

Die Durchführung derartiger Befriedungsaktionen oblag dabei den *Joint Management Centers* und ihren Untergliederungen, den Sub- und Mini-JMCs. Beispielhaft hierfür waren die Aktionen zur Befriedung der Township Alexandra (siehe Kasten). Kurzfristig hatte diese Strategie Erfolg: Anfang 1988 waren von den 38 schwarzen Stadträten, die in den Unruhen funktionsunfähig gemacht worden waren, nur noch fünf nicht unter Kontrolle[70]. Das Schwergewicht der Oppositionsaktionen verlagerte sich nach der Zerschlagung der UDF auf gewerkschaftliche Aktivitäten; der politische Widerstand, soweit er nicht entmutigt, verhaftet oder ermordet worden war, tauchte unter und versuchte, sich zu reorganisieren.

Das Ergebnis war ein prekäres, aufgeladenes und äußerst assymmetrisches Gleichgewicht, in dem sich die weit überlegenen Gewaltpotentiale des Systems und das fast völlige Fehlen jeglicher Legitimität bei den Schwarzen gegenüberstanden. Die Regierung war ihrem Ziel einer langfristigen Absicherung der weißen Vorherrschaft also auch durch die Befriedungsstrategien des Sicherheitsstaates nicht näher gekommen; folgerichtig wurde daher in den ersten Monaten die Reformkomponente der Doppelstrategie von Repression und Reform wieder stärker in den Vordergrund geschoben. Im Mittelpunkt standen dabei die Bemühungen, über die schwarzen

Alexandra

Die Strategie, die in der Township Alexandra angewendet wurde, gilt landesweit als Modell für die Aktivitäten der JMCs. Alexandra ist eine besondere Zielscheibe wegen der ausgeprägten Militanz und der Stärke der Basisorganisationen in Form von Block- und Straßenkomitees. Als der Stadtrat von Alexandra im April 1986 zusmmenbrach, übernahmen diese de facto die Lokalverwaltung.

Die erste Phase der Strategie des Mini-JMCs bestand darin, die demokratischen Strukturen in Alexandra durch Aktionen der Sicherheitskräfte zu zerschlagen. Viele lokale Aktivisten aus Jugend-, Gewerkschafts- und Bürgerrechtsgruppen stehen wegen Hochverrat unter Anklage oder sind unter den Ausnahmezustandsgesetzen inhaftiert. Es befinden sich immer noch Truppen in der Township; Razzien von Haus zu Haus haben stattgefunden, Straßenblockaden sind errichtet worden und nachts werden die Straßen durch Flutlicht erleuchtet und mit Suchscheinwerfern von den umliegenden Hügeln aus abgesucht. Das dem Mini-JMC untergeordnete Sicherheits-Subkomitee, das sich mit sozialen und ökonomischen Angelegenheiten befaßt (Sem), steht unter dem Vorsitz von Steve Burger, dem von der Regierung eingesetzten Administrator von Alexandra, der das 90 Mio Rand teure städtische Sanierungsprogramm durchführen soll. Das dritte Subkomitee, zuständig für Kommunikation (Kom-Kom), informiert die Bewohner und versucht, ihre Kooperation zu gewinnen. Es verteilt Cartoons, die die ‚Comrades' mit Rattengesichtern als die bösen Buben darstellen, während ihr Gegenspieler, genannt Alex, als ein freundlicher und vernünftiger Bursche auftritt.

Vorsitzender des Mini-JMC, in dem diese drei Subkomitees zusammengefaßt sind, ist General-Leutnant K.G. Kukard von der Polizei Randburg. Übergeordnet sind das Sub-JMC von Johannesburg, dessen Gebiet mit dem militärischen Kommandobezirk Witwatersrand übereinstimmt, und das Working Committee des Staatssicherheitsrats, das vom stellvertretenden Minister für Recht und Ordnung, Roelf Mayer, geleitet wird.

Im Rahmen des »Community Liaison Forum« trifft das Mini-MC von Alexandra mit Unternehmensvertretern, Lokalbehörden und Bürgerorganisationen zusammen. 1985 nahmen private Unternehmer die Sanierung Alexandras in die Hand und gründeten zu diesem Zweck den »Alexandra Development Found«. Die Urban Foundation entwarf einen Entwicklungsplan und die ansässigen Unternehmen stellten Geld zur Verfügung. Es ist anzunehmen, daß mittlerweile eine Zusammenarbeit mit dem JMC besteht.

Southscan Vol. 2 No 17, 13.1.1988

Stadtratswahlen im Oktober 1988 authentische Vertreter der schwarzen Bevölkerung zu ermitteln, die einerseits über Rückhalt in der Bevölkerung verfügen und andererseits zur Mitwirkung in den neu zu schaffenden politischen Institutionen bereit zu sein, mit denen das System seine Kooptations-Strategie auf die afrikanische Bevölkerungsgruppe auszuweiten gedachte.

4. Die Spaltung des politischen Burentums

Bothas Bemühungen um eine Verbreiterung der politischen Basis für seine Politik der Neo-Apartheid waren also bis 1988 hinsichtlich der nichtweißen Bevölkerungsgruppen wenig erfolgreich gewesen. Diese Bemühungen zielten freilich auch auf die weiße Bevölkerung, konkreter: auf die englischsprachigen Südafrikaner, insbesondere die obere Mittelklasse und die südafrikanischen Unternehmer, die als Verbündete für die totale nationale Strategie der NP gewonnen werden sollten. Das zentrale Problem bei dieser Politik der Öffnung war, inwieweit Gewinne unter den „modernen" Segmenten des weißen Südafrikas durch Verluste unter den traditionalistischen Anhängern der NP aufgewogen, ja vielleicht sogar überkompensiert würden und damit die politische Basis der NP einzuengen drohten.

Erste Risse im bis dahin geschlossenen Block des politischen Burentums wurden bereits im Verlauf der 60er Jahre im Gefolge der dramatischen sozioökonomischen Veränderungen seit 1960 sichtbar: Innerhalb der NP bildeten sich zwei Flügel heraus — eine progressive („*verligte*") Strömung, die primär das rasch an Gewicht gewinnende burische Unternehmertum sowie die neuen, moderntechnokratischen Mittelschichten repräsentierte, und ein konservativer („*verkrampte*") Flügel, dessen Basis die traditionellen Wählerschichten der NP wie weiße Arbeiter, Staatsbedienstete und Bauern bildeten. Diese Spannungen innerhalb der NP wurden Ende der 60er Jahre so groß, daß es zu einer ersten Abspaltung des rechten Flügels kam: Die *Herstigte Nasionale Party* („Erneuerte Nationalpartei", HNP), die 1969 von einem Sohn des ersten NP-Premierministers Hertzog und einigen Anhängern gegründet wurde. Die HNP fühlt sich als Erbin der „reinen" Apartheidpolitik Hendrik Verwoerds und repräsentiert heute die „arbeitsrassistische"[71] Tendenz innerhalb der weißen Bevölkerung: Sie kämpf für eine Wiedereinführung der *job reservation* und der sozialen Rassentrennung im Alltag. Die Abspaltung der HNP führte zum ersten Machtkampf innerhalb des politischen Burentums, der von der regierenden NP mit voller Härte geführt wurde: Der *Broederbond*[72] — einst das Zentrum des politischen Machtanspruchs der Buren — wurde ironischerweise systematisch und rücksichtslos von Anhängern der HNP von jenem Mann gesäubert, der das Lager der „*verkrampte*" schon damals anführte: Dr.A.P. Treurnicht[73].

Treurnicht hatte sich 1969 trotz seiner Wahl ins Exekutivkomitee der neuen Rechtspartei dafür entschieden, die Vorstellungen der

„*verkramptes*" innerhalb der NP zu verfechten. Nach dem Wahlsieg Bothas in der Auseinandersetzung um die Nachfolge Vorsters, bei der Treurnicht Bothas Gegenspieler Mulder unterstützt hatte, spitzten sich die Auseinandersetzung zwischen den beiden politischen Flügeln des Burentums in dem Maße zu, in dem Botha Reformen einzuleiten begann. Die ersten Warnsignale kamen bei drei Nachwahlen in Wahlkreisen mit hohen Bevölkerungsanteilen burischer Bergarbeiter und Eisenbahnbediensteter; bei den Parlamentswahlen 1981 konnte die HNP dann insgesamt starken Zulauf verzeichnen. Das Mehrheits-Wahlsystem verhinderte zwar einen Sitzgewinn im Parlament, doch konnte die Partei ihren Stimmenanteil gegenüber 1977 vervierfachen und damit weit besser abschneiden, als sie selbst erwartet hatte. Im Herzland der Buren, im Transvaal, kam sie auf 25 % der Stimmen (nach Schätzungen der Wahlanalytiker sogar auf 38 % der burischen Stimmen); Treurnicht, der dort für die NP kandidierte, konnte seinen Wahlkreis nur mit Mühe gegen den Vorsitzenden der HNP, Jaap Marais, verteidigen.

Der Auslöser der wohl endgültigen Spaltung des politischen Burentums war dann 1982 die Verfassungsreform, genauer: Die Frage, ob innerhalb dieser neuen Verfassung eine oder drei rassisch getrennte Regierungen vorzusehen seien. Botha isolierte die NP-Dissidenten um Treurnicht und zwang sie zum Parteiaustritt. Die ursprünglich 16 NP-Parlamentarier um Treurnicht gründeten 1982 zusammen mit Connie Mulders *National Conservative Party* sowie einer rechten Abspaltung des *Broederbond* die *Konserwatiewe Party* (KP oder CP). Die soziale Basis der Partei stellten die traditionellen Wählerschichten der NP (Arbeiter, Staatsbedienstete, Bauern) sowie viele ideologisch eingeschworene Buren (Lehrer, Geistliche); geographisch bildete der Transvaal ihre Hochburg.

Die Abspaltung der KP führte zugleich zu einem tiefen Riß im gesamten Spektrum burischer Organisationen vom *Broederbond* bis zu den Niederländisch-Reformierten Kirchen, die insgesamt zu einer Entpolitisierung dieser für den Triumph des politischen Burentums in Südafrika so bedeutsamen Institutionen führte[74]. Dagegen entstanden am rechten Ende des Parteienspektrums neue Gruppierungen wie die offen vom Nationalsozialismus inspirierte, gewalttätige *Afrikaner Weerstandsbeweging*[75] (Buren-Widerstandsbewegung) oder die *Afrikaner Volkswag*[76] (Buren-Volkswache). Die extreme Rechte wie HNP und AWB (die „Arbeitsrassisten") beziehen ihre politischen Energien aus den Konkurrenz- und Deklassierungsängsten der unteren burischen Schichten; sie argumentiert demagogisch-populistisch und vertritt die Durchsetzung der strikten Rassentrennung der 60er Jahre. Die Konservativen („Orthodoxe Ideologen" nach Adam/Moodley) akzeptieren dagegen Teile der Reformen der 70er und 80er Jahren, insistieren jedoch auf einer strikteren Durchhaltung der Rassentrennung. Ihre politische Rhetorik ist geschmeidiger und konzilianter, jedoch durchdrungen von den traditionalen Werten des Burentums[77].

Neben der Opposition von Rechts gegen die Haupttendenz des politischen Burentums, also die technokratischen Reformer der Regierung und ihre Gefolgschaft, die in der NP dominiert, gibt es unter der weißen Bevölkerung auch eine gemäßigte Opposition — die „kritischen Moralisten"[78] und die englischsprachige Minderheit, die traditionell ihre eigene politische Repräsentanz suchte. Letztere bildete die *Progressive Federal Party* (PFP), die sich in den Parlamentswahlen 1977 endgültig als Erbin der alten *United Party* etabliert hatte; ihre soziale Basis ist die englischsprachige städtische Bevölkerung sowie kritische Mitglieder der oberen Schichten des Burentums. Ihr größtes Handicap bildete ihr geographisch und sozio-ökonomisch begrenztes Wählerreservoir, das einer parlamentarischen Mehrheit solange entgegenstand, wie die Stimmabgabe der Buren für die PFP durch die alten ethnischen Vorbehalte bestimmt wurde. Ein weiteres Problem bildete das südafrikanische Mehrheitswahlrecht, das zu einem Wahlsieg Mehrheiten in mindestens 51 % der Wahlkreise erforderlich macht und Parteien mit regional begrenzter Wählerschaft benachteiligt. Somit war die PFP ständig gezwungen, zwischen einer klaren Absage an das System der Apartheid (zu der eine große Zahl ihrer Anhänger nicht bereit ist) und der Suche nach Wählerstimmen zu lavieren.

Bedeutsamer waren daher tendenziell die Abspaltungen am „linken" Flügel der NP (der Begriff „links" muß im Zusammenhang mit der NP freilich ausschließlich in einem relativen Sinn verstanden werden) und in den intellektuellen Hochburgen des politischen Burentums — die *oorbeligtes* („Über-Aufgeklärten") und *New Nats* („neuen NPler"). Zu ihnen zählten kritische Theologen, nichtnationalistische Studenten, Akademiker und Journalisten. Ihre politische Heimat fanden sie z.T. in der PFP, zunehmend jedoch auch in außerparlamentarischen Institutionen wie dem vom ehemaligen PFP-Vorsitzenden F.van Zyl *Slabbert* gegründeten *Institute for Democratic Alternatives*[79]. Parteipolitischen Niederschlag fanden diese Tendenzen in der Gründung linker burischer Splitterparteien durch prominente Ex-NP-Politiker wie den Architekten des ersten NP-Verfassungsentwurfs und ehemaligen Botschafter in London Dennis Worrall (*Independent Party*) und Wynand Malan (*National Democratic Movement*, NDM), der im Juni 1988 durch direkte Gespräche mit der ANC-Führung Aufsehen erregte[80].

Die politische Spaltung des Burentums vertiefte sich in dem Maße, in dem die Politik der Neo-Apartheid Konturen gewann. Dabei zeigte sich, daß die traditionellen Wählerschichten der NP für die Argumente der Regierung, wonach Reformen für die längerfristige Absicherung weißer Vorherrschaft unumgänglich seien, weitgehend unzugänglich waren. Bereits die Wahlergebnisse von 1981 signalisierten das Auseinanderbrechen des politischen Burentums; mit der Abspaltung der KP gewann dieser Prozeß an Gewicht und Dynamik.

Den ersten Test für das politische Stehvermögen der KP lieferten Parlaments-Nachwahlen im August 1982 und im Mai 1983. Sie bestätigten das wachsende Gewicht der Rechten: Zwar konnte die NP zwei der drei umstrittenen Sitze verteidigen, doch nur mit erheblich reduzierten Mehrheiten; den dritten Sitz verteidigte Treurnicht, der Vorsitzende der neuen KP, erfolgreich gegen den Herausforderer der NP, obwohl auch die HNP einen Kandidaten gegen Treurnicht aufgestellt hatte[81].

Das Verfassungsreferendum der weißen Bevölkerung am 2. 11. 1983 stellte die erste umfassende politische Auseinandersetzung in der weißen Bevölkerung nach der Gründung der KP dar. Gegen den Verfassungsentwurf wandten sich in der Kampagne neben den meisten schwarzen sowie Teilen der indischen und farbigen Organisationen auch die PFP und die politische Rechte (KP, HNP, AWB). Das Referendum ergab eine Zweidrittelmehrheit der Befürworter der neuen Verfassung. Rund 30 % der weißen Bevölkerung Südafrikas lehnte damit die neuen Verfassung als zu reformistisch ab: Nur etwa 10 % der Nein-Stimmen kamen von Anhängern der PFP. Umgekehrt hatte die NP einen Teil der PFP-Anhänger auf ihre Seite ziehen können: Auf fünf Nein-Stimmen von PFP-Anhängern kamen sieben Ja-Stimmen (allerdings zogen es 40 % der PFP-Anhänger vor, den Wahlen fernzubleiben)[82]. Botha hatte sich also durchgesetzt und dabei umfangreiche Unterstützung der NP durch englischsprachige Südafrikaner erreicht; die PFP war gespalten worden; die konservative Opposition, wiewohl gewichtig, war hinreichend isoliert worden, um ihr — hätte statt des Referendums eine Parlamentswahl stattgefunden — nur eine Handvoll Sitze zu verschaffen.

Eine Reihe von Nachwahl-Ergebnissen seit 1983 bestätigten jedoch den wachsenden Zulauf der Rechten aus dem Lager der Buren.

So konnte die NP einen Wahlkreis in der Nähe von Johannesburg mit einer überwiegend städtischen burischen Wählerschaft der Mittelklasse im November 1984 nur mühsam verteidigen; ein Jahr später verlor sie Sasolburg, eine burische Industriestadt, an die HNP.

Die Parlamentswahlen 1987 schließlich zeigten, daß die KP die politischen Bastionen der NP ernsthaft zu bedrohen begann: Die NP verlor knapp 5 % der abgegebenen Stimmen (52,45 % gegenüber 57 % 1981) und acht Sitze; die KP kam auf über 26 % der Stimmen und 22 Sitze und konnte damit die PFP von der Position der offiziellen Oppositionspartei verdrängen. Die PFP verlor unter der neuen Führung von Colin Eglin mehr als 5 % der abgegebenen Stimmen (14,1 gegenüber 19,4 % 1981) und sieben Sitze (19 statt 26 — hier zeigte sich die bereits erwähnte Benachteiligung der PFP durch das Mehrheitswahlrecht). Die HNP sowie die englischsprachige NRP wurden mit 3 % bzw. 2 % der abgegebenen Stimmen zu Splitterparteien; die NRP konnte lediglich aufgrund ihres Wahlpaktes mit der PFP einen Sitz erobern. Die NP hatte am linken Flügel durch Wahlenthaltungen oder Abwanderung zur PFP bzw. zu unabhängigen *New Nats* (Worral, Malan) sowie am rechten Flügel massiv an die KP verloren; insgesamt entschieden sich 1987 nur noch weniger als die Hälfte aller burischen Wähler für die NP — gegenüber über 90 % 1977. Zugleich hatte die Partei jedoch den konservativen Teil der englischsprachigen Weißen auf ihre Seite ziehen und damit die nichtburische Gefolgschaft der NP erheblich vergrößern können (der Anteil der englischsprachigen NP-Wähler stieg von etwa 25 % dieser Wählergruppe auf 57 %), während umgekehrt die PFP nicht aus ihrem sozio-kulturellen Wählerghetto auszubrechen vermochte[83].

Mit dem Wahlergebnis 1987 hatte sich die KP als die beherrschende Kraft der politischen Rechten profiliert. Treurnichts Strategie, die HNP — entgegen der Logik des Mehrheitswahlrechts, das eine Zusammenarbeit der Opposition dergestalt nahelegt, daß sich pro Wahlkreis jeweils nur ein Oppositionskandidat bewirbt, um so die Stimmen der Opposition zu bündeln — nicht durch Wahlkampf-Absprachen zu unterstützen, sondern sie aufzusaugen, hatte sich bewährt: Die HNP spielt seit 1987 keine ernsthafte Rolle mehr in der weißen südafrikanischen Politik.

Außerhalb des Parlaments formierte sich der extreme Flügel des Burentums im Verlauf der letzten Jahre in einer gewalttätigen rechtsextremistischen Bewegung, die auffallende Ähnlichkeiten mit der SA der Nationalsozialisten aufweist — die *Afrikaner Weerstandsbeweging* (AWB). Schon während des Wahlkampfes 1987 hatte sich die

AWB völlig auf die Seite der KP geschlagen, als deren paramilitärische Hilfstruppe sie sich sieht. Die Organisation, die kaum verhohlen antisemitische und pro-nazistische Tendenzen pflegt und sich wiederholt zur Gewaltanwendung bekannt hat, versucht, ihre Position durch paramilitärische Aktivitäten auszubauen. Zugleich bemüht sie sich, in sozialen Einrichtungen wie Verbänden und Schulkomitees systematisch Fuß zu fassen. Schätzungen über ihre Mitgliedschaft reichen bis zu 100 000. In mancher Hinsicht erinnert die AWB an die während der 30er und 40er Jahre sehr einflußreiche *Ossewa Brandwag*, damals der wichtigste Konkurrent der NP um die Gunst der Buren[84].

Der Trend zugunsten der KP setzte sich zunächst auch nach den Parlamentswahlen 1987 fort: Im März 1988 gewann die KP drei Nachwahlen mit deutlich vergrößerten Mehrheiten. Und auch der Ausgang der Parlamentswahlen am 6. September 1989, die nach Bothas Rücktritt ausgetragen wurden, schien den unaufhaltsamen Vormarsch der Konservativen zu bestätigen: Die KP steigerte die Zahl ihrer Direktmandate im Parlament von 22 auf 42 Sitze und bliebt damit stärkste Oppositionspartei. Eine genauere Analyse zeigt allerdings, daß die KP damit an die Grenzen ihres Wählerreservoirs zu stoßen begann: Addiert man die Stimmen für KP und HNP 1987 und vergleicht die Summe mit den Stimmen für die extreme Rechte 1989, so ergibt sich ein Zuwachs von nur 1,5 % der abgegebenen Stimmen[85]. Die KP profitierte also vom Verfall der HNP.

Die NP war die große Verliererin der Wahlen 1989: Sie mußte 30 Wahlkreise abgeben. Der Zerfall der alten politischen Disziplin des Afrikaaner-Stammes, der bereits 1987 erkennbar war, hatte sich als unumkehrbar erwiesen. Mit dem Wahlausgang 1989 wurde die KP als der politische Erbe der burischen Tradition bestätigt. Die NP geriet dagegen in die unkomfortable Position einer zentristischen, auf Reformen eingeschworenen Partei, die auf die Unterstützung durch englischsprachige Wähler angewiesen ist — eine Position, die für viele traditionelle NP-Politiker und Anhänger ein Greuel sein mußte. Damit ist längerfristig auch eine formale Spaltung der NP nicht auszuschließen, bei der ein Teil der Partei sich nach rechts orientieren würde (bis zu 20 % der NP-Parlamentarier gelten als anfällig für einen Übertritt zur KP), während der Reformflügel der NP die Zusammenarbeit mit der liberalen Opposition suchen könnte. So interpretierte die NP-Regierung das Wahlergebnis 1989 als ein „Votum für Reformen", wobei sie bemerkenswerterweise die Stimmen der NP und der liberalen Opposition zusammenzählte[86].

5. Der Neubeginn der NP 1989: Eine Chance für Verhandlungen?

Die Parlamentswahlen von 1989 waren die ersten Wahlen unter der Verfassung von 1983, in der alle drei Kammern des Parlaments gleichzeitig neu gewählt wurden: Die weiße Kammer *(House of Assembly)* mit 165 Sitzen, die Kammer der Farbigen *(House of Representatives)* mit 80 und die Kammer der Inder *(House of Delegates)* mit 40 gewählten Abgeordneten (zusätzlich zu diesen direkt gewählten Vertretern sieht die Verfassung für alle drei Kammern einige weitere Mitglieder vor, die durch den Präsidenten bzw. durch indirekte Wahl bestimmt werden).

Der Wahlakt selbst wurde von massiven Demonstrationen und Streiks der ausgeschlossenen afrikanischen Bevölkerungsmehrheit begleitet; die brutale Unterdrückung der Proteste forderte eine Reihe von Todesopfern. Der blutige Schaaten dieser Ereignisse wurde freilich schon bald durch positive Entwicklungen überlagert, die sich zumindest teilweise auch auf das Wahlergebnis zurückführen lassen: In der weißen Kammer brachte es insgesamt einen moderaten Schwenk in Richtung auf liberale Positionen und verbesserte daher die Chancen für Verhandlungen zwischen Regierung und ANC.

Tabelle:
Wahlergebnisse und Sitzverteilung in der weißen Kammer des Parlaments, 1981, 1987, 1989

	1981 Sitze	1981 % der Stimmen	1987 Sitze	1987 % der Stimmen	1989 Sitze	1989 % der Stimmen
NP	131	57,7	123	52,3	93	48,2
HNP	—	14,1	—	3,0	—	0,2
KP	—	—	22	26,2	39	31,2
PFP/DP	26	19,7	19	14,0	33	20,4
andere	8	8,5	2	3,3	—	—
Wahlbeteiligung		58,9 %		67,8 %		66 %

Obwohl die NP eine klare Niederlage erlitt, was das Ergebnis doch besser, als manche Meinungsforscher prophezeit hatten[87]: Die Partei konnte sich eine komfortable parlamentarische Mehrheit sichern und damit erneut allein die Regierung stellen. Bestätigt hatte sich jedoch die Abwanderung der traditionellen Wählerschichten der NP — ein Verlust, der allein schon deshalb schwerwiegen mußte, weil er den Überzeugungen und dem politischen Werdegang vieler Parteifunktionäre zutiefst widersprach. Die NP war nunmehr unwiderruflich zu einer Partei in der Mitte geworden, die nicht mehr auf die blinde Loyalität des Stammes der Afrikaaner zählen konnte. Bedenklich war deshalb umso mehr, daß viele englischsprachige Wähler der NP wieder den Rücken gekehrt hatten: Sie wählten nur noch zu 28 %, statt zu 40 % wie 1987, die NP. Auf der anderen Seite schnitt jedoch der reformorientierte Flügel der Partei, der über gute Kontakte zur liberalen Opposition verfügt, überproportional gut ab.

Die KP konnte sich zwar auf dem Papier weiter erheblich verbessern — dennoch wurde ihr Abschneiden eher als Schlappe eingestuft. Genauere Analysen der Ergebnisse zeigen nämlich, daß die KP die meisten Sitzgewinne dem Absinken der HNP zur Bedeutungslosigkeit zu verdanken hatte. Auch prozentual konnte die politische Rechte insgesamt kaum zulegen. Dennoch bleibt die KP eine nicht zu unterschätzende Kraft.

Der eigentliche Überraschungssieger der Wahlen war freilich die liberale Opposition. Die im Dezember 1988 durch die Fusion der PFP mit den beiden *New Nats*-Parteien *Independent Party* (D. Worrall) und *New Democratic Movement* (W. Malan) entstandene *Democratic Party* eroberte 33 Direktmandate gegenüber den 21 der liberalen Opposition 1987. Neben der Rückwanderung englischsprachiger Wähler, die 1987 für NP votiert hatten, spielten dabei auch erhebliche Stimmenzuwächse unter den afrikaans-sprachigen Weißen eine Rolle[88].

Der neue Staats- und Regierungschef Frederik Willem de Klerk stand nach diesem Wahlergebnis vor einem doppelten Dilemma: Er mußte die von ihm angedeutete Verhandlungsbereitschaft unter zeitlichem Druck in tragfähige politische Strategien umsetzen — und zugleich des Störpotential der extremen Rechten entschärfen. Dieses doppelte Dilemma war nichts anderes als ein Spiegelbild des Dilemmas von ANC und UDF (bzw. ihrer Nachfolgeorganisation *Mass Democratic Movement* (MDM): Auch die schwarze Opposition mußte Verhandlungspositionen entwickeln, die reale Chancen für politische Lösungen eröffnen könnten, ohne dadurch zugleich einen Teil der eigenen Gefolgschaft an radikale Oppositionskräfte zu verlieren.

Zur Bewältigung dieser Aufgaben fand der neue Staatschef denkbar ungünstige Voraussetzungen vor. Sein Vorgänger hinterließ den

Trümmerhaufen einer gescheiterten Politik der Reformen. Im Ergebnis brachten sie Botha und seine Regierung in die schlechteste aller Welten. Die Reformen waren einerseits zuviel: Die Auswüchse der Apartheid waren abgeschafft, das System auf seinen eigentlichen Kern — Gruppeneinteilung, getrennte Wohngebiete, politische Vorherrschaft der weißen Gruppe — reduziert worden ; dadurch war jedoch ein Teil der Anhänger der NP ins Lager der rechten Opposition getrieben und zugleich der Vorrat an kosmetischen bzw. periphären Reformmaßnahmen aufgebraucht wurden. Zugleich waren die Reformen jedoch auch zu wenig: Die Entwicklung war längst über die Abschaffung der kleinen Apartheid hinausgegangen, der Konflikt konzentrierte sich nun auf die Kernbereiche, insbesondere auf die Machtfrage. Und hier schlug die angebliche Reformbereitschaft der Neo-Apartheid um in brutale Durchsetzung des weißen Machtanspruchs. Der Ergebnis war *stalemate* — eine völlig festgefahrene Situation.

Hinzu kamen die politische, moralische und organisatorische Zerrüttung der NP und die Sympathie weiter Teile des Staatsapparates und der Polizei für die extreme Recte. Dies bedeutete eine Einschränkung der politischen Handlungsspielräume der NP im Sinne der Transformationsstrategie von oben: Die Regierung mußte befürchten, daß die Durchführung von Reformen von der Bürokratie verschleppt oder sabotiert würde. Bothas Politik seit 1984 spiegelte denn auch immer wieder die Rücksichtnahme auf die politische Rechte; besonders deutlich wurde dies bei der Verhängung des Ausnahmezustandes 1986.

Unter de Klerk hat die NP aus diesen Dilemmata heraus die Flucht nach vorne angetreten: Sie signalisiert zumindest rhetorisch, inzwischen aber auch durch gezielte Gesten Verhandlungsbereitschaft mit der schwarzen Opposition. Daß ausgerechnet Frederik de Klerk sich an die Spitze einer Reformoffensive der NP stellen sollte, ist zunächst eher überraschend: Der Vollblutpolitiker, dessen Vater Senatspräsident und Minister gewesen war und dessen Onkel J.G. Strijdom als einer der Architekten derr Apartheid gilt, hatte sich bis zu seiner Wahl an die Spitze der NP eher als konservativer Flügelmann des Kabinetts Botha präsentiert, dem er als Erziehungsminister angehörte. Er ist der Parteiführer im Transvaal, dem konservativen Kernland des politischen Burentums, und galt als unbeugsamer Verfechter des Konzepts der Gruppenrechte. Reformmaßnahmen Bothas soll er wiederholt blockiert haben.

Schon bald nach seiner Wahl zum Parteivorsitzenden setzte sich de Klerk dann jedoch an die Spitze der Reformbewegung. Nach den

Wahlen im September 1989 begann er die Suche nach Verhandlungslösungen mit einer Reihe von rhetorischen Offerten und konkreten Gesten: Protestmärsche wurden toleriert, der notorische *Sjambok* (die Nilpferdpeitsche der Polizei, die zu einem Symbol der Unterdrückung im Apartheidsstaat geworden war) wurde abgeschafft, polizeiliche Übergriffe öffentlich kritisiert und untersucht, politische Gefangene freigelassen und Verhandlungen mit führenden Vertretern der Oppositionsbewegung über kommunale Fragen in Soweto eingeleitet. Die Freilassung Nelson Mandelas schien nur noch eine Frage der Zeit. Zugleich ging de Klerk daran, die Maschinerie des Nationalen Sicherheitsstaates zu demontieren: Die Bedeutung des *State Security Council* und des System der *Joint Management Centers* wurden herabgesetzt, die Schlüsselposition eines Stellvertretenden Ministers für Recht und Ordnung abgeschafft[89].

Wie schon Botha 1978, setzte sich damit auch 1989 ein Burenpolitiker der alten Schule an die Spitze einer Reformbewegung. Aber de Klerks Umgangston, sein politischer Stil sind zweifellos geschmeidiger und konzilianter als derjenige seines Vorgängers. Hinzu kommen günstige äußere und innere Voraussetzungen für Verhandlungen: Die Bereitschaft der beiden Supermächte und des Westens, gemeinsam auf alle Beteiligten im Sinne von Verhandlungen einzuwirken, und die Erfahrungen der Opposition in Südafrika, die in ihren Bemühungen um eine fundamentale Veränderung durch Aktionen des diplomatischen Drucks, des gewaltlosen Massenprotestes und des bewaffneten Kampfes gescheitert war und deshalb ebenfalls nach neuen Wegen suchte.

Eine Lösung auf dem Verhandlungsweg stand freilich unter zeitlichem Druck: Sie mußte schon deshalb rasch Ergebnisse bringen, weil sich die günstigen Rahmenbedingungen des Jahres 1989 rasch ändern konnten: Südafrikas Schuldenlast machte es insbesondere 1990 und 1991 (durch die Ballung der Zahlungsverpflichtungen in diesen Jahren) extrem verwundbar. Botha versagte vor der Herausforderung einer Abschaffung des Apartheidsystems weißer Vorherrschaft; de Klerk versucht nun auf neuen Wegen die Lösung des alten Problems. Auch er hat bislang jedoch keinerlei Bereitschaft erkennen lassen, die Grundpfeiler des Apartheid-Systems ernsthaft in Frage zu stellen: Das Prinzip der Gruppeneinteilung, die Trennung der Wohngebiete und die Sicherung der politischen Vorherrschaft für die Weißen. Südafrika steht einmal mehr am Scheideweg zwischen echten Verhandlungen und dem Rückfall in die Repression. So oder so wird das System der weißen Vorherrschaft auf die Dauer nicht überleben — doch der Weg in das Südafrika der Post-Apartheid ist noch völlig ungewiß.

Anmerkungen:

1 Hierzu etwa P.W.Botha, Südafrika — Perspektiven für die Zukunft, in: Internationales Institut für Nationalitätenrecht und Regionalismus (ed), Südafrika — Krise und Entscheidung, Bd. II, München 1987. pp.11 — 26 (16): „... das der Vergangenheit angehörende Konzept der Apartheid (ist) überholt".
2 Leonard Binder, South Africa at War, White Power and the Crisis in Southern Africa, Westport 1985, pp.12ff. Einzelheiten des Muldergate-Skandals um massive Veruntreuung von Staatsgeldern im Rahmen einer geheimen Desinformationskampagne finden sich ebda. in Kap. 6 und Anhang B
3 Anthony Sampson, Weißes Geld und schwarzer Widerstand, Reinbek 1987, S. 152 f. ('rororo Aktuell No. 12229); Graham Leach, South Africa, London 1987, S. 46 f.
4 Vgl. hierzu insbesondere Weekly Mail, 29. Sept. - 5. Okt. 1989 sowie Front File, Vol. 3 No. 11, August Extra 1989.
5 Die Darstellung stützt sich hier vor allem auf Front File, Vol 3, Nos. 9 ff.
6 Merle Lipton, Capitalism and Apartheid, Aldershot 1985, S. 140 ff. u. 235 ff. Vgl. hierzu auch den Beitrag Schmüdderich.
7 Lipton, op.cit., Kap. 8.
8 Hierzu insbesondere Lipton, op.cit., Teil B
9 Ebda., S. 231 ff.; Sampson, op.cit., S. 143 ff.
10 Sampson, op.cit., S. 143 ff.; Lipton, op.cit., S. 231 ff.
11 Leo Kuper, African Nationalism in South Africa, 1910 — 1964, in: M.Wilson, L.Thompson (eds), South Africa 1870 — 1966, Oxford 1971, S. 424-476 (459), (The Oxford History of South Africa, Vol.2)
12 Dieses Dilemma war schon frühen Advokaten und Architekten des Apartheidsystems geläufig: Vgl.hierzu etwa die folgende Aussage von J.G. Strydom, der 1954 Premierminister wurde, aus dem Jahr 1942 — hier zustimmend zitiert von Henrik Verwoerd, einem weiteren Ministerpräsidenten der NP und Architekten der Apartheid — in einer Parlamentsrede aus dem Jahr 1948: (Eine völlige Trennung) „... wäre die Ideallösung, die jedoch in der Praxis nicht durchgeführt werden kann, weil — ganz abgesehen von allen anderen Unterschieden — unsere Farmer und tausende, ja zehntausende anderer, die die Dienste der Eingeborenen und Farbigen als Arbeitskräfte in Anspruch nehmen, damit nicht einverstanden wären". (Zit.nach Anthony Lemon, Apartheid in Transition, Aldershot 1987, S. 48)
13 Chr. Sodemann, Die Gesetze der Apartheid, Bonn 1984, S. 25. 1986 wurden nach Angaben des South African Institute of Race Relations (Race Relations Survey 1986, Part 1, Johannesburg 1986, S. 3 f.) 1.102 Südafrikaner umklassifiziert, darunter 387 Afrikaner zu Farbigen und 314 Farbige zu Weißen.

14 Omond, op.cit., S. 23 ff.; Sodemann, op.cit., S. 23 ff.; Laws..., S. 1 ff.
15 Vgl. hierzu Harold D. Nelson (ed), South Africa, A Country Study, Washington 1981, S. 92 f (Area Handbook Series)
16 Zu den Folgen vor allem Omond, op.cit., S. 30 ff.
17 Etwa 11.500 Menschen wurden seit 1950 aufgrund dieser beiden Gesetze verurteilt; zu den Verurteilten zählten Angehörige aller Schichten, darunter die Sekretärin eines ehemaligen Ministerpräsidenten. Mindestens 16 Weiße begingen aufgrund dieser Gesetzgebung Selbstmord.
18 Berühmt wurde der Bericht der Kommission mit der Formulierung „...die Eingeborenen sollten nur dann in die städtischen Gebiete, die im wesentlichen das Werk des Weißen Mannes sind, zugelassen werden, wenn sie willens sind, den Bedürfnissen des Weißen Mannes zu dienen; sie sollten diese Gebiete verlassen, sobald sie ihre Dienstreichungen beendet haben". (zit.nach Report of the Transvaal Local Government Commission, TP1 / 1922 in Lemon, op.cit., S. 212)
19 Vgl. hierzu R.J. Davies, The Spatial Formation of the South African City, in: GeoJournal, Supplementary Issue No.2 / 1981, pp.59-72, zit. in. Lemon, S. 215 ff.
20 Hierzu insgesamt Lemon, op.cit., S. 211 ff.; Sodemann, op.cit., S. 56 ff.; Omond, op.cit., S. 36 ff.
21 Omond, op.cit., S. 39.
22 Sodemann, op.cit., S. 57; South African Institute of Race Relations, 1984 Survey, Johannesburg 1984, S. 468 ff.; Lemon, op.cit., S. 217. Die umfangreichste Untersuchung der Umsiedelungsmaßnahmen bildet der Bericht des Surplus People Project, Forced Removals in South Africa, dessen Ergebnisse in South African Institute of Race Relations, 1983 Survey, Johannesburg 1983, S. 302 ff., ausführlich zusammengefaßt sind.
23 Lemon. op.cit., S. 224.
24 Vgl. hierzu Sodemann, op.cit., S. 40 ff.; Omond, op.cit., S. 126 ff.
25 Zitiert in Omond, op.cit., S. 116.
26 Die Zahl der neuerteilten Genehmigungen für Wanderarbeiter betrug 1984 24.330 und 1985 25.612 — gegenüber über 4,2 Mio. bereits bestehenden Genehmigungen. (Race Relations Survey, op.cit. (1985), S. 207).
27 Hierzu Lemon, op.cit., pp.232ff; Omond, op.cit., pp.127ff; Race Relations Survey, op.cit. (1983), S. 264 ff., (1985), S. 208.
28 South African Institute of Race Relations, Race Relations Survey, 1983, op.cit., S. 303.
29 Omond, op.cit., S. 12 ff.; Sodemann, op.cit., S. 30 ff.; Nelson (ed), op.cit., S. 108. Die Verfahren dauern nach Angaben Omonds in der Regel nur Minuten.
30 Vgl. hierzu Anm. 12.
31 The Report of the Commission for the Socio-Economic Development of the Bantu Areas within the Union of South Africa, UG 61 / 1955, Pretoria 1955

32 Vgl. Lemon, op.cit., S. 179.
33 Lipton, op.cit., S. 77 f.
34 Diese Angaben stützen sich auf das *Surplus People Project* (Anm. 20).
35 Lemon, op.cit., Kap. 9; Axel J. Halbach, Folgen der südafrikanischen Homeland-Politik: Durch getrennte Entwicklung gemeinsam in die Krise, in: IFO Schnelldienst, No.34 / 1987, S. 17-29 (23). Die „Pendler" fahren täglich mit Bussen zu ihren Arbeitsplätzen im „weißen" Südafrika. Die Bedingungen, unter denen dies geschieht, schildert anschaulich Joseph Lelyveld, Move Your Shadow, London 1986, S. 125 ff. Sein Pendler-Bus begann seine Fahrt um 2.40 Uhr morgens. Die meisten Pendler verbringen um die acht Stunden täglich im Bus.
36 Vgl. hierzu Halbach, op.cit., S. 24; South African Institute of Race Relations, Survey of Race Relations 1983, op.cit., S. 363 ff.; Lemon, op.cit., S. 123 ff., 169 ff.; Africa Confidential, 22. 1. 1988.
37 S.P. Huntington, Reform and Stability in a Modernizing, Multi-ethnic Society, in: Politikon, No.2 / 1981, S. 8-26. Dieser Aufsatz spielte nach verbreiteter Auffassung in der Tat eine erhebliche Rolle in den Überlegungen der südafrikanischen Regierung. Huntington selbst hat die „Umsetzung" seiner Vorstellungen durch die südafrikanische Regierung scharf kritisiert.
38 Pieter W. Botha, Südafrika — Perspektiven für die Zukunft, in: Internationales Institute für Nationalitätenrecht und Regionalismus (ed), Südafrika — Krise und Entscheidung, Bd. II, München 1987, S. 11 -25 (11).
39 Eine systematische Analyse der Apartheid-Mythologie findet sich in Leonard Thompson, The Political Mythology of Apartheid, New Haven 1985. Thompson zitiert dort (S. 232 f.) die Ergebnisse einer Untersuchung südafrikanischer Schulbücher nach Stereotypen der burischen Ideologie, die vor allem die oben skizzierten ideologischen Symbole feststellen (J.M. du Prez, Africana Afrikaner: Master Symbols in South African School Textbooks, Alberton 1983).
40 Vgl.hierzu Hermann Giliomee, The Parting of the Ways, South African Politics, 1976 — 1982, Kapstadt 1982, S. 18.
41 Hierzu Richard Leonard, South Africa at War, White Power and the Crisis in Southern Africa, Westport 1983, S. 199 ff.; Kenneth W. Grundy, The Militarization of South African Politics, London 1986, S. 10 ff.; Deon Geldenhuys, The Diplomacy of Isolation, Johannesburg 1984, S. 140 f.
42 Bezeichnend etwa folgende Aussage des Verteidigungsministers und engen Mitarbeiters von Botha, General Magnus Malan, vor einer Jahresversammlung der *Volkskas*, einer burischen Bank: „Wenn es einen zentralen Faktor gibt, der das zukünftige Wirtschaftswachstum Südafrikas verlangsamen wird, so ist das der Mangel an Facharbeitern. Dieser Mangel an Facharbeitern führt seinerseits zu Arbeitslosigkeit unter den ungeschulten Arbeitern... Die Art und Weise, wie eine Gemeinschaft mit ihren Wirtschaftsproblemen umgeht, läßt sich von anderen Berei-

chen nicht trennen, and ein hohes Entwicklungsniveau, hohe Beschäftigung und Ausbildung spielen eine wichtige Rolle bei der Verbesserung der Sicherheitssituation". (Zit.nach Leonard, op.cit., S. 205; übersetzt vom Verf.).

43 Omond, op.cit., S. 30 ff. Daß damit Probleme der sozialen Diskriminierung noch keineswegs überwunden waren, zeigte eine Mischehe zwischen einem weißen Elektriker und seiner farbigen Frau: Sie spielte eine zentrale Rolle im Wahlkampf zu Nachwahlen im Wahlkreis Sasolburg 1984. Die rechte Oppositionspartei HNP gewann diese Wahlen mit einer Kampagne gegen das Paar, das danach in ein Wohngebiet für Farbige übersiedelte. Ohne eine Aufhebung des *Group Areas Act* bleibt die Aufhebung des Verbots von Mischehen ohnehin eher theoretisch. Bekanntestes Indiz für das Fortbestehen der Rassentrennung an den Stränden war ein Versuch der Farbigen-Politikers Allan Hendrikse, die Grenzen der Apartheid an den Stränden auszuloten — er endete mit einem erniedrigenden öffentlichen Rüffel des Staatspräsidenten. Vgl. auch South African Institute of Race Relations, Race Relations Survey, 1986, Part 1, op.cit., S. 218 ff. und dies., Quarterly Countdown, 11.Januar 1988

44 Omond, op.cit., S. 53 ff. Er zitiert dort Staatspräsident Botha mit der Aussage, er sei zwar für den Abbau von Diskriminierung, aber gegen ein System der Zwangsintegration und gegen eine Beschneidung des Selbstbestimmungsrechtes der Weißen. Zur Entwicklung der Einstellungen unter der weißen Bevölkerung vgl. die Umfrage-Ergebnisse bei Heribert Adam / Kogila Moodley, Südafrika ohne Apartheid? Frankfurt 1987, S. 287

45 Beispielsweise stiegen die Haushaltsmittel Südafrikas für das afrikanische Schulsystem 1987 / 8 um 25 %, die für das weiße Erziehungssystem nur um knapp 9 % (was angesichts der hohen Inflationsrate einer realen Senkung gleichkam); die Ausgaben für das Gesundheitssystem stiegen im selben Haushaltsjahr um fast 30 % (die Ausgaben für das weißen Gesundheitssystem jedoch nur um 11 %). Die massiven Probleme, die die Strukturen der Apartheid inzwischen angehäuft haben, zeigen sich an Schätzungen der *Urban Foundation*, wonach Südafrika jährlich 200.000 neue Wohneinheiten bereitstellen müßte, während es 1986 tatsächlich nur 25.000 waren und die Kapazität der Bauindustrie mit etwa 70.000 Einheiten angesetzt wurde. Vgl. hierzu South African Institute of Race Relations, Race Relations Survey, 1986, Vol.I, op.cit., S. 358 ff., Vol.II, op.cit., S. 409 ff., 767 ff. sowie South African Institute of Race Relations, Social and Economic Update, 27. 10. 1987, 10. 3. 1988.

46 Vgl. hierzu Lemon, op.cit., S. 227 ff.; Omond, op,cit., S. 127 ff.

47 Vgl. Graham Leach, South Africa, London [2]1987, S. 94.

48 Hierzu South African Institute of Race Relations, 1986 Survey, Vol.I, op.cit., S. 331 ff.; South African Institute of Race Relations, Quarterly Countdown, No.IV / 1987, 11. 1. 1988

49 Lemon, op.cit., S. 182 ff.; South African Institute of Race Relations,

Race Relations Survey, 1983, op.cit., S. 367 ff., 1985, op.cit., S. 257 ff.
50 Zitiert in South African Institute of Race Relations, Race Relations Survey, 1986, Vol.2, op.cit., S. 598.
51 Zur Wirtschaftsentwicklung der Homelands vgl. vor allem Axel J. Halbach, Südafrika und seine Homelands, München 1988 (IFO Afrika Studien No. 113); zur politischen Entwicklungen vgl. South African Institute of Race Relations, Race Relations Survey, op.cit. sowie idem, Quarterly Countdown, No. III/1987, 21. 10. 1987
52 Zu den wichtigsten theoretischen Vertretern der Konkordanz- oder Konsozialdemokratie zählen Hans Daalder, Gerhard Lehmbruch, Jürg Steiner und Arend Lijphart, der konkordanzdemokratische Überlegungen auch explizit auf Südafrika angewandt hat (vgl. seine Schrift Power-Sharing in South Africa, Berkeley 1986). Lijphart wirkte auch an der Buthelezi-Kommission mit, die ein konkordanzdemokratisches Modell für die Region Natal und KwaZulu erarbeiten sollte (siehe hierzu den Beitrag von Suitbert Schmüdderich).
53 Die beste Darstellung der Rezeption dieses Modells in Südafrika findet sich bei J.Laurence Boulle, South Africa and the Consociational Option, Kapstadt 1984.
54 Eine ausführliche Darstellung der Verfassungsvorgeschichte findet sich bei Boulle, op.cit. Vgl. auch Constitution and System of Government, Reprint from the Official Yearbook of the Republic of South Africa, South Africa 1986, o.O.o.J. (1986).
55 Theodor Hanf/Heribert Weiland, Konkordanzdemokratie für Südafrika? in: Europa Archiv, No. 23/1978, S. 755-70.
56 Hierzu insbesondere Arend Lijphart, Power-Sharing in South Africa, Berkeley 1986.
57 Zur Darstellung und Analyse der Verfassung insbes. Boulle, op.cit. sowie South African Institute of Race Relations, Survey of Race Relations, 1983, op.cit., S. 71-98. Vgl.auch Nicolaas J.J. Olivier, Das parlamentarische Dreikammersystem in Südafrika, in: Südafrika — Krise und Entscheidung, Bd. 2, op.cit., S. 95-120; Hanf, op.cit.; Lijphart, op.cit, passim; Lemon, op.cit., S. 265 ff. Unabhängig von der Bewertung der südafrikanischen Verfassung als Schein-Konkordanzdemokratie ist auch die Frage umstritten, ob eine wirkliche Konkordanz-Demokratie einen vielversprechenden Ausweg aus dem südafrikanischen Dilemma bieten könnte. Vgl.hierzu etwa Adam/Moodley, op.cit., S. 244 ff.
58 Zu diesem Ergebnis kommt Lijphart selbst in seiner Untersuchung der Situation in Südafrika (op.cit.).
59 Vgl. hierzu etwa Boulle, op.cit. sowie Olivier, op.cit. Grundy, op.cit., S. 40, zitiert den Militärkorrepsondenten der *Cape Times* mit der Behauptung, die Verfassungsreform sei 1977 von den Militärs initiiert worden, um so längerfristig die Einberufung indischer und farbiger Wehrpflichtiger zu ermöglichen und damit die personellen Engpässe der SADF zu überwinden.

60 Hierzu South African Institute of Race Relations, Survey of Race Relations, op.cit., 1983, S. 246 ff., 252 ff.; 1984, S. 148 ff.; 1985, S. 72 ff., 128 ff.; Nico Dekker / Conrad Steenkamp, „Totale Strategie" bleibt der Dynamo der Regierung in Südafrika, in: Frankfurter Rundschau, 15. März 1988.

61 Zu den Wahlen für die neuen Parlamentskammern: South African Institute of Race Relations, Race Relations Survey, 1984, op.cit., S. 122 ff.; für die Stadträte: ibid., 1983, S. 257 ff.; 1985, S. 72 ff.; 1986, Part 1, S. 105 ff. Vgl. auch Lemon, op.cit., S. 289 ff.

62 Hierzu Archiv der Gegenwart, 12. Juni 1986, S. 29989 ff.; Leach, op.cit., S. 186 ff.; Lemon, op.cit., S. 338 ff.; Omond, op.cit., S. 178 ff.; South African Institute of Race Relations, Race Relations Survey, 1986, Part 2, op.cit., S. 830.

63 Die folgende Analyse stützt sich im wesentlichen auf Kenneth W. Grundy, The Militarization of South African Politics, London 1986; Deon Geldenhuys / John Seiler, South Africa's Evolving State Security System, o.O. 1984 (mimeo); Leonard, op.cit., insbes. Kap. 4 und 7; und Philip H. Fraenkel, Pretoria's Pretorians, Cambridge 1984 sowie Africa Confidential, 8. Juli 1987 und Dekker / Steenkamp, op.cit.

64 So Africa Confidental, 8. Juli 1987. Botha selbst nannte im Parlament andere Zahlen über die Zusammensetzung des SSC-Stabes: Danach kamen 1984 56 % der Mitglieder des Sekretariats aus dem Geheimdienst *National Intelligence Service* (dem Nachfolger des BOSS) und nur 16 % aus den Streitkräften (Kenneth W.Grundy, The Militarization of South African Politics, London 1986, S. 53).

65 Vgl. hierzu etwa Grundy, op.cit.; Fraenkel, op.cit und Gerald Braun, Pretorias Prätorianer, Militär und Militarisierung in Südafrika, in: Der Überblick, No.4 / 1987, S. 41 ff.

66 Braun, op.cit., S. 42, nach Angaben der IISS Military Balance.

67 Grundy, op.cit., S. 45; Leonard, op.cit., S. 19.

68 Grundy, op.cit., S. 45 ff.; Christopher Coker, South Africa's Security Dilemmas, New York 1987, S. 48 ff. (The Washington Papers No. 126).

69 Hierzu insbesondere Kenneth Grundy, South Africa: The Combatants Regroup, in: Current History, Mai 1988, S. 205 ff. und Britta Döpp, Der kalte Staatsstreich des Militärs, Informationsdienst Südliches Afrika No.3 / 1988.

70 Vgl. South Africa: Security vs. Reform, Bonn, Jan. 1988 (Studie der Friedrich-Ebert-Stiftung).

71 Adam / Moodley, op.cit., S. 70.

72 Der *Broederbund* („Bruderbund") wurde 1918 als Geheimbund der Buren zur Durchsetzung ihrer kulturellen und politischen Identität begründet und entwickelte sich rasch zur wohl mächtigsten und einflußreichsten inoffiziellen Organisation des Burentums. Mit der zunehmenden Durchsetzung des burischen Machtanspruchs verlor der Bund jedoch in den 70er Jahren an Bedeutung.

73 Zur Abspaltung der HNP und zur Partei vgl. Leach, op.cit., S. 104; Lipton, op.cit., S. 308 ff.; Adam/Moodley, op.cit., S. 70 ff.; Rob Davies/Dan O'Meara/Sipho Dlamini, The Struggle for South Africa, A Reference Guide to Movements, Organizations and Institutions, London 1984, S. 153 ff.; John de St.Jorre, White South Africa Circles the Wagons, in: M.A.Uhlig (ed), Apartheid in Crisis, Harmondsworth 1986, S. 61-84 (65 ff.).
74 So Adam/Moodley, op.cit., S. 77.
75 Die AWB wurde 1972 von dem Ex-Polizisten Eugene *Terre'Blanche* gegründet. Sie bildete 1980 auch eine eigene Partei, die jedoch 1982 zugunsten der KP aufgelöst wurde. Die paramilitärischen Verbände der AWB („*Stormvalke*") sprengten vor allem im Transvaal Parteikundgebungen der NP gewaltsam. Zwei Mitglieder der AWB wurden wegen Plänen zur Ermordung Bothas, Tutus, Boesaks und zu Anschlägen auf gemischtrassige Einrichtungen zu fünfzehn Jahren Gefägnis verurteilt. Vgl.Adam/Moodley, op.cit., S. 73; Omond, op.cit., pp.213f; Davies et al., op.cit., S. 156; Leach, op.cit., S. 99 f.; Front File, Vol.2 No.6, Mai 1988
76 Diese Gegenorganisation zum NP-beherrschten *Broederbond* wurde 1984 vom ehemaligen Vorsitzenden des Bundes, dem Theologieprofessor Carel Boshoff gegründet; zu den zum Zeitpunkt der Gründungskonferenz angeblich 18.000 Mitgliedern zählt u.a. die Witwe Verwoerds, die — ebenso wie die Vorsitzenden von KP, HNP und AWB — auf der Gründungsversammlung sprach. Ziel der Organisation ist die kulturelle Mobilisierung des Burentums gegen die ideologische Krise der alten Apartheid und ihrer christlichen Verankerung. Vgl.Leach, op.cit., S. 110; South African Institute of Race Relations, Survey of Race Relations, op.cit., 1984, S. 41 f.
77 Vgl.Adam/Moodley, op.cit., S. 70 ff. sowie Andries Treurnicht in Uhlig, op.cit., S. 100 ff.
78 Adam/Moodley, op.cit., S. 70.
79 Adam/Moodley, op.cit., S. 86 ff.; Leach, op.cit., S. 106. Van Zyl Slabbert, eine der herausragenden politischen Gestalten des Burentums, trat 1986 vom Vorsitz der PFP mit der Begründung zurück, parlamentarische Oppositionsarbeit sei nicht länger sinnvoll.
80 Worralls *Independent Party* ist als eine pragmatisch-konservative, primär englischsprachige Anti-Apartheid-Splitterbewegung einzuschätzen, während Malans Partei als genuin burische Dissidentenpartei zu operieren versucht. Vgl.hierzu Neue Zürcher Zeitung, 5./6. Juni 1988.
81 Die Nachwahlen 1983 waren das Ergebnis einer dramatischen politischen Herausforderung der KP durch den Arbeitsminister Fanie *Botha*, der Treurnicht zu einem politischen Duell bewegte: Beide traten zurück, um Neuwahlen zu ermöglichen. Ein Jahr später mußte Botha seinen Wahlkreis räumen; in den neuen Nachwahlen siegte der KP-Kandidat. Vgl. South African Institute of Race Relations, Survey of Race Relations,

op.cit., 1983, S. 7 ff., 1984, S. 40; Leach, op.cit., S. 111; Lemon, op.cit., S. 111.

82 South African Institute of Race Relations, Survey of Race Relations, op.cit., 1983, S. 78-88 (Kampagne mit Positionen der politischen Gruppierungen), S. 788 ff. (Ergebnisse, Analysen, Reaktionen); Lemon, op.cit., S. 271 ff.

83 Adam/Moodley, op.cit., S. 89; FAZ, 29. Mai 1987; Financial Times, 29. April 1987; Pressemitteilung der Südafrikanischen Botschaft, 22. Mai 1987; Front File, Vol. 2 No. 4, März 1988 und Vol. 2 No. 6, Mai 1988

84 Front File, Vol. 2 No. 4, März 1988, Vol. 2 No. 6, Mai 1988. Vgl. auch Adam/Moodley, op.cit., S. 88 und Lemon, op.cit., S. 111 f.

85 Die Analyse des Wahlergebnisses von 1989 stützt sich vor allem auf Front File, Vol. 3, No. 12, Sept. 1989 sowie auf Günther L. Karcher, Die Wahlen in Südafrika vom September 1989, in: Europa-Archiv, No. 19/1989, S. 587-596.

86 Vgl. Front File, Vol. 3. No. 12, Sept. 1989.

87 Meinungsumfragen hatten vor den Wahlen z.T. ein parlamentarisches Patt vorausgesagt. Vgl. Front File, Vol. 3 No. 10, August 1989.

88 Vgl. hierzu insgesamt Karcher, op. cit.

89 Vgl. Weekly Mail, 29. Sept.-5. Oktober 1989.

Der schwarze Widerstand

Suitbert Schmüdderich

1. Der Widerstand der traditionellen Gesellschaften

Obwohl die weißen Siedler im Süden Afrikas — der entgegen anderslautender Apartheidsideologie nicht unbesiedelt war — anfangs von den Afrikanern relativ wohlwollend behandelt wurden, regte sich aufgrund zunehmender Landnahme und Unterdrückung der Einheimischen bald Widerstand. Zunächst kam es zu bewaffneten Auseinandersetzungen mit den Khoisan („Hottentotten" und „Buschmänner"), dann mit den in Königtümern und Stämmen organisierten bantusprachigen Afrikanern. Mit dem Ende des letzten „Kaffern-Krieges" 1878 gegen die Xhosa[1] und der Unterwerfung von Zulus und Pedi durch die Briten im Jahr danach war der bewaffnete Widerstand der traditionellen Organisationen der Afrikaner praktisch gebrochen. Da aber die europäischen Siedler und Kolonialisten in den meisten Fällen die traditionellen politischen Strukturen der Afrikaner nicht auflösten, sondern lediglich deformierten und für ihre Zwecke instrumentalisierten, blieb auch dieses Widerstandspotential noch lange latent vorhanden und lebte in einigen spektakulären Konfrontationen wieder auf. Prominentes Beispiel dafür ist die *Bambatha-Rebellion* 1906, bei der stammesmäßig organisierte Zulus als Reaktion auf die Einführung einer Kopfsteuer für Afrikaner bewaffnet gegen weiße Truppen vorgingen, dann allerdings niedergemetzelt wurden.

2. Die Anfänge des Widerstands der Schwarzen innerhalb „moderner" Strukturen: Erste Organisationen und ihre Motive

Während die traditionellen politischen Strukturen der Afrikaner zumindest der Form nach im wesentlichen bestehen blieben, wurden ihre Wirtschafts- und Sozialstrukturen großen Umwälzungen unterzogen. Durch die Missionsschulen entstand eine christlich-europäisch erzogene afrikanische Bildungselite. Diese Elite, die weitgehend aus den Stammesstrukturen herausgelöst war und daher von den afrikanischen Traditionalisten verachtet wurde, suchte ihre politische und wirtschaftliche Position im System der Europäer.

Ein weiterer wichtiger Faktor der gesellschaftlichen Veränderungen war der Bedarf an afrikanischen Arbeitskräften, die zunächst als Hausangestellte und auf Farmen, dann — nachdem 1867 Diamanten und 1886 Gold gefunden worden waren — in wachsendem Ausmaß als Minenarbeiter eingesetzt wurden. Durch die Hütten- und Kopfsteuer sowie die Enteignung von Land wurden immer mehr Afrikaner gezwungen, ihre Arbeitskraft im kapitalistisch geprägten Wirtschaftsprozeß zu verkaufen. Das geschah entweder befristet als Wanderarbeiter oder auch dauerhaft. So entstand eine schwarze Arbeiterschaft, die aus den traditionellen Bindungen herausgelöst war.

Die ersten Organisationen

In den achtziger Jahren des 19. Jahrhunderts entstanden auch die ersten „modernen" politischen Organisationen der Schwarzen. Sie waren ein Produkt der gebildeten afrikanischen Elite. Zu dieser Zeit war das Kapgebiet das Zentrum der afrikanischen politischen Aktivitäten. Dort gab es ein nichtrassisches, aber qualifiziertes Wahlrecht: jeder über 21 Jahre alte Mann mit einem gewissen Einkommen und Besitz durfte wählen, was die Schwarzen in der Praxis zwar benachteiligte, zumindest einige aber eben doch teilhaben ließ. Die Bestimmungen des Wahlrechts und Überlegungen, welchen weißen Kandidaten man wählen sollte (auch Schwarze hätten kandidieren dürfen, taten es aber nicht), standen im Mittelpunkt der Aktivitäten der ersten afrikanischen Organisationen. Aber auch die „nationalen Rechte" und die Einigkeit der Schwarzen fanden bei den Organisationen Beachtung.[2]

Ebenfalls in der Kapkolonie, in Kingwilliamstown, entstand 1882 die erste politische Zeitung von Afrikanern, die *Imvo Zabantsundu* (Meinung der Einheimischen). Ihr Herausgeber war John Tengo Jabavu, „der einflußreichste Afrikaner in der Kap-Politik im 19. Jahrhundert".[3]

1898 wurde eine neue Organisation am Kap gegründet, die ihre Arbeit aber erst 1902 nach dem Burenkrieg aufnahm: der *South African Native Congress* (Südafrikanischer Eingeborenenkongreß) SANC. Er stand in ständigem Widerspruch zu J.T.Jabavu und seinen

Anhängern. Diese Spaltung kennzeichnete viele Jahre die Politik der Afrikaner in der Kapkolonie. Sie beruhte auf persönlichen und politischen Differenzen, war aber auch das Ergebnis von ethnischen Spannungen, die man eigentlich überwinden wollte; Jabavu hatte seine Anhänger hauptsächlich unter den Mfengu- , der SANC unter den Xhosa-sprechenden Afrikanern. Zwischen beiden Gruppen bestand eine traditionelle Antipathie, die zudem von den Kolonialisten ausgenutzt und verstärkt worden war.

Bei den Farbigen in der Kapkolonie entstand 1902 die *African Political Organisation*, später in *African People's Organisation* (Afrikanische Volksorganisation) APO umbenannt. Ihr Gründer war Dr. Abdulla Abdurahman.

Auch in den anderen Landesteilen schritt die Organisierung der Schwarzen voran, teils eigenständig, teils in Zweigen der Kap-Organisationen. Allen diesen Gruppierungen war gemeinsam, daß sie von einer europäisch gebildeten Elite getragen wurden, sich am idealisierten Vorbild Großbritannien und an christlichen Moralvorstellungen orientierten und ihre Ziele durch Petitionen und Resolutionen sowie — in der Kapkolonie — die Wahl wohlgesonnener Weißer zu verwirklichen suchten. Sie forderten meist das Wahlrecht für „zivilisierte" Schwarze, nicht ein allgemeines. Doch trotz dieser überaus moderaten Forderungen, wachsenden Zulaufs und steigender politischer Erfahrung der schwarzen Organisationen gab es nicht das geringste Zugeständnis von seiten der Weißen. Im Gegenteil: die politische, rechtliche und auch die wirtschaftliche Situation der Schwarzen verschlechterte sich ständig.

Widerstand aus dem religiösen Bereich

Ein anderer bedeutender Schritt in der Entwicklung des Widerstands fand Ende des 19. Jahrhunderts im religiösen Bereich statt: die Entstehung afrikanischer Kirchen. Bedeutend unter diesen wurde die *Äthiopische Kirche*,[4] die 1892 aufgebrachte afrikanische Priester der Wesleyaner Kirche gründeten, nachdem sie von einer Versammlung ihrer weißen Kollegen ausgeschlossen worden waren. Die Äthiopische Kirche entstand in Pretoria, in einem Gebiet also, in dem durch den Bergbau Afrikaner verschiedener ethnischer Herkunft zusammengekommen waren. So wurde die Äthiopische Kirche zur „ersten Massenbewegung von Afrikanern mit wirklich 'nationalen' Konturen".[5]

Die Ziele der Äthiopischen Kirche waren durchaus politisch zu verstehen, auch wenn sie das später offiziell bestritt. In ihrem Umfeld wurden die Einigkeit der Afrikaner gegen die Macht der Weißen und — unter dem Slogan „Afrika den Afrikanern" — die Freiheit Afrikas gefordert und irdische Heilserwartungen geweckt. Sie stellte die europäischen Werte in Frage und nahm nur Afrikaner als Mitglieder auf. Die Position der Äthiopischen Kirche kann man durchaus bereits als „afrikanischen Nationalismus" beschreiben.

3. Die Gründung der Südafrikanischen Union 1910 und des ANC 1912

Wichtige politische Veränderungen auch für die Organisationen der Schwarzen ergaben sich durch die Gründung der Südafrikanischen Union. In der Nationalversammlung der Weißen aus den vier Kolonien, die den Entwurf der Verfassung für die Südafrikanische Union beriet, war die Frage des Wahlrechts für Schwarze umstritten. Der schließlich gefundene Kompromiß sah vor, daß nur „Männer europäischer Abstammung" in das zukünftige Unionsparlament gewählt werden konnten; damit war auch den Schwarzen in der Kapkolonie eine Kandidatur verwehrt. Ansonsten blieben die unterschiedlichen Regelungen in den einzelnen Landesteilen vorläufig bestehen. Der Kompromiß wurde also auf Kosten der Schwarzen geschlossen; ihre Hoffnung auf eine Ausweitung des Wahlrechts wurde enttäuscht.

Als Reaktion auf die Unionspläne wurde im März 1909 die *South African Native Convention* (Konvent der Eingeborenen Südafrikas) in Bloemfontein, Oranjefreistaat, organisiert. In mehreren Resolutionen wurden Stellungnahmen zum Verfassungsentwurf abgegeben und „volle und gleiche Rechte und Privilegien ... für alle Bürger ohne Unterscheidung von Klasse, Hautfarbe oder Glauben"[6] gefordert. Beschlossen wurde auch, eine Delegation nach England zu schicken, wofür man den weißen ehemaligen Premierminister der Kapkolonie, William Philip Schreiner, als Leiter gewann. In der Folgezeit wurde Schreiner zum Mittelpunkt der schwarzen Opposition. Die Reise nach England verlief jedoch erfolglos: Ober- und Unterhaus gaben als zuständige Organe des Mutterlands der neuen Verfassung ohne Berücksichtigung der afrikanischen Interessen ihre Einwilligung. Damit war der Weg zur Gründung der Südafrikanischen Union frei: 1910 entstand sie als souveräner Staat im britischen Empire.

Daraufhin entschlossen sich Schwarze in der Kapprovinz, nicht mehr „wohlgesonnene" Weiße, sondern Schwarze in den Provinzrat, der dafür noch offen stand, zu wählen. So wurde Dr. Walter Rubusana, der auch Mitglied in Schreiners Delegation gewesen war, erster afrikanischer Kandidat für den Provinzrat. Er kandidierte im Thembuland, wo 49,5 % der Stimmberechtigten Schwarze waren, gegen zwei Weiße und erhielt so tatsächlich einen Sitz. Er blieb der einzige Afrikaner, dem das je gelingen sollte.

Die Gründung des African National Congress (ANC)

Zur Gründung der landesweiten Organisation von Afrikanern kam es auf einer Konferenz vom 8.-12. Januar 1912 in Bloemfontein. Dort wurde der *South African Native National Congress* (Südafrikanischer Eingeborenen-Nationalkongreß) SANNC gegründet, der 1923 in *African National Congress* (Afrikanischer Nationalkongreß) ANC umbenannt wurde und unter diesem Namen bis heute fortbesteht.

Die Initiative zu der Konferenz, die an den Südafrikanischen Nationalkonvent drei Jahre zuvor anknüpfte, war von vier jungen, in England ausgebildeten Rechtsanwälten ausgegangen, allen voran Pixley ka Isaka Seme. An der Konferenz nahmen Afrikaner aus allen vier Provinzen der Union sowie den benachbarten britischen Protektoraten Betchuanaland, Basutoland und Swaziland teil. Sie waren „feierlich gekleidet in Anzügen, Gehröcken, Zylindern und trugen Regenschirme."[7] Es waren aber nicht nur alle wichtigen Organisationen und Persönlichkeiten der Afrikaner (mit Ausnahme von J.T. Jabavu) vertreten, sondern auch alle wichtigen Häuptlinge des Landes. Der SANNC bekam ein „Oberhaus", zu dessen Mitgliedern die 7 Oberhäuptlinge (bzw. Könige) sowie Dinizulu, der abgesetzte Zulukönig, gehörten. Durch die Einbindung der traditionellen Häuptlinge unterschied sich der SANNC von den früheren politischen Organisationen, die immer in gewissem Gegensatz zu den als rückständig empfundenen traditionellen Institutionen standen.

Zum ersten Präsidenten des SANNC wurde überraschend der gar nicht anwesende Geistliche John L. Dube aus Natal gewählt. Dr. Rubusana wurde Ehrenpräsident, Pixley Seme Schatzmeister und Sol Plaatje Generalsekretär. Der Vorstand bestand aus vier Geistlichen, drei Rechtsanwälten sowie Lehrern, Unternehmern und Vertretern anderer freier Berufe. „Dieser Vorstand repräsentierte sehr genau die Ideale der neuen afrikanischen Elite oder „Mittelklasse", die um persönliches und nationales Vorankommen in einer Situation kämpfte, in der eine tradierte ökonomische Rassenschranke und beschränkte Möglichkeiten der höheren Bildung das Betätigungsfeld für ihre Fähigkeiten begrenzte".[8]

Die tragenden Prinzipien des SANNC waren Nicht-Rassismus und Nationalismus, wobei „der Begriff der Nation nicht an die Gesamtheit der Schwarzen, unabhängig von ihrer Stammeszugehörigkeit, sondern an alle Südafrikaner, unabhängig von ihrer Hautfarbe" gebunden war.[9]

„In dieser Phase betrachtete der ANC sich nicht als eine Befreiungsbewegung: seine Rolle sollte eine konsultative sein, sein Kampf sollte darauf gerichtet sein, daß die Europäer die Afrikaner akzeptieren, nicht auf die Macht".[10] Man kann wohl nicht einmal sagen, daß der Kongreß der Regierung gegenüber insgesamt oppositionell eingestellt gewesen wäre; er wollte im Gegenteil verhindern, daß „unverantwortliche Agitatoren"[11] die Ängste und Befürchtungen der Afrikaner ausbeuteten. Dementsprechend lag der Schwerpunkt der Aktivitäten auf Resolutionen, Petitionen, Delegationen und der Anrufung von Gerichten. Das Selbstverständnis des SANNC zu der Zeit läßt sich am ehesten als das eines Parlaments beschreiben.

Der SANNC hatte in seiner ersten Phase nur wenige formell eingeschriebene Mitglieder, dafür aber ein großes Umfeld an Organisationen, mit denen er zusammenarbeitete, und mit der Zeitung *Abantu-Batho* (Das Volk) ein wichtiges Organ zur Verbreitung seiner Vorstellungen.

Neue Rassentrennungsgesetze

Der neugegründete SANNC und die anderen politischen Organisationen der Schwarzen mußten auf eine ganze Anzahl von Gesetzen reagieren, die die Südafrikanische Union bald nach ihrer Gründung zur Diskriminierung der schwarzen Bevölkerung erließ. Die wichtigsten waren der bereits 1911 erlassene *Native Labour Regulation Act* (Gesetz zur Regulierung der Arbeit der Eingeborenen) und der *Mines and Work Act* (Minen- und Arbeitsgesetz), die Schwarze am Arbeitsplatz benachteiligten, sowie der 1913 erlassene *Native Land Act* (Eingeborenenland-Gesetz), der für die Afrikaner nur 7,3 % des Territoriums von Südafrika vorsah. Der Widerstand gegen diese Gesetze erschöpfte sich einmal mehr in Petitionen und Resolutionen. Erschwerend kam hinzu, daß man sich nicht einig war, ob man den *Native Land Act,* der ein bedeutender Schritt in der räumlichen Trennung der Rassen war, prinzipiell ablehnen oder als Sicherung afrikanischer Gebiete begrüßen und nur mehr Land für die Afrikaner fordern sollte. Erst als in der — später allerdings zurückgezogenen — *Native Administration Bill* (Gesetzentwurf über die Regierung von Eingeborenen) 1917 lokale Eingeborenenräte für die reservierten Gebiete bei gleichzeitiger Abschaffung der sonstigen politischen Rechte der Afrikaner vorgesehen waren, war man desillusioniert. Von da an sprach sich der SANNC klar gegen jede räumliche Trennung aus, da diese nur dazu bestimmt sei, „durch schrittweise Prozesse und künstliche Mittel die Bantu-Völker als Rasse auf einen Status der ewigen Arbeiter oder Untergebenen zu erniedrigen, in jeder Hinsicht und für alle Zeiten, mit wenig oder gar keiner Freiheit, ihre Arbeit in gleichberechtigter Verhandlungsposition mit den Arbeitgebern auf dem offenen Arbeitsmarkt zu verkaufen".[12] SANNC-Präsident Dube, der an dem Prinzip der Trennung festhielt, mußte zurücktreten. Sein Nachfolger wurde Sefako M. Makgatho aus dem Transvaal.

Erste Aktionen des passiven Widerstands

Bereits 1906 hatten Inder unter Anführung von Mohandas „Mahatma" Gandhi in Südafrika passiven Widerstand (*"Satyagraha"*) gegen Paßgesetze geleistet.[13] Gandhi war 1893 nach Südafrika gekommen und wurde im Jahr darauf erster Präsident des *Natal Indian Congress*. 1913 kam es nun zu ersten Aktionen des passiven Widerstands von Afrikanern, genauer von Afrikanerinnen. Anlaß war die Paßpflicht für Frauen, die nur im Oranje-Freistaat galt. Nach erfolglosen Petitionen und Demonstrationen zogen 600 Frauen protestierend zur Lokalbehörde in Bloemfontein und gaben ihre Pässe in einem Sack ab. Die Unruhen verbreiteten sich dann auch in andere Teile des Oranje-Freistaats. Wegen der Proteste wurden viele Frauen inhaftiert und zu Schwerstarbeit verurteilt. Dennoch waren die Proteste erfolgreich: die Anwendung der Paßgesetze im Freistaat wurde gelockert und im Transvaal wurde die Paßpflicht für Frauen entgegen bestehender Pläne nicht eingeführt.

Im Zusammenhang mit den Protesten der Frauen wurde 1913 die *Bantu Women's League* (Bantu Frauenliga) und 1919 die SANNC-Frauenliga unter Führung von Charlotte Maxeke, der ersten schwarzen Akademikerin in Südafrika, gegründet.

4. Die Auswirkungen des ersten Weltkriegs: Ökonomische Umwälzungen und Radikalisierung des Widerstands

1914 platzte die Nachricht vom Ausbruch des ersten Weltkriegs in die jährliche Versammlung des SANNC. Sofort wurde daraufhin die öffentliche Kritik an der Regierung beendet. SANNC-Ehrenpräsident Dr. Rubusana bot Verteidigungsminister Smuts sogar 5000 Afrikaner als Soldaten an, die in Südwest-Afrika gegen die Deutschen kämpfen sollten. Smuts lehnte dieses Angebot jedoch ab.

Viele der schwarzen politischen Führer hatten gehofft, daß die Loyalität gegenüber der südafrikanischen Regierung und der britischen Krone während des Krieges als Bewährung angesehen und sich später in Form politischer Zugeständnisse auszahlen würde. Diese Hoffnung wurde allerdings bitter enttäuscht. Die Regierung erließ im Gegenteil zwei Gesetze, die eine Fortführung der Rassentrennungspolitik bedeuteten: 1920 den *Native Affairs Act* (Gesetz über die Angelegenheiten der Eingeborenen), durch den machtlose getrennte Repräsentationsorgane für Schwarze geschaffen wurden, und 1923 den *Native (Urban Areas) Act* (Eingeborenengesetz für städtische Gebiete), auf den die Townships zurückgehen.

Auf wirtschaftlichem und sozialem Gebiet brachte der erste Weltkrieg in Südafrika einschneidende Veränderungen: die Kriegswirtschaft brauchte Arbeitskräfte, und daher wurde verstärkt auf afrikanische Arbeitskräfte zurückgegriffen, die dadurch in den kapitalistischen Wirtschaftsprozeß integriert wurden. Außerdem brachte der Krieg Südafrika einen wirtschaftlichen Aufschwung, dem nach Kriegsende eine Rezession folgte. In deren Folge kam es zu Entlassungen, gleichzeitig wurden afrikanische Arbeiter wieder durch weiße ersetzt. Dazu kam, daß die Lebenshaltungskosten schneller als die Löhne stiegen und daß die Steuern für Afrikaner erhöht wurden, sodaß mehr und mehr von ihnen in soziale Not getrieben wurden. Auch auf dem Land wurde die Situation vieler Afrikaner immer katastrophaler: die Reservate waren viel zu klein, um ihren Bewohnern eine ausreichende Selbstversorgung zu ermöglichen. Erschwerend wirkte zusätzlich das rasche Bevölkerungswachstum.

Diese Situation bereitete den Boden für die Gründung mehrerer Gewerkschaften ab 1917 und für zahlreiche Streiks. Bedeutend wurde die *Industrial and Commercial Workers' Union of South Africa* (Gewerkschaft der Industrie- und Handelsarbeiter Südafrikas) ICU, die es zu einer wirklichen Massenmitgliedschaft brachte, vor allem von Angehörigen des ständig wachsenden Proletariats. Dagegen besaß der SANNC noch immer eine relativ geringe Mitgliedschaft, hauptsächlich in der afrikanischen Mittel- und Oberschicht.

So entstand nach dem ersten Weltkrieg eine kurze Phase der Radikalisierung, in der es auch zu großen Demonstrationen, zu einer Kampagne des passiven Widerstands gegen die Paßgesetze und erstmals zu Protesten schwarzer Studenten kam. Das Ergebnis der neuen, verschärften Formen des Protests waren zahlreiche inhaftierte und getötete Schwarze — die von der Polizei und weißen Bürgern, die ihr „zu Hilfe kamen", erschossen worden waren — ansonsten blieben diese Aktionen ebenso erfolglos wie zuvor Petitionen und Resolutionen.

Die Organisationen

Erheblichen ideologischen Einfluß gewann damals der Kommunismus. Sein wichtigstes Organ war die *Communist Party of South Africa (CPSA)* (Kommunistische Partei Südafrikas), die 1921 durch den Zusammenschluß verschiedener sozialistischer und kommunistischer Gruppierungen entstand. Bei ihrer Gründung hatte die CPSA fast ausschließlich Weiße als Mitglieder und vertrat deren Interessen. Bereits ein Jahr nach der Parteigründung, 1922, verschärften sich die Gegensätze zwischen schwarzen und weißen Arbeitern. Anlaß dafür war die Rand-Revolte, bei der weiße Arbeiter erfolgreich gegen die Abschaffung von Rassenschranken in den Minen kämpften. Die Revolte wurde von einem radikalen linken Aktionsrat mit der Parole: „Arbeiter aller Länder vereinigt euch für ein weißes Südafrika" geführt. Auch die Kommunistische Partei schlug sich damals relativ eindeutig auf die Seite der Weißen. Sie vertrat die Meinung, das Problem Südafrikas sei ein Klassenproblem, nicht eines der rassistischen oder nationalen Unterdrückung. Genau diese Frage ist bis heute im südafrikanischen Widerstand umstritten. Sie wurde und wird von den einzelnen Gruppen und Organisationen unterschiedlich beantwortet.

Der ANC

Der SANNC, 1923 in *African National Congress* (Afrikanischer Nationalkongreß) ANC umbenannt, wurde nur am Rande von der nach dem ersten Weltkrieg aufkommenden Radikalisierungswelle erfaßt. In seiner 1919 verabschiedeten Satzung war passiver Widerstand zwar ausdrücklich als Mittel vorgesehen, doch hoffte der 1924 zum ANC-Präsidenten gewählte Geistliche Z.R. Mahabane, daß „keine Rasse, Klasse oder Überzeugung in eine so verzweifelte Position gedrängt werden möge, daß sie zur Politik Gandhis, der Non-Kooperation, genötigt werden könnte".[14]

Erst mit der Wahl von Josiah Gumede, der sehr stark vom Panafrikanismus — der zweiten wichtigen Ideologie dieser Zeit — beeinflußt war, kam es 1927 auch im ANC zur Radikalisierung. Gumede erntete aber bald Kritik, als er — obwohl selber kein Kommunist — mit Vertretern der CPSA und auf deren Kosten nach Brüssel und in die Sowjetunion reiste. Für die Zusammenarbeit mit der Kommunistischen Partei waren damals nicht nur die Kreise im ANC, die radikalere Mittel in der Auseinandersetzung suchten, sondern „auch die Kräfte, für die die weiße Führung der KP die Hoffnung auf eine Zusammenarbeit mit den Weißen repräsentierte".[15] Die radikalere Linie Gumedes unterlag aber und 1930 trat der konservative Pixley ka Isaka Seme, auf dessen Initiative hin 1912 die Gründungsversammlung des Kongresses stattgefunden hatte, Gumedes Nachfolge an.

Andere Organisationen und Aktivitäten

Der ANC war aber nicht die einzige Organisation der Schwarzen zu dieser Zeit. Besonders in der Kapprovinz, wo Schwarze aufgrund ihres noch existierenden Wahlrechts andere Interessen verfolgten, hatte der Kongreß eine geringere Bedeutung. Wichtig waren dort die *Bantu Union*, die mit dem ANC zusammenarbeitete, sowie die *Cape Native Voters' Convention* (Versammlung der eingeborenen Wähler des Kaps). Ihr Führer war D.D.T. Jabavu, der als erster Afrikaner eine Professur in Südafrika erhielt. Er war der Sohn von John Tengo Jabavu.

Ein weiterer Versuch, eine Änderung der politischen Situation Südafrikas zu erreichen, sei noch erwähnt: gemeinsame Räte von Schwarzen und liberalen Weißen, die versuchten, die Regierung zur Abschaffung der Rassenpolitik zu bewegen. Diese Räte, die nach 1921 auf Anregung eines afrikanischen Missionars von der Goldküste (heute Ghana) entstanden waren, blieben allerdings ohne jeden Erfolg.

Am Ende der zwanziger Jahre zerfielen die Organisationen der Schwarzen. Die Gewerkschaft ICU zersplitterte, der ANC sank zur völligen Untätigkeit und Bedeutungslosigkeit ab. Beigetragen haben dazu die politische Unfähigkeit einiger führender Repräsentanten dieser Organisationen und mehr noch deren persönliche Eifersüchteleien sowie das Aufleben tribalistischer Vorurteile zwischen ihnen.

Die Hertzog-Gesetze

So lag der schwarze Widerstand am Boden, als der südafrikanische Premierminister General Hertzog 1936 zwei lange gehegte Ziele per Gesetz verwirklichte: die Festschreibung der Homelands — ihr Anteil an der Fläche Südafrikas sollte dafür langfristig auf 13,7 % erhöht werden — und die Abschaffung des nichtrassischen Wahlrechts am Kap. Als Ersatz für letzteres wurden „Repräsentationsräte für Eingeborene" geschaffen.

Im Dezember 1935, vor der Verabschiedung der Gesetze, organisierten afrikanische Politiker noch eine *All African Convention* (Allafrikanische Versammlung) AAC, die anschließend institutionalisiert wurde. An der AAC nahmen Vertreter verschiedener politischer Organisationen teil, auch des ANC. Als Mittel gegen die Gesetze wurden bei der Versammlung in altgewohnter Manier Protestschreiben verfaßt und nationale Gebetstage beschlossen. Die Allafrikanische Versammlung forderte das Wahlrecht für alle Schwarzen, sofern sie einen „Zivilisationstest" bestanden hätten, und wollte die Schaffung von „zwei Nationen in einem Staat" verhindern.[16]

Gleichzeitig beschloß die AAC jedoch, die neugeschaffenen „Repräsentationsräte für Eingeborene" zu nutzen, schon weil sie aufgrund der Schwäche der schwarzen Organisationen keine Alternative sah. Viele einflußreiche schwarze Politiker wurden in den folgenden Jahren Mitglied solcher Räte, die sich aber schon bald als völlig wirkungslos erweisen sollten.

5. Der Widerstand in den vierziger Jahren

Politische und ökonomische Entwicklungen

Der zweite Weltkrieg blieb nicht ohne Folgen in Südafrika. Während des Krieges schnellte die Zahl der afrikanischen Lohnarbeiter, wie schon im 1. Weltkrieg, rasant in die Höhe. Auch afrikanische

Frauen wurden jetzt verstärkt beschäftigt, vor allem in der verarbeitenden Industrie, deren Anteil am Sozialprodukt nun den des Bergbaus übertraf. Mit der Industrialisierung drängten Schwarze wie Weiße in die Städte; Dürre und Hungersnöte beschleunigten diese Wanderungsbewegung noch. Die Verstädterung der Schwarzen verlief dabei völlig ungeordnet; es entstanden zahlreiche illegale Siedlungen. In vielen der Townships und Siedlungen vermischten sich die Schwarzen aus den verschiedenen ethnischen Gruppen, überwanden so ihre traditionellen Unterschiede und übernahmen Teile des europäischen Lebensstils, zumindest soweit die sozialen Verhältnisse das erlaubten.

Diese Entwicklungen lieferten die Basis für eine neue Welle des politischen Widerstands. Die wirklich Aufsehen erregenden Protestaktionen gingen in dieser Zeit nicht von den politischen Organisationen der Schwarzen, sondern von spontan gebildeten lokalen Gruppen und den wieder erstarkenden Gewerkschaften aus. Im Mittelpunkt des Protests standen alltägliche Probleme wie Steuern, das Verbot, selber Bier zu brauen, Paßgesetze und Bustarife.

Die Organisationen

Die beiden wichtigsten Organisationen dieser Zeit waren die Allafrikanische Versammlung (AAC) und der wieder erstehende Afrikanische Nationalkongreß (ANC). Zwischen beiden Organisationen entstand nun eine Konkurrenzsituation, obwohl viele ANC-Vertreter in der AAC mitarbeiteten. Umstritten zwischen beiden Organisationen war vor allem, wer das eigentliche „Sprachrohr" der Afrikaner sei; beide erhoben einen politischen Führungsanspruch.

Zwischen der AAC und dem ANC kam es zu zahlreichen Einigungsversuchen. Unterschiede in den Strategien und Ideologien beider Organisationen — die AAC etwa hatte sich inzwischen zum totalen Boykott aller getrennten Repräsentationsorgane entschieden — verhinderten diese Einigung jedoch. Hindernisse waren dabei auch der Einfluß von Trotzkisten in der AAC, der bei den Kommunisten im ANC auf Kritik stieß, sowie ein Einfluß von Farbigen in der AAL, der den Afrikanisten im ANC nicht paßte (und umgekehrt).

Mit dem ANC ging es seit der Wahl von Z.R. Mahabane zum Präsidenten im Jahre 1937 — es war dies seine zweite Amtszeit nach der von 1924 bis 1927 — wieder aufwärts. Dr. Alfred Bitini Xuma, der ihm von 1940 bis 1949 im Amt folgte, brachte den Nationalkongreß schließlich auch organisatorisch wieder in die Höhe. Unter seiner

Führung bekam der ANC eine neue Verfassung, nach der „jede Person, die über 17 Jahre alt ist", Mitglied werden konnte, also auch Frauen, die vorher nur „Hilfsmitglieder" waren, und — zumindest theoretisch — auch Nicht-Afrikaner. Das Oberhaus für die Häuptlinge wurde abgeschafft, ein enger Kontakt führender ANC-Vertreter zu der traditionellen afrikanischen Aristokratie blieb jedoch bestehen.

Die ANC-Jugendliga

Im April 1944 wurde eine Jugendorganisation des ANC gegründet: die *Congress Youth League* (Kongreß-Jugendliga) CYL. Ihre Mitglieder waren junge Afrikaner zwischen 20 und Mitte 30, meist Studenten oder junge Akademiker. Sie waren nicht in allen Punkten mit dem ANC zufrieden, arbeiteten jedoch bewußt in ihm mit, da sie in ihm *die* nationale Befreiungsbewegung sahen. Mitglieder der Jugendliga waren u.a. Oliver Tambo, Walter Sisulu und Nelson Mandela. Erster Präsident und herausragender Denker der Jugendliga war Anton Muziwakhe Lembede. Lembede war uneingeschränkter Afrikanist; er vertrat die Losung „Afrika den Afrikanern". Lembede meinte, die afrikanische Gesellschaft sei krank und die Afrikaner litten an einem Mangel an Selbstvertrauen. Seine Philosophie des Afrikanismus entwickelte er daher als Gegenmittel gegen diese „pathologische Geisteshaltung".[17] Als Lembede 1947 — erst 33 Jahre alt — starb, kam es in der Jugendliga in ideologischer Hinsicht zu einer Mäßigung und zur Annäherung an die Positionen des ANC. Statt des Begriffs „Afrikanismus" verwandte die Jugendliga nun den des „Afrikanischen Nationalismus" und versicherte, daß die Weißen nicht etwa ins Meer getrieben werden sollten, sondern an einer zukünftigen Demokratie teilhaben könnten. Die Jugendliga legte Wert darauf, dem weißen Rassismus nicht mit einem schwarzen zu begegnen. Zu ihrem Bekenntnis gehörte auch der Panafrikanismus; dessen Glaube an die Einheit aller Afrikaner. In der Jugendliga gab es starke antikommunistische Tendenzen. Mehrfach versuchte sie, Kommunisten aus dem ANC ausschließen zu lassen.

6. Nach dem Wahlsieg der Nationalen Partei 1948: Der ANC leitet eine neue Phase des Widerstands ein

In den vierziger Jahren verliefen alle Versuche, Massenproteste zu organisieren, relativ kläglich. Einzige Ausnahme waren einige große Streiks, die von den Gewerkschaften organisiert wurden. Doch dann wurde der schwarze Widerstand vor neue Herausforderungen gestellt: Bei der Wahl am 26. Mai 1948 siegte die *Nationale Partei* unter Malan und löste die Smuts-Regierung ab. Ein Thema im Wahlkampf war die Politik gegenüber den Schwarzen gewesen. Die andauernde Zuwanderung von Schwarzen in die Städte hatte den Weißen die Gefahr für ihre Vorherrschaft vor Augen geführt. Die Antwort der Nationalen Partei darauf hieß: *„Apartheid".* Die Apartheid löste das bisherige Konzept der Rassenunterdrückung — euphemistisch „Treuhänderschaft" genannt — ab. Zur rechtlichen Festschreibung der Apartheid wurden sogleich die ersten Gesetze auf den Weg gebracht: der *Group Areas Act* (Gesetz über die getrennten Wohngebiete) und der *Population Registration Act* (Gesetz über die Einteilung der Bevölkerung nach Rassen). Beide Gesetze wurden 1950 verabschiedet und sind bis heute Grundlage der Apartheidspolitik. Durch das „Gesetz zur Unterdrückung des Kommunismus" (1950), das sich gegen schwarze wie weiße Oppositionelle richtet und kurzerhand jede Politik als „Kommunismus" deklariert, „die auf die Förderung von Gefühlen der Feindschaft zwischen den europäischen und nichteuropäischen Rassen" abzielt[18] — und damit war nicht etwa die Apartheid, sondern die Opposition gegen diese gemeint — wurde gleichzeitig ein Schritt in Richtung auf einen totalitären Staat auch für Weiße vollzogen.

Einen weiteren Impuls erhielten die Befreiungsbewegungen von außen: an der Goldküste, dem späteren Ghana, wurde mit Kwame Nkrumah ein prominenter Panafrikanist erster afrikanischer Ministerpräsident; ein Ereignis, das in ganz Afrika Hoffnung erweckte.

Die Organisationen

Angeheizt durch die verschärfte politische Situation in Südafrika kam es zu einer Radikalisierung im ANC. Treibende Kraft dabei war die Jugendliga. Dieser gelang es, ein von ihr verfaßtes Aktionsprogramm auf der ANC-Konferenz 1949 verabschieden zu lassen. Das Aktionsprogramm setzte auf eine Boykottstrategie: alle Sondereinrichtungen zur Repräsentation von Afrikanern sollten boykottiert werden. Weitere vorgesehene Mittel waren Streik und passiver Widerstand. Politische und gewerkschaftliche Organisationen sollten gestärkt, Unternehmen im Besitz von Schwarzen geschaffen werden. Schließlich wurde der „afrikanische Nationalismus", die Leitidee der Jugendliga, mit diesem Programm auch vom ANC angenommen. Unterschiedliche Interpretationen des Begriffs führten später allerdings zu Auseinandersetzungen. Da ANC-Präsident Dr. Xuma den neuen Kurs nicht mitgehen wollte, wurde auf derselben Konferenz 1949 der Arzt Dr. James S. Moroka zu seinem Nachfolger gewählt. Allerdings zeigte sich später, daß auch Moroka die Beschlüsse nur halbherzig befolgte; er blieb noch längere Zeit Mitglied eines „Repräsentationsrats für Eingeborene". Der Jugendliga gelang es 1949 zudem, sechs ihrer Mitglieder im Nationalen Exekutivkomitee des ANC unterzubringen, darunter Oliver Tambo.

In dieser Zeit schwächte sich der Anti-Kommunismus in der Jugendliga ab. Sie hatte zwar weiterhin ideologische Differenzen zu den Kommunisten, dafür aber „einen gemeinsamen Radikalismus in der Methode".[19] Außerdem beschäftigten sich einige Mitglieder der Jugendliga zunehmend mit marxistischen Theorien.

Die Kommunistische Partei löste sich als eigenständige Organisation 1950 auf, um einer Zwangsauflösung nach dem „Gesetz zur Unterdrückung des Kommunismus" zuvorzukommen.

Die Verweigerungskampagne

Im Rahmen seiner neugewählten Strategie plante der ANC für 1952 eine Massenaktion: die *Defiance Campaign* (Verweigerungskampagne), die sich gegen die „ungerechten" rassistischen Gesetze richtete. Zum „nationalen Chefaktivisten" wurde Nelson Mandela bestimmt, der inzwischen Präsident der Jugendliga geworden war.

Am 26. Juni 1952 begann die Kampagne. Sie bestand aus systematischen Verstößen gegen die Apartheidsvorschriften: Afrikaner betraten einen Bahnhof durch den „Nur für Weiße"-Eingang oder setzten sich auf Bänke für Weiße; 50 Inder, angeführt von einem „Veteranen des passiven Widerstands"[20] betraten ohne Erlaubnis eine Siedlung für Afrikaner. Solche Aktionen fanden zumeist in heiterer Stimmung unter Absingen von Freiheitsliedern statt. Viele der Teilnehmer landeten bis zu zwei Monate im Gefängnis — Geldstrafen wurden bewußt nicht gezahlt —, gelegentlich tolerierte die Polizei die Aktionen aber auch.

Nach wenigen Wochen jedoch griff die Polizei hart durch: sie durchsuchte im ganzen Land Büros und Wohnungen von Organisatoren der Verweigerungskampagne und verhaftete später 35 von ihnen, darunter ANC-Präsident Dr. Moroka, Nelson Mandela, Walter Sisulu und Dr. Dadoo vom Inderkongreß SAIC. Sie wurden nach dem „Gesetz zur Unterdrückung des Kommunismus" angeklagt.

Trotzdem ging die Kampagne weiter, unterstützt von Streiks und Gebetsversammlungen.

Doch dann kam es an mehreren Orten Südafrikas zu blutigen Zusammenstößen zwischen Schwarzen auf der einen und Polizisten und weißen Zivilisten auf der anderen Seite. Diese standen zwar nicht in direkter Verbindung mit der Verweigerungskampagne, waren aber möglicherweise von dem durch sie aufgeheizten Klima beeinflußt. Auszuschließen ist allerdings auch nicht, daß staatliche Provokateure am Werk waren. Vierzig Menschen verloren bei den Zusammenstößen ihr Leben, darunter 6 Weiße (was in Südafrika allemal mehr Aufsehen erregt als der Tod Dutzender Schwarzer).

Die angeklagten Organisatoren der Kampagne wurden zu Haftstrafen auf Bewährung verurteilt. Der Richter hielt sie des „statutorischen Kommunismus" für schuldig, wobei er — peinlich für die Regierung — ausdrücklich bemerkte, daß dieser im Gegensatz zu dem stehe, was man gemeinhin als Kommunismus bezeichnet. Zudem erkannte er an, daß die Angeklagten stets versucht hätten, Gewalt zu vermeiden.

Die Verweigerungskampagne dauerte bis zum Ende des Jahres 1952. Insgesamt wurden etwa 8000 Verweigerer verhaftet. Entgegen der Hoffnung vieler Teilnehmer war keines der Gesetze, gegen die sie sich richtete, zurückgenommen worden. Auf der anderen Seite hatte die Kampagne wichtige Auswirkungen auf das politische Bewußtsein der schwarzen Bevölkerung. Der ANC war am Ende der Kampagne die eindeutig stärkste Organisation der Schwarzen mit einer Massenmitgliedschaft aus allen Schichten der Bevölkerung.

7. Die Freiheitscharta, die Abspaltung des PAC und das Massaker von Sharpeville: Der Widerstand zwischen 1952 und 1960

Der Staat ging in den fünfziger Jahren daran, durch neue Gesetze die Rassentrennung weiter festzuschreiben und gleichzeitig zu ihrer Absicherung Polizei und auch Militär auszubauen. In dieser Zeit wurde etwa die *Bantu Education*, eine bewußt minderwertig angelegte Bildung für Schwarze, eingeführt. Sie rief massiven Widerspruch der Schwarzen hervor. Ebenso wurde erneut versucht, auch für Frauen das Tragen von Pässen — offiziell „Referenzbuch", bei den Schwarzen „*dompas*" genannt — vorzuschreiben. Grund war vor allem die Erfahrung, daß Afrikaner zu dauerhaften Stadtbewohnern wurden, sobald ihre Frauen und Kinder dort wohnten. Daraufhin kam es in den Städten und auf dem Land zu Protesten von Frauen. Pässe wurden zurückgegeben oder verbrannt. Am 9. August 1956 zogen 20 000 Frauen vor das Parlament in Pretoria. Durch diese Aktionen konnte erneut die Paßpflicht für Frauen abgewendet werden; erst 1963 gelang es der Regierung, diese einzuführen.

Wichtigste Organisation der Frauenproteste war die *Federation of South African Women* (Föderation Südafrikanischer Frauen) FSAW, zu deren Führerinnen Bertha Mashaba und Lilian Masediba Ngoyi vom ANC sowie die Weiße Helen Joseph gehörten.

Viel Unmut der Schwarzen entstand auch durch die schlechte Wirtschaftslage. So gab es Kampagnen für einen Mindestlohn und zahlreiche Boykotte: Busse, Waren solcher Unternehmer, die die Regierung unterstützten und sogar Kartoffeln wurden boykottiert, um auf die „bestialische Behandlung afrikanischer Farmarbeiter" aufmerksam zu machen. Solche Anwendung ökonomischen Drucks erwies sich als ein durchaus erfolgreiches Mittel der Schwarzen. 1958 wurde der Boykott auch vom Ausland als Mittel für die Veränderung in Südafrika entdeckt: die in Accra (Ghana) stattfindende Gesamtafrikanische Volkskonferenz rief bereits in diesem Jahr erstmals zu ökonomischen Sanktionen und einem Boykott südafrikanischer Produkte auf.

Die Organisationen

Der ANC hatte seit Dezember 1952 einen neuen Präsidenten: den Lehrer und Laienprediger Albert Lutuli. Lutuli, der von sich sagte, er habe dreißig Jahre seines Lebens damit verbracht, „vergebens geduldig, sanft und höflich an verschlossene und verrammelte Türen zu klopfen",[21] befürwortete passiven Widerstand und war entschiedener Verfechter der Gewaltlosigkeit.

Die Freiheitscharta

Einen wichtigen Schritt vorwärts machte der ANC in seiner programmatischen Arbeit: er nahm die *Freedom Charter* (Freiheitscharta) als Programm an. Dazu waren im ganzen Land Forderungen und Wünsche gesammelt worden, teilweise auf kleinen Papierfetzen. Neben dem ANC waren an der Vorbereitung auch der *South African Indian Congress* (SAIC), der *South African Congress of Democrats* (SACOD), eine Vereinigung von Weißen, sowie die *South*

African Coloured People's Organization (SACPO) (später in *Coloured People's Congress* umbenannt), beteiligt. Diese vier Organisationen hatten sich zur *Congress Alliance* (Kongreßallianz) zusammengeschlossen, deren Symbol ein vierspeichiges Wagenrad war. Über die Kongreßallianz hinaus unterstützten auch kleinere Gruppen und Gewerkschaften die Sammlung von Vorschlägen für die Freiheitscharta.

Beraten wurde die Charta am 25. und 26. Juni 1955 auf einem Volkskongreß in Kliptown bei Johannesburg, an dem fast 3000 Männer und Frauen aller Hautfarben, Altersgruppen und sozialen Schichten als Delegierte örtlicher Gruppen teilnahmen. Auch der neugegründete *South African Congress of Trade Unions* (Südafrikanischer Gewerkschaftskongreß) SACTU sandte Delegierte. SACTU trat auch der Kongreßallianz bei.

Für den Volkskongreß hatte ein Komitee auf der Grundlage der gesammelten Vorschläge die Freiheitscharta entworfen. Sie wurde nun Absatz für Absatz vorgelesen und durch Handaufheben und den Ruf „Afrika!" verabschiedet. Doch bevor die letzten zwei Absätze angenommen waren, griff die Polizei ein und beschlagnahmte alles, was ihr in die Hände fiel. Das so erhaltene Material sollte später im Hochverratsprozeß gegen die Organisatoren des Kongresses eingesetzt werden.

Die Freiheitscharta beginnt mit dem Satz: „Südafrika gehört allen, die darin leben, Schwarzen und Weißen". Dieser Satz stieß bei den Afrikanisten im ANC auf harte Kritik und sollte noch zu Konflikten führen. Umstritten war auch die in der Charta erhobene Forderung nach der Nationalisierung von Bodenschätzen, Banken und Industriemonopolen. Diese Forderung brachte der Freiheitscharta den Vorwurf ein, ein marxistisches Dokument zu sein — zu Unrecht: ihre Forderungen zielen eher auf eine gemischte Wirtschaft ab. Dennoch darf man nicht übersehen, daß die Verwirklichung der Freiheitscharta in Südafrika einer Revolution gleichgekommen wäre und noch immer käme, weniger allerdings durch ihre knappen ökonomischen Aussagen als durch die Forderung nach dem allgemeinen Wahlrecht. Das allgemeine Wahlrecht nach dem Prinzip *one man — one vote* (ein Mensch — eine Stimme) war zu dieser Zeit erklärtes Ziel, aber noch immer nicht unumstößliche Bedingung beim ANC. Sowohl Lutuli als auch Mandela erklärten noch später, daß sie in diesem Punkt für eine gewisse Zeit zu Kompromissen bereit seien,[22] wenn es nur ein gemeinsames Parlament gäbe. Die Freiheitscharta ist 1956 vom ANC als eigenes Programm angenommen worden und bis heute gültig.

Am 5. Dezember des gleichen Jahres, 1956, wurden Albert Lutuli, Nelson Mandela , Walter Sisulu, Oliver Tambo und weit über hundert andere Oppositionelle als Mitglieder einer „landesweiten Verschwörung" verhaftet und des Hochverrats angeklagt. Der entsprechende Prozeß fand internationale Beachtung und dauerte bis 1961. Er endete mit dem Freispruch der Angeklagten. Trotz des Freispruchs und obwohl die Angeklagten bald nach Prozeßbeginn gegen Kaution freigelassen worden waren, hat die südafrikanische Regierung durch den Prozeß eine Lähmung des Widerstands erreichen können.

Die Gründung des PAC

Nicht nur in der Jugendliga, sondern auch im ANC selbst gab es in den vierziger und fünfziger Jahren stets afrikanistische Strömungen, die mit der betont multi- bzw. nichtrassischen Politik des ANC unzufrieden waren. Der erwähnte erste Satz der Freiheitscharta hatte diesen Konflikt verschärft. Nach einem Streit im Transvaal-ANC — eine Schlägerei konnte gerade noch verhindert werden — erklärte eine Gruppe von Afrikanisten ihre Abspaltung vom ANC.

Vom 4.-6. April 1959 fand dann in Orlando bei Johannesburg die Gründung einer neuen Organisation der Afrikanisten statt, des *Pan Africanist Congress* (Panafrikanistischer Kongreß) PAC. Robert Mangaliso Sobukwe, „der führende Intellektuelle im Hintergrund der Bewegung",[23] wurde zum Präsidenten gewählt, Potlako Leballo zum nationalen Sekretär.

PAC und ANC strebten „letztlich dasselbe Ziel ... an: die Schaffung einer demokratischen Gesellschaft, in der persönlicher Verdienst und nicht Rasse den Status und das Vorankommen bestimmen würden."[24] Dennoch gab es deutliche Unterschiede zwischen beiden. Der PAC sah die Afrikaner in Südafrika als Nation unterdrückt. Eine gleichzeitige Unterdrückung als Klasse durch die Kapitalbesitzer diagnostiziert der PAC in seinen frühen Programmen — anders als der ANC — dagegen nicht, wie er in seiner Anfangsphase ökonomischen Aspekten der südafrikanischen Situation überhaupt wenig Beachtung schenkte. Während der ANC zudem die nationalistische Regierung als Hauptfeind ausmachte, meinte der PAC, daß die Massen die Unterdrückung konkretisierten und den Unterdrücker haßten, „in Südafrika den Weißen". Allerdings war auch der PAC bemüht, keinen umgekehrten Rassismus zu betreiben, sondern nur gegen Unterdrücker vorzugehen: „Wir hassen den Europäer nicht, weil er weiß ist! Wir hassen ihn, weil er ein Unterdrücker ist."[25] Der PAC ging noch weiter: es gebe ohnehin nur eine Rasse, die menschliche Rasse. Unterschiede zwischen den bestehenden Gruppen der Menschen seien im wesentlichen aufgrund äußerer Einflüsse erworben. Darum sei er strikt nichtrassistisch — auch nicht multirassistisch — und könne konsequenterweise keine Minderheitenrechte für irgendeine Gruppe gewähren, sondern nur individuelle Rechte garantieren.

Ziel des PAC war die Mobilisierung afrikanischer Werte und eine „geistige Revolution": „Wenn die weiße Vorherrschaft einmal für unser Volk geistig unhaltbar geworden ist, wird sie auch physisch unhaltbar werden und verschwinden" meinte Robert Sobukwe.[26] In der Tat wird hier ein wichtiger Punkt angesprochen: die Stärkung des politischen Selbstvertrauens der Afrikaner. Dieses wurde von anderen Widerstandsorganisationen vernachlässigt; ihre Führer strebten eher nach einem angemessenen Platz innerhalb der Gesellschaft der Europäer. Auf der anderen Seite wird in der Analyse aber auch die Unterschätzung der Bedeutung organisatorischer Arbeit und langfristiger Strategien beim PAC deutlich.

Auf seiner ersten und in Südafrika einzigen Jahreskonferenz beschloß der PAC 1959 eine Kampagne gegen die Paßgesetze. Der ANC hatte eine Woche zuvor eine Kampagne mit gleichem Ziel beschlossen, wobei er auch Streiks, die vom Südafrikanischen Gewerkschaftskongreß (SACTU) geführt werden sollten, mit einplante.

Nach der Planung des PAC sollte die Kampagne strikt gewaltfrei sein, wofür eher praktische als prinzipielle Gründe ausschlaggebend waren. Auf lokaler Ebene gab es allerdings Mitglieder, die sich an diese Weisung nicht gebunden fühlten. Ohnehin wurde die Botschaft des PAC an der Basis gelegentlich zu ungeschminktem Rassenhaß und zum Wunsch nach Umkehr der Unterdrückung (z.B.: „Wir wollen, daß die Holländer zu uns baas (Boss) sagen"[27]). Die Organisation der Kampagne war daher schwierig. Zudem stand der PAC unter einem gewissen Druck, da er sich sowohl am ANC als auch an seinen eigenen hochtrabenden Ankündigungen messen lassen mußte. Im letzten Moment wurde neben der Abschaffung der Paßgesetze auch noch ein Mindestlohn zur Forderung der Kampagne gemacht; beide Ziele trafen die alltäglichen Probleme der breiten Bevölkerung sehr gut. Der PAC sah die Kampagne aber auch als Auftakt zur Revolution in Südafrika, die er in absehbarer Zeit erwartete.

Das Massaker von Sharpeville

„Wenn die Polizei nicht in die Menge der Demonstranten, die sich bei der Ortschaft Sharpeville außerhalb von Vereeniging am 21. März 1960 versammelt hatte, geschossen hätte, dann hätte dieser Tag lediglich für eine weitere fehlgeschlagene Kampagne in der Geschichte des afrikanischen Protests stehen können."[28] Die PAC-Kampagne hatte tatsächlich eher geringe Resonanz. Nur in den Gebieten um Kapstadt und Vereeniging gab es nennenswerte Proteste. In beiden Gebieten war der ANC von jeher schwach gewesen. Die südafrikanische Polizei aber richtete an diesem Tag ein Blutbad an; an mehreren Orten wurden Demonstranten erschossen. Zur wirklichen Eskalation kam es dann in Sharpeville, wo sich einige tausend Demonstranten (die Angaben schwanken zwischen 3 000 und 20 000) vor der Polizeiwache versammelt hatten. Als es zu einem Handgemenge kam und der Zaun der Polizeiwache durchbrochen wurde — möglicherweise wurden auch Steine geworfen — eröffneten einige Polizisten das Feuer. 67 Schwarze wurden bei dem Gemetzel erschossen, 186 verletzt. Die meisten waren in den Rücken getroffen worden...

8. Die Folgen von Sharpeville: Verbot von ANC und PAC und die Entscheidung zur Sabotage

Nach dem Sharpeville-Massaker erlebte Südafrika einige turbulente Wochen. Vielerorts gab es Unruhen, außerdem ein *stay-at-home*, d.h. einen Streik, der darin bestand, daß man zuhause blieb. Die Beerdigungen der Opfer der Polizeikugeln wurden zu Massenansammlungen. Auch Albert Lutuli erregte Aufsehen: aus Protest gegen die Paßgesetze verbrannte er öffentlich seinen Paß. Zumindest für einen Moment waren die Regierung und die weiße Bevölkerung verunsichert. Eine Folge davon waren ausverkaufte Waffengeschäfte, eine andere der am 30. März 1960 verhängte Ausnahmezustand. Anschließende Massenverhaftungen riefen erneute Proteste hervor, darunter einen spontanen Marsch von 30 000 schwarzen Demonstranten ins weiße Stadtzentrum von Kapstadt. Schließlich ging die Staatsmacht wieder in die Offensive: am 8. April wurden ANC und PAC gebannt.

Das Ausland reagierte mit — gemäßigtem — Druck gegen Südafrika. Ein Höhepunkt war die Verleihung des Friedensnobelpreises an Albert Lutuli im Oktober 1961, was von der Regierung als „Teil einer internationalen Offensive" gegen Südafrika empfunden wurde.[29]

Es war offensichtlich, daß die südafrikanische Regierung ihre Politik überdenken mußte. Das Ergebnis dieses Denkprozesses war allerdings keine Liberalisierung, sondern eine Verschärfung der Repression. Sie baute Polizei, Geheimdienst und Militär noch weiter aus und unterdrückte oppositionelle Tätigkeit noch stärker. Auch die Rassentrennung wurde immer konsequenter durchgeführt. Schwerpunkt in den sechziger Jahren war der Ausbau der Reservate zu sogenannten „unabhängigen Homelands". Als erstes wurde die Transkei 1963 in eine Teilunabhängigkeit entlassen. Für die Schwarzen hatte das vor allem Zwangsumsiedlungen zur Folge.

Doch auch auf dem Lande regte sich Widerstand. Gerade im Gebiet der Transkei, genauer in Pondoland, gab es 1960 schwere Ausschreitungen. Dort hatten die „Bantubehörden" und die Häuptlinge, die nur noch Ausführungsorgane der weißen Verwaltung waren, den Zorn der Pondos erregt. Daraufhin waren alternative politische Strukturen gebildet worden, die den traditionellen ähnlich waren. In jeder kleineren Ansammlung von Kraals fanden Beratungsversammlungen statt, die Vertreter zu einer übergeordneten Versammlung sandten. Aus letzterer entstand die nach ihrem Tagungsort benannte Organisation, *Intaba* (der Berg). Intaba übernahm Aufgaben der Häuptlinge, organisierte Streiks und Wirtschaftsboykotte und verfaßte ein Memorandum für die Vereinten Nationen. Ihr Protest war nicht auf lokale Themen beschränkt; er richtete sich auch gegen die Art von Mißständen, wie sie von ANC oder PAC angeprangert wurden. Erst im Januar wurden die Unruhen niedergeschlagen, fast 5 000 Pondos wurden verhaftet.

Die Organisationen

Die Arbeit von ANC und PAC im Exil war lange Zeit sehr fruchtlos. Auch ein Einigungsversuch mißlang: ANC, PAC, der Südafrikanische Inder-Kongreß SAIC sowie SWANU und SWAPO aus Namibia schlossen sich 1960 im Exil zur *South African United Front* (Südafrikanischen Vereinigten Front) SAUF zusammen. Diese zerbrach aber bald, da sich herausstellte, daß unter den im Land gebliebenen Vertretern der Organisationen keine Einigkeit zu erreichen war.

In Südafrika waren ANC und PAC durch ihre Bannung stark behindert. Zwar arbeiteten sie im Untergrund weiter und blieben auf lokaler Ebene sowie in zahlreichen Tarnorganisationen aktiv, doch war eine effektive Arbeit nicht mehr möglich. Nachdem Ende Mai 1961, als Südafrika zur Republik wurde, ein landesweit geplanter Streik, der die Forderung nach einer Nationalversammlung aller Rassen unterstützen sollte, von der Regierung durch hartes Durchgreifen verhindert worden war, meinte Nelson Mandela schließlich: „Wenn die Reaktion der Regierung darin besteht, unseren gewaltlosen Kampf mit nackter Gewalt zu zerschlagen, werden wir unsere Taktik nochmals überprüfen müssen. Meiner Meinung nach ist das Kapitel der Politik der Gewaltlosigkeit abgeschlossen."[30] Mandela war bereits kurz vorher untergetaucht, weil ein Haftbefehl gegen ihn ausgestellt worden war.

Bewaffneter Widerstand: Umkhonto we Sizwe

Einige Männer im ANC und in der im Untergrund arbeitenden Kommunistischen Partei, die keine Möglichkeit mehr für den friedlichen Protest sahen, begannen, über gewaltsame Formen des Widerstands nachzudenken. Auch unabhängige kleine Gruppen trafen bereits Vorbereitungen dafür. Die Überlegungen in den Kreisen des ANC mündeten im Juni 1961 in den Beschluß, eine Organisation für den bewaffneten Widerstand zu bilden. Im November wurde diese Organisation, genannt *Umkhonto we Sizwe* (Speer der Nation), dann gegründet. „Wir taten das nicht, weil wir einen solchen Weg für erstrebenswert hielten, sondern nur deshalb, weil die Regierung uns keine andere Wahl gelassen hatte" sagte später Nelson Mandela, der einer der Beteiligten war. Umkhonto beschloß, zunächst nur Sabotage durchzuführen. Im Dezember wurden die ersten Anschläge verübt. Ziele waren ein Strommast und Regierungsbüros.

Bemerkenswert ist, daß erst wenige Wochen zuvor ANC-Präsident Lutuli den Friedensnobelpreis erhalten hatte. Es ist nicht ganz klar, inwieweit er von den Sabotageplänen einiger ANC-Mitglieder wußte. Umkhonto selbst bezeichnete sich zunächst als eine unabhängige Organisation, wurde aber bald vom ANC ganz offen als „militärischer Flügel unseres Kampfes" bezeichnet.[31]

Innerhalb von Umkhonto wurde bereits 1962 erwogen, den Kampf auszuweiten und auch einen Guerillakrieg vorzubereiten. Von vielen wurde dieser Schritt als verfrüht abgelehnt. Nelson Mandela jedoch, der in diesem Jahr eine Reise durch einige Länder Afrikas und Europas machte, unterzog sich in Algerien schon einer kurzen militärischen Ausbildung.

Am 5. August 1962, kurz nach seiner Rückkehr nach Südafrika, wurde Mandela dann verhaftet. Bis 1990 sollte er in Haft bleiben. Ein knappes Jahr später wurde auf einer Farm in Rivonia nahe Johannesburg das Hauptquartier von Umkhonto ausgehoben. Die Polizei fand umfangreiches Material, mit dem sie Mandela, Sisulu, und zahlreiche andere Umkhonto-Organisatoren belasten konnte.

Poqo

Auch im Umfeld des PAC entstand eine Organisation des bewaffneten Kampfes: *Poqo* („allein", auch „rein"). Poqo entstand schwerpunktmäßig in der Kapregion, wo Reste des PAC neue Mitglieder anwarben, um eine in Zellen strukturierte Organisation aufzubauen. Der Exilführer des PAC, Potlako Leballo, schmiedete unterdessen in Basutoland, dem heutigen Lesotho, große Pläne, die zu einer baldigen Befreiung Südafrikas führen sollten. Am 8. April 1963 sollten Poqo und die PAC-Zellen im Transvaal ein vierstündiges Massaker an Weißen verüben. (Die überlebenden Weißen sollten großzügigerweise in Südafrika bleiben dürfen!) Diese Pläne gab Leballo zuvor großspurig auf einer Pressekonferenz bekannt. Dort behauptete er auch, Poqo und der PAC seien ein und dieselbe Organisation. Das war zwar nicht wahr — die einzelnen Poqo-Gruppen waren kaum zu kontrollieren und handelten nach eigenem Gutdünken — wurde aber vom Staat gerne aufgegriffen. Wenige Tage später wurde das PAC-Hauptquartier von der Polizei des britischen Protektorats Basutoland durchsucht, die dort eine Liste mit über 10 000 Adressen fand und wahrscheinlich der südafrikanischen Polizei übergab. In Südafrika wurde zudem ein PAC-Bote mit einer großen Zahl von Briefen gefaßt, Spitzel taten ein Übriges. Die Polizei konnte in der folgenden Zeit mehr als 3 000 PAC und Poqo-Mitglieder festnehmen. Am 8. April 1963 blieb es ruhig in Südafrika.

Es gab noch eine weitere Sabotagegruppe in Südafrika: das 1961 entstandene *National Liberation Committee* (Nationales Befreiungskomitee) NLC, später *African Resistance Movement* (Afrikanische Widerstandsbewegung) ARM genannt. Diese Gruppe bestand überwiegend aus weißen Mitgliedern der Liberalen Partei, die wegen der politischen Situation frustriert waren. Sie verübten einige Anschläge auf Strom- und Telefonmasten, sowie auf Regierungseinrichtungen. Das ARM hatte nur wenige Jahre Bestand.

Prozesse

Die wichtigsten Mitglieder der Befreiungsbewegungen befanden sich in den sechziger Jahren im Ausland oder im Gefängnis. Es kam zu spektakulären Prozessen.

Nelson Mandela, der im Hochverratsprozeß 1961 noch freigesprochen worden war, wurde 1962 wegen Aufwiegelung afrikanischer Arbeiter zum Streik und illegalem Verlassen des Landes zu 5 Jahren Haft verurteilt. Als durch die Razzia in Rivonia seine Beteiligung an Umkhonto herauskam, lautete das Urteil in einem weiteren Prozeß gegen ihn und 10 Mitangeklagte „lebenslänglich". Nach dem aus rechtsstaatlicher Sicht bedenklichen *Sabotage Act* (Sabotage-Gesetz) von 1962 wurden die Angeklagten verschiedener Delikte im Zusammenhang mit der Vorbereitung eines Guerillakrieges für schuldig befunden, wobei der Richter anerkannte, daß es sich nur um Vorbereitungen handelte, eine Entscheidung dazu aber noch nicht gefallen war. Den Angeklagten wurde — entgegen gelegentlich zu hörender Propaganda — aber kein einziger Mord zur Last gelegt; Umkhonto hatte bis dahin Menschen bei seinen Anschlägen stets verschont.

Auch Robert Sobukwe, der populäre Führer des PAC, stand vor Gericht, weil er sich 1960 ohne Paß bewußt hatte verhaften lassen. Er erklärte, daß er die Autorität eines weißen Gerichts nicht anerkenne. Seine Strafe sollte bis 1963 dauern, nach einem eigens für ihn geschaffenem Gesetz saß er aber bis 1969 ein.

ANC und Umkhonto mußten zugeben, „daß der Feind den eigentlichen Kern der Bewegung zerschlagen hatte."[32] Dem PAC ging es nicht besser. „Ruhe durchzog das politische Leben der Afrikaner in den sechziger Jahren in einem Ausmaß, wie es seit den Jahren vor 1912 nicht mehr gekannt war."[33]

9. Ein neues schwarzes Selbstbewußtsein führt zu neuem Widerstand: Die Zeit bis zu den Soweto-Unruhen 1976/77

Die Krise im politischen Widerstand der Schwarzen war tiefgreifend; eine ganze Führungselite von Politikern und Gewerkschaftern war ausgeschaltet, eine ganze Generation der Bevölkerung entmutigt. So ist es kaum verwunderlich, daß das Wiederaufleben des schwarzen Widerstands in den siebziger Jahren ganz wesentlich von den Universitäten und auch von den Schulen seinen Ausgang nahm.

Dort wuchs eine neue Generation heran, die aktiv ins politische Geschehen eingriff.

Die Black Consciousness-Bewegung

Diese jungen Schwarzen hatten aufgrund ihrer Bildung eine privilegierte Position: sie hätten in die noch kleine schwarze Mittelschicht eintreten können. Das bot ihnen aber offenbar keine Perspektive, schon weil auch das schwarze Kleinbürgertum das ganze Ausmaß der rassistischen Gesetzgebung zu spüren bekommt. Möglicherweise empfanden sie die rassistische Unterdrückung sogar als besonders diskriminierend, da sie im extremen Widerspruch stand zu dem Status, den sie bei ihrer Bildung als Weiße gehabt hätten. Die schwarzen Studenten wurden auf der einen Seite von ihrem Wissen um Armut und Elend der meisten Schwarzen, auf der andere Seite von ihrer weiten politischen und philosophischen Bildung geprägt und zum politischen Engagement angespornt. Sie hatten eine stark religiöse Motivation und schöpften Hoffnung aus dem Erfolg der *Black Power*-Bewegung in den USA.

Auf diese Weise entstand das *Black Consciousness Movement* (Bewegung des Schwarzen Bewußtseins) BCM. Die Keimzelle dieser Bewegung war die *South African Students' Organisation* (Südafrikanische Studentenorganisation) SASO, die 1968 von schwarzen Studenten als Abspaltung von einer gemischtrassigen Studentenvereinigung gegründet wurde. Ihr erster Präsident wurde im darauffolgenden Jahr der Medizinstudent Steve Biko.

Im Mittelpunkt der Philosophie des *Black Consciousness* stand der Wille, ein starkes (Selbst)-Bewußtsein als Schwarze aufzubauen und so Minderwertigkeitskomplexe, die Schwarze als Folge der dreihundertjährigen Unterdrückung hätten, abzubauen. Die Schwarzen sollten ihre Angst gegenüber den Weißen verlieren, die, wie Steve Biko meinte, bisher dazu geführt hatte, daß sie in der Zurückgezogenheit ihrer Toilette die weiße Gesellschaft verfluchen, öffentlich aber die Regierung lobten.[34] „Schwarzer, du bist dein eigener Herr!" hieß die neue Parole. Entsprechend wurden auch Geschichte und Kultur der Schwarzen betont und denen der Weißen gegenübergestellt, deren Hintergrund „aus Coca-Cola" und „Hamburgern" bestehe.[35]

Im Unterschied etwa zum PAC, der gegenüber Indern und auch Farbigen stets zurückhaltend war, definierte die *Black Consciousness*-Bewegung „Schwarze" „als die Gruppe von Menschen, die in der Gesellschaft Südafrikas durch Gesetz und Tradition politisch, wirtschaftlich und gesellschaftlich diskriminiert werden",[36] was also die als „Inder/Asiaten" und „Farbige" Klassifizierten mit einschließt. Die Unterdrückung basierte auf dem Kriterium der Hautfarbe; entsprechend wurde die politische Strategie gewählt: „Wir werden unterdrückt, weil wir schwarz sind. Wir müssen eben jenes Konzept dazu benutzen, uns zu vereinen und als zusammenhängende Gruppe zu reagieren."[37] Im Manifest der SASO heißt es: „SASO geht von der Voraussetzung aus, daß die Schwarzen erst ihre Reihen schließen und sich zu einer Gruppe konsolidieren müssen, ehe sie sich der offenen Gesellschaft anschließen. Als geschlossene Gruppe können sie dem strikten Rassismus entgegentreten, mit dem die weiße Gesellschaft sie straft; nur so haben sie eine Verhandlungsbasis der Stärke."[38] Daher lehnt die SASO die Zusammenarbeit mit Weißen ab, betont aber, „daß diese Haltung nicht einfach als eine Anti-Weißen-Haltung, sondern als ein positiver Weg verstanden werden muß, eine normale Situation in Südafrika zu erreichen".[39] In der Tat sollte diese Vorgehensweise nicht als umgekehrter Rassismus abgetan werden. Es ist vielmehr eine Strategie, wie sie vergleichbar etwa von großen Teilen der Frauenbewegung verfolgt wird.

Wichtig bei der *Black Consciousness*-Bewegung ist ihr Bezug zu Religion und „Schwarzer Theologie". Er dürfte zu der Überzeugung beigetragen haben, „daß der Weg zu unserem Ziel auch friedlich sein kann."[40] Das war allerdings durchaus optimistisch, zumal das Ziel, „das gesamte System in Südafrika umzustürzen", ein Wahlrecht nach dem Prinzip „ein Mensch — eine Stimme" zu erreichen und eine Nation zu errichten, die „Azania" heißen sollte, hoch gesteckt war.[41]

Die Südafrikanische Studentenorganisation (SASO) sah sich nicht als Konkurrenz zu ANC oder PAC, sie wurde aber bald zur wichtigsten politischen Kraft der Schwarzen. Ihre Ideen verbreiteten sich schnell unter den gebildeten Schwarzen in den Städten, sie erreichten durch ihre emotionale Kraft aber auch weitere Bevölkerungskreise. All das geschah, ohne eine starke Organisation im Hintergrund. Um die Organisation zu verbessern, gründete die SASO zusammen mit einigen anderen Gruppen, die überwiegend aus dem religiösen Bereich kamen, 1972 die *Black People's Convention* (Konvent des schwarzen Volkes), die aber organisatorisch schwach blieb. Im gleichen Jahr entstand die *Black Allied Workers' Union* (Gewerkschaft der vereinigten schwarzen Arbeiter), eine Dachgewerkschaft, die ebenfalls die Gedanken des *Black Consciousness* vertrat.

Erst in dieser Zeit begann die *Black Consciousness*-Bewegung, sich mehr mit ökonomischen Zusammenhängen zu befassen. Sie entwickelte das Ziel, eine Lebensform zu verwirklichen, die den als afrikanisch angesehenen Werten wie dem der Solidarität entspricht. Diese Lebensform sollte *Black Communalism* (Schwarzes Gemeinschaftswesen) heißen. Der starke Individualismus der Europäer und damit verbunden auch der Kapitalismus wurden abgelehnt. In der folgenden Zeit begann die *Black Consciousness*-Bewegung, diesen Ansatz praktisch umzusetzen: sie gründete Kooperativen und Gesundheitsprojekte. Aber auch die theoretische Auseinandersetzung mit ökonomischen Theorien fehlte nicht. Sie führte dazu, daß immer mehr Mitglieder der Bewegung sich mit dem Marxismus beschäftigten und in Klassenkategorien zu denken begannen. Damit nahm die *Black Consciousness*-Bewegung eine Entwicklung, wie sie in ähnlicher Weise von der Jugendliga und dem PAC durchgemacht worden war: von einer Betonung des Rassenkonflikts und ihrer Identität als Afrikaner bzw. Schwarze ausgehend, nahmen Teile von ihr immer mehr sozialistisch bzw. marxistisch orientierte Positionen ein.

Neben der *Black Consciousness*-Bewegung gab es weitere Faktoren, die die Entwicklung in Südafrika maßgeblich beeinflußten: die Entstehung einer Streikbewegung, die ihren Ausgang 1972/73 in Durban nahm, der katastrophale Zustand der sozialen Verhältnisse in vielen Townships sowie die Unabhängigkeit des Nachbarstaats Mosambik von der Kolonialmacht Portugal, ein Ereignis, das von Schwarzen in Südafrika mit Sympathiekundgebungen gefeiert wurde.

Die Soweto-Unruhen

In den Jahren 1976 und 1977 tobten in den Townships um Johannesburg und Kapstadt Unruhen. Der — aufgrund des Vorgehens des Staates traurige — Höhepunkt waren die Aufstände, die am 16. Juni 1976 von Soweto ihren Ausgang nahmen.

Das Faß zum Überlaufen gebracht hatte die Einführung der bei den Schwarzen verhaßten Burensprache *Afrikaans* als obligatorische zweite Unterrichtssprache. Aus diesem Anlaß gründeten die Schüler von Soweto einen Repräsentationsrat, in dem jede höhere Schule Sowetos durch zwei Delegierte vertreten war. Dieser Rat organisierte für den 16. Juni eine Schülerdemonstration. Zwischen 10- und 20000 Ober- und Mittelschüler verließen an diesem Tag ihre Schulen und nahmen an der Demonstration teil. Viele trugen Plakate mit Aufschriften wie: „Afrikaans ist eine Stammessprache" oder „Zur Hölle mit Afrikaans". Als Polizisten plötzlich auftauchten und Tränengasgranaten in die Menge warfen, flogen Steine in die umgekehrte Richtung. Einige Polizisten schossen daraufhin ohne Vorwarnung in die Menge; zwei Schwarze wurden getötet. Sofort breiteten sich die Unruhen aus. Jugendliche zündeten Verwaltungsgebäude und Bierhallen an, die Polizei besetzte Soweto mit gepanzerten Fahrzeugen. Überall kam es zu Zusammenstößen.

Die Unruhen dauerten weiter an und griffen auch auf andere Townships über. Im August und September 1976 organisierten Schüler in Soweto zwei Streikaktionen, *stay-aways* genannt, da die Schwarzen aus Soweto nicht nach Johannesburg zur Arbeit fuhren. Die Streikaufrufe wurden von den schwarzen Arbeitern fast geschlossen befolgt, wozu allerdings auch die Zerstörung der Bahnlinie nach Johannesburg beigetragen haben mag. Vergleichbare Streiks gab es auch in anderen Industriezentren. Ein dritter *stay-away* in Soweto im November hatte dagegen bereits weniger Erfolg.

Die Zahl der Todesopfer, die die Soweto-Unruhen kosteten, wird von offizieller Seite mit 575 angegenben, andere Schätzungen liegen deutlich höher.[42]

Auffallend ist, daß immer mehr Erwachsene von den Protesten erfaßt wurden und mit den Schülern sympathisierten. „Ich habe die Demonstration genossen, o Gott, wie habe ich sie genossen"[43] sagte eine schwarze Mutter damals. Neben den krassen politischen und sozialen Mißständen war die *Black Consciousness*-Idee ein wesentlicher Antrieb für die Soweto-Unruhen. Die schwarzen Schüler hatten durch sie ihre Angst verloren und traten selbst schießenden Polizisten mit dem *Black Power*-Gruß entgegen. Die Unruhen zeigen daher, wie wichtig die „geistige Befreiung" für den Widerstand ist, gleichzeitig aber auch, daß ohne eine solide Organisation und ohne andere Mittel, als sie in Soweto angewandt wurden, ein Umsturz in Südafrika nicht zu erreichen ist. Die Schüler von Soweto haben für eine ad-hoc-Organisation Erstaunliches erreicht, die weiße Herrschaft in Südafrika hat durch sie jedoch nie gewankt.

Bereits 1977 erlebte die *Black Consciousness*-Bewegung einen Einbruch. Am 12.September 1977 starb ihr wohl bedeutendster Vertreter Steve Biko im Polizeigewahrsam. Todesursache war eine Hirnverletzung, die er durch Folterungen erlitten hatte. Kurz darauf, am 19. Oktober 1977, wurden alle *Black Consciousness*-Organisationen verboten. Tausende von Jugendlichen verließen

Südafrika. Dennoch hatte die Bewegung etwas Wichtiges erreicht: „eine städtische afrikanische Bevölkerung, die psychologisch für die Konfrontation mit dem weißen Südafrika gerüstet war".[44]

10. Unregierbare Townships und breiter Widerstand: Von den Unruhen ab 1984 bis zur Freilassung Mandelas 1990

Seit den Soweto-Unruhen ist der Widerstand in Südafrika nie mehr ganz abgeebbt. Die Jahre nach Soweto waren weniger durch spektakuläre Proteste gekennzeichnet, als vielmehr durch eine organisatorische Festigung des Widerstands. Im ganzen Land entstanden neue Oppositionsgruppen, die alten Widerstandsbewegungen, allen voran der ANC, wurden gestärkt. Aufmerken ließen die Bildung einer schlagkräftigen Gewerkschaftsbewegung und spektakuläre Guerillaanschläge. Von den neugegründeten Organisationen seien hier nur die *United Democratic Front* (Vereinigte Demokratische Front) UDF und das kleinere *National Forum* (NF) genannt, beides Dachorganisationen, in denen hunderte von lokalen und landesweiten Gruppen zusammengeschlossen sind.

Bürgerkrieg auf unterer Stufe

Im Herbst (bzw. im südafrikanischen Frühling) 1984 brach dann in Südafrika eine Welle massiver Unruhen aus. Dabei ist die Bezeichnung „Unruhe" für die Geschehnisse in dieser Zeit nur eine blasse Umschreibung. Die Zahl von über 2200 Todesopfern bis Anfang 1987 [45] rechtfertigt es, von der unteren Stufe eines Bürgerkriegs zu sprechen. Der Widerstand war somit in eine neue Phase getreten.

Der Ausbruch der Unruhen am 3. September 1984 fiel mit dem Inkrafttreten der fragwürdigen Verfassungsreform zusammen, durch die für Farbige und Inder eigene Parlamentskammern geschaffen wurden. Den Afrikanern machte das erneut deutlich, wie wenig die Regierung bereit war, ihnen gleiche politische Rechte zu gewähren. (Auch den meisten Farbigen und Indern blieb der Alibicharakter der Verfassungsreform nicht verborgen, wie ihre geringe Beteiligung an den Wahlen für die farbige und die indische Parlamentskammer zeigte.) Gleichzeitig machte die seit Jahren relativ schlechte Wirtschaftslage in Südafrika gerade den Schwarzen sehr zu schaffen und erhöhte ihre Protestbereitschaft. So richtete sich der erste Protest im September 1984 gegen Mieterhöhungen. Die eigentliche Forderung hinter allen Protesten war aber zweifellos das Ende der Apartheid und ein Südafrika mit gleichen und freien Wahlen.

In allen Teilen Südafrikas gab es anhaltende Unruhen, Aufstände und Protestaktionen, in städtischen wie in ländlichen Gebieten. Die „weißen" Gebiete blieben allerdings in Folge der Politik der Rassentrennung weitgehend von den Konfrontationen zwischen rassistischer Staatsmacht und schwarzer Bevölkerung verschont. Der Schwerpunkt der Auseinandersetzungen lag eindeutig in den schwarzen Townships. Ein wesentliches Kennzeichen der Phase des Widerstands nach 1984 war, daß der Regierung für einige Zeit die Kontrolle über viele der Townships praktisch entglitt, daß diese für sie unregierbar wurden. Die Staatsmacht konnte dort nur als Besatzungsmacht in gepanzerten Fahrzeugen Angst und Schrecken verbreiten.

An dieser Stelle müssen einige Erläuterungen zu den Townships erfolgen. Townships sind Siedlungen für Afrikaner, Inder oder Farbige in der Nähe „weißer" Städte, die als Wohnort für die in der Stadt arbeitenden Schwarzen errichtet wurden — in den Städten dürfen die Schwarzen nicht über Nacht bleiben. Während es z.B. in Soweto, dem mit etwa 2 Millionen Einwohnern größten Township, sogar Villenviertel für die wenigen Schwarzen gibt, die es zu Vermögen gebracht haben (was die Regierung gerne ausländischen Touristen zeigt), bestehen die größten Teile von ihnen aus aneinandergereihten, wegen der Wohnungsnot überbelegten „Streichholzschachteln". In vielen Townships und illegalen Siedlungen von Schwarzen gibt es sogar regelrechte Slums mit katastrophalen Zuständen. Die Arbeitslosigkeit ist gerade unter Jugendlichen in Townships sehr hoch, ja, fast die Regel, Familienverhältnisse sind oft zerrüttet (auch bedingt durch die Apartheid), die Kindersterblichkeit ist hoch, Alkoholismus und Marihuana (*dagga*)-Rauchen sind verbreitet. Wie in den meisten Slums und Gettos der Welt ist Kriminalität in den Townships allgegenwärtig; Raub und Vergewaltigung sind an der Tagesordnung. Andererseits entsteht in den Townships auch eine moderne schwarze Kultur mit eigenständiger Musik und Literatur; zudem gibt es dort zahlreiche politische Aktivitäten.

Daß es ab 1984 zur Unregierbarkeit der Townships kommen konnte, hat die südafrikanische Regierung zu einem guten Teil selbst zu verantworten. Sie gewährleistete immer weniger die Sicherheit der Bevölkerung dort, etwa indem die Polizei sich häufig um kleinere Delikte gar nicht mehr kümmerte, solange sie nicht die Sicherheit des Staates in Gefahr sah.[46] Auch die Versorgung der meisten Townships mit Strom, Wasser etc. war völlig unzureichend. Gleichzeitig wollte die Regierung im Rahmen der Apartheid eine eigenständige politische und soziale Entwicklung der schwarzen Bevölkerung fördern und schuf dazu „Selbstverwaltungsstrukturen" in den Townships, vor allem schwarze Stadträte. Diese schwarzen Stadträte wurden von der Bevölkerung aber nie als legitim anerkannt, nach 1984 wurden ihre Mitglieder ebenso wie Polizisten und Spitzel aus den meisten Townships verjagt — in einigen Fällen sogar ermordet.

Statt dessen wurden überall alternative Strukturen gegründet, etwa Bürgerinitiativen und Straßen- oder Townshipkomitees. Solche Komitees übernahmen in einigen Townships die Organisation von Post, Müllbeseitigung und anderen öffentlichen Diensten. Auch „Volksgerichte" gehörten zu den alternativen Strukturen. Sie dienten einerseits zur Aburteilung von Kollaborateuren, mehr aber noch zur Ahndung von Gewaltverbrechen. Häufig haben die alternativen Einrichtungen eine relative Ordnung herstellen, die Kriminalität vermindern und gleichzeitig den Widerstand organisieren können. Die anfallenden Entscheidungen wurden von den schwarzen Bewohnern selbst getroffen, Straßen und Plätze beispielsweise nach Freiheitskämpfern benannt. Auf diese Weise entstand in den Townships das Gefühl, bereits ein neues Südafrika aufzubauen. Dadurch wurde aber auch die Illusion genährt, das Ende der Apartheid stünde unmittelbar bevor — eine Vorstellung, für die es außerhalb der Townships wenig Anlaß gab.

Das Spektrum des Widerstands nach 1984 bestand aber nicht nur aus der spektakulären Errichtung alternativer Strukturen, es reichte von Boykotten (z.B. von Geschäften Weißer) bis hin zu symbolischen Aktionen wie der, zu Weihnachten nachts eine Kerze ins Fenster zu stellen — eine Aktion, die in einigen Townships überwältigende Beteiligung fand. Anders als im Jahrzehnt zuvor wurde der Protest diesmal von breiten Bevölkerungsschichten, von Männern und Frauen ebenso wie von Jugendlichen getragen. Den Jugendlichen, die einen überproportional großen Anteil an der Bevölkerung in den Townships stellen (bedingt durch die hohe Geburtenrate), kam allerdings auch in dieser Phase eine besondere Rolle zu, vor allem als Mitglieder politisch motivierter Jugendbanden. Die bekanntesten dieser Banden sind die *Comrades* (Genossen, Kameraden), die sich zum ANC bekennen. Ebenso gab es aber Gruppen, die den anderen Befreiungsbewegungen nahestanden, wobei der direkte Einfluß der Befreiungsbewegungen auf die Jugendlichen allerdings eher gering zu sein schien. Gefördert wurde der Widerstand der Jugendlichen und die Bandenbildung auch durch monatelang andauernde Schulboykotts, mit denen gegen die Minderwertigkeit und gegen die Inhalte des Unterrichts für Schwarze protestiert wurde.

Allerdings löste das rigorose Vorgehen der *Comrades* und anderer radikaler Gruppen bei vielen Schwarzen auch Unmut aus. Von ihnen beschlossene Aktionen wie Boykotts wurden streng überwacht; wer dagegen verstieß, mußte mit allem rechnen. Insbesondere Spitzel und Personen, die dafür gehalten wurden, hatten wenig Gnade zu erwarten. Ein besonders brutales Mittel, solche Leute zu beseitigen, war die „Halskrause": den Opfern wurde ein mit Benzin gefüllter Autoreifen übergestülpt und angezündet, sodaß sie qualvoll verbrannten. Auch wenn ein entschiedenes Vorgehen gegen Spitzel verständlich ist, denn wer von ihnen verraten wurde, mußte mit Gefängnis oder gar dem Tod rechnen, stieß die Brutalität der „Halskrause" vielfach auf Abscheu und wurde zudem in Südafrika und im Ausland zur Diskreditierung des Widerstands benutzt. Aus ANC, PAC und AZAPO (s.u.) ist Kritik an dieser Methode gekommen. Heute werden häufig andere, auch nicht gerade feinfühlige Methoden gegen Spitzel und Kollaborateure angewandt, etwa sie zu zwingen, nackt durch die Straßen zu laufen und ihre Taten auszurufen.

Der Regierung gelang es zunächst nicht, selbst durch Bekämpfung des Widerstands, die Verhängung des Ausnahmezustands, die Verschärfung des „normalen" Rechts, Massenverhaftungen zehntausender politischer Gegner und strikte Pressezensur, Herr der Lage zu werden. Erst durch den Einsatz von Spitzeln und den Aufbau bzw. die Unterstützung von rechten Schlägerbanden unter den Schwarzen konnte sie einen Einbruch in den Widerstand erreichen. Organisatorisch haben sich für den Apartheidsstaat dabei besonders die *Joint Management Centers* (JMC) bewährt. Diese regionalen Ausschüsse, in denen besonders stark Militärs, aber auch Zivilisten jeder Hautfarbe vertreten waren, konnten als unterste Ebene der von Militärs beherrschten Paralleladministration in Südafrika betrachtet werden. Sie waren einerseits für Verwaltungsaufgaben zuständig und sollten konkrete Mißstände, die zur Unzufriedenheit der Schwarzen beigetragen haben, beseitigen, waren andererseits aber auch die Organisationszentralen für die Bekämpfung des schwarzen Widerstands vor Ort.

Vigilanten

Etwa seit der zweiten Hälfte des Jahres 1985 stand der schwarze Widerstand vor einer neuen Herausforderung, den sog. *Vigilanten*. Dabei handelte es sich nicht um Bürgerwehren, wie der Name vermuten läßt, sondern um Banden von Schwarzen, die mit Gewalt, Brandstiftung und Mord gegen Oppositionsgruppen vorgingen. Ihre Beziehungen und ihre Entwicklung waren von Ort zu Ort verschieden. In einigen Fällen waren Mitglieder der offiziellen schwarzen Stadträte die Drahtzieher. Sie bekämpften auf diese Weise die Opposition. In Natal waren auch *Inkatha*-Mitglieder (s.u.) an der Tätigkeit der Vigilanten beteiligt. Gemeinsam ist den Vigilanten-Gruppen, daß die Polizei kaum gegen sie vorging, ja, sie oft sogar unterstützte, etwa bei der Beschaffung von Waffen. Auch die JMCs sollen häufig ihre Finger dabei im Spiel gehabt haben.

Begünstigt wurde die Entstehung der Vigilanten durch das in vielen Fällen rigorose Vorgehen insbesondere der Jugendbanden. Die Vigilanten waren allerdings keineswegs wählerischer in ihren Mitteln als diese. Im Gegenteil: sie sind für blutige Gemetzel, grausame Morde, Abbrennen von Hütten und ähnliches verantwortlich. Der südafrikanischen Regierung bot ihre Tätigkeit neben der hohen Effizienz gegen den Widerstand noch den propagandistischen Vorteil, solche Vorkomnisse als „Kämpfe Schwarzer gegen Schwarze" abtun zu können.

Allerdings haben in zahlreichen Fällen auch die Sicherheitskräfte selbst Organisatoren des Widerstands offensichtlich planmäßig liquidiert. Dabei bedienten sie sich auch sog. Kitkonstables, im Schnellverfahren ausgebildeter Polizisten, die gewaltsam gegen den Widerstand in den Townships vorgingen.

Ebenso ging Südafrika im Ausland gegen die schwarzen Befreiungsbewegungen vor: vielfach wurden insbesondere ANC-Mitglieder in den Nachbarstaaten und sogar in Europa ermordet, mutmaßliche ANC-Einrichtungen wurden bombadiert, wiederholt wurden dabei Zivilisten getötet, auch Kinder.

Das Ende der Phase des Widerstands

Nach dem Ausbruch der Unruhen 1984 dauerte es zwei Jahre, bis die Ordnungskräfte langsam wieder die Oberhand gewannen, mancherorts auch wesentlich länger. Beigetragen zum Abflauen hat neben Vigilanten und Spitzeln der Ausnahmezustand ab Juni 1986, der

Polizei und Armee praktisch unbegrenzte Rechte beim Vorgehen gegen Aufständische einräumte. Etwa 30 000 Menschen sollen in den ersten zwei Jahren nach Verhängung des Ausnahmezustands in Polizeihaft genommen worden sein, nur etwas mehr als einem Prozent davon wurde der Prozeß gemacht, 40 % der Inhaftierten waren unter 18 Jahre alt.[47]

Als die südafrikanische Administration die Lage einigermaßen unter Kontrolle zu haben glaubte, schien sie schrittweise zu einem Abbau der Fronten bereit: sie entließ im November 1987 den 77jährigen Govan Mbeki, einen der prominentesten Gefangenen aus den Reihen des ANC, sowie einige weitere politische Gefangene. Offensichtlich war die Freilassung sogar als Probe für eine Entlassung Mandelas geplant, die wiederum als eine Voraussetzung für Übereinkommen mit „gemäßigten" schwarzen Politikern wie Gatsha Buthelezi gesehen wurde. Zudem herrschte in Pretoria offensichtlich die Überlegung, daß ein freier Mandela weniger gefährlich sei als Mandela im Gefängnis, der die prominenteste Symbolfigur des Widerstands ist. Da aber Govan Mbeki, der 23 Jahren im Gefängnis gesessen hatte, umgehend wieder politisch aktiv wurde und mehr noch, weil seine Freilassung zu erzürnten Reaktionen ultrarechter Weißer führte, galt der Versuch sehr schnell als fehlgeschlagen.

Wenige Wochen später setzte Pretoria dann zum massiven Schlag gegen die schwarze Opposition an: am 24. Februar 1988 wurde 17 der wichtigsten Anti-Apartheids-Organisationen die Tätigkeit verboten, darunter der UDF, AZAPO, dem *Detainees Support Committee* (Unterstützungskomitee für Häftlinge), dem *Detainees Parents Support Committee* (Unterstützungskomitee für die Eltern von Häftlingen), dem *National Education Crisis Committee* (Nationales Erziehungskrisen-Komitee), dem *South African Youth Congress* (Südafrikanischer Jugendkongress) SAYCO, der *Release Mandela Campaign* (Kampagne für die Freilassung Mandelas) sowie zahlreichen lokalen Bürgerrechtskomitees. Die entsprechende Verfügung verbot den Gruppen sämtliche Aktivität, die Organisationen selber wurden allerdings nicht für illegal erklärt. Dem Gewerkschaftsdachverband *COSATU* wurde gleichzeitig jegliche politische Aktivität verboten, er durfte sich nur noch mit Arbeitsangelegenheiten beschäftigen. Viele der politischen Führer dieser Organisationen, die sich noch nicht in Haft befanden — zumindest bei der UDF waren die meisten Führer längst inhaftiert —, erhielten zusätzlich persönliche Auflagen, die ihnen die politische Betätigung untersagen.

Den gebannten Organisationen wurde dabei nicht einmal, wie sonst so oft, vorgeworfen, die bewaffnete Konfrontation zu suchen. Der zuständige Minister Adriaan Vlok warf den Gruppen explizit vor, sich anderen Mitteln zuzuwenden, um ein revolutionäres Klima zu schaffen und die öffentliche Ordnung — und das heißt im Klartext die Apartheid — zu gefährden.[48] Beeindruckt werden sollte mit der Maßnahme in erster Linie die weiße Bevölkerung: Die *Nationale Partei* wollte Härte zeigen, um bei den anstehenden Nachwahlen nicht zu viele Wähler an die ultrarechten Parteien zu verlieren. Zudem war aber ganz offensichtlich auch beabsichtigt, den mächtigen und bei der schwarzen Bevölkerung sehr populären Oppositionsgruppen, derer man so lange nicht Herr werden konnte, in einem Moment, in dem sie ohnehin schwächer waren, einen entscheidenden Schlag zu versetzen. Mundtot gemacht werden sollte damit anscheinend auch jede mögliche Opposition gegen Reformen à la Pretoria: Vor allem Reformen der Wirtschaft, aber auch Arrangements mit den wenigen Schwarzen, die bereit waren, an machtlosen Repräsentationsorganen für Schwarze teilzunehmen.

Die Neubelebung des Widerstandes

Das faktische Verbot der Oppositionsbewegung im Februar 1988 löste zunächst eine Phase der Verwirrung und Neuorientierung beim Widerstand aus. Im Verlaufe des Jahres 1988 wurden dann weitere Gruppen verboten und einige ihrer Führer verhaftet und mit strikten Auflagen belegt, schließlich wurden Ende 1988 im über drei Jahre andauernden „Delmas-Prozeß" ehemalige Mitglieder der UDF-Führungsspitze zu langjährigen Haftstrafen verurteilt. Hatte die Regierung also einen entscheidenden Schlag gegen ihre Kontrahenten landen können? Waren die Chancen für Verhandlungen mit wirklichen Vertretern der Mehrheit der Bevölkerung nun auf dem absoluten Nullpunkt?

Eine deutlich ansteigende Zahl von Anschlägen, die auch auf zivile Ziele („soft targets") gerichtet waren, und ein stärkerer Rückzug in den Untergrund waren die Antwort, zu der sich Teile der Oppositionsbewegungen zunächst gezwungen sahen. Innerhalb weniger Monate wandelte sich die Perspektive aber völlig.

Das Wiederaufleben des Widerstandes begann im September 1988 mit der Flucht von prominenten UDF-Führern in die südafrikanische US-Botschaft. Sie hatten sich in Polizeihaft befunden und nutzten einen Krankenhausaufenthalt zur Flucht. Dieses Ereignis elektrisierte den Widerstand. Ähnliche, in ihrer Wirkung jedoch wohl noch gewichtigere Signale gingen vom Hungerstreik eines Großteils der etwa 900 unter den Ausnahmebestimmungen ohne Gerichtsverfahren inhaftierten politischen Gefangenen Anfang 1989 aus. Fast alle konnten so ihre Freilassung erreichen, wenngleich sie zumeist mit strengen und schikanösen Auflagen belegt wurden. Gegen einige andere wurde zumindest ein Gerichtsverfahren eröffnet.

Kaum ein Jahr nach seinem Erlaß wurde auch deutlich, daß das Betätigungsverbot für die Oppositionsgruppierungen praktisch wirkungslos war. Im Gegenteil: Die Gruppen schlossen sich enger zusammen. UDF, der Gewerkschaftsdachverband COSATU und mehr oder weniger offen auch der ANC kooperierten von nun an als *Mass Democratic Movement* (Demokratische Massenbewegung) MDM. Das MDM repräsentiert ein breites Spektrum von Organisationen, vergleichbar der UDF. Neben den COSATU-Gewerkschaften sind verschiedene Studentenorganisationen, der Kirchenrat SACC, aber auch Gruppen wie die Hilfsorganisation *Black Sash* oder die Wehrdienstverweigerungsgruppe *End Conscription Campaign* angeschlossen.

Dem MDM wurde zwar zunächst keine feste organisatorische Struktur gegeben, die in ihm vereinigten bedeutendsten Kräfte der Befreiungsbewegung (zu denen nunmehr eindeutig auch die Gewerkschaften zählten: gerade COSATU hatte immer wieder seine Stärke und politische Bedeutung unter Beweis gestellt) kooperierten aber bei der Durchführung von Streiks und anderen Aktionen und organisierten untereinander einen politischen Diskussionsprozeß um Weg und Ziel der Befreiung. Daß das Netz der kooperierenden Gruppen immer weiter gezogen werden konnte, zeigte der Generalstreik am jüngsten Wahltag, dem 6. 9. 1989, an dem sich ca. 2-3 Millionen Arbeiter beteiligten: Er wurde von COSATU in Zusammenarbeit mit Gruppierungen des *black consciousness*-Spektrums einschließlich des Gewerkschaftsverbandes NACTU organisiert.

Wichtigstes Ziel für die Gewerkschaften bleibt allerdings trotz dieses starken politischen Engagements der Kampf gegen das neue Arbeitsgesetz *(Labour Relations Amendment Act)*, das deutliche Nachteile für sie bringt. Im übrigen planen die Gewerkschaften ihre Interessen und Ziele in einer „Workers Charta" in Hinblick auf ein zukünftiges Südafrika zu formulieren. Ein Teil der Gewerkschaften spricht sich für möglichst breite Allianzen *(„united front")* im Kampf gegen die Apartheid aus, ein anderer Teil lehnt, auch im Gegensatz zu einigen UDF-Organisationen, breite Bündnisse, selbst wenn sie nur taktisch bedingt sind, eher ab. So sprach sich auf dem Gewerkschaftskongreß COSATUs im Juli 1989 u.a. die einflußreiche Gewerkschaft NUM explizit gegen jede Form einer Zusammenarbeit mit der Wirtschaft oder mit weißen Liberalen (z.B. der DP) aus. Andere Gewerkschaften, wie die ca. 180000 Mitglieder starke Metallarbeitergewerkschaft NUMSA, scheinen dagegen taktische Allianzen zumindest in Betracht zu ziehen.

Bemerkenswert ist, daß die Regierung die Zusammenarbeit der Oppositions-Gruppierungen in Südafrika mit dem aus dem Exil agierenden ANC weitgehend tolerierte. Ebenso wurde Nelson Mandela, der nach einer Lungenerkrankung in das relativ komfortabel ausgestatte Victor-Verster-Gefängnis in Paarl nahe Kapstadt verlegt worden war, die Möglichkeit gegeben, wichtige Führer von Widerstandsbewegungen und Gewerkschaften zu treffen und mit ihnen Diskussionen zu führen.

Am 5. Juli 1989 schließlich lud Präsident Botha Nelson Mandela sogar ins Teehaus der Regierung ein. Das Treffen wurde innerhalb der Opposition unterschiedlich aufgenommen, zumal Mandela es mit den Worten begründete: „Ich würde gerne dazu beitragen, ein Klima zu schaffen, das den Frieden in Südafrika fördert." Mandela griff damit aktiv in die Debatte um die Zweckmäßigkeit und Aussichten des bewaffneten Kampfes einerseits und die Möglichkeiten einer Verhandlungslösung andererseits ein, die zu der Zeit innerhalb der Demokratischen Massenbewegung einige Brisanz hatte. Mandela stellte sich dabei eindeutig auf die Seite derer, die die Bedeutung von Verhandlungen betonten.

Auf dem Weg zu Verhandlungen?

Überraschend für den afrikanischen Widerstand, die Weltöffentlichkeit und sogar für die Weißen in Südafrika verbesserten sich die Aussichten für einen Dialog von Opposition und Regierung seit der Ablösung Bothas durch de Klerk. Dazu beigetragen haben auch globale Entwicklungen. Wie im Falle einer ganzen Reihe von Regionalkonflikten (Angola, Afghanistan) scheint im Zuge insbesondere der Neuorientierung der sowjetischen Afrika-Politik unter Gorbatschow eine Verständigung beider Supermächte über eine Entschärfung der Konflikte im südlichen Afrika möglich zu sein. Südafrika hatte sich außerdem in Angola in eine militärisch, politisch und finanziell aussichtslose Situation manövriert und sah sich daher genötigt, den Weg zu einer Verhandlungslösung im Konflikt um Angola einzuschlagen. Dieser außenpolitische Akt hatte eine gewissen Präzedenzwirkung auch nach innen.

Eine Rolle spielte dabei auch, daß die Sanktionen des Westens, besonders der USA, gegen das Apartheidssystem zunehmend Wirkung gezeigt hatten: Auch ökonomische Probleme zwangen Pretoria zu Verhandlungsbereitschaft in der Innen- wie in der Außenpolitik.

Durch die relativ problemlose Verlängerung der Kreditlinien westlicher Banken im Oktober 1989 wurde dies vom Westen auch honoriert. Eine Wiederaufnahme eines innen- oder außenpolitischen Konfrontationskurses durch Südafrika würde wahrscheinlich neue Sanktionen nach sich ziehen und damit die ökonomischen Probleme des Landes potenzieren. In diesem Fall liefe Pretoria auch Gefahr, seine intensiver gewordenen Beziehungen zu afrikanischen Staaten, zweifellos ein Erfolg der Regionalpolitik Südafrikas, ernsthaft zu gefährden.

Die bislang nur angekündigte Verhandlungsbereitschaft der weißen Regierung hatte zudem auch innenpolitische Ursachen. Nachdem das Scheitern der Totalen Nationalen Strategie sowohl in der Innen- wie in der Außenpolitik offensichtlich geworden war, geriet die Regierung Botha zunehmend unter Handlungsdruck von der rechten (Konservativen Partei) und linken (Demokratischen Partei) Seite des Parteienspektrums. Eine zunehmende Perspektiv- und Orientierungslosigkeit bewirkte eine Lähmung der südafrikanischen Politik und veranlaßte die Nationale Partei schießlich, Botha zu stürzen. An eine Fortsetzung der bisherigen Politik war angesichts der ökonomischen und moralischen Kosten (zunehmende Zahl an gefallenen Südafrikanern in Angola, Wehrdienstverweigerung als Protest gegen Einsatz in Angola und den Townships) nicht zu denken.

Die Aufnahme eines Dialoges zwischen Widerstand und Regierung wurde jedoch auch durch verschiedene Entwicklungen innerhalb des Widerstandes begünstigt. Indem die Opposition ohne gravierende Folgen Repressionen überstanden und sich über Verbote hinweggesetzt hatte, stellte sie ihre Stärke unter Beweis und verbesserte so zunächst ihre Verhandlungsposition gegenüber der Regierung.

Der ANC seinerseits war aus verschiedenen Gründen gezwungen, seine bisherige Strategie zu überdenken. Dazu beigetragen hat auf der einen Seite der Druck der Sowjetunion sowie der Organisation Afrikanischer Staaten (OAU), die den ANC massiv zu mehr Dialogbereitschaft drängten, auf der anderen Seite mußte der ANC auch eingestehen, daß der bewaffnete Kampf nur begrenzten Erfolg hatte.

Auch wenn der bewaffnete Kampf immer nur als ein Teil des Befreiungskampfes verstanden worden war, verlor er doch gegenüber dem anderen Aspekt, der grundsätzlichen Bereitschaft zu ernsthaften Verhandlungen, zusehends an Bedeutung — eine potentielle Belastung der Position, die sich der ANC diplomatisch erstritten hatte. Um die häufig geäußerte Dialogbereitschaft glaubwürdig erscheinen zu lassen und um seine im Westen mühsam erworbene politische Reputation nicht zu gefährden, war der ANC nun geradezu gezwungen, trotz allen verständlichen Mißtrauens jede Chance zum Dialog zu ergreifen.

Die beiden wichtigsten Akteure, der ANC auf seiten des Widerstandes und die weiße Regierung, standen daher Mitte 1989 beide unter erheblichem Verhandlungsdruck, was mindestens günstige Voraussetzungen für einen Dialog schuf. Beide Parteien standen dabei zudem unter Zeitdruck. Denn erstens war keineswegs sicher, wie lange die günstigen internationalen Rahmenbedingungen anhalten würden, und zweitens bestand in beiden Lagern die Gefahr eines Zerfalls der dominierenden Interessenkoalitionen: Radikale auf beiden Seiten könnten einen Dialog z.B. durch Anschläge wirkungsvoll sabotieren, die politische Atmosphäre vergiften. Es ist fraglich, ob etwa der radikale Flügel im ANC und im Widerstand im Land selbst überhaupt Verhandlungen und damit Kompromisse akzeptieren wird. Ein dialogbereiter, „gemäßigter" ANC liefe im Verlaufe eines Dialogs auch Gefahr, Einfluß zu verlieren, insbesondere solange die Grundpfeiler der Apartheid bestehen blieben. Auf seiten der weißen Regierung war nämlich zunächst keinerlei Bereitschaft erkennbar, etwa das Gesetz über getrennte Wohngebiete *(Group Areas Act)* oder das Gesetz zur Einteilung in Bevölkerungsgruppen *(Population Registration Act)* aufzuheben. Staatspräsident de Klerk erteilte auch den Forderungen nach „one man — one vote" eine klare Absage, indem er die Beibehaltung von Gruppenrechten betonte. Daneben existierten nach wir vor eine Vielzahl von diskriminierenden Gesetzen.

Hinzu kam eine gewisse Zersplitterung des schwarzen Widerstandes aufgrund unterschiedlicher zum Teil sehr vager politischer und ideologischer Vorstellungen. Die sich an der black-consciousness-Bewegung orientierenden Gruppen (PAC, National Forum, Azapo etc.) schienen wesentlich weniger zu Kompromissen bereit als der ANC; der PAC betonte z.B. weiterhin nachdrücklich die Bedeutung des bewaffneten Kampfes. Die meisten Gewerkschaften schließlich schienen in der Frage der zukünftigen Wirtschaftsordnung wenig kompromißbereit. Sie lehnten, wie z.B. die 240 000 Mitglieder zählende Bergarbeitergewerkschaft (NUM), marktwirtschaftliche Vorstellungen scharf ab, propagierten ein sozialistisches Südafrika mit einer Planwirtschaft und traten dementsprechend für Verstaatlichung ein. Sie argumentierten, daß es nicht ihr Ziel sei, „die weißen Kapitalisten durch schwarze zu ersetzen". Das ANC äußerte sich zur Frage der zukünftigen Wirtschaftsordnung dagegen mit dem Bekenntnis zu einer *„mixed exonomy"* nur wenig aussagekräftig: Ungeklärt blieb dabei das entscheidende „Mischungsverhältnis" von privatem und staatlichem Wirtschaftssektor. Die Frage der Wirtschaftsordnung ist neben der Garantie eines Minderheitenschutzes und des Wahlrechts aus der Sicht der Weißen eine Überlebensfrage. Ohne Kompromißbereitschaft auf schwarzer Seite in diesen Bereichen wird eine friedliche Machtteilung bzw. Machtübergabe kaum möglich sein. In dieser Ausgangssituation unternahm de Klerk dann im Februar 1990 einen bedeutenden Schritt: Er entließ Nelson Mandela nach 27 Jahren aus der Heft, legalisierte ANC, PAC, die Kommunistische Partei Südafrikas und andere Gruppen und hob die Bannverfügungen von 1988 auf. Sein Ziel war offenbar eine Beilegung des Rassenkonfliktes auf dem Wege von Verhandlungen mit den genuinen Vertretern der schwarzen Bevölkerung. Für den schwarzen Widerstand begann damit eine Phase des Auslotens der Aussichten einer politischen Lösung. Während der ANC und seine Verbündeten auf Verhandlungen setzten, blieben PAC und die *Black Consciousness* Organisationen ablehnend. Dieser Dissens, aber auch die anhaltenden blutigen Auseinandersetzungen zwischen Inkatha- und UDF/ANC-Anhängern machten deutlich, welche Herausforderungen und Hürden der schwarze Widerstand noch zu überwinden hat. Ob die Integrationskraft selbst einer Persönlichkeit wie Nelson Mandelas noch ausreichen konnte, den schwarzen Widerstand in einer Phase schwieriger Verhandlungen dauerhaft zusammenzuschmieden — dies war im Blick auf die Zukunft des schwarzen Widerstandes vielleicht die gewichtigste, aber auch die bangste Frage.

11. Das Spektrum der Organisationen
Ziele, Aktionen und Entwicklung in den letzten Jahren

Der African National Congress (ANC)

Nachdem 1963 die Strukturen von ANC und Umkhonto we Sizwe in Südafrika weitgehend zerschlagen waren, verlor der Afrikanische Nationalkongreß praktisch jeglichen Einfluß auf die Entwicklung dort. Er war in der folgenden Zeit damit beschäftigt, sich zumindest als

Exilorganisation zu stabilisieren. Die Führung im Exil übernahm Oliver Tambo, der während der Sharpeville-Krise, noch vor der Bannung des ANC, von der Führungsspitze des Kongresses ins Ausland gesandt worden war. Dem ANC gelang es, diplomatische Anerkennung und finanzielle Unterstützung von anderen afrikanischen Staaten und der 1963 gegründeten Organisation für Afrikanische Einheit (OAU) zu erlangen; von den Vereinten Nationen wurde er ebenfalls als Befreiungsbewegung anerkannt. Auf der Suche nach weiterer finanzieller Unterstützung reiste Oliver Tambo 1960 in die USA, allerdings vergebens. Erfolgreicher war er dann drei Jahre später in der Sowjetunion, wobei die Zusammenarbeit des ANC mit südafrikanischen Kommunisten sich positiv auf die Hilfsbereitschaft Moskaus ausgewirkt haben mag. Die Sowjetunion wurde so zur wichtigsten Finanzquelle des ANC. Auch zu den Befreiungsbewegungen in den benachbarten Kolonien knüpfte der ANC in den sechziger Jahren enge Kontakte.

Ansonsten war das Bild des ANC von Erfolglosigkeit und einigen internen Querelen bestimmt. Als ANC-Präsident Albert Lutuli 1967 starb — er wurde unter ungeklärten Umständen von einem Zug überrollt — wurde Oliver Tambo sein Nachfolger.

Auf einer Konsultativkonferenz 1969 in Morogoro/Tansania beschloß der ANC, auch Weiße, Farbige und Inder aufzunehmen, die bisher im Rahmen der Kongreßallianz ihre eigenen Organisationen hatten. Laut Satzung war das bereits seit 1943 möglich, wurde aber nicht praktiziert. Das höchste Gremium, das Nationale Exekutivkomitee, blieb allerdings noch für Afrikaner reserviert.

In Morogoro wurde ein „revolutionäres Programm", das im wesentlichen eine Erläuterung der Freiheitscharta ist, und ein Papier zu Strategie und Taktik des ANC verabschiedet. Zu der — in der ideologischen Auseinandersetzung um das Apartheids-Regime umstrittenen — Frage, ob die Unterdrückung in Südafrika eine koloniale sei, erklärt das Papier: Südafrika „ist keine Kolonie, hat dabei für die überwältigende Mehrheit seiner Bevölkerung alle Charakteristika der klassischen Kolonie. ... Während es auf der einen Seite ein „unabhängiger" Nationalstaat ist, ist es auf der anderen Seite ein Land, das von einer in der Minderheit befindlichen Rasse unterjocht wird. Was seine Struktur einzigartig und die Situation so kompliziert macht, ist, daß die Ausbeuternation nicht wie in den klassischen imperialistischen Verhältnissen in einem geographisch entfernten Mutterland, sondern innerhalb der Landesgrenzen wohnt."[49] In seinen strategischen Überlegungen kam der ANC zu dem Ergebnis, daß der Guerilakrieg das in Südafrika angebrachte

Mittel sei. Dieser könne aber nicht allein und nur langfristig Erfolg haben. Darüber hinaus sei die Unterstützung der Mehrheit des Volkes nötig sowie eine politische Mobilisierung, die von einer der militärischen Führung übergeordneten politischen Führung gesteuert werden müsse.

Als Mitte der siebziger Jahre der Widerstand in Südafrika wuchs, bekam auch der ANC wieder Aufwind und wurde erneut zur wichtigsten Befreiungsbewegung. Das Aufleben des ANC war aber wohlgemerkt weit mehr Folge als Ursache des wachsenden Widerstands. Auch durch die von Umkhonto we Sizwe in den frühen achtziger Jahren durchgeführten Anschläge stieg die Popularität des ANC.

Im Juni 1985 hielt der ANC dann in Kabwe/Sambia eine weitere nationale Konsultativkonferenz ab. Seit dieser Konferenz steht auch das nationale Exekutivkomitee, das auf 30 Mitglieder erweitert wurde, für Südafrikaner aller Hautfarben offen. Man wird trotzdem den ANC weiterhin als „schwarze Befreiungsbewegung" bezeichnen können, weil die Mehrzahl seiner Anhänger schwarz ist und er für die Befreiung der Schwarzen kämpft, er selber macht aber bei seinen Mitgliedern keinerlei Unterscheidung mehr in bezug auf die Hautfarbe. Mit dem Umkhonto-Stabschef Joe Slovo wurde sogleich ein Weißer in das Exekutivkomitee aufgenommen. (Slovo wurde später Vorsitzender der Kommunistischen Partei Südafrikas und legte seine Ämter bei ANC und Umkhonto nieder. Er wurde dort durch Chris Hani ersetzt.) Präsident des ANC ist weiterhin Oliver Tambo, Generalsekretär Alfred Nzo und Schatzmeister Thomas Nkobi. Zum Exekutivkomitee gehören außerdem Informationsdirektor Thabo Mbeki, der Sohn von Govan Mbeki, der als „Star der jüngeren Generation"[50] bezeichnet wird (von einigen Jüngeren im Kongreß aber als zu gemäßigt angesehen wird, vielleicht gerade deshalb aber ein besonders geschickter Vertreter des ANC auf diplomatischem Parkett ist), Gertrud Shope von der ANC-Frauenabteilung, der Gewerkschafter Stephen Dlamini und Joe Modise, der Befehlshaber von Umkhonto.

Seit den 80er Jahren hat der ANC nicht nur Anhänger, sondern auch wieder Aktivisten im ganzen Land. Von seinem Hauptquartier in Lusaka/Sambia aus richtete er Aufrufe an die Bevölkerung. Dazu stand ihm *Radio Freedom* (Radio Freiheit), ein aus Addis Abeba und anderen afrikanischen Städten ausgestrahltes Programm, zur Verfügung. Der ANC hatte dabei gar nicht die Absicht, aus dem Exil Anweisungen zu einzelnen Aktionen zu geben; er gab die generelle Linie vor. So rief er in der Vergangenheit auf, Südafrika unregierbar zu machen, Mieten zu boykottieren oder bei den Weißen die Waffen zu stehlen. Nicht ganz klar ist, ob der ANC die Unruhen in Südafrika initiierte und/oder kontrollierte; es gibt auch die Auffassung, daß er durch die Ereignisse in Südafrika zeitweise zur Radikalisierung gezwungen wurde.

Wie groß die Popularität des ANC in Südafrika ist, zeigen sämtliche Umfragen der letzten Jahre: der ANC bzw. sein Führer Nelson Mandela nahmen stets den ersten Rang ein.[51] Bei Demonstrationen und Beerdigungen trugen — solange das nicht verboten war — viele Teilnehmer ANC T-Shirts oder Kleidung in den ANC-Farben Schwarz-Grün-Gold, die das afrikanische Volk, das Land und die Bodenschätze darstellen sollen. Die vom ANC bereits 1925 angenommene Hymne *Nkosi Sikelel'i Afrika* (Gott schütze Afrika) ist inzwischen ohnehin zur schwarzen Nationalhymne Südafrikas und auch anderer afrikanischer Staaten geworden.

Auch die weiße Opposition in Südafrika und liberale Kräfte kamen dadurch am ANC nicht mehr vorbei. So sind seit September 1985 Delegationen von weißen südafrikanischen Industriellen, Journalisten und Studenten zum ANC-Hauptquartier nach Sambia gereist („gepilgert"), um Gespräche zu führen. Im Juli 1987 traf eine Delegation liberaler Weißer unter Anführung des ehemaligen Vorsitzenden der liberalen *Progressive Federal Party* (PFP), Frederik van Zyl Slabbert, im Senegal mit ANC-Vertretern zusammen, im Mai des darauffolgenden Jahres gab es ein ähnliches Treffen in Frankfurt. Informelle Gespräche wurden sogar mit Vertretern des *Broederbonds,* dem einstmaligen Zentrum des (politischen) Burentums, geführt.[52]

Als Programm dient dem ANC noch immer die Freiheitscharta. Die Freiheitscharta von 1955 formulierte erstmals allgemeine politische Zielvorstellungen des Widerstandes und stellt bis heute eine Art Grundsatzprogramm des ANC dar. Darin wird das Bild eines demokratischen, nichtrassischen Südafrikas entworfen. Zur Konkretisierung der sehr allgemein formulierten Charta veröffentlichte der ANC Mitte 1988 Richtlinien für eine zukünftige Verfassung eines Post-Apartheid Südafrikas[53]. Der ANC versteht diese sogenannte „Post-Apartheid-Guidelines" als einen Diskussionsbeitrag, die Verfassung selber soll nach dem Ende der Apartheid von der Bevölkerung selbst beschlossen werden.

Nelson Rolihlahla Mandela

Nelson Rolihlahla (= Unruhestifter) Mandela ist der unumstritten populärste Führer des Widerstands in Südafrika. Mandela wurde am 18. Juli 1918 in der Transkei geboren und ist Mitglied der königlichen Familie der Thembu. Als er in seinem Heimatdorf verheiratet werden sollte, floh Mandela 1940 nach Johannesburg. Er studierte Recht und eröffnete zusammen mit Oliver Tambo eine Rechtsanwaltspraxis. Im Juni 1958 heiratete er die Sozialarbeiterin Winnie Nomzamo Madikizela — eine andere Ehe war vorher gescheitert.

In den frühen vierziger Jahren war Nelson Mandela ein Mitbegründer der ANC-Jugendliga. 1948 wurde er Sekretär der Jugendliga, 1949 Mitglied des ANC-Exekutivkomitees, 1950 Präsident der Jugendliga. Mandela war dann 1952 Organisator der Verweigerungskampagne, im gleichen Jahr wurde er Präsident des ANC in der Provinz Transvaal. Nach dem Verbot des ANC 1960 war Mandela führend am Aufbau seines bewaffneten Arms, Umkhonto we Sizwe, beteiligt. Am 5. August 1962 wurde er verhaftet und zunächst zu einer fünfjährigen Haftstrafe, in einem weiteren Prozeß 1964 zu lebenslanger Haft wegen Vorbereitung eines Guerillakriegs verurteilt. Seine vor Gericht gehaltenen Verteidigungsreden — die gleichzeitig eine Anklage gegen die Regierung darstellten — haben zu Mandelas Popularität ebenso beigetragen wie seine Standhaftigkeit, mit der er von der Regierung gestellte Vorbedingungen für eine mögliche Freilassung — den einseitigen Verzicht auf Gewalt oder sogar auf sämtliche politische Betätigung in Südafrika — ablehnte. Auch große Kampagnen, die seine bedingungslose Freilassung forderten, haben in den achtziger Jahren dazu beigetragen, daß Mandela zum herausragenden Symbol des Widerstands in Südafrika wurde.

Am 11. Februar 1990 wurde Nelson Mandela aus der Haft entlassen. Ein offenbar ungebrochener Mann, auf dem die Hoffnungen von Millionen lagen, stand von der Weltöffentlichkeit.

Im Entwurf der Richtlinien ist als eine wesentliche Ergänzung zur Freiheitscharta die Verankerung des Streikrechts und der Unabhängigkeit der Gewerkschaften vorgesehen. Weiterhin werden eine gemischte Wirtschaftsform bevorzugt, eine Angleichung der großen materiellen Unterschiede innerhalb der Bevölkerung und eine Umverteilung von Land gefordert; gleichzeitig soll aber das Recht auf persönliches Eigentum garantiert sein. Es wird auch darauf hingewiesen, daß es nicht zur Abwanderung der weißen Fachkräfte kommen sollte. Der ANC ist damit in seinen wirtschaftlichen Vorstellungen weitaus pragmatischer als PAC, AZAPO und viele der südafrikanischen Gewerkschaften.

Als Staatsform wird ein nichtrassischer, einheitlicher (d.h. auch nichtföderativer) Staat mit einem demokratischen Vielparteiensystem und starken, demokratisch gewählten lokalen Autoritäten angestrebt. Nur rassistische Parteien wie die *Nationale Partei* oder ethnische bzw. stammesmäßig organisierte Parteien sollen nicht zugelassen sein.[54]

Nach der Wahl de Klerks zum Staatspräsidenten zeichneten sich bedeutende Veränderungen in der Haltung des ANC zu Verhandlungen mit der weißen Regierung ab. Der ANC erklärte sich angesichts des vorsichtigen Liberalisierungskurses de Klerks (Genehmigung von Demonstrationen, Freilassung prominenter ANC-Führer) grundsätzlich zu Verhandlungen bereit. Als Vorbedingungen für Verhandlungen wurde lediglich gefordert, den seit vier Jahren andauernden Ausnahmezustand zu beenden und alle politischen Häftlinge freizulassen. Auf weitreichendere Forderungen, wie sie früher erhoben worden waren, z.B. nur noch über die Modalitäten des Endes der Apartheid zu verhandeln, wurde verzichtet. In dieser Situation kam es im Februar 1990 zur überraschenden Wiederzulassung des ANC und wenige Tage später zur Freilassung Nelson Mandelas. Der ANC begann sofort, sein Organisationsnetz in Südafrika wiederaufzubauen und im ganzen Land politische Veranstaltungen abzuhalten.

Der ANC und die Südafrikanische Kommunistische Partei

Nachdem die *Communist Party of South Africa* (CPSA) sich 1950 auflösen mußte, begannen einige ihrer Mitglieder 1953 im Untergrund eine neue Partei aufzubauen, die *South African Communist Party* (SACP). Diese ist aber bis heute nur selten als eigenständige Organisation an die Öffentlichkeit getreten. Statt dessen ist sie ein Bündnis mit dem ANC eingegangen. SACP-Mitglieder waren wesentlich am Aufbau von Umkhonto beteiligt und nehmen in der ANC-Führung wichtige Positionen ein. Im Bündnis gesteht die SACP dem ANC aber die eindeutige Führungsrolle zu. Dem entspricht ihre Theorie von der zweistufigen Revolution: als ersten Schritt strebt sie — zusammen mit dem ANC — eine demokratische Revolution an, in der die nationale Befreiung durch die Zerstörung der weißen Vorherrschaft erreicht wird; erst in einem späteren zweiten Schritt will sie ein sozialistisches Südafrika errichten. Durch die ideologischen Umwälzungen im Kommunismus seit Gorbatschow ist derzeit nicht einmal sicher zu beurteilen, wie konkret die SACP diesen zweiten Schritt anstrebt.

Die südafrikanische Regierung und ihre Propagandisten im Westen versuchen immer wieder, den ANC selbst als kommunistische Organisation hinzustellen. 23 der 30 Mitglieder des Exekutivkomitees, so wird behauptet, seien Kommunisten. Diese Zahl ist mit Sicherheit falsch. Nur bei wenigen ist eindeutig geklärt, daß sie Kommunisten sind, die wahre Zahl wird in jedem Fall deutlich unter der von der Regierung angegebenen liegen.[55] Der kommunistische Einfluß im ANC ist ohnehin nur einer unter mehreren. ANC-Präsident ist mit Oliver Tambo zumindest noch immer ein Mann, der — entgegen anderslautender Propaganda — ein afrikanischer Nationalist und ganz offensichtlich kein Kommunist ist.

Besonders gerne behauptet die südafrikanische Regierung auch, Nelson Mandela sei Kommunist. Dabei stützt sie sich immer auf ein einziges Indiz: ein 1963 in Rivonia gefundenes Papier in Mandelas Handschrift, das den Titel: „Wie man ein guter Kommunist wird" trägt. Es ist allerdings längst geklärt, daß es sich bei dem Papier um die Zusammenfassung eines Buches des Chinesen Liu Shaoqi handelt.[56] Seine eigene Position hat Mandela dagegen immer freimütig dargestellt, z.B. 1985: „Ich persönlich bin Sozialist und ich glaube an die klassenlose Gesellschaft".[57] Er schätze an der Sowjetunion, daß sie seit langem den Rassismus verurteile, ohne darum aber ihre interne Politik gutzuheißen. Schon im Rivonia-Prozeß hatte Mandela erklärt, daß er, im Gegensatz zu den Kommunisten, das britische Parlament und den amerikanischen Kongreß als demokratische Einrichtungen schätze.

Die Frage des kommunistischen Einflusses, die früher auch innerhalb des ANC ein dauernder Streitpunkt war, verliert für viele Schwarze wohl ohnehin zunehmend an Bedeutung. Durch die Zusammenarbeit großer Konzerne und der westlichen Staaten mit der südafrikanischen Regierung bedeuten für sie Apartheid und Kapitalismus immer mehr das gleiche. Gerade auch die Tatsache, daß die südafrikanische Regierung alles, was mit Befreiung zusammenhängt, als Kommunismus brandmarkt, mag manchen Schwarzen zu der Auffassung gebracht haben, daß der dann wohl doch nicht so schlecht sein könne.

In der Praxis scheinen die im ANC tatsächlich vorhandenen politischen Gegensätze in jedem Fall nicht entlang der Linie Kommunisten-Nichtkommunisten zu verlaufen. Relevanter sind jene zwischen den gemäßigten, oft älteren Mitgliedern wie Tambo, die mehr um diplomatische Erfolge des ANC bemüht sind, und den *young lions* (Jungen Löwen), denen eine Ausweitung des bewaffneten Kampfes wichtiger ist. Die Kommunisten stehen dabei ganz offensichtlich auf der Seite der Gemäßigten.

Umkhonto we Sizwe (MK)

Umkhonto ist der als „Armee des Volkes" bezeichnete militärische Arm des ANC. Großen Zulauf erhielt Umkhonto 1977, als Tausende von Jugendlichen nach den Soweto-Unruhen und dem Verbot der *Black Consciousness*-Organisationen Südafrika verließen; etwa 4000 von ihnen sollen anschließend eine Guerillaausbildung absolviert haben. Gleichzeitig erleichterte die Entkolonialisierung, vor allem in Mosambik, die Einschleusung von Guerillas nach Südafrika.

Wirklich aufsehenerregende Anschläge gelangen Umkhonto erst in den achtziger Jahren. 1980 wurden drei Kohleverflüssigungsanlagen der SASOL sabotiert, ohne daß es dabei einen Toten gegeben hätte — was von sorgfältiger Planung zeugt. Ende 1980 gelang ein Anschlag auf das in Bau befindliche Atomkraftwerk Koeberg, wieder ohne Verlust von Menschenleben. Wiederholt hat Umkhonto auch Anschläge auf militärische Organisationszentralen verübt.

Die erklärte Strategie von Umkhonto war lange Zeit die „bewaffnete Propaganda". In der Tat sollen die Anschläge von Umkhonto Freude und Hoffnung bei vielen Schwarzen hervorgerufen haben, selbst wenn auch Schwarze dabei umkamen. Erst bei der ANC-Konferenz 1985 wurde beschlossen, einen Schritt weiter zu gehen. Der Kampf sollte nun intensiviert und auch in die weißen Gebiete getragen werden. Dabei könne die bisher gemachte Unterteilung in „harte Ziele" — Gebäude etc. — und „weiche Ziele" — Menschen, insbesondere Zivilisten — nicht mehr aufrecht erhalten werden. Dennoch lehnt es der ANC weiterhin strikt ab, wahllos Weiße umzubringen, im Gegensatz zum Apartheidsregime, das ständig „weiche Ziele", auch Kinder, treffe.

Um die Frage, wie weit der bewaffnete Kampf ausgeweitet werden soll, gibt es seitdem Meinungsverschiedenheiten innerhalb des ANC und seines militärischen Flügels. Eine Gruppe hat das Ziel, den Weißen klarzumachen, daß die Regierung ihre Sicherheit und ihr „süßes Leben" nicht mehr garantieren kann und will auch die Weißen Apartheid als bitter und schmerzhaft empfinden lassen, die andere dagegen will lieber um die Sympathien der Weißen werben. Damit verbunden ist strittig, wer legitimes Ziel von Anschlägen ist, ob etwa in bewaffneten Kommandos organisierte Farmer im Grenzland, rassistische Parlamentsabgeordnete oder Richter, die Todesstrafen gegen Freiheitskämpfer verhängen, Ziele von Anschlägen sein können.[58] Häufig spielen hier offensichtlich auch unterschiedliche Moralvorstellungen und individuelles Gewissen eine Rolle. Opfer unter der Zivilbevölkerung wollen allerdings beide Lager weitgehend vermeiden; Menschen, insbesondere Zivilisten, in einem Ausmaß töten, wie das südafrikanische Regime es macht, will keine der beiden Gruppen.

Es ist kaum festzustellen, wieviele der in der Regel jährlich weit über Hundert Anschläge in Südafrika von Umkhonto ausgehen. In einigen Fällen bekennt sich die Organisation ausdrücklich als Urheber, in anderen Fällen hat sie aber auch die Beteiligung an ihr zu Last gelegten Aktionen bestritten. Einige Anschläge sind von Guerillas verübt worden, die zwar von Umkhonto ausgebildet worden waren, dann aber auf eigene Faust operierten. Nach der Legalisierung des ANC ging die Zahl der Anschläge deutlich zurück.

Die Angaben über die Anzahl der Umkhonto Kämpfer und — vereinzelt — Kämpferinnen reichen von 6 000 bis 10 000. Auch Weiße befinden sich in den Reihen von Umkhonto: 1988 wurde eine rein weiße Zelle ausgehoben. Die Ausbildung fand bisher überwiegend in Angola statt, eine Möglichkeit, die dem ANC im Rahmen des dortigen Friedensabkommens genommen wurde. Höhere Ränge wurden im Ostblock geschult. Außerdem bildet der ANC offenbar in ein- bis zweiwöchigen „Crash-Kursen" junge Südafrikaner im Umgang mit Waffen und Sprengstoff aus.

Die Waffen für Umkhonto kommen zum größten Teil aus Ostblockstaaten und von der OAU. Die südafrikanische Polizei konnte in den zurückliegenden Jahren immer wieder Umkhonto-Guerillas festnehmen (oder gleich erschießen) und dadurch schwere Schläge gegen die Organisation durchführen. Viele der gefangengenommenen Guerillas wurden hingerichtet.

Erklärtes Ziel des ANC war es in den achtziger Jahren, in Südafrika selbst eine Guerillaarmee aufzubauen. Neben den Einheiten von Umkhonto sollte es Massenkampfeinheiten geben, die, unter Umkhontos Führung, in einem angestrebten Volkskrieg kämpfen. In jedem Fall bleibt aber der militärische Kampf für den ANC nur ein Teil der Auseinandersetzung; „der Schlüsselfaktor für den Sieg ist die politische Mobilisierung und Organisierung aller Unterdrückten und Ausgebeuteten — insbesondere der Arbeiterklasse."[59] Falls es zur Abschaffung der Apartheit notwendig ist, ist der ANC auch bereit, notfalls die Zerstörung der südafrikanischen Wirtschaft in Kauf zu nehmen, auch wenn man sich bewußt zeigte, daß es nach dem Ende der Apartheid eine gesunde Wirtschaft geben müsse.[60] Auch nach seiner Legalisierung hält der ANC an der Option des bewaffneten Kampfes fest, solange die weiße Regierung sich nicht eindeutig zur Abschaffung der Apartheid bereit findet.

Die United Democratic Front (UDF)

Die *United Democratic Front* (Vereinigte Demokratische Front) ist eine Dachorganisation, in der sich an die 800 einzelne Gruppen zusammengeschlossen haben. Die Liste reicht von Sportvereinen über religiöse Gruppen bis zu Gewerkschaften und Studentenverbänden. Die UDF kennt keine Mitgliedschaft von Einzelpersonen, die Zahl der Mitglieder der ihr angeschlossenen Gruppierungen wird auf bis zu 3 Millionen geschätzt.

Gegründet wurde die UDF im August 1983. Den Anstoß dazu gaben die Verfassungsreform und Zwangsumsiedlungen. Die UDF gehört zu den „Charteristen", sie hat — nach anfänglichem Zögern, weil sie sich nicht auf die ohnehin vagen Forderungen zu Verstaatlichungen festlegen wollte — die Freiheitscharta als Programm angenommen.[61] In der UDF sind Menschen aller Hautfarbe zusammengeschlossen, gerade in ihrer Führung gibt es sehr viele Nicht-Afrikaner. Zu ihren Mitgliedsorganisationen gehören auch Gruppen, die überwiegend aus Weißen bestehen. Die UDF ist eine außerparlamentarische antirassistische Oppositionsbewegung, und zwar die größte und — zusammen mit dem ANC — populärste.

Von der südafrikanischen Regierung wurde die UDF als „legaler Arm des ANC" bezeichnet, was so allerdings nicht zutraf. Die UDF forderte die Freilassung Mandelas und der anderen politischen Häftlinge, sowie eine Legalisierung des ANC. Durch ihr Bekenntnis zur Freiheitscharta und durch einige ihrer Führer und Führerinnen —

viele kommen aus der Tradition von Verweigerungskampagne und Freiheitscharta — hat sie eine gewisse politische Nähe zum ANC. Wie das Wort „Front" im Namen zeigt, ist die UDF aber ein Zusammenschluß verschiedenster Gruppierungen, deren politisches Spektrum weit über den ANC hinausreicht. Im Gegensatz zum ANC bekennt sich die UDF zur Gewaltfreiheit. Angesichts der Gewalt des Staates wurden aber auch in ihren Reihen Stimmen laut, daß dieses Prinzip nicht durchzuhalten sei. Ohnehin halten sich einige der Mitgliedsorganisationen offenbar nicht immer daran.

Die Struktur der UDF ist Ausdruck des Versuchs, eine den politischen Verhältnissen Südafrikas angepaßte Organisation zu schaffen. Bewußt blieb sie nur ein relativ lockerer Zusammenschluß einzelner Organisationen, denn eine zentrale Organisation hätte vom Staat jederzeit ausgeschaltet werden können. Dennoch hat die Regierung seit 1985 zwei Hochverratsprozesse gegen Führer und Führerinnen der UDF angestrengt, wobei in einem Fall die Anklage schließlich zurückgezogen wurde. Nach der Verhaftung großer Teile der UDF-Führungsspitze kam es 1986 zu Massenverhaftungen lokaler UDF-Führer — der einzigen Methode, eine so breite Bewegung zu erschüttern. Zudem darf die UDF kein Geld mehr aus dem Ausland bekommen. Durch Ausnahmezustand und Pressezensur wurden ihr die wichtigsten Möglichkeiten der Meinungsäußerung verboten. Immer wieder mußte die UDF neu prüfen, wie sie unter den sich verschärfenden Bedingungen überhaupt noch agieren konnte. UDF-Präsident Gumede dachte sogar laut über eine Teilnahme an offiziellen Wahlen und damit die Aufgabe der Strategie der Non-Partizipation nach — eine Idee, die aber schnell wieder verworfen wurde.[62] Die Bannverfügung vom Februar 1988, von der die UDF als Ganzes sowie einige ihrer wichtigsten Mitgliedsorganisationen als einzelne betroffen waren, machte auch solche Überlegungen vorerst gegenstandslos. Seit dem Februar 1990 sind die Restriktionen gegen die UDF wieder aufgehoben.

Die drei Präsidenten der UDF sind Albertina Sisulu, eine der einflußreichsten Frauen der schwarzen Opposition, die mit Mandelas Mithäftling Walter Sisulu verheiratet ist, Archie Gumede, Sohn des ANC-Präsidenten von 1927 und Oscar Mpetha, ein ANC- und Gewerkschaftsaktivist aus den fünfziger Jahren. Zu ihren Schirmherren gehören Nelson Mandela, Walter Sisulu und der Präsident des Weltbundes der Reformierten Kirchen, Allan Boesak. Letzterer war maßgeblich an der Gründung der UDF beteiligt.

Der Pan Africanist Congress of Azania (PAC)

Der PAC hat es nie geschafft, zu einer festgefügten Organisation zu werden. Das eine Jahr seiner legalen Existenz in Südafrika hat dazu nicht ausgereicht. Die Bannung 1960 und die Massenverhaftungen von PAC-Mitgliedern drei Jahre später haben der Organisation einen Stoß versetzt, von dem sie sich bis heute nicht erholen konnte. Auch im Exil agierte der PAC weniger glücklich als der ANC. Wie dieser wurde er 1963 von der OAU und 1973 von der UN-Generalversammlung als Befreiungsbewegung anerkannt. Ansonsten war er von Erfolglosigkeit und internen Auseinandersetzungen gezeichnet. Bei solchen internen Kämpfen, in denen auch die CIA mitgemischt haben soll, schreckte man sogar vor Mord nicht zurück. Aus Verärgerung über den PAC unterstützen einige Nachbarstaaten Südafrikas nur noch den ANC, die OAU drohte, gleiches zu tun. Zu der Tragik des PAC hat beigetragen, daß sein großer intellektueller Führer, Robert M. Sobukwe, 1978 an Lungenkrebs starb. Er war bis 1969 auf Robben Island inhaftiert gewesen und anschließend durch Bann an jeder politischen Betätigung gehindert. Der langjährige Exilführer des PAC, Potlako Leballo, starb 1985; er war bereits 1979 entmachtet worden. 1986 ernannte der PAC seinen damals im Gefängnis sitzenden Veteranen Zeph Mothopeng zum Präsidenten, vermutlich, um eine ähnliche Symbolfigur aufzubauen, wie das Nelson Mandela für den ANC (und darüber hinaus) ist. Die wohl wichtigste Führungsperson des PAC ist Johnson Mlambo.

Der PAC kam in den sechziger Jahren immer mehr von seiner rein afrikanistischen Anschauung ab und betrachtete die Situation Südafrikas auch in den Kategorien marxistischer Analyse. Seine Skepsis gegenüber der UdSSR blieb allerdings bestehen. Statt dessen machte er China zu seinem Vorbild und finanziellen Unterstützer. Die Entscheidung dazu war nicht unumstritten, widersprach sie doch dem Ziel, aus der eigenen Kraft der Afrikaner zu handeln.

In den siebziger Jahren entwickelte der PAC eine neue Analyse der Situation Südafrikas. Danach ist das unterdrückte Volk von Azania immer Bestandteil der kolonisierten Völker gewesen; ihm werde auch heute noch das Selbstbestimmungsrecht vorenthalten. Zudem werde es ausgebeutet, besonders durch die ausländischen Gesellschaften. Die Unterdrückung sei daher sowohl eine nationale als auch eine Klassenunterdrückung.[63] Der PAC strebt eine sozialistische Wirtschaftsform an, in der die wichtigsten Produktionsmittel Staatseigentum, andere in kollektivem Besitz sind. Nur für eine

Übergangszeit will er auch private Unternehmen akzeptieren, in denen die Arbeiter weitgehende Mitbestimmungsrechte haben.[64]

Wiederholt versuchte der PAC ein „come-back", was ihm bisher aber nicht gelang. Dennoch gibt es in Südafrika vereinzelte Zeichen seiner Existenz, z.B. Parolen an Wänden oder Anschläge, die ihm zugeschrieben werden. Während die Guerillatätigkeit des PAC in der zweiten Hälfte der sechziger Jahre weitgehend eingeschlafen war, hat der PAC mit der *Azanian People's Liberation Army* (Befreiungsarmee des azanischen Volkes) APLA heute wieder eine Guerillatruppe, die vor allem in Libyen ausgebildet werden soll. Für den PAC ist der bewaffnete Kampf das primäre Mittel zur Erlangung der Freiheit — anders als für den ANC, der in ihm nur ein Mittel unter mehreren sieht, allerdings ebenfalls ein unverzichtbares.[65]

Der PAC hat starke programmatische Überschneidungen mit den Gruppen der *Black Consciousness*-Bewegung, zu denen er einerseits Kontakte pflegen soll, mit denen es aber auch in Konkurrenz um Anhängerschaft steht. Bei vielen Schwarzen ist der PAC wohl nicht vergessen. Einige Anzeichen deuten darauf hin, daß er sich als radikale Alternative zum ANC, der sich in verschiedener Hinsicht kompromißbereit zeigt, seinen Platz im Spektrum des Widerstands sucht. Auch der PAC wurde im Februar 1990 wieder legalisiert.

Die Azanian People's Organisation (AZAPO)

Nach dem Verbot der *Black Consciousness*-Organisationen 1977 wurde bereits im April 1978 eine neue Organisation dieses Spektrums gegründet: die *Azanian People's Organisation* (Azanische Volksorganisation) *AZAPO*. Sie blieb legal, wurde aber ständigen Repressionen von seiten des Staates ausgesetzt und war ebenfalls von den Bannverfügungen im Februar 1988 getroffen worden.

Zum Programm von AZAPO gehören nicht nur die Ideen der *Black Consciousness*-Bewegung, sie bekennt sich ebenso eindeutig zum Sozialismus. Ziel von AZAPO für die Phase nach der Befreiung ist ein einheitlicher Staat Azania mit einem Azanischen Volk, in dem die Hautfarbe keine Rolle mehr spielt.

AZAPO hat eine beachtliche Anhängerschaft in vielen Townships, wo sie politische Aktivitäten und auch Selbsthilfeprojekte initiiert, sowie unter schwarzen Intellektuellen, wenngleich diese deutlich kleiner ist als die von ANC und UDF. Auch in der schwarzen Arbeiterschaft, deren Mobilisierung eines ihrer vorrangigen Ziele ist, hat AZAPO Anhänger; ihre Eigenbezeichnung als „Vorkämpferpartei der schwarzen Arbeiterklasse" drückt aber vermutlich eher den Wunsch einiger Intellektueller als die Auffassung breiter Massen aus. Weiße nimmt AZAPO nicht als Mitglieder auf. Als wohl bedeutendste Vertreter von AZAPO haben sich in den letzten Jahren Saths Cooper und Nkosi Molala erwiesen.

Zwischen Anhängern von AZAPO und UDF ist es in der Vergangenheit zu harten Auseinandersetzungen gekommen, die auch Todesopfer forderten. Führer beider Organisationen haben in gemeinsamen Gesprächen bestehende Differenzen auszuräumen versucht und zur Einigkeit aufgerufen. Zugleich beschuldigten sie die Regierung, durch Provokateure und gefälschte Flugblätter die Auseinandersetzungen geschürt zu haben.

Das National Forum (NF)

Das *National Forum* (Nationales Forum) NF wurde im Juni 1983 gegründet, also noch vor der UDF. Wie diese ist es eine Dachorganisation. Die wichtigsten ihrer Mitgliedsorganisationen sind AZAPO und die *Cape Action League* (Kap-Aktionsbündnis) CAL, eine im Raum Kapstadt populäre Gruppe, die von trotzkistischem Gedankengut beeinflußt ist. Insgesamt sind etwa 400 Organisationen aus verschiedenen Bereichen Mitglieder des *National Forum,* darunter auch Gewerkschaften. Das *National Forum* nimmt auch Organisationen auf, in denen Weiße sind, solange diese nicht überwiegen. Ideologisch entspricht das *National Forum* in etwa der AZAPO. An der UDF kritisiert es den fehlenden Kampf gegen den Kapitalismus, die Mitgliedschaft liberaler Organisationen — schwarzer wie weißer — und die „ethnischer" Organisationen, etwa für Inder, die nicht der Forderung nach einheitlichen Organisationen für alle Schwarzen entsprechen.

Inkatha yeNkululeko yeSizwe

Inkatha nimmt unter den Organisationen, die beanspruchen, eine Befreiungsbewegung zu sein, eine Sonderstellung ein. Die Organisation wurde 1975 vom Regierungschef des Homelands KwaZulu, Mangosuthu Gatsha Buthelezi gegründet. Inkatha war also durch ihre Entstehungsgeschichte mit KwaZulu verbunden, ihre Gründungssatzung schuf weitere Verflechtungen zwischen ihr und der Homelandadministration. Seither ist Inkatha quasi die Regierungspartei von KwaZulu. Gleichzeitig ist sie dort Einheitspartei: andere Organisationen werden nach Kräften unterdrückt, wer staatliche Leistungen in Anspruch nehmen will oder in sonstiger Weise unter Druck setzbar ist, sieht sich häufig zur Mitgliedschaft bei Inkatha gezwungen.

Buthelezi bedient sich immer wieder der Mobilisierung von Zulu-Bewußtsein und versucht auch seinen hohen Rang in der traditionellen Zulu-Hierarchie politisch für die Gewinnung von Anhängern auszunutzen. Obwohl Inkatha betont, eine Organisation aller Schwarzen zu sein, schürt sie regelrecht ein Zulu-Bewußtsein, womit die Organisation sich in krassen Gegensatz zu den anderen Befreiungsbewegungen stellt. Diese betonen die Identität als Schwarze, eine Hervorhebung der ethnischen Unterschiede unter den Schwarzen, die immer gegen sie verwendet wurden und seit langer Zeit an Bedeutung verlieren, lehnen sie ab. In einigen Fällen haben Inkatha und Buthelezi sich sogar zur Hetze gegen Xhosas, Inder und andere Gruppen hinreißen lassen, was ihnen die Beschimpfung als „Tribalisten" einbrachte.

In bezug auf den nationalen Befreiungskampf behauptet Buthelezi, dieselben Ziele zu verfolgen wie die anderen Befreiungsbewegungen, nämlich die völlige Abschaffung der Apartheid. Im Gegensatz zu den anderen Bewegungen nimmt Inkatha aber an den Institutionen der Apartheid teil, nämlich am Homelandsystem und in Natal auch an den offiziellen schwarzen Stadträten. Inkatha behauptet, diese Einrichtungen als Plattform für die Befreiung und somit gegen den Willen der Regierung zu nutzen. Bisher gibt es aber nur wenige Beispiele, in denen das geschehen ist, insgesamt verhielt sich Inkatha durchaus im Sinne der weißen Regierung.

Inkatha-Präsident Buthelezi ist der einzige schwarze Politiker mit nennenswerter Anhängerschaft, der sich unter Botha prinzipiell bereit erklärt hat, an neuen Repräsentationsgremien, die die Regierung auf nationaler Ebene für Afrikaner einrichten will, teilzunehmen. Allerdings stellte er dafür einige Bedingungen: die Abschaffung wichtiger Apartheidsgesetze und die Freilassung von Nelson Mandela und einigen anderen politischen Gefangenen. Diese Bedingungen zu erfüllen, war die Regierung Botha nicht bereit, was eine Einigung zwischen beiden Seiten verhindert hat. Inzwischen haben die Ereignisse Buthelezi möglicherweise überrollt, denn die Regierung sucht die Einigung mit den bedeutenderen Oppositionsgruppen wie ANC und UDF.

Inkatha war wesentlich an den Beratungen der *KwaZulu/Natal Indaba* beteiligt, die einen Reformvorschlag für eine Vereinigung von

KwaZulu mit der Provinz Natal erarbeitet hat. Gemäß diesem Vorschlag soll in dem Gebiet nach allgemeinem gleichem Stimmrecht ein Parlament gewählt werden. Gleichzeitig aber soll der Schutz von Minderheiten durch eine zweiten Kammer, in der verschiedene kulturelle „Hintergrundgruppen" vertreten sind, gesichert werden. Obwohl der Vorschlag weit davon entfernt ist, ein Ende der Apartheid in Südafrika zu bedeuten, ja, in der Praxis ein bedenkliches Festhalten an einer Rasseneinteilung bedeutet, wurde er von Pretoria abgelehnt.

Einen deutlichen Unterschied zu anderen Befreiungsbewegungen stellt auch Inkathas in den letzten Jahren uneingeschränktes Bekenntnis zur Marktwirtschaft dar. Dieses, ihre Verurteilung ausländischer Sanktionen und ihre „gemäßigte" Haltung im Befreiungskampf haben der Organisation Unterstützung aus der Wirtschaft und aus konservativen Kreisen im Ausland eingebracht. So erhielt Inkatha über die CDU-nahe Konrad Adenauer-Stiftung bedeutende Mittel aus dem deutschen Bundeshaushalt.

Inkatha behauptet heute, 1,5 Millionen Mitglieder zu haben und damit die größte politische Organisation Südafrikas zu sein. Diese Zahl wird häufig angezweifelt, allgemein anerkannt wird aber, daß Inkatha eine hohe Zahl von Mitgliedern hat (schon wegen der erwähnten Druckmittel), was aber nicht besagt, daß diese Mitglieder wirklich hinter der Organisation stehen. Die Popularität Inkathas und Buthelezis, die in den siebziger Jahren sehr hoch waren, sind in jüngster Zeit arg geschrumpft. Bei mehreren Umfragen der letzten Jahre wurde Buthelezi von zwischen 2,4 % und 8 % der städtischen Schwarzen als bevorzugter Präsident genannt, bei einer Befragung in städtischen und ländlichen Gebieten kam er immerhin auf 16 %. (Zum Vergleich: Nelson Mandela wurde von 44 %, in städtischen Gebieten von 64 % der Befragten genannt.)[66] Die verbliebene Anhängerschaft Inkathas konzentriert sich im wesentlichen auf Natal, selbst unter der zulu-sprachigen Bevölkerung in Soweto kann Buthelezi nur eine Minderheit zu seinen Anhängern zählen.[67] Interessant ist allerdings, daß er unter den Weißen in Südafrika eine beträchtliche Popularität besitzt: 12 % von ihnen nannten ihn 1986 als bevorzugten Staatspräsidenten.[68]

Inkatha hatte seit ihrer Gründung ein gespanntes Verhältnis zur *Black Consciousness*-Bewegung, seit einem disharmonischen Treffen der Führungsspitzen beider Organisationen ist auch ihr Verhältnis zum ANC feindschaftlich, wenngleich es immer wieder Kontakte mit dem Ziel der Beilegung der Konflikte zwischen beiden

Organisationen gegeben hat. In die Schlagzeilen gekommen ist Inkatha — die Gewalt im Befreiungskampf strikt ablehnt — seit den späten siebziger Jahren, und verstärkt seit 1985 durch blutige Auseinandersetzungen mit politischen Gegnern. Besonders an den Rändern der Inkatha-Hochburg KwaZulu, in den Townships um Durban und Pietermaritzburg, gewannen UDF-Organisationen und der Gewerkschaftsverband COSATU immer mehr an Einfluß, was zu wahren Schlachten um die Vorherrschaft in diesen Gebieten zwischen Inkatha auf der einen und allen sonstigen Organisationen auf der anderen Seite führte. Über 3000 Todesopfer haben diese Kämpfe bisher gefordert. Inkatha, aus deren Reihen der deutlich größere Teil der Morde in diesen Auseinandersetzungen begangen wurde, spielt sich dabei immer wieder als „Hüter von Gesetz und Ordnung" auf. Dabei arbeitet die Organisation Hand in Hand mit der südafrikanischen Polizei und der Homelandpolizei von KwaZulu — kein Wunder: Polizeiminister ist Gatsha Buthelezi.

Die Konfrontationen sind auch eine Konsequenz aus Inkathas Position im Befreiungskampf. Buthelezi lehnt inzwischen praktisch jegliche Form von Protesten grundsätzlich ab, was er damit begründet, daß diese letztendlich zu einer von ihm nicht gewünschten Revolution führten. Als Folge hat sich Inkatha in dieser Beziehung auf die Seite der Regierung geschlagen und geht mit ihr gegen Proteste vor. Es kann zwar nicht bestritten werden, daß Inkatha gegen die Apartheid Position bezieht, im Bestreben, neben einer Änderung der politischen Verhältnisse vor allem Macht für sich selber zu erreichen, ist die Organisation aber zu einer Stütze des Systems geworden. Durch ihr gewaltsames Vorgehen gegen die Befreiungsbewegungen kann Inkatha selber kaum noch als eine solche angesehen werden.

Andere Organisationen

Neben den erwähnten Organisationen gibt es noch unzählige kleinere Gruppen wie etwa regionale Bürgerinitiativen und Bürgerrechtsorganisationen, kleine landesweite Vereinigungen und Organisationen von Frauen und Studenten. Viele von ihnen sind UDF oder *National Forum* angeschlossen, andere arbeiten eigenständig. Genannt seien hier nur die zur UDF gehörende *Release Mandela Campaign*, die ihr einstiges Ziel, nämlich die Freilassung Mandelas, im Namen trägt, oder die *Soweto Civic Association* (Bürgervereinigung von Soweto). Letztere ist aus dem *Committee of Ten* (Komitee der Zehn) unter Dr. Nthato Motlana, der Gegenorganisation zum offiziellen Stadtrat von Soweto, hervorgegangen.

Bedeutende Organisationen von Frauen sind die *Federation of South African Women* (Föderation Südafrikanischer Frauen) und die *United Women's Organisation* (Organisation der Vereinigten Frauen), die beide der UDF nahestehen, sowie die zum NF gehörende *Black Women Unite* (Schwarze Frauen, vereinigt Euch). Auch in der 1955 von liberalen weißen Frauen gegründeten Organisation *Black Sash* (Schwarze Schärpe) arbeiten immer mehr schwarze Frauen mit. Black Sash organisiert zahlreiche Hilfsmaßnahmen für Schwarze, beispielsweise Rechtsberatung. Schwarze Frauen spielen immer stärker eine aktive Rolle im Widerstand: An einer von Frauenorganisationen angeführten Demonstration, die sich gegen eine Kundgebung der weißen rechtsradikalen AWB richtete, nahmen Ende September 1989 ca. 25 000 Frauen teil. Die Polizei ging massiv gegen die Frauen vor, es kam zu zahlreichen Verhaftungen.

Kurzfristig große Bedeutung erlangte auch der *South African Youth Congress* (Südafrikanischer Jugendkongress) SAYCO.[69] SAYCO wurde im März 1987 in großer Heimlichkeit, trotzdem aber legal, als Zusammenschluß von Hunderten von Jugendgruppen aus dem ganzen Land gegründet. Mit über einer halben Million Mitgliedern wurde die Organisation zur größten innerhalb der UDF, der sie sich anschloß. Durch SAYCO sollten die lokal sehr starken, aber vereinzelt agierenden Jugendgruppen in eine landesweite Organisation zusammengefaßt werden. Die Organisationsstruktur des Jugendkongresses war sehr stark, es wurde auf strenge Disziplin geachtet. Die Parole „Freiheit oder Tod — der Sieg ist sicher" zeigt deutlich, daß die Organisation eine militante Position einnahm; ebenso bekannte sie sich zum Sozialismus. SAYCO gehört zu den Organisationen, die im Februar 1988 gebannt wurden, sein Präsident Peter Mokoba wurde wenig später für ein Jahr verhaftet.

Die zu AZAPO und NF gehörende Jugendorganisation heißt *Azanian Youth Organisation* (AZAYO) und war ebenfalls vom Bann im Februar 1988 betroffen. Eine andere, relativ kleine Jugendorganisation, die *Azanian Youth Unity* (AZANYU) vertritt afrikanistische Positionen. Sie gehört auch dem *National Forum* an, soll aber auch dem PAC nahestehen. Wichtige Studentenorganisationen sind der *Congress of South African Students* (COSAS), der *South African National Students Congress* (SANSCO) und das *Azanian Students' Movement* (AZASM). COSAS kommt aus der *Black Consciousness*-Bewegung, unterstützt heute die Freiheitscharta und wurde

1985 gebannt, SANSCO hieß früher *Azanian Students' Organisation*, wechselte aber ebenso das Lager, woraufhin AZASM gegründet wurde, das dem *National Forum* angehört.

Zum Schluß sei auch noch auf die Bedeutung von verschiedenen — wenn auch nicht allen — Kirchen im südafrikanischen Widerstand hingewiesen. Diese sollte nicht unterschätzt werden, vor allem für die oft sehr religiösen Erwachsenen unter den Schwarzen. Gerade nach dem Betätigungsverbot für alle einschlägigen Anti-Apartheids-Organisationen in Südafrika kommt ihnen eine gewichtige Rolle zu, da es sich das Regime kaum leisten kann, massiv gegen die Kirchen vorzugehen. Besonders aktiv gegen die Apartheid arbeitet der protestantische *Südafrikanische Kirchenrat* (SACC), der z.B. ausländische Spen-dengelder an die Oppositionsbewegungen für Hilfsprojekte weiterleitet. Aber auch die katholische Kirche bezieht eindeutig Stellung in dieser Hinsicht; sie verurteilt entschieden die Apartheid und hat sich zu gewaltfreien symbolischen Aktionen gegen diese entschlossen.

Prominente Apartheidsgegner in den Reihen der Kirchen sind Christiaan F. Beyers Naudé, der Generalsekretär des SACC, Allan Boesak, der Präsident des Weltbundes der reformierten Kirchen, Denis Hurley, katholischer Erzbischof von Durban und Desmond Tutu, der anglikanische Erzbischof von Johannesburg und Friedensnobelpreisträger. Tutu genießt ein hohes Ansehen unter den Schwarzen und ist eine integrierende Persönlichkeit im schwarzen Widerstand.

Zukunftsperspektiven

Der schwarze Widerstand stand im Februar 1990 vor einer neuen Lage, die eine grundsätzliche Überprüfung seiner Strategie erforderlich machte. Er konnte dies tun aus einer Position der Stärke: Noch nie war er so stark gewesen wie in den 80er Jahren. Hierin lag letztlich — noch vor der Wirkung internationaler Sanktionen — der Grund für die Flucht der weißen Regierung nach vorne, in die Aufhebung der Verbote gegen die Oppositionsbewegung.

Ob Pretorias Verhandlungsbereitschaft so weit geht, daß es zu einer völligen Abschaffung der Apartheid auf dem Verhandlungswege kommen kann, erscheint derzeit ungewiß. Dennoch versucht der ANC und die verbündeten Organisationen, diesen Weg zu beschreiten. Dabei bleibt der Oppositionsbewegung die schwierige Aufgabe, die Politisierung der Bevölkerung, ihre Ängste und ihren Zorn, so einzubinden und umzusetzen, daß der Durchbruch zum Ende der Apartheid geschafft werden kann.

Anmerkungen

1 „x" ist das Schriftzeichen für einen Schnalzlaut, ebenso „q".
2 Vgl. Leo Kuper, An African Bourgeoisie: Race Class and Politics in South Africa, New Haven 1965, S. 193.
3 Peter Walshe, The Rise of African Nationalism in South Africa: The African National Congress 1912-1952, Berkeley, Los Angeles 1971, S. 4.
4 Die Bezeichnung „äthiopisch" geht auf Bibelstellen zurück, die sich auf Afrika beziehen.
5 André Odendaal, Vukani Bantu! The Beginnings of Black Protest Politics in South Africa to 1912, Cape Town, Johannesburg 1984, S. 25.
6 Odendaal, op.cit., S. 175.
7 Walshe, op.cit., S. 33.
8 Walshe, op.cit., S. 36.
9 Helmut Orbon, Die Lage der Schwarzen in Südafrika / Azania und ihr politischer Widerstand im 20. Jahrhundert, Berlin 1980, S. 455.
10 Tom Lodge, zitiert nach Orbon, op.cit., S. 465; vgl. Odendaal, op.cit., S. 274f.
11 Walshe, op.cit., S. 37.
12 Walshe, op.cit., S. 56.
13 M.K. Gandhi beschreibt die Ereignisse in dem Buch „Satyagraha in South Africa" (Ahmedabad, 3.Aufl. 1961, S. 102 ff.), wo er auch die Unterschiede in der Bedeutung der Begriffe „*Satyagraha*" und „*passive resistance*" erläutert.
14 Thomas Karis and Gwendolen M. Carter (eds.), From Protest to Challenge: A Documentary History of African Politics in South Africa 1982 - 1964, Vol.1, S. 296.
15 Orbon, op.cit., S. 463.
16 Walshe, op.cit., S. 121.
17 Vgl. Gail M. Gerhart, Black Power in South Africa, The Evolution of an Ideology, Berkeley et al. 1978, S. 58.
18 Roger Omond, The Apartheid Handbook, Harmondsworth 1985, S. 175.
19 Walshe, op.cit., S. 358.
20 Tom Lodge, Black Politics in South Africa since 1945, Burnt Mill 1983, S. 43.
21 Karis, Carter, op.cit., Vol. 2, S. 425.
22 Vgl. Nelson Mandela, Der Kampf ist mein Leben, Dortmund 1986, S. 144; Karis, Carter, op.cit., Vol. 3, S. 305.
23 Karis, Carter, op.cit., Vol. 3, S. 315; vgl. Gerhart, op.cit., S. 182.
24 Karis, Carter, op.cit., Vol. 3, S. 315.

25 R. Sobukwe nach: Karis, Carter, op.cit., Vol. 3, S. 508.
26 Karis, Carter, op.cit., Vol. 3, S. 546.
27 Gerhart, op.cit., S. 219.
28 Karis, Carter, op.cit., Vol. 3, S. 332.
29 Karis, Carter, op.cit., Vol..3, S. 658.
30 Mary Benson, Nelson Mandela — die Hoffnung Südafrikas, Reinbek 1986, S. 123.
31 Karis, Carter, op.cit., Vol. 3, S. 668.
32 Benson, op.cit., S. 196.
33 Gerhart, op.cit., S. 257.
34 Vgl. Steve Biko, Ich schreibe was mir paßt, Hrsg. Marianne Schulz-Rubach, Helmut Orbon, Berlin 1979, S. 47.
35 Biko, op.cit., S. 118.
36 Informationsstelle Südliches Afrika (issa), Dokumente der südafrikanischen Befreiungsbewegung, Bonn 1977, S. 215.
37 Biko, op.cit., S. 125.
38 Issa, Dokumente ..., op.cit., S. 216f.
39 Issa, Dokumente, op.cit., S. 216.
40 Biko, op.cit., S. 168.
41 Vgl. Biko, op.cit., S. 87, 155, 153.
42 Vgl. Lodge, op.cit., S. 330.
43 Theodor Hanf, H. Weiland, G. Vierdag, Südafrika: Friedlicher Wandel? München 1978, S. 328.
44 Gerhart, op.cit., S. 315.
45 Vgl. *Süddeutsche Zeitung* 22.1.1987, S. 9.
46 Vgl. Winrich Kühne, Stiftung Wissenschaft und Politik, Konferenzbericht betr.: Black Politics in South Africa and the Outlook for Meaningful Negotiations, abgehalten in Ebenhausen vom 10. — 12. 12. 1986, Ebenhausen 1987, S. 17.
47 Vgl. *die tageszeitung* 26. 4. 1988, S. 6.
48 *Süddeutsche Zeitung* 25. 2. 88, S. 10.
49 Issa, Dokumente ..., , op.cit., S. 53.
50 Ruth Weiss, Hannelore Oesterle, Mandelas zornige Erben: Kampf um die Macht in Südafrika, Wuppertal 1986, S. 99.
51 Z.B. *Sunday Times* 25. 8. 85; 3. 8. 86
52 Vgl. South African Institute of Race Relations: Race Relation Survey 1986, Johannesburg 1988, Part 1, S. 134.
53 Vgl. *The Star*, International Airmail Weekly, 8. 12. 87; *Front File* August 1988, Vol. 2, No. 11.
54 Zum Entwurf vgl. Informationsdienst Südliches Afrika 4/88, S. 16f; *Front File*, July 1988, Vol.2/9; *Front File* August 1988, Vol. 2, No. 11; *The Guardian* 13. 6. 88, S. 9; *Süddeutsche Zeitung* 1. 8. 88, S. 6.
55 Vgl. Andrew Prior, South African Exile Politics: A Case Study of the African National Congress and the Communist Party, in: Journal of Contemporary African Studies, Vol. 3, No.1/2, Oct. 1983/April 1984;

Thomas Karis, South African Liberation: The Communist Factor, in: *Foreign Affairs* Winter 86/87; Race Relation Survey 1986, op.cit., Part 1, S. 134.

56 Vgl. Karis, Carter, op.cit., Vol. 3, S. 791 f, Benson, op.cit., S. 182; Karis, South African Liberation, op.cit., S. 283, Anm. 12; Die Schrift Liu Shaoqis ist in deutsch veröffentlicht als: Th. Bergmann u.a. (Hrsg.) Liu Shaoqi, Stuttgart 1982; die angeblichen Worte Mandelas stehen dort auf den Seiten 44 und 67.
57 Mark A. Uhlig (ed.), Apartheid in Crisis, Harmondsworth 1986, S. 198.
58 Vgl. dazu z.B. *Weekly Mail* 16. 6. 1988 und 14. 7. 1988.
59 Oliver Tambo nach: *Sechaba* (ANC-Zeitschrift), March 1986, S. 7.
60 *Süddeutsche Zeitung* 7. 5. 1987.
61 Vgl. *The Star* 27. 6. 1987, S. 2.
62 Vgl. *The Star* 11. 7. 87, S. 4 und 18. 7. 87, S. 1; Süddeutsche Zeitung 10. 7. 1987, S. 9.
63 Issa: Dokumente ..., op.cit., S. 169 ff.
64 So der Entwurf für ein neues Manifest des PAC; vgl. *Front File,* July 1988, Vol.2/9.
65 Vgl. Summary of World Broadcasts, ME/8322/B/11, 28. 7. 1986.
66 Vgl. *Financial Mail* 6. 12. 1985; *Sunday Times* 25. 8. 1985 und 3. 8. 1986; Mark Orkin, Disinvestment, the Struggle, and the Future: What Black South Africans Really Think, Johannesburg 1986, S. 35 ff.; *Weekly Mail* 22. 10. 1987.
67 Vgl. Orkin, op.cit., S. 38 ff.
68 Vgl. *Sunday Times* 3. 8. 1986.
69 Vgl. *die tageszeitung* 23. 5. 87.

Gewerkschaften und Industriebeziehungen in Südafrika: Der Kampf um wirtschaftliche und politische Emanzipation

Siegmar Schmidt

Die Politik der Apartheid in Südafrika hat viele Gesichter: Die Diskriminierung der nicht-weißen Bevölkerungsgruppen und insbesondere der Schwarzen steht aber in einer Wechselbeziehung zur Entwicklung der südafrikanischen Wirtschaft: Die Strukturen der Apartheid im Wirtschaftssystem sind einerseits sicherlich als Ergebnis und Manifestation der ideologischen und sozialen Grundmuster der politischen Entwicklung Südafrikas zu sehen. Auf der anderen Seite spiegeln sie zweifellos auch spezifische wirtschaftliche Interessen des weißen Staates, der weißen Unternehmerschicht und nicht zuletzt der weißen Arbeiterschaft wider. Daher unterscheiden sich Lohn- und Gehaltsstrukturen, die Möglichkeit des Erwerbs und der Kontrolle von Produktionsmitteln, Ausbildungschancen, Mitsprache- und Mitgestaltungsrecht in der Wirtschaftssphäre, schließlich die gesamte Eigentumsordnung für die Angehörigen der verschiedenen Gruppen Südafrikas faktisch und rechtlich.

Die Folgen der wirtschaftlichen Apartheid für die Entwicklung Südafrikas sind gravierend und greifen weit über die Wirtschaftssphäre hinaus. Durch die systematische Benachteiligung nicht-weißer Gruppen überlagern sich Rassen- und Klassenstrukturen der südafrikanischen Gesellschaft. Zunehmend erweisen sich die Regulierungen der Apartheid als gesamtwirtschaftliche Belastungen; sie schaffen dadurch auch Reformdruck, selbst innerhalb des weißen Lagers. Nicht zuletzt aus diesen Gründen ergaben sich gerade im Wirtschaftssystem und insbesondere in den Industriebeziehungen Südafrikas in den vergangenen zehn Jahren erhebliche Veränderungen. Sie ermöglichten es der schwarzen Bevölkerung, mit dem Aufbau starker Gewerkschaften effektive Gegenmacht gegen das System weißer Vorherrschaft aufzubauen — und das nicht nur im Bereich der Industriebeziehungen, sondern bis hinein in die Sphäre des Politischen.

Die wichtigsten Stationen dieser Entwicklung sollen im folgenden nachgezeichnet werden. Im Mittelpunkt steht dabei die Darstellung und Analyse der schwarzen Gewerkschaftsbewegung in Industrie und Bergbau, der es im Gegensatz zu den schwer organisierbaren Beschäftigten in der Landwirtschaft gelang, eine aktive Rolle in der Emanzipation der schwarzen Bevölkerung zu spielen.

1. Die Entwicklung der Apartheid in der Arbeitswelt — Stationen der Diskriminierung

Die Ursprünge einer systematisch verankerten und staatlich abgesicherten Apartheid in der Arbeitswelt reichen bis in das frühe 19. Jahrhundert zurück, doch soziale Formen der Diskriminierung gab es natürlich schon vorher. Die Diskriminierung der schwarzen (und in geringerem Ausmaße auch der farbigen und asiatischen) Arbeiter äußerte sich bis in die Gegenwart hinein in einer Vielzahl von Gesetzen, Verordnungen und tradierten Verhaltensweisen.

Dadurch wurde die südafrikanische Arbeiterschaft in zwei Gruppen gespalten, deren Interessen gegensätzlich waren. Die weißen Arbeiter bilden bis heutzutage den privilegierten Teil der Arbeiterschaft mit qualifizierterer Ausbildung und wesentlich höheren Löhnen und besseren Arbeitsbedingungen. Schwarzen Arbeitern wurden im Laufe der Zeit alle politischen und gewerkschaftlichen Rechte aberkannt, die schwarzen Gewerkschaften nie als Verhandlungspartner akzeptiert. Die Mischlinge und Inder, die in den ersten Jahrzehnten dieses Jahrhunderts von Weißen weitgehend aus ihren traditionellen Dienstleistungsberufen gedrängt wurden, nehmen bis heute in der sozialen Hierarchie eine Mittelstellung ein. Ihre Gewerkschaften waren bis Ende der 70er Jahre zumeist weißen Organisationen angegliedert und von diesen dominiert.

Der Beginn der Industrialisierung —
Entstehung des Wanderarbeitersystems

Im Vergleich zu westeuropäischen Staaten erfolgte die Industrialisierung Südafrikas erst sehr spät, nämlich gegen Ende des vorigen Jahrhunderts. Die Diamanten- und Goldfunde nach 1870 setzten einen geradezu revolutionären Industrialisierungsprozeß in Gang. Infolge der stürmischen Entwicklung der Montanindustrie strömten ausländische, insbesondere britische Bergarbeiter ins Land. Diese englischen Bergleute brachten nicht nur das nötige Fachwissen mit, sondern auch Gewerkschaftserfahrungen. Die ersten um 1888 in Durban gegründeten Gewerkschaften in Südafrika waren daher Ableger britischer Organisationen mit ausschließlich weißen Facharbeitern als Mitglieder. Auch nach der formalen Loslösung von ihren Muttergewerkschaften blieben diese Organisationen stark am britischen Modell der Betriebsgewerkschaften orientiert. Übernommen, und zum Teil bis heute beibehalten, wurde z.B. das angelsächsische Prinzip der *closed shops,* also der Verpflichtung des Arbeitgebers, nur Gewerkschaftsmitglieder zu beschäftigen. Neben der kollektiven Interessenvertretung gegenüber den Minengesellschaften hatten diese Facharbeitergewerkschaften bereits die Wahrung von Privilegien ihrer weißen Mitglieder gegenüber burischer und (später) schwarzer Konkurrenz zum Ziel.

Mit der Zeit wurde deutlich, daß der enorme Arbeitskräftebedarf der expandierenden Montanindustrie und ihrer Zulieferbetriebe nicht nur durch weiße Südafrikaner und Einwanderer gedeckt werden konnte. Zunehmend wurden deshalb Schwarze für weniger qualifizierte Tätigkeiten angeworben. Das Ergebnis war eine Massenwanderung schwarzer Arbeitssuchender in die Städte und Industriezentren. Trotz aller Versuche, diese Binnenwanderung zu stoppen, gelang es der Regierung und der burischen Landwirtschaft nicht, die einsetzende Landflucht zu bremsen. Dafür sorgten nicht zuletzt die miserablen Lebens- und Arbeitsbedingungen für Schwarze auf dem Land (auch auf weißen Farmen). In den Städten und Industrieregionen kam es daher nach 1910 zu zunehmender Konkurrenz um Arbeitsplätze zwischen Buren und Schwarzen. Das Überangebot an schwarzen Arbeitskräften wurde zusätzlich noch durch Wanderarbeiter aus den an Südafrika angrenzenden Kolonialgebieten verstärkt. Dadurch konnten die Minengesellschaften das Lohnniveau für Schwarze immer weiter senken, bis sich die Lebensbedingungen in den Bergwerkcamps kaum von den erbärmlichen Zuständen auf dem Land unterschieden. In dieser Frühphase der industriellen Entwicklung Südafrikas kam es meist nur zu individuellem (prägewerkschaftlichem) Widerstand der Arbeiter in Form von Flucht aus den Bergwerken, oder von den Farmen, zu Bummelei und Arbeitsverweigerungen. Gründe für erste Streikaktionen waren vor allem körperliche Durchsuchungen schwarzer Minenarbeiter, um mögliche Diamantendiebstähle zu verhindern.

In der Bergbauindustrie entstand seit der Jahrhundertwende das Grundmodell eines getrennten Systems der Arbeitsbeziehungen mit privilegierten weißen und unterprivilegierten schwarzen Arbeitern. Untrennbar mit dem Aufstieg der Minenindustrie war auch die Entstehung eines im Gegensatz zu traditionellen Formen der Wanderarbeit den Bedürfnissen der Bergbauindustrie entsprechenden Systems der Wanderarbeit verknüpft. Für schwarze Arbeiter bedeutete dies, jahrelang von ihren Familien getrennt in den unzureichenden, lagerähnlichen Gemeinschaftsunterkünften (*compounds*) der in entlegenen Gebieten ansässigen Bergwerke zu leben. Die von der Außenwelt isolierten Bergwerkscamps gewährleisteten eine dauerhafte Kontrolle und Disziplinierung der schwarzen Minenarbeiter, die aufgrund häufiger Flucht aus den Camps, die sogar die Förderleistung zu gefährden drohte, als nötig erachtet wurde.

Die Krise in den 20er Jahren

Im Laufe der Zeit kam es zu einer immer stärkeren Rekrutierung der billigeren schwarzen Arbeitskräfte (*cheap labour*) vor den anspruchsvolleren weißen Arbeiter durch die Bergwerksunternehmen. Nach dem Scheitern von Vermittlungsversuchen zwischen weißen Gewerkschaften und den Bergwerksgesellschaften, die das 1918 mit diesen Gewerkschaften abgeschlossene *status quo*-Abkommen, welches die privilegierte Stellung weißer Arbeiter festschrieb, im Jahre 1921 kündigten, kam es 1922 zu einem Streik von über 20000 weißen Minenarbeitern, der sich zu einem bewaffneten Aufstand ausweitete. Der südafrikanische Staat griff zur Gewalt: Im Verlauf dieses als *Rand-Aufstand* in die südafrikanische Geschichte eingegangenen Streiks wurden mehrere hundert Streikende vom Militär erschossen.

Die eigentlichen Ursachen für den Streik lagen wohl tiefer: Nach mehreren Krisenjahren in der Landwirtschaft (Mißernten, Preisverfall für Exportprodukte durch zunehmende internationale Konkurrenz) hatten viele Buren ihre Farmen aufgegeben, um als Industriearbeiter und Bergleute einen Neuanfang zu versuchen. In den Städten und Industriezentren sahen sie sich jedoch starker Konkurrenz der „billigeren" und häufig besser qualifizierten Schwarzen gegenüber: Es drohte die soziale Deklassierung. Das hieraus entstehende Konfliktpotential zwischen existenzbedrohten ehemaligen burischen Farmern, schwarzen Arbeitern und den Minengesellschaften, die sich hartnäckig weigerten, verstärkt (teurere) Weiße einzustellen, wurde noch zusätzlich durch weiße Bergarbeiter vermehrt, die eine Verdrängung durch (billigere) Schwarze befürchteten. Die

Folge war eine Radikalisierung der weißen Gewerkschaften, die in die Katastrophe von 1922 mündete. Nach den Wahlen von 1924 entwarf die neue Regierung unter Premierminister Hertzog eine vorläufige Lösung des Problems der „armen Weißen": Die neuen arbeitsrechtlichen Bestimmungen des 1924 erlassenen „Schlichtungsgesetzes" (*Industrial Conciliation Act*) liefen insgesamt auf den Ausschluß der Schwarzen aus dem Tarif- und Schlichtungssystem hinaus: Sie galten hinfort nicht mehr als Beschäftigte im arbeitsrechtlichen Sinne, sondern erhielten eine gesonderte, diskriminierende Gesetzgebung, die sog. *Bantu*-Arbeitsgesetze. Eine eigene Interessenvertretung für schwarze Arbeiter war nicht vorgesehen. Schwarze Gewerkschaften wurden zwar nicht ausdrücklich verboten, sie waren jedoch als Verhandlungspartner nicht anerkannt. Daher wurden schwarze Arbeiter in den neu geschaffenen Schlichtungs- und Verhandlungsgremien, den sog. *Industrial Councils*[1] (Industrieräte) ausschließlich von weißen Funktionären, die von Schwarzen nicht legitimiert waren, „vertreten". Eine jahrzehntelange Benachteiligung Schwarzer bei Löhnen und Arbeitsbedingungen war die Folge.

Das Jahr 1924 markierte auch den Beginn der für Südafrika so bezeichnenden staatlichen Eingriffe in Wirtschaft und Industriebeziehungen. Es kam nicht nur zur Gründung des ersten Arbeitsministeriums mit umfangreichen Vollmachten, sondern die Regierung sicherte sich über ihre Mitwirkung in den *Industrial Councils* auch einen direkten Zugang zu Tarifverhandlungen. Durch Etablierung eines Zwangsschlichtungssystems für Arbeitskonflikte gelang es bis in die jüngste Zeit, Streiks und Arbeitskämpfe fast völlig zu verhindern. Für die weißen Arbeiter bedeutete dieses System zwar die Sicherung ihrer privilegierten Stellung, doch auch einen weitgehenden Verlust an Handlungsfreiheit. Sie waren praktisch zu Juniorpartnern von Unternehmen und Regierung geworden und teilten deren gemeinsames Ziel: Die permanente Deklassierung der Schwarzen.[2] Für das politische System Südafrikas, das durch den *Rand*-Aufstand nachdrücklich erschüttert worden war, stellte der Beginn dieser als *tripartism* (Dreierallianz) bezeichneten Konstruktion den Auftakt zu langanhaltender Stabilität dar.

Erste Organisationsversuche schwarzer Arbeiter

Die erste schwarze Gewerkschaft wurde bereits 1917 gegründet. Größere Bedeutung erreichte jedoch erst die 1919 entstandene *Industrial and Commercial Workers Union* (ICU), deren Mitgliedschaft bis 1927 auf ca. 100 000 anwuchs. Trotz einiger Streikerfolge und anhaltendem Mitgliederzuwachs zerfiel die Organisation nach 1929 infolge von organisatorischen Problemen (Einbeziehung der Wanderarbeiter), Finanzschwierigkeiten, Rivalitäten in der Führung und massiver staatlicher Repressionen.

In den 30er Jahren existierten keine nennenswerten Organisationen schwarzer Arbeiter. Infolge des Strukturwandels in der südafrikanischen Industrie und des Aufstiegs der verarbeitenden Industrie entstand jedoch in diesem Zeitraum ein breites schwarzes Industrieproletariat. Weitere Wachstumsimpulse erhielt die verarbeitende Industrie (besonders die Nahrungsmittel- und Bekleidungsindustrie) im 2. Weltkrieg; dies verbesserte die Voraussetzungen für gewerkschaftliche Aktivitäten. In den 40er Jahren gelang es dann dem Dachverband *Council for Non-European Trade Unions* (CNETU), große Teile der schwarzen Arbeiterschaft zu organisieren. Wiederum erwies sich, daß die Organisation jedoch trotz ihrer 158 000 Mitglieder (von 390 000 in Industrie und Handel beschäftigten Schwarzen) finanziell und organisatorisch zu schwach war, um der Regierung erfolgreich die Stirn zu bieten zu können: Nach dem bis dahin größten Streik in der südafrikanischen Geschichte — 100 000 Minenarbeiter nahmen teil — kam es 1946 zur Verhaftung fast der gesamten Führung und zur Auflösung des Dachverbandes.

Die 50er Jahre

Um eine Wiederholung der für Unternehmen und Staat gleichermaßen überraschenden Streiks der 40er Jahre zu vermeiden, beschloß die Regierung 1953, schwarze „Arbeitnehmervertretungen", die sogenannten Komitees, einzurichten. Diese Komitees durften nur mit Erlaubnis der Unternehmen gegründet werden. Wenngleich das Komitee-System im Laufe der Jahre erheblich ausgedehnt und modifiziert wurde, so behielten die Komitees bis in die 70er Jahre hinein doch ihre ausschließlich beratende Funktion: Tarifverhandlungen blieben weiterhin Sache der *Industrial Councils*. Die Komitees sollten Informationen über Wünsche und Stimmungen der schwarzen Arbeiter liefern, um Streiks bereits im Vorfeld der eigentlichen Konflikte abzubiegen. Dieses vollkommen unzureichende System einer Interessenvertretung wurde von Schwarzen insgesamt als Kooptationsversuch der Unternehmen abgelehnt. So gab es bis 1974 in nur 5 % der ca. 30 000 Fabriken des Landes derartige Komitees.[3]

Weitaus wichtiger als das Komitee- System war das 1956 erlassene Ergänzungsgesetz zum Schlichtungsgesetz von 1924, das einschneidene Veränderungen im System der Arbeitsplatzreservierung und der Regelung der Gewerkschaftsaktivitäten mit sich brachte. Die rassische Klassifizierung von Arbeitsplätzen, die sogenannten *job reservation*[4] war zwar bereits in den 20er Jahren entstanden, doch ihre legislative Festschreibung und Ausweitung erfolgte erst 1956. Sie schloß Schwarze von einer Vielzahl qualifizierter Tätigkeiten aus. Außerdem wurden Schwarze nicht mehr als Lehrlinge zugelassen. Treibende Kraft hinter diesen neuen diskriminierenden Bestimmungen waren die weißen Gewerkschaften: Nach dem weitgehenden Verlust traditioneller Arbeitsplätze im Bergbau fürchteten die weißen Arbeiter nun auch um ihre Arbeitsplätze in der expandierenden verarbeitenden Industrie, die immer häufiger „billige" Schwarze beschäftigte. Die Verringerung der *wage gaps* (Einkommensunterschiede) in einzelnen Industriesektoren zwischen schwarzen und weißen Arbeitern während der 50er Jahre wurde von weißen Gewerkschaften als erster Schritt in den Untergang begriffen und ließ weiße Arbeiter (neben den Farmern) zu einem entscheidenen Wählerreservoir der Nationalen Partei werden , die sich ihre Forderungen nach Privilegierung und Schutz vor schwarzer Konkurrenz zu eigen machte.

Neben der deutlichen Verschärfung der *job reservation* wurde 1956 auch ein Verbot der bis dahin durchaus üblichen „gemischten" Gewerkschaften , die Angehörige verschiedener Rassen als Mitglieder zuließen, erlassen. Diese Organisationen wurden entweder zur Selbstauflösung gezwungen oder mußten Angehörige der einzelnen Rassen in getrennten Organisationszweigen organisieren. Dadurch wurde die Spaltung der südafrikanischen Arbeiterbewegung bewußt weiter vertieft.

In Ergänzung zu den Bestimmungen von 1956 wurde 1959 ein Gesetz erlassen, das bestimmte Industriesektoren (Energiewirtschaft, Rüstung etc.) zu „Kernbereichen" deklarierte, in denen schwarze Arbeiter hinfort kaum noch Rechte besaßen. Daneben wurde ein bis heute gültiges Verbot für alle Gewerkschaften erlassen, sich in irgendeiner Form politisch zu betätigen, wobei der Begriff des Politischen außerordentlich weit gefaßt wurde.

Mit den Gesetzesänderungen der 50er Jahre verschob der Staat in den Industriebeziehungen die Gewichte innerhalb der 1924 entstandenen Dreierallianz Regierung — Wirtschaft — weiße Gewerkschaften weiter zu seinen Gunsten. Von einer Gleichberechtigung der einzelnen „Partner" konnte keine Rede mehr sein: die südafrikanische Wirtschaft befand sich nunmehr eindeutig auf dem Weg zu einer stark bürokratisierten und durchgeplanten Staatswirtschaft.

Begleitet wurde die Arbeitsgesetzgebung in den 50ern durch eine Vielzahl von „Sicherheitsgesetzen", die es der Polizei ermöglichten, massiv gegen die schwarzen Gewerkschaften vorzugehen.

Streiks und gewerkschaftliche Organisation in den 70er-Jahren

Trotz des *Sharpeville*-Massakers waren die 60er Jahre in den Industriebeziehungen eine vergleichsweise ruhige Phase. Dies lag zum einen an verstärkter staatlicher Repression durch die „Sicherheitsgesetze", zum anderen aber auch an der allgemeinen ökonomischen Prosperität, die auch den Schwarzen bescheidene Reallohnzuwächse und sichere Arbeitsplätze brachte.

Das änderte sich jedoch Anfang der 70er Jahre, als Krisenerscheinungen in der Wirtschaft, die sich vor allem in stark steigenden Preisen bemerkbar machten, zu einer Vielzahl von (Lohn-)Streiks schwarzer Arbeiter führten. Ihren Höhepunkt erreichten diese Streikwellen im Jahr 1973, als über 90 000 Arbeiter an insgesamt 370 Streiks teilnahmen. Insbesondere in der Industrieregion um Durban brachen zumeist spontane Streiks aus, auf die Unternehmen und Regierung mit Ratlosigkeit, ja sogar Bestürzung reagierten. Zwar wurden die erstreikten Lohnerhöhungen in den folgenden Jahren von den Unternehmen wieder zurückgenommen, dennoch bewiesen die Durban-Streiks, daß hohe Streikbereitschaft die ökonomische Macht der Schwarzen durchaus erfolgreich nutzen konnte. Die Streikerfahrungen der frühen 70er Jahre schufen die Voraussetzungen für die Entstehung neuer, schlagkräftiger Gewerkschaften und stärkten das Selbstbewußtsein der schwarzen Arbeiter.

Die Streiks von 1973 hatten auch die Unzulänglichkeit des Komitee-Systems bewiesen. Daher erließ die Regierung bereits Ende 1973 eine *Bantu*-Arbeitsordnung, mit der die Befugnisse der Komitees dahingehend erweitert wurden, daß neu zu schaffende *works committees* in allen Belangen der Arbeitsbedingungen, nicht aber der Löhne, zumindest konsultiert werden mußten.[5] Trotz dieser Kompetenzerweiterungen blieben die Komitees jedoch staatlich kontrollierte Interessenvertretungen mit Disziplinierung- und Überwachungscharakter. Die Entstehung unabhängiger Gewerkschaften konnten diese kosmetischen Reformen nicht mehr verhindern. Im Zuge der „Reformen" von 1973 sollten unter bestimmten Umständen, nach Inanspruchnahme der Zwangsschlichtung, Streiks von Schwarzen legal werden, die nach den Bestimmungen von 1956 ausdrücklich als ungesetzlich deklariert wurden. Doch erwies sich dieses Streikrecht als rein rhetorisch: Von den insgesamt 743 Streiks von Schwarzen im Zeitraum 1973-79 erklärte die Regierung nur einen einzigen Streik für legal.

2. Die Reformen der Arbeitsgesetzgebung seit 1979

Reformdruck in den 70ern — die Einsetzung der Wiehahn- und Riekert-Kommissionen

Seit Mitte der 70er Jahre schlugen sich politische und ökonomische Veränderungen innerhalb Südafrikas und die zunehmende Kritik aus dem Ausland in einem verstärkten Druck auf Reformen nieder. Die Ereignisse von *Soweto* lösten weltweit eine Welle der moralischen Empörung aus und führten zu einer Radikalisierung der Schwarzen. Nur zügig eingeleitete Reformen, so schien es, konnten eine Wiederholung von Ereignissen wie in Soweto verhindern. Als „Experimentierfeld" für Reformen boten sich der südafrikanischen Regierung die Industriebeziehungen an. Geeignet erschien dieser Bereich nicht zuletzt deshalb, weil begrenzte Reformen in der Arbeitsgesetzgebung durchaus auch im Interesse der Regierung und der Wirtschaft lagen: Die negativen Auswirkungen der Apartheid in der Arbeitswelt auf die Wirtschaftskraft des Landes konnten auf diese Weise reduziert werden. Die Apartheidsgesetze, die Schwarzen keinerlei Aufstiegsmöglichkeiten ließen und sie bei der Aus- und Weiterbildung kraß benachteiligten, führten im Laufe der Jahre zu einem gravierenden Facharbeitermangel, der durch Weiße und Farbige bei weitem nicht gedeckt werden konnte.[6] Die südafrikanische Wirtschaft forderte deshalb schon seit Beginn der 70er Jahre zunehmend durchgreifende Reformen, um eine ausreichende Versorgung mit qualifizierten Arbeitskräften sicherzustellen und die Gefahr von kostspieligen wilden Streiks zu bannen. Dazu brauchte die Industrie gemäßigte Ansprechpartner — und war dafür sogar bereit, unabhängige Gewerkschaften in Betracht zu ziehen.

Diese Entwicklungen veranlaßten die Regierung Vorster 1977, zwei Kommissionen zu berufen, deren Ziel die Ausarbeitung von Reformvorschlägen im Arbeitsrecht und im Bereich der Zuzugskonrollen war. Die Wiehahn-Kommission, benannt nach ihrem Vorsitzenden, dem südafrikanischen Professor für Arbeitsrecht Nico Wiehahn, sollte die geltenden Arbeitsgesetze überprüfen und gegebenenfalls Änderungsvorschläge ausarbeiten. Die Riekert-Kommission, eine Ein-Mann-Kommission, bestehend aus dem früheren Wirtschaftsberater *Vorsters, Piet Riekert,* beschäftigte sich mit möglichen Änderungen im Aufenthaltsrecht für Schwarze. In der Wiehahn-Kommission waren nur Vertreter der Arbeitgeberorganisationen, der zugelassenen Gewerkschaften und Wissenschaftler südafrikanischer Universitäten vertreten; die unabhängigen schwarzen Gewerkschaften, die einzigen authentischen Vertreter der schwarzen Arbeiterschaft, blieben ausgeschlossen.

Die Empfehlungen der Wiehahn-Kommission

Der Kernpunkt der Kommissionsvorschläge war die Zulassung schwarzer und gemischt-rassischer Gewerkschaften einschließlich des Streikrechts sowie ihre Einbindung in das bestehende Tarifverhandlungs- und Schlichtungssystem. Voraussetzung für die Teilnahme an Tarifverhandlungen in den *Industrial Councils* sollte die in Südafrika für alle Gewerkschaften vorgeschriebene „Registrierung" sein.[7] In den *Industrial Councils* wollte die Kommission den schwarzen Gewerkschaften ein Veto-Recht einräumen. Weitere wichtige Vorschläge waren die Abschaffung der *job reservation* (allerdings mit einem Veto-Recht für die betroffenen weißen Gewerkschaften und des Prinzips der *closed shops*. Daneben schlug die Wiehahn-Kommission die Einrichtung eines Arbeitsgerichtshofes (*Industrial Court*) vor, der zunächst durch die Reformen bedingte Streitfälle, später aber auch als generelle Schlichtungsinstanz zwischen Gewerkschaften und Unternehmen fungieren sollte. Mit Gründung der *National Manpower Commission* (Nationale Arbeitskräftekommission) schließlich sollte ein Beobachtungs- und Beratungsgremium für das Arbeitsministerium geschaffen werden.

Bereits ein halbes Jahr nach Vorlage des Berichts verabschiedete das Parlament den *Industrial Conciliation Amendment Act* als Ergänzung zum Schlichtungsgesetz von 1924.

Damit wurden die Vorschläge Wiehahns — wenn auch nur teilweise — in die Praxis umgesetzt. Entgegen der Absicht Wiehahns galten die neuen Bestimmungen nicht für Pendler und Wanderarbeiter (aus den „Homelands" und den Anrainerstaaten). Hausangestellte und Beschäftigte in der Landwirtschaft und im öffentlichen Dienst blieben von den Reformen ebenfalls ausgenommen, sie durften überhaupt nicht Mitglied einer Gewerkschaft werden. Bestehen blieb vorerst auch das Verbot von gemischt rassischen Organisationen. Bestehende *closed shop*-Abkommen wurden nicht außer Kraft gesetzt, der Abschluß neuer derartiger Abkommen aber untersagt. Auch in der Frage der *job reservation* blieb die Regierung zunächst hart, obwohl sie in der Praxis durch eine Vielzahl von Ausnahmeregelungen längst ausgehöhlt worden war: 1979 waren nur noch 0,5 % aller Arbeitsplätze von derartigen Auflagen betroffen. Bedeutung kam diesen Regelungen aber noch im Ausbildungsbereich zu. Das weitgehende Streikverbot für schwarze Gewerkschaften wurde vorerst beibehalten.

Bedeutung und Zielsetzungen der 79er Reform

Charakteristisch für diese Reformen und auch ihre Ergänzungen 1981 war ihre Ambivalenz: Einerseits erhielten die schwarzen Arbeiter neue, in Südafrika bisher noch nie dagewesene Rechte zur Organisierung und Interessenvertretung, anderseits bedeuteten die neuen Bestimmungen keineswegs die Abschaffung der Apartheid am Arbeitsplatz, sondern zielten auf Disziplinierung und Kontrolle der schwarzen Arbeiterschaft durch Einbindung in das bestehende System der Industriebeziehungen. Obwohl die Reformen insgesamt Fortschritte für die schwarzen Gewerkschaften brachten, wurden den schwarzen Arbeitern weiterhin grundlegende Rechte (z.B. Streikrecht, freie Wahl des Arbeitsplatzes) verweigert. Mit Gründung der *National Manpower Commission* (NMC) schließlich schuf die Regierung eine neue Kontrollbehörde mit weitgehenden Befugnissen und verstärkte dadurch den staatlichen Einfluß auf die Industriebeziehungen. Parallel zu den zaghaften Liberalisierungsansätzen in den Reformen erhöhte die Regierung den Druck auf diejenigen Gewerkschaften, die sich der Registrierung verweigerten.[8]

Eine wichtige Zielsetzung der Reformen erschließt sich im Zusammenhang mit den Empfehlungen der Riekert-Kommission. Riekert hatte beabsichtigt, durch ein Daueraufenthaltsrecht für „städtische Schwarze" bei gleichzeitiger Verschärfung der Zuzugskontrollen und der Diskriminierung von Wanderarbeitern und Pendlern die Entstehung einer privilegierten und systemloyalen schwarzen Mittelklasse zu fördern. Seine Vorschläge zielten also auf die Schaffung von legislativen, materiellen und ideologischen Unterschieden zwischen Schwarzen. Ähnlich die Empfehlungen der Wiehahn-Kommission: Sie sahen ebenfalls die Privilegierung eines Teils der schwarzen Arbeiterschaft vor. Rechtlos dagegen sollten Wanderarbeiter und Pendler bleiben. Weniger qualifizierte, „überflüssige" schwarze Arbeitskräfte sollten in die *Homelands* abgeschoben werden.

Die Zwiespältigkeit der Wiehahn-Reformen wurde denn auch rasch erkannt. Sie führte in Südafrika selbst, aber auch im westlichen Ausland, nach zunächst z.T. euphorischer Zustimmung, bald zu wachsender Kritik. Von den schwarzen Gewerkschaften selbst wurden die Reformen als unzureichend, aber immerhin als Schritt in die richtige Richtung bewertet.

Auch auf seiten der Weißen war die Haltung zu den Reformen gespalten: Während die liberale weiße Opposition und englisch dominierte Wirtschaftsverbände positiv reagierten, protestierten die weißen Gewerkschaften und burisch-orientierte Unternehmen sowie die rechte Opposition massiv. Ein Streik Ende 1979 gegen die Reformen von 14 000 Mitgliedern der radikalen weißen Bergarbeitergewerkschaft *Mine Workers Union* (MWU) brach allerdings relativ rasch zusammen.

Vom zweiten Reformschub 1981 zur Trendwende 1984:
das Ende der Liberalisierung?

Trotz des Widerstandes des rechten Flügels im Burenlager setzte die Regierung zunächst ihren Reformkurs fort. Mehrere Ergänzungen der Reformgesetzgebung im Jahre 1981 brachten weitere Fortschritte für die schwarzen Gewerkschaften. Nachdem die Mehrheit der schwarzen Organisationen jegliche Kooperation verweigert und sich der Registrierung vehement widersetzt hatte, hob die Regierung das Verbot gemischt-rassischer Gewerkschaften auf und gestand auch Wanderarbeitern und Pendlern Gewerkschaftsrechte zu. Allerdings wurde gleichzeitig die Registrierung verpflichtend gemacht; diejenigen Gewerkschaften, die dies verweigerten, sahen sich massivem Druck ausgesetzt. Die für die finanziell schwachen Gewerkschaften lebenswichtige automatische Abbuchung der Mitgliedsbeiträge durch den Arbeitgeber wurde 1981 verboten, unter der Hand jedoch weitgehend beibehalten.

Äußerst positiv für die Gewerkschaften wirkten sich die Kompetenzerweiterungen für den *Industrial Court* (1982) aus. Obwohl Richter und „Sachverständige" zum großen Teil aus Laien bestanden, die vom Arbeitsminister ernannt wurden, fiel eine Reihe von wichtigen Entscheidungen zugunsten der schwarzen Gewerkschaften aus: So verbot der Gerichtshof die bisher in Südafrika übliche Praxis Arbeiter wegen Gewerkschaftszugehörigkeit zu entlassen.

Die Entscheidungen des Gerichtshofs schufen aufgrund ihrer Präzedenzwirkung sogar völlig neue Rechtsgrundsätze und führten letztlich zur Aufstellung eines ganzen Katalogs von verbindlichen „Verhaltensweisen" der Tarifpartner im Umgang miteinander. Nachdem ihr anfängliches Mißtrauen gegen den Arbeitsgerichtshof somit entkräftet wurde, begannen die Gewerkschaften, diese Institution intensiv für ihre Ziele in Anspruch zu nehmen.

Im Zuge weiterer Veränderungen im Arbeitsrecht wurden die Befugnisse des Gerichtshofs dann 1983 sogar mit Unterstützung der *National Manpower Commission*, deren Vorschläge häufiger vom Regierungskurs abwichen, nochmals erweitert. Doch gegen Kompetenzen und Entscheidungspraxis des Gerichtshofs hatte sich bereits einflußreicher Widerstand formiert, der insbesondere von den weißen Gewerkschaften, vielen Unternehmen und dem rechten Flügel der *Nationalpartei* kam. Diese Kräfte konnten sich 1984 schließlich durchsetzen. Seither kann der Arbeitsminister Fälle als im „nationalen Interesse liegend" dem Gerichtshof entziehen. Außerdem sind nunmehr nur noch registrierte Gewerkschaften berechtigt, den Gerichtshof anzurufen, was für eine große Zahl von nicht registrierten schwarzen Organisationen schwerwiegende Nachteile in der Auseinandersetzung mit Staat und Unternehmen bedeutet.

Auch ein aktueller Gesetzentwurf, der *Labour Relations Amendment Act*, der seit Ende 1987 dem zuständigen Parlamentsausschuß zur Beratung vorliegt, bringt insgesamt deutliche Nachteile für die schwarzen Gewerkschaften, sofern er verwirklicht wird.

So sollen in Zukunft Sympathie- und Warnstreiks sowie Konsumentenboykotte verboten werden. Bei als illegal deklarierten Streiks könnten künftig die Unternehmen streikende Gewerkschaften für Produktionsausfälle auf Schadensersatz verklagen. Dies könnte viele Gewerkschaften finanziell ruinieren. Neben weiteren Einschränkungen des ohnehin sehr stark reglementierten Streikrechts sollen weitere Kompetenzen des *Industrial Court* an den Arbeitsminister und die Vorsitzenden der Industrieräte delegiert werden. Änderungen im Verfahrensverlauf werden die Verfahren für die Gewerkschaften länger und teurer werden lassen. Positiv wird von den schwarzen Gewerkschaften nur die Einstufung von rassischer Diskriminierung und die Herabsetzung von Löhnen bei Neubesetzung eines Arbeitsplatzes als „unfaire" Handlung („*unfair labour practice*") der Unternehmen, bewertet.

Die schwarzen Gewerkschaften lehnen die geplanten Änderungen insgesamt scharf ab, da sie eine deutliche Schwächung der gesamten

Gewerkschaftsbewegung zur Folge hätten. Sie kündigten entschlossenen Widerstand an und organisierten trotz Verbots Anfang Juni 1988 einen dreitägigen Streik gegen das Gesetzesvorhaben, an dem sich fast drei Millionen schwarze Arbeiter, Schüler und Studenten beteiligten. Von den Unternehmerverbänden haben sich bisher nur zwei offiziell hinter den Entwurf gestellt. Die anderen Verbände, wie auch viele größere Unternehmen äußern sich sehr vorsichtig, um keinen Protest des Ausland und der Gewerkschaften herauszufordern. Trotzdem kann kaum Zweifel daran bestehen, daß ein großer Teil der Unternehmen den Entwurf unterstützt. Demgegenüber lehnen politisch eher „liberale" Unternehmen und die *Progressive Federal Party* (PFP) den Entwurf als einen Rückschritt ab. Sie befürchten sogar kontraproduktive Effekte: Die Einschränkung des Streikrechts wird ihrer Meinung nach zu mehr „wilden" — und militanten Streikaktionen, die vielen vagen Formulierungen im Gesetzesentwurf zu mehr Arbeitsprozessen führen.

Falls der Gesetzentwurf in der letzten bekannt gewordenen Fassung wirklich inkraft tritt, so wäre dies ein gefährlicher Schlag gegen die unabhängigen Gewerkschaften. Der Gesetzentwurf ist auch Ausdruck der staatlichen Offensive gegen die Gewerkschaftsbewegung (vgl. Kap. 6) und demonstriert, daß er Reformkurs endgültig zum Erliegen gekommen ist.

Zusammenfassung und Ausblick

Obwohl die Reformen von 1979 bis 1983 nur sehr begrenzt waren und mit einer Vielzahl von negativen Maßnahmen gekoppelt wurden, begünstigten sie den Aufstieg einer authentischen schwarzen Gewerkschaftsbewegung zu einem eigenständigen Machtfaktor. Die von der Regierung und den Unternehmen erhoffte Disziplinierung und Kontrolle der schwarzen Arbeiterschaft wurde nicht erreicht, im Gegenteil: Staat und Wirtschaft sehen sich mittlerweile mächtigen Arbeitnehmerorganisationen der Schwarzen gegenüber, die sich bis 1988 in zunehmendem Maße auch politisch artikulierten. Diese Organisationen dürften sich auch in Zukunft allen Versuchen sie im Sinne des herrschenden Systems zu lenken und einzubeziehen, widersetzen. Auch die Idee einer Schaffung einer gemäßigten Mittelklasse scheint völlig gescheitert zu sein, da gerade die neue schwarze Mittelklasse sich immer stärker radikalisiert und auch das Personalreservoir der *UDF-* und Gewerkschaftsaktivisten stellt. Diese kontraproduktiven Effekte der bisherigen Kooptationsstrategie schwächten die Stellung des Reformflügels innerhalb des Regierungslagers und stärkten die politische Rechte. Die extensiven Verhaftungen von Gewerkschaftern (ca. 3000 allein bis Ende 1986) unter dem Ausnahmezustand und die Auflagen für die Gewerkschaften im Februar 1988 (u.a. Verbot jeglicher politischer Arbeit, vgl. Kap. 6.) sowie der Gesetzentwurf zum Arbeitsrecht von Ende 1987 deuten auf eine Wiederaufnahme des jahrzehntelangen Konfrontationskurses hin. Doch trotz dieser Offensive des Staates gegen die Gewerkschaften (wie auch gegen die politische Opposition) scheint eine völlige Zerschlagung der Gewerkschaftsbewegung, im Gegensatz zu den 20er und 50er Jahren kaum noch vorstellbar.

3. Gewerkschaftliche Organisation in Südafrika von 1954 bis 1985 — ein Überblick

Die südafrikanische Arbeiterbewegung besteht gegenwärtig aus ca. 250 Einzelgewerkschaften unterschiedlichster Größe und Struktur. Die überwiegende Mehrzahl gehört einem der fünf Dachverbände an. Da über Jahrzehnte ein Verbot bestand, Mitglieder verschiedener Rassen in einer Organisation zusammenzufassen, ist die Gewerkschaftsbewegung bis heute rassisch gespalten. Erst seit 1979 gibt es Gewerkschaften, die Mitglieder aus verschiedenen Rassen aufnehmen (*mixed unions*).

Der Organisationsgrad der Arbeiterschaft liegt bei Weißen, Farbigen und Indern bei etwas über 30 % mit leicht steigender Tendenz. Bei den schwarzen Arbeitern stieg der Organisationsgrad in jüngster Zeit steil an: Lag er vor 1979 noch bei etwa 2 %, so waren 1988 ca. 20 % der schwarzen Arbeiter gewerkschaftlich organisiert.[9]

Die „weißen" Gewerkschaften —
für die Beibehaltung der Apartheid

Der Dachverband mit ausschließlich weißen Mitgliedern, die *South African Confederation of Labour (SACLA*, in der Literatur auch mit *SACOL* abgekürzt) wurde 1957 von ehemaligen Gewerkschaften des *Trade Union Council of South Africas (TUCSA)* gegründet, denen *TUCSA* zu liberal war. *SACLA* versteht sich in erster Linie als *pressure group* für die Beibehaltung oder sogar den Ausbau bestehender Apartheidsstrukturen. Dadurch sollen die Privilegien weißer Arbeiter garantiert werden. Bis in die 70er Jahre erlebte der Verband im großen und ganzen einen stetigen Zuwachs an Mitgliedern und Mitgliedsgewerkschaften. Mitte der 70er Jahre erreichte *SACLA* mit 25 Mitgliedsgewerkschaften und etwa 200 000 Mitgliedern einen organisatorischen Höhepunkt. Gegenwärtig beträgt *SACLAs* Mitgliederstand nur noch ca. 110 000, die in 12 Gewerkschaften organisiert sind (1987). Damit vertritt der Verband ungefähr ein Drittel der organisierten weißen Arbeiterschaft.

Die größte Mitgliedsgewerkschaft *SACLAs* ist die Stahlarbeitergewerkschaft mit ca. 36 000 Mitgliedern (1985). Im September verließ die besonders rassistische Bergarbeitergewerkschaft *Mine Workers Union* (MWU) den Verband. Dieser Austritt demonstrierte, daß es innerhalb SACLAs, wie auch in der „weißen" Bewegung insgesamt, heftige Auseinandersetzungen zwischen einem militant-rassistischen und einem gemäßigteren Flügel um die Frage gibt, wieviel Rechte schwarzen Arbeitern zugestanden werden sollen. Radikale weiße Gewerkschaftler sind bisher nicht bereit, die Folgen der Wiehahn-Reformen zu akzeptieren.

Durch die andauernden Flügelkämpfe wurde der Einfluß der weißen Gewerkschaften geschwächt. Erst in jüngster Zeit finden ihre Forderungen wieder mehr Gehör. Die letzten Wahlen zeigten deutlich, daß die Stammwähler der NP, unter ihnen insbesondere die weiße Arbeiterklasse immer stärker zu den Rechtsparteien tendiert. So kandidierte der Vorsitzende der weißen Bergarbeitergewerkschaft, Paulus, bei den Parlamentswahlen 1987 für die Konservative Partei mit Erfolg — Paulus wurde Abgeordneter und Mitglied des Ausschusses für Arbeitsbeziehungen.

Der Trade Union Council of South Africa (TUCSA)

Über Jahrzehnte hinweg war der 1954 gegründete, aus dem *Trades and Labour Council* hervorgegangene *Trade Union Council of South Africa (TUCSA)* der größte und einflußreichste Gewerkschaftsdachverband in Südafrika. In diesem Verband waren Gewerkschaften weißer, farbiger und schwarzer Arbeiter zusammengeschlossen. In der Frage der Organisierung der Schwarzen war das Verhalten *TUCSAs* allerdings widersprüchlich: Nachdem 1969 auf Verlangen der Regierung Schwarze von einer Mitgliedschaft ausgeschlossen worden waren, wurden sie erst nach 1973 in Form sogenannten „Parallelgewerkschaften" wieder zugelassen.[10]

Der hohe Anteil von farbigen Mitgliedern (ca. 50 %) machte *TUCSA* vor allem zu einer Interessengruppe dieser Bevölkerungsgruppe, die in der sozialen Hierarchie eine Mittelstellung einnimmt. Innerhalb des Verbands dominierten weiße und farbige Funktionäre, Schwarze waren auf allen Ebenen deutlich unterrepräsentiert.

Waren 1968 nur noch 134 000 Arbeiter in 59 Mitgliedsgewerkschaften in der Dachorganisation erfaßt, so stieg die Mitgliedszahl bis 1983 auf 478 000 in 54 Gewerkschaften.[11] Dieser überraschend starke Zuwachs auch noch nach 1980, also nach Entstehung unabhängiger schwarzer Gewerkschaften, kam vor allem durch Ausweitung bereits bestehender *closed shop*-Abkommen zustande, war also eine Art „Zwangsmitgliedschaft". Bis Ende 1986 verringerte sich die Mitgliedschaft der nunmehr 32 angeschlossenen Gewerkschaften auf unter 160 000. Verschiedene Entwicklungen führten zu diesem starken Rückgang: Zum einen verlor *TUCSA* zunehmend schwarze und auch farbige Mitglieder an unabhängige Gewerkschaften. Der Dachverband wurde von vielen Mitgliedern als zu bürokratisch und regierungsfreundlich empfunden. Zum anderen kam es innerhalb des Verbandes zu schweren Auseinandersetzungen um die Haltung zu den unabhängigen Gewerkschaften und um den politischen Kurs. Daher traten eine Reihe von Gewerkschaften aus dem Verband aus und schlossen sich entweder dem „weißen" Verband *SACLA* oder unabhängigen Gewerkschaften an.

Das Verhalten des Verbandes war bisher generell regierungs- und managementfreundlich. Die eigene Arbeit wurde als unpolitisch verstanden. Eine Mitarbeit im System der Industriebeziehungen ohne Wenn und Aber, ein korporatistisches Verständnis der eigenen Rolle im politischen System („Partner von Staat und Industrie") und eine konservative Gewerkschaftspolitik wiesen *TUCSA* als systemstabilisierende Kraft aus. Dementsprechend gespannt war das Verhältnis zu den unabhängigen Gewerkschaften, deren „medienwirksame Militanz", politische Radikalität und finanzielle Abhängigkeit vom Ausland („Marionetten fremder Mächte") von *TUCSA* heftig kritisiert wurden. *TUCSA* forderte auch ein Verbot für den Zugang nicht-registrierter Gewerkschaften zum Arbeitsgerichtshof und konnte sich damit ebenso durchsetzen wie beim Verbot der Annahme ausländischer Unterstützung. Doch war diese feindliche Haltung gegenüber den neuen Gewerkschaften innerhalb des Verbandes keineswegs unumstritten. Versuche, einen Dialog zu beginnen, scheiterten letztlich aber an den konservativen Kräften im Verband. Aus Protest gegen die zunehmenden rechten Tendenzen traten mehrere Gewerkschaften aus dem Verband aus, unter ihnen die renommierte *Boilermakers Society* (Gewerkschaft der

Kesselbauer des einflußreichen Gewerkschaftsführers *Ike van der Watt*.

Nach dem Tode des 19 Jahre lang amtierenden Generalsekretärs geriet der Verband nach 1984 in eine tiefe Krise: er war intern hoffnungslos zerstritten. Die Konsequenz war die Selbstauflösung im November 1986. Der größte Teil der ehemaligen Mitgliedsgewerkschaften schloß sich keinem der anderen Dachverbände an. Im April 1987 wurde von ex-*TUCSA*-Gewerkschaften, die politisch eher zum rechten Flügel gerechnet wurden, ein neuer Verband, die *National Federation of Trade Unions (NFTU)* gegründet. Bisher haben sich der *NFTU* 7 Gewerkschaften mit ca. 150 000 Mitgliedern angeschlossen.[12]

Das historische Vorbild SACTU
(South African Congress of Trade Unions)

Zweifellos ist der *South African Congress of Trade Unions (SACTU)* der wichtigste Vorläufer der heutigen unabhängigen schwarzen Gewerkschaftsbewegung. Weite Teile der Programme und Zielsetzungen des *SACTU*, aber auch einige organisatorische Ideen wie z.B. die Einrichtung spezieller Unterstützungsfonds für Streikende wurden bei den Neugründungen in den 70er- und 80er Jahren übernommen.

Der Dachverband wurde 1955 als Antwort auf die Weigerung *TUCSAs*, Schwarze als Mitglieder aufzunehmen, von 16 Gewerkschaften gegründet. Bis 1960 erhöhte sich die Zahl der angeschlossenen Organisationen auf 35, die Mitgliederzahlen stiegen im selben Zeitraum von 20 000 auf 53 000, darunter 40 000 Schwarze.[13]

SACTU verstand sich in erster Linie als politische Kraft, als ein Sammelbecken gewerkschaftlicher und politischer Opposition. Begründet wurde dieses Selbstverständnis mit dem Hinweis auf die untrennbare Verknüpfung zwischen dem Kampf um „nationale Befreiung" zur Abschaffung des Apartheidssystems und dem gewerkschaftlichen Klassenkampf: Das System der Apartheid sei nur die spezifische Ausprägung des Kapitalismus in Südafrika, der Kampf gegen Apartheid und Kapitalismus demnach im Grunde identisch, er werde nur an verschiedenen Fronten geführt.

Obwohl der *SACTU* einige erfolgreiche Streiks um höhere Löhne und bessere Arbeitsbedingungen organisierte, zeigten sich doch bald erhebliche organisatorische Schwächen. Der Rückhalt der Gewerkschaften in den Betrieben war äußerst schwach und ein großer

Teil der Mitglieder, in der Mehrzahl Wanderarbeiter, Hausangestellte und Farmarbeiter, erwies sich als schwer zu mobilisieren. Hinzu kamen Auseinandersetzungen innerhalb des Verbandes um die Frage der Registrierung. Gleichzeitig verstärkte sich die von Beginn an feindliche Haltung von Regierung und Unternehmen bis hin zur offenen Repression.

Bereits kurz nach der Gründung schloß sich der Verband dem *African National Congress* (ANC) an. Doch insbesondere seit 1957 gestaltete sich das Verhältnis der Organisationen zueinander problematisch, da die gemeinsamen Aktionen häufig schlecht koordiniert waren und der *ANC* zunehmend zu dominieren suchte: Als *SACTU* 1957 einen (erfolglosen) *stayaway*[14] organisierte, wurde die Aktion vom *ANC* ohne Rücksprache mit dem Gewerkschaftsverband abgebrochen.

Nach dem Verbot von *ANC* und dem *Pan-Africanist Congress (PAC)* im Anschluß an das *Sharpeville*-Massaker (1960) sah sich der *SACTU* derart massiver Verfolgung ausgesetzt, daß der Verband 1964 ins Exil nach London und Lusaka (Sambia) ging, ohne jemals ausdrücklich verboten worden zu sein.

Nach einer eher passiven Phase in den 60er Jahren entfaltete der Verband aus dem Exil in der zweiten Hälfte der 70er Jahre erneut umfangreiche Aktivitäten. In einem vielbeachteten „Memorandum an die Unternehmerverbände" von 1977 [15] erhob der *SACTU* eine Reihe von Forderungen, die zur Richtschnur für die damals entstehenden unabhängigen Gewerkschaften wurden: Etwa die Einführung der 40 Stunden- Woche, Streikrecht, Mindestlöhne, Gewährung von gleichen sozialen Leistungen für alle Rassen, bezahlter Urlaub. Im Laufe der Zeit entwickelte sich allerdings ein sehr unterschiedliches Verhältnis zu den einzelnen unabhängigen Gewerkschaften: Während das Verhältnis zum *Council of Unions of South Africa (CUSA)* und zur *Federation of South African Trade Unions (FOSATU)* eher gespannt war, da beide Dachverbände die vom *SACTU* beanspruchte Führungsrolle ablehnten und entgegen den *SCATU*-Empfehlungen eine Teilmitarbeit im System anstrebten, wurden seine Vorstellungen von vielen Gewerkschaften, die sich keinem Dachverband angeschlossen hatten, akzeptiert. Ausdrücklich begrüßt wurde von *SACTU* die Gründung des *Congress of South African Trade Unions* (COSATU) (vgl. Kap.4), durch die sich der Verband eine stärkere Berücksichtigung seiner Vorstellungen erhofft.

Die Hauptaktivitäten des *SACTU*, der eine Rückkehr aus dem Exil zum gegenwärtigen Zeitpunkt ablehnt, liegen im Bereich der internationalen Gewerkschaftssarbeit und der Publizistik. Der Dachverband erreichte auch die Anerkennung durch die *ILO* (Internationale Arbeitsorganistion der *UNO*) als Vertreter der schwarzen südafrikanischen Gewerkschaften und unterhält intensive Beziehungen zum marxistisch orientierten Weltgewerkschaftsbund *(WFTU)*.

Insgesamt ist der Einfluß des *SACTU* auf die schwarze Gewerkschaftsbewegung in den letzten Jahren schwächer geworden. Eine organisatorische Basis im Lande selbst besitzt der Verband nicht. Seine Verdienste liegen vor allem in der Vergangenheit: Mit *SACTU* besaß die schwarze Arbeiterschaft erstmals einen auf nationaler Ebene operierenden, authentischen schwarzen Gewerkschafts-Dachverband zur Vertretung ihrer Interessen.

Der Neuaufbau der schwarzen Gewerkschaften ab 1979

Die Federation of South African Trade Unions (*FOSATU*)

Dieser Dachverband stellte im Zeitraum von 1979 bis zur Eingliederung in den *COSATU* im Jahre 1985 einen der programmatisch bedeutsamsten und organisatorisch stärksten Verbände dar. Die *FOSATU* entstand aus dem Zusammenschluß mehrerer, im Anschluß an die Durban-Streiks gegründeter Beratungs- und Koordinationsgremien[16] vor allem aus dem Natal und dem Gebiet von Witwatersrand. Bis 1985 erlebte die *FOSATU* einen enormen Zulauf an Mitgliedern: Waren bei der Gründung 1979 noch 20 000 Arbeiter in 10 Gewerkschaften angeschlossen, so brachte der Verband 1985 schließlich 143 000 Mitglieder in den *COSATU* ein.[17] Auffällig war der hohe Anteil an farbigen Mitgliedern mit ca. 20-30 %. Für südafrikanische Verhältnisse fast eine Sensation war die Mitgliedschaft von 75 weißen Arbeitern in der *FOSATU* angeschlossenen Automobilarbeitergewerkschaft im VW-Werk von *Uitenhage*.

FOSATUs Organisation basierte auf vier Prinzipien:

— Konzentration auf die betriebliche Ebene
— Errichtung von Industriegewerkschaften auf nationaler Ebene
— Schulung, Ausbildung und Bildung von Mitgliedern und
— gemischt rassische Organisierung, d.h. die Gewerkschaften standen Angehörigen aller Rassen offen.

Die strikte Orientierung an diesen Leitlinien war ein wesentlicher Grund für die großen Erfolge *FOSATUs*: Bereits 1984 waren ihre Gewerkschaften in über 500 Betrieben vertreten; mehr als 200 Betriebsleitungen hatten sie als Alleinvertretung der Arbeiterschaft akzeptiert. Auch die Mehrzahl der von den Mitgliedsgewerkschaften durchgeführten Streiks war erfolgreich. Wirksame Mobilisierung der Mitglieder für Streikaktionen ermöglichten die effizienten Organisationsstrukturen, insbesondere das System der betrieblichen Vertrauensleute *(shop stewards)* nach britischem Vorbild. Diese Vertrauensleute stellten einen engen Kontakt zwischen Führung und Basis sicher, da sie von den Arbeitern direkt gewählt werden und z.T. an ein imperatives Mandat gebunden sind. Die Aufstellung einer großen Zahl von Vertrauensleuten und die Ausbildung einer „Funktionärsreserve" diente *FOSATU* nicht zuletzt als Gegenmittel gegen die Strategie der südafrikanischen Regierung, die Gewerkschaften durch „Abschöpfen" ('Verhaften, Bannen etc.) der Führungsschicht handlungsunfähig zu machen. Die Schaffung eines firmenübergreifenden Systems von Vertrauensleuten war allerdings bei *FOSATU* und *CUSA* nur mit massiver finanzieller Hilfe des westlichen Auslands möglich.[18]

Das Verhältnis zur Regierung war von Dauerkonflikten gekennzeichnet. 1981 kam es auf Initiative *FOSATUs* zu einem Gerichtsurteil des Obersten Gerichtshofes im Natal, in dem gemischt rassische Organisationen (wie *FOSATU*) für legal erklärt wurden; die Regierung mußte dem durch eine entsprechende Gesetzesänderung Rechnung tragen. Im jahrelangen Streit um die Annahme ausländischer Unterstützung setzte sich dagegen die Regierung vor Gericht durch. Dies blieb jedoch zunächst ohne Auswirkungen, da die Regierung zu diesem Gesetz *(Fund Raising Act)* zunächst keinerlei Ausführungsbestimmungen erließ. Ergänzende Bestimmungen zu diesem Gesetz vom April 1988, die die Annahme ausländischer Unterstützung endgültig für illegal erklären sollten, befinden sich gegenwärtig in der Diskussion. Aufgrund ausländischer Proteste wurden sie jedoch zunächst zurückgestellt.

Nach einer Konsolidierungsphase zur Bewältigung des ungeheuren Mitgliederzuwachses konzentrierte sich *FOSATU* in den Jahren 1981-83 vor allem auf gewerkschaftliche Ziele wie Lohnerhöhungen und Verbeserung der Altersversorgung. Zu einer starken Politisierung des Verbandes (wie auch der gesamten Gewerkschaftsbewegung) kam es in Zusammenhang mit der Verfassungsreform von 1983: In Verbindung mit lokalen Schüler-, Studenten- und Gemeindeorganisationen (und ab 1984 mit der *UDF*) organisierte *FOSATU* Widerstandsaktionen, die sich zunehmend gegen das Apartheidssystem generell richteten. Gleichzeitig gab der Verband seine bisher ablehnende Haltung zu Sanktionen auf und bejahte alle Formen von

Sanktionen mit Ausnahme des *Disinvestments* (des Rückzugs von Firmen aus Südafrika). Dagegen lehnte *FOSATU* einen Beitritt zur *United Democatic Front* (UDF) ab, da der Verband befürchtete, seine Identität als Arbeiterorganisation zu verlieren.

Das Verhältnis zu anderen schwarzen Gewerkschaften gestaltete sich von Anfang an schwierig: Die im *CUSA* zusammengeschlossenen Gewerkschaften sowie die an der *Black Consciousness*-Bewegung orientierten Organisationen kritisierten den stark gemischt rassischen Charakter *FOSATUs* und warfen dem Verband vor, sich von linken weißen und farbigen Intellektuellen dominieren zu lassen (tatsächlich sind Weiße und Farbige auf Funktionärsebene überrepräsentiert). Einen weiteren Streitpunkt bildete *FOSATUs* Haltung gegenüber den Wiehahn-Reformen. Hier verfolgte der Verband einen pragmatischen Kurs: Die angeschlossenen Gewerkschaften ließen sich registrieren und arbeiteten zeitweise sogar in den Industrieräten mit. Diese begrenzte Mitarbeit im System („Kooperation ohne Kooptation") wurde zum einen als taktisches Mittel gesehen, um die eigene Aufbauarbeit fortsetzen zu können. Zum anderen wollte man damit zusätzliche Spielräume im Verhältnis zu Regierung und Arbeitgebern gewinnen.[19]. Eine offene Konfrontation mit Regierung und Unternehmen wurde also vermieden, weil man die Gewerkschaften realistischerweise als zu schwach für eine solche Kraftprobe einschätzte. Von radikaleren Organisationen wurde *FOSATU* deshalb als „Brot und Butter"- Gewerkschaft diffamiert. Zu Unrecht, denn in den Jahren von 1979 bis 1984 waren *FOSATU*- Gewerkschaften eindeutig die streikfreudigsten Organisation, sowohl bei Streiks mit politischen- als auch eher gewerkschaftlichen Motiven.

Die Black Consciousness-Gewerkschaften:
Der „Council of Unions of South Africa" (CUSA)
und die „Azanian Confederation of Trade Unions" (AZACTU)

Der Gewerkschaftsrat *CUSA* wurde 1980 gegründet, nachdem Gespräche mit der *FOSATU* über eine gemeinsame Organisation gescheitert waren. *CUSA* wies deutliche Parallelen zur *FOSATU* auf: Der Dachverband ging ebenfalls aus Beratungsgremien hervor, besaß einen vergleichbaren basisdemokratischen Aufbau und verstand sich ebenfalls in erster Linie als Arbeiterorganisation. Die Mitgliedschaft *CUSAs*, in dem zunächst acht Gewerkschaften zusammengeschlossen waren, wuchs im Vergleich zur *FOSATU* sogar noch schneller und erreichte 1984 bereits 243 000. *CUSAs* größte Einzelgewerkschaft war, nach Austritt der Bergarbeitergewerkschaft *National Union of Mineworkers* (NUM) im Oktober 1985, (mit damals 160 000 Mitgliedern) die Chemiefacharbeitergewerkschaft mit ca. 25 000 Mitgliedern. Ende 1985 waren noch 11 Gewerkschaften mit zusammen 180 000 Mitgliedern angeschlossen. Da *CUSAs* Mitgliedsgewerkschaften zum Teil in den gleichen Betrieben wie *FOSATU*-Gewerkschaften organisierten, kam es zunächst zu direkter Konkurrenz, die erst nach Abschluß vertraglicher Regelungen 1983 beigelegt werden konnten.

Im Unterschied zur *FOSATU* bildete *CUSA* eine lockere Föderation ohne gemeinsame Strategie. An den politischen Zielen konnte, trotz der zurückhaltenden Anti-Apartheid-Rhetorik kein Zweifel bestehen: Das Apartheidssystem wurde generell abgelehnt, die Verfassungsreform von 1983 daher heftig bekämpft. Politisch und ideologisch auf der gleichen Linie wie *CUSA* befinden sich die Gewerkschaften derss 1984 gegründeten *Azanian Confederation of Trade Unions* (AZACTU). Bis Ende 1986 waren *AZACTU* ca. 15 Gewerkschaften mit zusammen 80 000 Mitgliedern angeschlossen.

Gegensätze zur *FOSATU*, aber auch zum *COSATU* ergaben sich vor allem in der Frage der Mitgliedschaft von Weißen und Farbigen. *CUSA* und *AZACTU* duldeten zunächst nur die einfache, passive Mitgliedschaft Weißer. Damit verstießen *CUSA* und *AZACTU* gegen das nicht-rassische Prinzip *COSATUs* und weigerten sich deshalb auch, dem neuen Verband beizutreten. Sowohl *CUSA*, wie auch *AZACTU* standen ideologisch der *Black Consciousnes*-Bewegung nahe.[20] Nach Jahren intensiver Zusammenarbeit zwischen *CUSA* und der *AZACTU* schlossen sich Mitte 1987 die beiden Dachverbände zum *National Congress of Trade Unions (NACTU)* zusammen. *NACTU* waren Ende 1986 23 Gewerkschaften mit zusammen über 400 000 Mitgliedern angeschlossen. Die Gründung dieses neuen Dachverbandes demonstrierte, daß trotz gemeinsamer Interessen nach wie vor wichtige Gegensätze innerhalb der schwarzen Arbeiterbewegung fortbestehen (vgl. auch Kap.6).

Die Minenarbeitergewerkschaft NUM

Die *National Union of Mineworkers* (NUM) stellt die erste authentische Massenorganisation schwarzer Bergarbeiter seit 1946 dar. Nach eigenen Angaben zählte sie Ende 1987 über 300 000 Mitglieder (davon zahlten ca. 270 000 regelmäßig Beiträge) und war damit während der letzten Jahre die am schnellsten wachsende Gewerkschaft der Welt. Bei ca. 550000 in der Minenindustrie in Südafrika beschäftigten Schwarzen beträgt der Organisationsgrad bei Schwarzen derzeit etwa fast 50 % — gegenüber unter 1 % vor 1982!

Der Aufstieg der *NUM* in einem Industriebereich, in dem die Löhne und Arbeitsbedingungen der Schwarzen seit ca. 100 Jahren traditionell unter dem südafrikanischen Durchschnitt lagen, reflektierte vor allem eine geschickte Organisationsstrategie, massive Hilfe aus dem Ausland und nicht zuletzt das Organisations- und Verhandlungsgeschick des charismatischen Generalsekretärs *Cyril Ramaphosa*.

Die *NUM* trat 1985 aus *CUSA* aus, da sie im Gegensatz zu ihrem Dachverband für gemischt rassische Organisation eintrat und dem Dachverband undemokratische Entscheidungsfindung vorwarf. Schwerpunkte der gewerkschaftlichen Arbeit der *NUM* waren neben dem (erfolgreichen) Kampf um höhere Löhne vor allem die Verbesserung der Arbeitssicherheit in den Bergwerken. In einer Reihe von Streiks, begleitet von oftmals brutalen Polizeieinsätzen, gelang es der *NUM*, von allen Minenkonzernen als Verhandlungspartner akzeptiert zu werden. Während der letzten 3 Jahre erreichte die *NUM* sowohl Lohnzuschläge, die über der Inflationsrate lagen, als auch günstigere Urlaubs-und Krankengeldregelungen sowie die Einsetzung einer Kommission für Arbeitssicherheit, in der sie vertreten ist. Nachdem 1985 bereits 100000 Bergarbeiter für höhere Löhne gestreikt hatten, kam es im August 1987 zum bisher größten Streik in der südafrikanischen Geschichte: Über 300000 Bergarbeiter, darunter auch ca. 60000 Nichtmitglieder, streikten drei Wochen lang und legten fast die Hälfte aller Gold-und Kohlegruben lahm. Dies stellte angesichts einer völlig unzureichenden Streikkasse und brutaler Einschüchterungsversuche von Werkschutz und Polizei, bei deren Aktionen es Dutzende von Toten und Verletzten gab, einen großen Erfolg dar. Das Hauptziel des Streiks, eine 30 %ige Lohnerhöhung (bei einer Inflationsrate von immerhin 18 % und hohen Gewinnen der Minenkonzerne 1987) wurde jedoch nicht erreicht: Der nach wiederholt abgebrochenen Verhandlungen zustandegekommene Kompromiß brachte Lohnzuschläge zwischen 16 und 23 %. Dazu kamen noch Erhöhungen des Urlaubs- und Unfallentgeltes. Außerdem verpflichteten sich die Bergwerksunternehmen, 40000 während des Streiks entlassene Arbeiter wieder einzustellen. Nach verschiedenen Berechnungen kostete der 27-tägige Streik die Bergwerksunternehmen zwischen 300 und 400 Millionen Rand. Im Gegensatz zu den Streikereignissen von 1985 gelang es der *NUM* diesmal, die Disziplin zu wahren und gewaltsame Einzekaktionen von Mitgliedern zu verhindern. Insgesamt ist der Streik als Teilerfolg für die *NUM* zu bewerten, angesichts der Dauer und der hohen Beteiligung. Die Ergebnisse an der Lohnfront waren jedoch eher bescheiden. So hat sich die Einkommensrelation zwischen schwarzen und weißen Bergarbeitern in den letzten Jahren von etwa 1:5 kaum geändert; 1970 betrug sie allerdings noch 1 : 21!

Vordringliches Ziel der *NUM* bleibt trotz ihres Bekenntnisses zu Sozialismus, nationalem Befreiungskampf, sowie der gelegentlich etwas vollmundigen Parolen (Motto der 87er Konferenz: „1987 — das Jahr, in dem die Bergleute die Kontrolle übernehmen") die Verbesserung der materiellen Lage ihrer Mitglieder.

Ungebundene Gewerkschaften

Unter den Gewerkschaften, die keinem der bisher genannten Dachverbände angehörten, finden sich sowohl Industriegewerkschaften wie auch sog. allgemeine Gewerkschaften, die ihre Mitglieder in Betrieben aus verschiedenen Industriesektoren und Regionen rekrutieren. Während einige Organisationen Mitgliedern verschiedener Hautfarben offenstanden, weigerten sich vor allem kleinere, radikale Gewerkschaften bis heute, Weiße oder Farbige aufzunehmen.

Trotz ihrer Vielfältigkeit lassen diese Organisationen folgende gemeinsame Merkmale erkennen:

— Mit wenigen Ausnahmen handelt es sich um erst sehr spät (Anfang der 80er Jahre) entstandene, militante Organisationen mit hoher Streikbereitschaft.
— Die Organisationsstruktur ist stark basisorientiert, entweder durch ein den *FOSATU*-Gewerkschaften vergleichbares Vertrauensleutesystem oder durch Entscheidungsfindung per Massenaklamation
— Das offizielle System der Industriebeziehungen mit Registrierung und Wiehahn-Reformen sowie der Apartheidsstaat generell werden strikt abgelehnt.
— In der Tradition des *SACTU* sahen die meisten „Ungebundenen" ihre Arbeit als Teil des politische Befreiungskampfes. Viele von ihnen traten der *UDF* und dem *COSATU* bei.
— Eine enge Zusammenarbeit fand mit schwarzen Gemeindeorganisationen (oft *UDF*-Organisationen) bei Streiks und Konsumentenboykotten statt.

— Aufgrund ihrer Streikfreudigkeit und politischen Zielsetzungen sehen sich diese Gewerkschaften besonders in den *Homelands* massiven staatliche Repressionen ausgesetzt.

In den letzten Jahren kam es zunehmend zur Umbildung von allgemeinen Gewerkschaften zu Industriegewerkschaften. Die mit ca. 130 000 Mitgliedern (Ende 1984) größte allgemeine Gewerkschaft, die *South African Allied Workers Union (SAAWU)*, bildete beispielsweise 26 „Branchen" für Arbeiter aus verschiedenen Betrieben und Industriesektoren. 1986 spaltete sich ein Teil der *SAAWU* ab und fusionierte mit anderen Gewerkschaften zu der *COSATU* angeschlossenen *Food and Allied Workers Union* (FAWU mit ca. 60 000 Mitgliedern), die größte Gewerkschaft im Nahrungsmittelsektor. Auch andere ungebundene Gewerkschaften gingen in den mittlerweile 9 großen Industriegewerkschaften *COSATUs* auf (vgl. Kap. 4).

Insgesamt leisteten die ungebundenen Gewerkschaften einen wichtigen Beitrag zur Entstehung und Formierung der neuen, unabhängigen schwarzen Arbeiterbewegung. Sie waren zum größten Teil auch in ihrer gewerkschaftlichen Arbeit erfolgreich, erreichten z.B. eine Vielzahl von Anerkennungsabkommen mit Unternehmen. Sie stellten unter den südafrikanischen Bedingungen eines äußerst geringen Organisationsgrades bis 1979 notwendige und erfolgreiche Organisationsformen dar. Nach Konsolidierung der gesamten Bewegung haben sie sich aufgrund der Schwierigkeiten einer Mobilisierung der verstreuten Mitgliedschaft als zu wenig effektiv erwiesen. Die Tendenz zur Bildung schlagkräftiger Industriegewerkschaften ließ fast alle wichtigen ungebundenen Organisationen während der letzten drei Jahre mit Industriegewerkschaften fusionieren. 1985 besaßen sie allerdings noch insgesamt 500 000 Mitglieder.

Die Situation der Gewerkschaften in den „Homelands"

Die schwierige Situation der unabhängigen Gewerkschaften in den sog. *Homelands* (Heimatländern) ist nur vor dem Hintergrund der sozialen und politischen Verhältnisse in jenen Gebieten zu verstehen: Bei den insgesamt zehn *Homelands*, von denen vier nominell unabhängig von Südafrika sind, handelt es sich zumeist um karge, unfruchtbare und rohstoffarme Gebiete, die insgesamt ca. 13 % der Gesamtfläche des Landes ausmachen.[21] Dort leben de jure ca. 12 Millionen (also ca. 40 % aller schwarzen Südafrikaner!), tatsächlich aber nur rund 6 Millionen Menschen, da ein großer Teil der *Home-*

land"-Bewohner sich illegal in Südafrika aufhält. Denn die *Homelands* sind nicht in der Lage, ihre Bewohner ausreichend mit Nahrungsmitteln, Gesundheitsleistungen und Ausbildungs- und Arbeitsplätzen zu versorgen: Es herrscht eine allgegenwärtige und bedrückende Armut, die durch extremes Bevölkerungwachstum noch verstärkt wird.[22] Die geschätzte Arbeitslosigkeit liegt im Durchschnitt bei ca. 30-50 %. Der Lebensstandard liegt zumeist noch deutlich unter dem südafrikanischer *Townships*. Für Arbeiter in den Homelands gibt es weder Arbeitslosen- noch Rentenversicherung. Bei der Zwangsumsiedlung in ihre „Stammesgebiete" verlieren Arbeiter zudem ihre Renten- und Sozialversicherungsansprüche in Südafrika. Aufgrund der miserablen Lebens- und Arbeitsbedingungen verdingen sich viele *Homeland*-Bewohner als Pendler oder Wanderarbeiter in Südafrika.[23] Für Unternehmen in Südafrika ist allein schon die Drohung, Wanderarbeiter in ihre *Homelands* abzuschieben, ein geeignetes Mittel, Unmut und Streikbereitschaft zu parieren — so tief sitzt die Angst, in die verhaßten Homelands zurückkehren zu müssen.

Für südafrikanische wie ausländische Unternehmen bietet eine Ansiedlung in einem *Homeland* auf den ersten Blick große Anreize: Es locken ein beinahe unerschöpfliches Reservoir an billigen Arbeitskräften, enorme finanzielle Vorteile (steuerliche Abschreibungen, vollständiger Re-Transfer von Gewinnen, weitgehende Steuerfreiheit, günstige Kredite der südafrikanischen Entwicklungsbank) sowie das Fehlen von gewerkschaftlichen Vertretungen. Letzteres wird von *Homeland*-Administrationen sogar als Werbung verwendet, um Investoren zu gewinnen. Dem gegenüber steht jedoch ein frappierender Mangel an Fachkräften, mangelhafte Infrastruktur, die politische Unsicherheit und die zumeist brutal repressiven und korrupten *Homeland*-Administrationen. Außerdem ist bei exportorientierten Unternehmen eine Ächtung durch das westliche Ausland, das keines der *Homeland* anerkennt, zu befürchten.

Die von den *Homeland*-Administrationen und Südafrika sehnlichst gewünschte Ansiedlung von Betrieben ist aus diesen Gründen trotz massiver Werbung, keineswegs zu deren Zufriedenheit verlaufen. Abgesehen von einigen multinationalen Konzernen, die Zweig- und Zuliefererbetriebe für ihre südafrikanischen Werke errichteten,[24] blieben die erhofften Direktinvestitionen in größerem Ausmaß aus. Allerdings siedelten sich eine ganze Reihe von (vor allem südafrikanischen) Betrieben im Grenzbereich nahe der *Homelands* an. Diese Unternehmen beschäftigen zumeist schwarze Arbeitskräfte aus den angrenzenden *Homelands*, die in der Regel kaum gewerkschaftlich organisiert sind, zu Minimallöhnen.

Die nominelle Unabhängigkeit von gegenwärtig vier *Homelands* bedeutet, daß die südafrikanische Arbeitsgesetzgebung dort nicht gültig ist. Die meisten *Homelands* übernehmen jedoch Teile des südafrikanischen Rechts (z.B. KwaZulu, Bophuthatswana). Die Arbeitsgesetzgebung und die Rechtssprechung sind generell von *Homeland* zu *Homeland* sehr verschieden. Sie bewegen sich im Spektrum von Anerkennung der Gewerkschaften (KwaZulu) über mehr oder minder offene Ablehnung (Ciskei, Bophuthatswana) bis hin zur Befürwortung eines Komiteesystems als Alternative zu Gewerkschaften (Venda, Transkei).

In der Praxis kann sich die unterschiedliche Gesetzgebung zwischen Südafrika und den *Homelands* wie folgt auswirken: Pendler aus Bophuthatswana, die in Südafrika Mitglieder einer Gewerkschaft sind, können bei der abendlichen Rückkehr in ihr *Homeland* von den Sicherheitsbehörden wegen dort illegaler Zugehörigkeit zu einer ,,ausländischen" Gewerkschaft verhaftet werden. In der Transkei sind Gewerkschaften explizit verboten, in der Ciskei wird ihre Arbeit durch Versammlungsverbote aufgrund von Sicherheitsgesetzen und willkürliche Verhaftungen und Folterungen von Gewerkschaftern massiv unterdrückt. Im Jahr 1982 starb der farbige Gewerkschaftsfunktionär *Neil Agget* unter der Folter der gefürchteten Geheimpolizei der Ciskei. Bei der Verfolgung von Gewerkschaftern arbeiten die oftmals brutalen Sicherheitsbehörden der *Homelands* Hand in Hand mit der südafrikanischen Polizei, die z.B. bereitwillig Gewerkschaftsfunktionäre der *SAAWU* an die Behörden der Ciskei auslieferte. Bei Protesten aus dem Ausland gegen die Behandlung der Gewerkschaften in *Homelands* erklärt sich Südafrika dann für nicht zuständig und verweist auf die ,,inneren Angelegenheiten eines souveränen Staates".

Trotz großer Probleme in den *Homelands* gelang es einigen Gewerkschaften wie der *SAAWU* in der Ciskei, der *FOSATU*-Gewerkschaft der Metallarbeiter (*Metal and Allied Workers Union (MAWU)* in KwaZulu oder der *NUM* in Bophuthatswana auch in den *Homelands* Organisationserfolge zu erzielen. Trotzdem ist der Organisationsgrad mit ca. 5 - 10 % (eigene Schätzung) wesentlich geringer als in Südafrika. Die hohe Arbeitslosigkeit erschwert zusätzlich die Arbeit von Gewerkschaften. Daran dürfte sich auch in absehbarer Zeit nicht ändern.

Die IG-Metall und südafrikanische Gewerkschaften

Das Thema Südafrika spielt in der internationalen Gewerkschaftsarbeit zunehmend ein wichtige Rolle. Sowohl der sozialdemokratisch ausgerichtete *Internationale Bund Freier Gewerkschaften (IBFG)* als auch, in geringerem Ausmaß, der marxistisch orientierte *Weltgewerkschaftsbund (WFTU)* unterstützten den Aufbau der neuen Gewerkschaften seit Mitte der 70er Jahre massiv.

Spätestens seit der Amtszeit des *IG Metall* Vorsitzenden *Eugen Loderer* ist Südafrika auch ein Thema von besonderem Rang für die *IG Metall*, die mit rund 2,6 Millionen Mitgliedern größte deutsche und westeuropäische Einzelgewerkschaft. Seither existierten zwischen der *IGMetall* und einigen *FOSATU*-und *CUSA*-Gewerkschaften enge Beziehungen. Die *IGMetall* unterstützte die unabhängige Gewerkschaftsbewegung seit ihrer Entstehung 1979 mit beträchtlichen finanziellen Mitteln,[25] unter anderem auch durch Spendensammlungen in deutschen Betrieben zur Unterstützung streikender südafrikanischer Arbeiter. Für südafrikanische Gewerkschaftsfunktionäre wurden in der Bundesrepublik spezielle Weiterbildungsprogramme gestartet. In Zusammenarbeit mit schwarzen Gewerkschaften wurden Verstöße gegen den *EG-Kodex*[26] publik gemacht und zum Teil erfolgreich bekämpft. Immer häufiger kommt es im Falle von Streiks in Südafrika in Tochterunternehmen deutscher Konzerne zu einer direkten Zusammenarbeit der Gewerkschaften beider Länder: Im VW-Werk in Wolfsburg etwa drohte der deutsche Gesamtbetriebsrat sogar begrenzte Streikaktionen an, falls die VW-Zentrale nicht dafür sorge, daß das deutsche Management in der Südafrika — Tochter den Forderungen der schwarzen Automobilarbeitergewerkschaft entgegenkomme. Diese Drohung hatte sofort Erfolg. Gleiches geschah beim Lohnstreik der 2800 Beschäftigten der Daimler-Benz-Tochter in Südafrika: Auf Druck der *IG Metall* und aus Sorge um das weltweite Renomee des Konzerns wurde die südafrikanische Tochter nach fünfeinhalb Wochen Streik veranlaßt nachzugeben.

Im April 1988 schließlich veröffentlichte die *IG Metall* einen „Mindeststandard für Arbeitsbeziehungen und Arbeitskonflikte" für deutsche Firmen in Südafrika. Damit sollen die insgesamt 41 deutschen Metallfirmen in Südafrika noch stärker als durch den *EG-Kodex* zur fairen Behandlung südafrikanischer Gewerkschaften angehalten werden. Wichtigste Foderungen an die Unternehmen sind dabei: Anerkennung und Respektierung schwarzer Gewerkschaften wie es in der Bundesrepublik üblich ist und der Verzicht der Unternehmen die Vorteile, die sich durch das Apartheidssystem bei Auseinandersetzungen mit schwarzen Arbeitern ergeben, zu verzichten. Bis August 1988 hatten sich bereits Daimler Benz, BMW und Siemens bereit erklärt, diese Mindeststandards anzuerkennen.

Trotz des starken und erfolgreichen Engagements, das von Gewerkschaftsseite gern heruntergespielt wird, ist der Einfluß auf Ziele und Politik der schwarzen Gewerkschaften in Süadfrika nur gering. Nach negativen Erfahrungen mit Beeinflussungsversuchen durch westliche Organisationen und Gewerkschaften[27] haben die südafrikanischen Arbeiterorganisationen eine Einmischung in ihre inneren Angelegenheiten stets energisch bekämpft und jegliche mit Auflagen verbundene Hilfe abgelehnt. Eine von der südafrikanischen Regierung und „weißen" Gewerkschaften behauptete Steuerung der Gewerkschaften durch das Ausland erscheint vor diesem Hintergrund absurd.

Das im internationalen Vergleich herausragende Engagement der *IG Metall* ist innerhalb der Bundesrepublik umstritten. Von konservativer Seite wird eine derartige politische Betätigung rundweg abgelehnt. Demgegenüber werfen „linke" Kritiker der *IG Metall* vor, sie unterstütze die „falschen", d.h. gemäßigten sozialdemokratischen Kräfte anstelle der „echten" Widerstandsorganisationen, wie z.B. den *ANC*. Beide Positionen verkennen jedoch das eigentliche Problem des Südafrika-Engagements der deutschen Gewerkschaften: Eine Unterstützung von Wirtschaftssanktionen gegen Südafrika, eine aktive Beteiligung an Boykotten südafrikanischer Waren in der BRD u.a.,[28] könnte durch den Verlust von Arbeitsplätzen in der deutschen Exportwirtschaft auf die deutschen Gewerkschaften selber zurückwirken.[29] Dem Engagement für die schwarzen Gewerkschaften könnten daher in Zukunft dann Grenzen gesetzt sein, wenn der Verlust von Arbeitsplätzen im eigenen Land den Widerstand der Gewerkschaftsbasis herausfordern würde.

Die *IG Metall* bildet gegenwärtig neben der Evangelischen Kirche die einflußreichste und wirkungsvollste Pressure Group in der Bundesrepublik gegen die Apartheid.

4. Die Gewerkschaftsföderation COSATU —
auf dem Weg zur Einheitsgewerkschaft?

Organisation und Politik

Mit der Gründung des *COSATU* am 1. 12. 1985 erreichte die südafrikanische Arbeiterbewegung nach vierjährigen vergeblichen Einigungsbemühungen endlich den angestrebten Dachverband. Bis Mitte 1987 schlossen sich *COSATU*-Gewerkschaften rund. 1 Million Arbeiter an; davon zahlten ca. 850 000 regelmäßig Beiträge. Damit vertritt *COSATU* ca. 60 % aller organisierten schwarzen Arbeiter[30].

Auch innerhalb des Verbandes kam es zu einem Konzentrationsprozeß: Bis 1987 hatte sich die Zahl der angeschlossenen Organisationen durch Fusionen von 35 auf 30 verringert. Ende 1987 kam es dann zu der lange angestrebten Bildung von Industriegewerkschaften auf nationaler Ebene. Nach schwierigen und langwierigen Verhandlungen entstanden 9 Großorganisationen [31]. Daneben existieren noch eine Reihe weitere traditonsreiche *COSATU*-Gewerkschaften, unter ihnen die *NUM* (vgl. Kap. 3) und die *Commercial, Catering and Allied Workers Union of South Africa*(CCAWUSA).

Innerhalb *COSATUs* sind also sowohl Industriegewerkschaften (meist Ex-*FOSATU*-Organisationen) mit starken Basisstrukturen in den Betrieben als auch ehemalige allgemeine Gewerkschaften (z.B. *SAAWU*) vertreten.

Oberstes Gremium des *COSATU* ist das von einer Delegiertenkonferenz gewählte sechsköpfige Exekutivkomitee mit einem Präsidenten an der Spitze — derzeit der Inder *Elijah Barayi*. Vizepräsidenten sind der Ex-*FOSATU*-Präsident *Chris Dlamini* und der *CCAWUSA*-Präsident *Ledwaba*. Generalsekretär ist der Inder *Jay Naidoo*, insgesamt alles erfahrene und erfolgreiche Gewerkschaftsführer. Die Einzelgewerkschaften sind auf der jährlichen Delegiertenkonferenz proportional zu ihrer Mitgliederstärke vertreten, wobei den kleineren Organisationen eine Minimalvertretung zugestanden wird.

Neben der grob proportionalen Vertretung der Mitgliedsgewerkschaften auf der Delegiertenkonferenz stützt sich *COSATU* auf drei weitere Organisationsprinzipien:

— Industriegewerkschaft = eine Gewerkschaft pro Industriezweig
— multirassische Organisation
— Kontrolle der Führung durch die Basis, innergewerkschaftliche Demokratie

Die Nahziele des *COSATU* haben primär gewerkschaftlichen Charakter. Es geht dabei vor allem um Gleichbehandlung von Mann und Frau, Einführung eines Mindestlohnes (*living wage*-Kampagne 1987) und des Streikrechts, Abschaffung der Wanderarbeit, bezahlten Urlaub, Verbesserung in der Arbeitssicherheit und im Ausbildungsbereich etc.. In der täglichen Gewerkschaftsarbeit besitzen die Mitgliedsgewerkschaften weitgehende Handlungsfreiheit. Daneben verfolgt *COSATU* auch langfristige politische Ziele, die insgesamt auf die Beseitigung des Apartheidsstaates und damit des gegenwärtigen politischen Systems hinauslaufen. Das Endziel, so Präsident *Barayi* auf der Gründungsversammlung, sei ein „sozialistisches Südafrika". Auf dem zweiten Jahreskongreß im Sommer 1987 wurde die Freiheitscharta des *ANC* einstimmig als Grundsatzdokument angenommen. Oberstes wirtschaftspolitisches Ziel ist die Verstaatlichung der Minen- und Großindustrie. Hinzu kam 1987 noch die Forderung nach Mitbestimmung bei der Wirtschaftsführung des Landes und innerhalb der Unternehmen.

Auf der Gründungsversammlung forderte *COSATU* umfassende Wirtschaftssanktionen des Westens einschließlich des Rückzugs von Unternehmen aus Südafrika (*disinvestment*). In einem internen *COSATU*-Report vom März 1987 wird dagegen differenzierter argumentiert: Sanktionen des Westens werden, obwohl sie die Lage einiger tausend schwarzer Arbeiter verschlechtern könnten, zwar generell befürwortet, ein Rückzug in Südafrika tätiger Unternehmen wird allerdings nicht mehr verlangt. Falls sich Firmen aus Südafrika zurückziehen, sollten sie mit den jeweils in ihren Betrieben vertretenen Gewerkschaften über die „Rückzugsmodalitäten" verhandeln. Damit will *COSATU* verhindern, daß im Falle einer Übernahme der betreffenden Firmen durch südafrikanische Unternehmen die ausgehandelten Löhne und Sozialleistungen, die oft über dem südafrikanischen Durchschnitt liegen, von den neuen Eigentümern zurückgenommen werden.

Obwohl *COSATU* ausdrücklich betont, daß der Verband an einer engen Zusammenarbeit mit allen „fortschrittlichen politischen Organisationen" interessiert sei, lehnt er ein formelles Bündnis mit der *UDF* ab.[32].

Erste Kontakte zum *ANC* wurden bereits im Dezember 1985 geknüpft. Ein Zusammentreffen des Generalsekretärs *Naidoo* mit ranghohen *ANC*- und *SACTU*-Vertretern führte zu einer gemeinsamen Erklärung, in welcher der *ANC* die Unabhängigkeit des Dachverbandes ausdrücklich betonte. *COSATU* scheint insgesamt entschlossen, sich nicht vom *ANC* dominieren zu lassen, auch wenn *ANC*-Vertreter immer wieder darauf verweisen, daß der Verband die Führungsrolle des *ANC* anerkenne. Dies trifft, wenn überhaupt, nur für den politischen Kampf zu, da der Verband alle Einmischungen in seine Gewerkschaftsarbeit strikt ablehnt.

Eine enge Anlehnung an den *ANC* oder andere politische Organisationen wird mit dem Hinweis auf das Schicksal des *SACTU* in den 50er Jahren abgelehnt.

Mißtrauisch stehen *COSATU* und auch *NACTU* der von ihnen als „kleinbürgerlich" etikettierten Führungsschicht des *ANC* gegenüber: Sie argumentieren, daß der *ANC* von Intellektuellen dominiert sei, die die Situation der Arbeiter und die im Lande nicht genügend kennen würden. Trotz unbestreitbarer ideologischer Affinitäten und einem Grundkonsens in den wichtigsten politischen Zielen ist das Verhältnis zwischen *ANC* und Gewerkschaften deshalb keineswegs eindeutig. Vorwürfe der südafrikanischen Regierung, viele Gewerkschaften seien „Frontorganisationen" von *ANC*, oder der kommunistischen Partei Südafrikas, sind daher eher als Rechtfertigungsgründe zu sehen, um gegen die Gewerkschaften vorgehen zu können.

COSATU in der Krise? — *Bilanz und Bewertung*

Ohne Zweifel stellt die Gründung des *COSATU* einen großen Fortschritt für die südafrikanische Gewerkschaftsbewegung dar: Noch nie waren so viele schwarze Arbeiter in nur einem Verband organisiert. Mit *COSATU* besitzt die südafrikanische schwarze Arbeiterschaft auch eine authentische politische Stimme. Einfluß und organisatorische Stärke *COSATUs* zeigen sich insbesondere bei politischen Streikaktionen: Trotz erheblich verschärfter Rahmenbedingungen (Verbot sich in irgendeiner Form politisch zu betätigen vom Februar 1988) gelang es *COSATU* mit Unterstützung anderer Organisationen den bisher größten landesweiten Proteststreik zu organisieren.

Auch die eher gewerkschaftlichen Erfolge sind bedeutend: *COSATU*-Gewerkschaften gelang es 1987, durchschnittliche Lohnerhöhungen von 18 % durchzusetzen, die angesichts einer Inflationsrate von 16,1 % (1987) zum ersten Mal seit Jahren einen Reallohnzuwachs bedeuten.[33]

Doch stellt der Verband insgesamt nicht die erhoffte Einheitsgewerkschaft dar und ist daher nicht mit dem deutschen DGB oder dem britischen *Trade Union Council* vergleichbar. Seine wichtigste Funktion liegt eher in der Koordination gewerkschaftlicher und politischer Aktivitäten. Der Dachverband arbeitet vornehmlich auf nationaler Ebene. Außer den *regional branches* (Regionalvertretungen) in den Industriegebieten verfügt er über keine lokalen Vertretungen. Diese eher lockere organisatorische Struktur ergibt sich auch aus der heterogenen Zusammensetzung des Verbands, dem Nebeneinander verschiedener Organisationsformen und vor allem ideologisch divergierender Strömungen in den Gewerkschaften.

Im Laufe des Jahres 1988 traten Schwierigkeiten innerhalb der drittgrößten, renomierten Mitgliedsgewerkschaft *CCAWUSA* auf, die sowohl mit der Struktur *COSATUs* als auch mit den letztlich ungeklärten Fragen des Verhältnisses zu den Befreiungsbewegungen und zur *NACTU* zusammenhingen: Innerhalb der ca. 80 000 Mitglieder zählenden *CCAWUSA* brachen Ende 1987 offene Flügelkämpfe aus. Die Hauptstreitpunkte zwischen den verfeindeten Flügeln sind für die Probleme *COSATUs* charakteristisch:

— die Annahme der Friedenscharta des *ANC* wird von einem Teil *CCAWUSAs*, dem einflußreichen Johannesburger Bezirk, abgelehnt, denn die Beschlußfassung darüber sei undemokratisch gewesen,
— die engen Kontakte der anderen Fraktion *CCAWUSAs* zum Konkurrenzverband *NACTU*, ohne Rücksprache mit *COSATU*,
— die mangelnde Verwirklichung innerer Demokratie resultierend aus der ungenügenden Repräsentation von Minderheitsvoten und Manipulationen bei internen Wahlen, wahrscheinlich von beiden Seiten.

Vermittlungsversuche *COSATUs*, der ungeschickt agierte, da er sich abwechselnd hinter die verschiedenen Flügel stellte, blieben bis Mitte 1988 erfolglos. Es ist durchaus möglich, daß ähnliche Konflikte auch innerhalb der anderen Großorganisationen, die meistens aus Fusionen sehr heterogener Organisationen hervorgegangen sind, an die Oberfläche kommen.

Nach stürmischen Jahren des Wachstums und ständig zunehmendem Einfluß scheint *COSATU* sowohl durch innere Probleme als auch durch die staatliche Offensive (vgl. Kap. 6) in die bisher größte Krise seit der Gründung vor drei Jahren geraten zu sein. Eine erfolgreiche Gegenwehr zur staatlichen Offensive kann nur auf der Basis stärkerer innerer Geschlossenheit geleistet werden.

Die INKATHA — Gewerkschaft UWUSA — eine Reaktion auf COSATU

Am 1. Mai 1986 wurde in Durban von ca. 60-80000 Anhängern des Zulu-Chiefs und *INKATHA*-Vorsitzenden *Gatsha Buthelezi* der Gewerkschaftsbund *United Workers Union of South Africa (UWUSA)* gegründet. Der neue Dachverband hat nach eigenen Angaben ca. 132000 Mitglieder,[34] von denen aber nur etwa ein Drittel regelmäßig Beiträge zahlt. *UWUSA* beschränkt sich hauptsächlich auf Natal (90 %) und den Transvaal. Bisher haben sich nur zwei größere Gewerkschaften, beides Gewerkschaften, die von Unternehmen gegründet wurden, dem Dachverband angeschlossen.[35] Wenngleich sich *UWUSA* als eine allen Rassen offenstehende Organisation bezeichnet, stellt sie de facto eine Zulu-Gewerkschaft dar, da 80-90 % der Mitglieder Zulus sind. Die Führungsspitze rekrutiert sich trotz einiger Veränderungen fast ausnahmslos aus Geschäftsleuten und Unternehmern, die in den meisten Fällen auch *INKATHA*-Mitglieder sind. Nur wenige Funktionäre besitzen überhaupt gewerkschaftliche Erfahrungen.

Die Nahziele *UWUSAs* sind der Aufbau von Industriegewerkschaften, die Ausdehnung der Organisation auf das Industriegebiet von Witwatersrand und schließlich die Erfassung der bislang nicht organisierten Landarbeiters im Norden Natals.

Politisch befindet sich *UWUSA* weitgehend auf der Linie der Wirtschaft und der liberalen weißen Opposition: Sanktionen werden als kontraproduktiv abgelehnt, neue Investitionen des Auslands ausdrücklich begrüßt, die marktwirtschaftliche Ordnung bejaht (Slogan: „Jobs — no hunger") und ein politisches Mandat der Gewerkschaftsbewegung abgelehnt.[36] Der von *UWUSA* propagierte Kampf gegen das Apartheidssystem und gegen jede Form von Ausbeutung soll mit „friedlichen Mitteln und auf evolutionärem Wege" erfolgen.

Die Gründung eines „eigenen" Dachverbandes war die Antwort Buthelezis auf den politisch pronouncierten Kurs des *COSATU*. Nachdem Versuche von *FOSATU*- Gewerkschaften, im Natal mit *INKATHA* zusammenzuarbeiten, an deren Unzuverlässigkeit gescheitert waren — Streiks und Konsumentenboykotte wurden von *INKATHA* nur sporadisch mitgetragen — versucht *Buthelezi* nunmehr offenbar eine eigene Gewerkschaft zu gründen, um seinen Einfluß unter Arbeitern zu erhalten. Folgerichtig sieht er die *UWUSA* als seinen „Finger im Gewerkschaftskuchen".

Gegenwärtig sucht *Buthelezi* politische und finanzielle Unterstützung des westlichen Auslands für *UWUSA* zu gewinnen.

Erste Kontakte bestehen bereits zum *African-American Labour Center* des amerikanischen Dachverbands AFL-CIO (*American Federation of Labour — Congress of Industrial Organisations*), zu konservativen Institutionen in der Bundesrepublik (z.B. Konrad-Adenauer-Stiftung) und zu Israel.

Auch wenn die ersten Organisationserfolge *UWUSAs* durchaus beeindruckend waren, zeichnet sich inzwischen ein Mitgliederrückgang ab. Der Dachverband scheint nicht in der Lage zu sein, konkrete materielle Verbesserungen für seine Mitglieder zu erreichen. Die korporatistische Grundhaltung und das bisher gute Verhältnis zu Unternehmern, die die Gründung *UWUSAs* begrüßten, sind mit der täglichen Gewerkschaftsarbeit nur schwer vereinbar. Da Arbeiter im direkten Vergleich häufig die erfahrenen und erfolgreichen *COSATU*-Gewerkschaften vorziehen, gehen *UWUSA*-Funktionäre mit Unterstützung *INKATHAS*, der Sicherheitskräfte und der sog. *Vigilanten* (von *INKATHA* oder der Regierung unterstützte Banden, die gegen die schwarzen Oppositionsgruppen vorgehen) immer öfter gewaltsam gegen *COSATU*-Organisationen vor.

Angesichts einer innenpolitischen Lage, die Optionen für einen reformistischen Weg unglaubwürdig erscheinen läßt, ist es zumindest fraglich, ob der Kurs *UWUSAs* außerhalb Natals überhaupt eine Chance hat. Ein Mißerfolg des *UWUSA* -Projekts würde auch *Buthelezis* politische Position in Südafrika schwächen.

UWUSA stellt insgesamt also einen Versuch *INKATHAs* dar, ethnische Zugehörigkeit als Instrument einzusetzten, um Einfluß auf die schwarze Arbeiterbewegung ausüben zu können. Sie ist damit in erster Linie ein politischer Spaltungsversuch entlang ethnischer Grenzen.

5. Die schwarzen Gewerkschaften als politische Kraft

Streiks und politische Aktionen

Südafrika war seit den 20er Jahren dieses Jahrhunderts ein Land mit vergleichsweise hoher Stabilität in den Industriebeziehungen: Streikhäufigkeit und -intensität bewegten sich jahrzehntelang auf niedrigem Niveau. Dies lag sowohl an der erfolgreichen Einbindung der weißen Arbeiterschaft in das Herrschaftssystem als auch an der brutalen Unterdrückung der schwarzen Arbeiterbewegung. Trotzdem gelang es schwarzen Arbeitern vor allem in den 40er-, 50er und Anfang der 70er Jahre sich zu organisieren und größere Streikaktivitäten zu entfalten. Doch gelang es dem südafrikanischen Staat regelmäßig, meist mit Unterstützung der Wirtschaft die Bewegung zu zerschlagen und über Jahre handlungsunfähig zu machen.

Erst in den 80er Jahren änderte sich dies durch die Entstehung einer starken schwarzen Gewerkschaftsbewegung. Obwohl nach den Durban-Streiks von 1973 die Streikaktivitäten unter dem Eindruck der Wirtschaftsrezession und verstärkter staatlicher Unterdrückung zunächst zurückgingen, war eine völlige Zerschlagung der Gewerkschaften aufgrund der Stärke der Organisationen und innen- wie außenpolitischen Erwägungen nicht mehr möglich. Mit der Legalisierung der schwarzen Gewerkschaften 1979, die der Bewegung nachhaltigen Auftrieb gab, stieg dann aber die Anzahl der Streiks als auch die Zahl der daran beteiligten Arbeiter stark an, wie folgende Tabelle eindrucksvoll belegt:[37]

Streiks 1976-1986

Jahr	Anzahl	Beteiligte Arbeiter					verlorene Arbeitstage
		Schwarze	Inder	Coloured	Weiße	Gesamt	
1976	245	26291	246	309	1176	28013	59861
1977	90	14950	51	59	244	15304	15471
1978	106	13578	111	406	65	14160	10558
1979	101	15494	268	1425	5616	22803	67099
1980	207	56286	224	5265	—	61785	174614
1981	342	56286	1865	6271	—	92842	226554
1982	394	122481	11709	17920	—	141571	365337
1983	336	61331	1712	1415	11	64469	124596
1984	469	174897	1725	5304	16	181942	379712
1985	389	225045	1879	12883	9	239816	678273
1986	793	400775	1336	13944	255	424340	1308958

Quelle: South African Institut for Race Relations: Race Relations Survey 1986 und 1987, Johannesburg 1987 und 1988, S. 271f. bzw. 667f. (eigene Übersetzung der Tabellen, Auszug).

Der Rückgang der Streikaktivitäten im Jahre 1983 hatte verschiedene Ursachen: Nach dem Rekordstreikjahr 1982 waren viele Gewerkschaften finanziell nicht mehr in der Lage, größere Aktionen durchzuführen. Hinzu kam eine erneute kurze Rezession und ein verstärktes Vorgehen der Sicherheitskräfte gegen die Organisationen. 1985 ging zwar die Zahl der Streiks zurück, dafür nahmen aber an den einzelnen Aktionen insgesamt mehr Arbeiter teil. Die Jahre 1986 und 1987 brachten eine weitere Zunahme der Streiks: Nach Schätzungen[38] sollen 1986 allein etwa eine Million Arbeitstage verlorengegangen sein, in den ersten zwei Monaten 1987 wegen des Bergarbeiterstreiks allein 750 000 Arbeitstage. Zusammen mit kurzfristigen Arbeitsniederlegungen in Form von *stayaways* sind 1986 ungefähr 3,5 Millionen Arbeitstage verlorengegangen. Die Zahl dieser meist ausschließlich politisch motivierten „Streiks" stieg von 4 (1982) auf 25 im Jahre 1986; ihr Anteil an den verlorenen Mann-Arbeitstagen lag 1986 bei weit über 70 %.

Am häufigsten wurde in den letzten fünf Jahren in der Nahrungsmittelbranche, der Metallindustrie (besonders in der Automobilindustrie) und im Bergbau gestreikt. Sehr selten waren dagegen Streiks bei den Staatsbetrieben des Dienstleistungs und Transportsektors (Ausnahme: der Streik bei den südafrikanischen Transportbetrieben (*South African Transport Services(SATS)*) im April 1987) sowie bei den Beschäftigten in der Landwirtschaft. In diesen Bereichen besitzen schwarze Arbeiter nur ein sehr stark eingeschränktes Streikrecht. Regional konzentrierten sich Streiks auf die Industriegebiete um die großen Städte, besonders auf die Regionen um Johannesburg und Durban.

Die durchschnittliche Streikdauer war im Vergleich zu westlichen Industriestaatenbis mit zwei bis drei Tagen (1986: 3,08 Tage) noch sehr gering, verdreifachte sich aber 1987 auf 9 Tage. Der Bergarbeiterstreik 1987 dauerte wie der Daimler Benz-Streik sogar drei Wochen. Die allgemeine Entwicklung der Streikaktivitäten reflektiert insgesamt deutlich die verbesserte Strategie der Gewerkschaften.

Interessant für die politische Rolle der Organisationen ist die Frage, inwieweit Streiks politisch motiviert sind, also über den engeren Rahmen rein ökonomischer Forderungen hinausgehen. Eine Analyse von Streikgründen der letzten Jahre zeigt, daß an erster Stelle Lohnforderungen stehen, gefolgt von Protesten gegen Disziplinierungsmaßnahmen wie Lohnkürzungen und Entlassungen.[39] Im Vergleich zum Beginn der 80er Jahre ergeben sich wichtige Verschiebungen: Damals wurde neben Lohnerhöhungen vor allem die Anerkennung der Gewerkschaften als Verhandlungspartner gefordert. Im Zuge der Rationalisierungsmaßnahmen der Unternehmen, die nach Angaben des *COSATU*[40] von 1983-87 allein in der Metallindustrie etwa 110 000 Arbeitsplätze kosteten, richten sich Streiks jetzt immer häufiger gegen Entlassungen, Kurzarbeit und Produktionsstillegungen.

Daneben traten bis 1988 jedoch zunehmend politische Motive auf. Derartige Arbeitsniederlegungen in Form der *stayaways* werden in der offiziellen südafrikanischen Streikstatistik unterschlagen, so daß die wirkliche Zahl an Streikaktionen deutlich über den offiziellen Angaben liegt: Unter Berücksichtigung von „Streikaktionen ohne spezifische Forderungen" (so die offizielle Umschreibung für politische Streiks) erhöht sich beispielsweise die Zahl der Streiks 1986 von offiziell 643 auf 793.[41] Diese *stayaways* können von ihrer Konzeption her als politische Streiks verstanden werden.[42] Aber auch ein ökonomisch motivierter Streik wird in Südafrika allein schon deshalb immer ein politische Stoßrichtung besitzen, weil das Apartheidssystem und ökonomische Diskriminierung eng miteinander verknüpft sind.

Zu den bedeutensten politischen Streikaktionen gehören die jährlich wiederkehrenden *national stayaways* am 1. Mai sowie an den Jahrestagen von *Sharpeville* (28. 3) und *Soweto* (16. 6.), an denen sich regelmäßig über eine Million Arbeiter, Schüler und Studenten beteiligen (1988 am Jahrestag des *Sharpeville*-Massakers und am 1. Mai sogar 1,5 Millionen).

Als ausschlaggebend für eine erfolgreiche Massenmobilisierung hat sich die intensive Zusammenarbeit der Gewerkschaften mit Schüler- und Studentenorganisationen erwiesen, die zumeist der *UDF* angeschlossen waren. Trotz massiver Beteiligung der Schwarzen und zum Teil panikartiger Reaktionen Weißer auf landesweite Streiks sind die bisherigen Massenaktionen ausschließlich Demonstrationsstreiks gewesen, die zwar Stärke und Geschlossenheit der schwarzen Opposition zeigen, aber keine konkreten Veränderungen bewirken wollten und konnten. An einen politischen Generalstreik gegen das System an sich oder auch nur an begrenzte „Kampfstreiks", etwa für die Abschaffung des *Group Areas Act*, ist gegenwärtig aufgrund der finanziellen und organisatorischen Schwäche (im Verhältnis zu den noch längst nicht ausgeschöpften Machtmitteln des Staates) der Gewerkschaftsbewegung sowie der brutalen staatlichen Repression nicht zu denken. Eine direkte Konfrontation, die zwangsläufig gewaltsam werden würde, wird darum von den Gewerkschaften vermieden.

Das Verhältnis zur United Democratic Front (UDF)

Die Beziehungen von *COSATU* und *NACTU* zur *UDF* sind auf der Ebene der regionalen Zusammenarbeit bei Streiks und Konsumentenboykotten[43] trotz programmatischer und ideologischer Differenzen in der Regel konfliktfrei und konstruktiv. Obwohl von der *UDF,* wie auch von der eher an der Black-*Consciousness Bewegung* orientierten Konkurrenzorganisation, dem *National Forum (NF),* wiederholt um die Mitgliedschaft der Gewerkschaften geworben wurde, ist bislang nur eine Minderheit von 20 Gewerkschaften der *UDF* oder dem *NF* beigetreten — davon 18 allein der *UDF.* Zwischen den Gewerkschaften wie auch innerhalb der Organisationen kam es über diese Frage zu heftigen Auseinandersetzungen, im Falle der einflußreichen Journalistengewerkschaft *Media Workers Association of South Africa (MWASA)* sogar zu einer Spaltung. Die Organisationen, die der *UDF* beitraten, waren zumeist ungebundene, häufig allgemeine Gewerkschaften wie z.B. die *SAAWU.* Politisch gehören sie zu den *populists*, die besonders die politische Rolle der Gewerkschaften betonen. Die Auseinandersetzung zwischen den sog. *workerists* und *populists* hat in der neuen schwarzen Gewerkschaftsbewegung bereits eine lange Tradition: Auf der Seite der *workerists* standen dabei vor allem *FOSATU*-Gewerkschaften (und einige *CUSA*- und ungebundene Organisationen), die der gewerkschaftlichen Arbeit Priorität vor politischen Aktionen einräumten, ohne allerdings unpolitisch zu sein. Sie arbeiteten im System der Industriebeziehungen mit, ohne sich von Regierung oder Unternehmen kooptieren zu lassen. Ihnen gegenüber standen die als *populists* bezeichneten Organisationen, die meist keinem Dachverband angehörten und einige *der Black Consciousness* Bewegung nahestehende Gewerkschaften, die sich in bewußter Anlehnung an den afrikanischen Nationalismus und die ihn tragenden Befreiungsbewegungen als primär politische Organisationen verstehen. Sie lehnen, im Gegensatz zu den *workerists* jegliche, auch taktisch bestimmte Mitarbeit im System der Industriebeziehungen ab. Beide Positionen bilden jedoch keine unversöhnlichen Gegensätze, sondern sind vielmehr Ausdruck verschiedener Strategien. Dieses ideologische Spannungsverhältnis lebt im *COSATU* fort, spielt aber angesichts der staatlichen Offensive gegen die Gewerkschaften eine geringere Rolle, als noch vor wenigen Jahren .

Die Distanz vieler Gewerkschaften zur *UDF*-Allianz wurde mit ähnlichen Argumenten begründet, wie sie bereits *FOSATU* vertreten hatte:[44]

— Die *UDF* als „Multiklassenorganisation" könne nicht ausschließlich die Interessen der Arbeiter vertreten, was aber die Aufgabe der Gewerkschaften sein müsse. Ein Beitritt zur *UDF* würde daher für die Gewerkschaften einen Verlust ihrer Identität und Unabhängigkeit als Arbeiterorganisation bedeuten.
— Da Gewerkschaftsmitglieder Anhänger verschiedener politischer Gruppierungen seien, könnte ein *UDF*-Beitritt Repräsentationsprobleme aufwerfen und zu Spaltungen der Organisationen führen.
— Gewerkschaftsfunktionäre wären, im Gegensatz zu *UDF*-Aktivisten, an das Mandat ihrer Basis gebunden.(Im übrigen kritisieren die Gewerkschaften, daß die *UDF* Entscheidungen häufig nicht demokratisch treffe.)
— Unvereinbare politische Strategien verhinderten eine engere politische Zusammenarbeit: Während die *UDF* eine Strategie der „totalen Verweigerung" einer Mitarbeit im System praktiziere (ähnlich den *populist*-Gewerkschaften), versuchten viele Gewerkschaften durch eine begrenzte Mitarbeit im System, die Lage schwarzer Arbeiter zu verbessern und die Gewerkschaftsbewegung zu konsolidieren.
— Die *UDF* sei wie der *ANC* von „kleinbürgerlichen" Aktivisten dominiert und könnte daher nur unvollkommen Interessen der Arbeiter vertreten.

Innerhalb der *UDF* wurden zeitweise Überlegungen angestellt, die bisherige „Verweigerungsstrategie", die kaum zu positiven Resultaten führte, zumindest langfristig durch eine den Gewerkschaften ähnlich Strategie der „Kooperation ohne Kollaborotion" zu ersetzen. Ob es durch diese mittlerweile wieder in der Versenkung verschwundenen Überlegungen wirklich zu einer stärkeren Annäherung zwischen *UDF* und Gewerkschaften gekommen wäre, ist sehr zweifelhaft, da die Gegensätze prinzipieller Natur sind. Für die Gewerkschaften stellt die *UDF* vornehmlich einen Verbindungskanal zu einer Vielzahl von Organisationen besonders auf Gemeindeebene dar. Die intensive Zusammenarbeit mit *UDF*-Organisationen bei Protestaktionen war eine wesentliche Voraussetzung für erfolgreiche Mobilisierung bei *stayaways* und Konsumentenboykotten.

Dem 1983 gegründeten *National Forum* ist es bisher noch weniger als der *UDF* gelungen, die Gewerkschaften organisatorisch an sich zu binden. Allerdings bestehen enge Kontakte zwischen *NF* und *NACTU* und neuerdings zum *PAC*.

6. Zusammenfassung und Ausblick

Die südafrikanische Arbeiterbewegung bleibt, trotz aller Veränderungen, entlang rassischer Grenzen gespalten: Auf der einen Seite stehen weiße Gewerkschaften, deren Ziel die Beibehaltung der Apartheid in den Industriebeziehungen ist; auf der anderen Seite stehen die noch jungen Organisationen der Schwarzen, die für ein Ende des Apartheidssystems kämpfen. Die Position der Inder und Farbigen ist uneinheitlich: Der größere Teil unterstützt aktiv die schwarzen Gewerkschaften, der kleinere Teil, der vor allem besserverdienende Facharbeiter umfaßt, ist zwar an der Bewahrung seiner Privilegien interessiert, fordert aber auf der politischen Ebene Reformen und das Ende aller Diskriminierungen.

Der ungeheure Aufschwung der schwarzen Gewerkschaften, der durch die Wiehahn-Reformen im Arbeitsrecht eingeleitet wurde, führte zu einer Verschiebung im Kräfteverhältnis mit Unternehmen, den weißen Arbeitern und dem Staat zugunsten schwarzer Arbeiter. Eine derartig gut organisierte schwarze Arbeiterbewegung hatte es in der südafrikanischen Geschichte bislang noch nicht gegeben: Etwa 20 %, d.h. über 1,5 Millionen schwarze Arbeiter werden gegenwärtig von unabhängigen Gewerkschaften vertreten. Die Machtbasis der Organisationen liegt im Gegensatz zu früher in einem hochentwickelten *shop steward* (Vertrauensleute)-System in den Betrieben. Eine wichtige Rolle beim Aufbau und der Etablierung der Organisationen spielte dabei die politische und finanzielle Unterstützung des westlichen Auslands, insbesondere der westlichen Gewerkschaften.

Die Erfolge der Gewerkschaften in Verhandlungen um höhere Löhne, bessere Arbeitsbedingungen und mehr Rechte haben die soziale und ökonomische Lage der schwarzen Arbeiter verbessert[45] und die Entstehung eines neuen Selbstbewußtseins nachhaltig gefördert, ohne allerdings das grundsätzliche Faktum der rassischen Unterdrückung beseitigen zu können. Die Stärke der unabhängigen Bewegung zeigt sich nicht zuletzt in der erfolgreichen Mobilisierung der Massen auch für politische Aktionen. Die von Weißen bedauerte Zunahme der Streikaktivitäten stellt im internationalen Vergleich lediglich eine Angleichung an internationale Standards der südafrikanischen Industriebeziehungen dar.[46]

Innerhalb der schwarzen Gewerkschaftsbewegung lassen sich gegenwärtig folgende Entwicklungen beobachten:

1. Nach einer ersten Aufbau- und Konsolidierungsphase (1979-82) der sprunghaft gewachsenen Organisationen zeichnete sich bis 1988 eine immer stärkere Politisierung der Gewerkschaften ab. Mit Gründung von *COSATU* erreichte diese Entwicklung einen vorläufigen Höhepunkt. *COSATU* orientiert sich an sozialistischen Vorstellungen (Forderung nach Verstaatlichung der Minen) und äußert sich zunehmend aggressiv antikapitalistisch: „Wenn das kapitalistische System der Bosse uns nicht mit dem versorgen kann, was wir brauchen, brauchen wir dieses System nicht.".[47]

2. die ideologische Trennung der schwarzen Arbeiterbewegung in einen an *Black Consciousness* orientierten- und einen eher nationalistisch-demokratisch ausgerichteten Flügel wurde auch mit Gründung von *COSATU* nicht überwunden. Die Existenz des Konkurrenzverbandes *NACTU* macht dieses Defizit deutlich: Der an *Black Consciousness* orientierte Teil der Gewerkschaftsbewegung konnte nicht integriert werden. Die Gründe dafür sind sowohl taktischer als auch vor allem politisch-ideologischer Natur: Gegensätze bestehen nach wie vor in der Frage der Mitgliedschaft Weißer und Farbiger und in verschiedenen Vorstellungen über ein zukünfiges sozialistisches Südafrika. Daß Fortbestehen zweier getrennter Dachverbände kann nach den intensiven und erfolgreichen Gesprächen (ein Zusammenschluß erschien möglich) zwischen *COSATU* und *NACTU* aber auch als taktisches Moment verstanden werden, das die staatliche Repression erschweren soll.

COSATU lehnt sich an die Befreiungsbewegung *ANC* und an die *UDF* an, wohingegen *NACTU* an der *Azanian Peoples Organiation (AZAPO)*, dem *PAC* und dem *National Forum* ausgerichtet ist. Auf der Ebene der praktischen Zusammenarbeit git es zwischen *NACTU* und *COSATU* allerdings keine gravierenden Probleme. Ein gemeinsames Kommunique von *NACTU* und *ANC* vom Mai 1988 kommt ausdrücklich zu dem Schluß, daß es mehr Übereinstimmung als Gegensätze zwischen den Organisationen gäbe. Dies ist ein großer Durchbruch in Hinblick auf Bildung neuer Allianzen, da daß Verhältnis von *NACTU* und *ANC* aufgrund *NACTU*s Affinität zum *PAC* bisher traditionell gespannt war.

3. Zwar gelang nach jahrelangen Verhandlungen die Bildung großer Industriegewerkschaften auf nationaler Ebene, doch scheint die innere Geschlossenheit in *COSATU* abzunehmen. Nachlassende Bereitschaft, an COSATU-Aktionen teilzunehmen und Mitgliederverluste von einzelnen Organisationen scheinen nicht mehr ausge-

schlossen. Die Entscheidungsfindung in *COSATU,* in der Beschlüsse nur noch „einstimmig" getroffen werden, ermöglicht nicht eine effektive Berücksichtigung aller Standpunkte. Ein demokratischer Entscheidungsprozeß, ein Grundsatz der neuen schwarzen Gewerkschaftsbewegung seit ihrer Entstehung, ist nicht wie bisher immer selbstverständlich. Ein Grund dafür ist sicherlich auch die verschärfte Überwachung von Gewerkschaftsaktivitäten, die die Durchführung von Konferenzen und demokratischen Abstimmungen so sehr erschwert, daß die innergewerkschaftliche Demokratie darunter leiden kann; kontroverse Diskussionen sind einfach nicht immer mehr möglich. Das Beispiel der *CCAWUSA* zeigt, wie wenig es *COSATU* bisher gelungen ist, die bestehenden Gegensätze innerhalb des Verbands und seiner Mitgliedsorganisationen aufzulösen.

4. Parallel zu einer Vielzahl von Problemen innerhalb der Gewerkschaftsbewegung verstärkt sich seit zwei Jahren der Druck von Regierung und Unternehmen. Der aktuelle Gesetzentwurf zum Arbeitsrecht (vgl.Kap.2) würde in seiner gegenwärtigen Form die Rechte der schwarzen Gewerkschaften deutlich beschneiden. Es verdichten sich allerdings Anzeichen, daß die Regierung aufgrund ausländischen Drucks und massiver gewerkschaftlicher Proteste zu Abschwächungen an dem Entwurf bereit ist.

Die geplante Verschärfung des 1978 erlassenen *Fund Raising Acts* (Gesetz über die Finanzierung von Organisationen) konnte nur durch massivem Druck des Auslands verhindert werden. Seine Duchsetzung hätte zu einer deutlichen Schwächung der Gewerkschaften geführt, da die Organisationen weiterhin auf Finanzhilfe aus dem Ausland angewiesen bleiben.

Im Februar 1988 erließ die Regierung parallel zum Verbot für insgesamt 17 Organisationen, sich weiterhin politisch zu betätigen, auch für *COSATU* ein ähnliches Verbot, und drohte dem Verband indirekt Repressionen bei Nichteinhaltung an. Diese „Warnung" von Regierungsseite wird ohne Zweifel sehr ernst genommen. Ziel der Regierung ist es offensichtlich, den Einfluß der Gewerkschaften und anderer Organisationen nachhaltig zurückzudrängen. Seit Verhängung des Ausnahmezustandes im Juni 1985 haben die Sicherheitskräfte ihre Repressionen besonders gegen die Gewerkschaften verstärkt: Hunderte von Gewerkschaftern wurden inhaftiert, in der Regel ohne Anklage. Daneben bedienen sich die Sicherheitskräfte zunehmend der *Vigilanten*-Gruppen und der ‚*Homeland*'-Administrationen beim Vorgehen gegen Gewerkschaften.

Auch wenn ein völlige Zerschlagung der Gewerkschaften durch diese *roll-back*-Strategie aufgrund der Stärke der Bewegung und des politischen Drucks aus dem Westen kaum möglich scheint, befindet sich die junge, schwarze Gewerkschaftsbewegung eindeutig in der Defensive. Auch die zweite Komponente der Regierungsstrategie — Kooptationsangebote an „gemäßigte" schwarze Kräfte, um die weiße Herrschaft auf ein breiteres Fundament zu stellen und die schwarze Opposition zu spalten, könnte dem schwarzen Widerstand insgesamt, aber auch den Gewerkschaften große Probleme bereiten. Es bleibt abzuwarten, ob gezielte Kooperationsangebote des Staates an gemäßigte schwarze Kräfte (auch innerhalb der Gewerkschaften), vor allem auf regionaler Ebene, erfolgreich sein können.

5. Durch Rationalisierungen in der Industrie, die Arbeitskräfte freisetzen, und eine ständig steigende Zahl von Jugendlichen, die auf den Arbeitsmarkt drängen (pro Jahr 350000), erhöht sich die ohnehin schon dramatische Arbeitslosigkeit (ca. 20-25 %). Dies schwächt die Verhandlungsposition der Gewerkschaften und führt zu einer Verschlechterung der Lage für un- und angelernte Arbeitskräfte, die relativ leicht zu ersetzen sind.

Von seiten der Unternehmen sind die zunehmenden Rationalisierungen eine Reaktion auf die gestiegenen Lohnkosten der letzten Jahren, die vor allem auf die erfolgreiche gewerkschaftliche Arbeit zurückzuführen sind. Die verbesserte Verhandlungsposition der Unternehmen bei Lohnverhandlungen zeigt sich bei den letzten Streiks in zunehmender Kompromißlosigkeit der Unternehmen.

Deutliche Auswirkungen haben die hier aufgezeigten Entwicklungen bereits auf die Streikbereitschaft der Gewerkschaften: Im ersten Halbjahr 1988 sank die Anzahl der Streiks bis auf das niedrige Niveau des Jahres 1983[48]. Von Gewerkschaftsseite wird dazu betont, daß die Organisationen gegenwärtig alle Energien darauf verwenden müßten, der staatlichen Offensive zu beggnen. Der Kampf um höhere Löhne und bessere Arbeitsbedingungen müsse momentan zurückgestellt werden, da die Existenz der Arbeiterbewegung insgesamt gefährdet sei.

Denkbar ist aber auch, daß es aufgrund derartig ungünstiger Rahmenbedingungen zu einer stärkeren Orientierung der Gewerkschaften auf eher gewerkschaftliche Ziele kommen kann. Dies würde aber keineswegs eine „Entpolitisierung" der Organisationen bedeuten, denn im südafrikanischen Kontext ist eine entpolitisierte oder a priori apolitische schwarze Gewerkschaftsbewegung nicht vorstellbar. Dazu ist die Verzahnung von Arbeitswelt und sonstigen Lebensumständen zu eng. „Normale", apartheidfreie Arbeitsbeziehungen stehen in einem unauflöslichen Widerspruch zum „anormalen" Gesellschaftssystem der (Neo-)Apartheid, das der schwarzen Mehrheit grundsätzliche Rechte nach wie vor verweigert.

Ein Ersatz für die fehlende politische Opposition in Südafrika kann die schwarze Gewerkschaftsbewegung nicht sein: Für eine direkte Konfrontation mit dem System ist sie zu schwach und zu uneinig, als Interessenvertretung der Arbeiter ist sie in erster Linie deren materiellen Interessen verpflichtet. Außerdem muß sie Rücksicht auf die verschiedenen politischen Interessen und Ziele ihrer Mitglieder nehmen — und innerhalb der Oppositionsbewegung besteht Konsens nur in grundsätzlichen, langfristigen Zielsetzungen wie z.B. in der Abschaffung der Apartheid, nicht unbedingt in der Frage, wie diese Ziele erreicht werden können. Eine politische Vision eines Post-Apartheidsstaates von seiten der Gewerkschaften existiert bislang nur in Ansätzen, rückt aber immer mehr in den Mittelpunkt der innergewerkschaftlichen Diskussionen.

Die wichtigste Funktion der schwarzen Gewerkschaftsbewegung für den politischen Widerstand besteht in der Mobilisierung der Massen, weder der *ANC* noch die *UDF* verfügen über eine vergleichbare homogene, gutorganisierte Massenmitgliedschaft oder Anhängerschaft. Den Gewerkschaften wird daher bei der Transformation des Systems in einen — wie auch immer gearteten Post-Apartheidsstaat — eine Schlüsselrolle zukommen. Auch innerhalb eines solchen Post-Apartheidsstaates wird die schwarze Gewerkschaftsbewegung eine eigenständige gesellschaftliche Kraft darstellen, die dann nachhaltig versuchen darf, die durch das Apartheidssystem unbefriedigt gebliebenen materiellen Bedürfnisse ihrer Mitglieder durchzusetzen. Die politische Führung der Oppositionsbewegung indessen muß während und nach dem Kampf gegen das Apartheidssystem, den Befreiungsbewegungen vorbehalten bleiben, und das haben die Führer der Gewerkschaften auch selber erkannt.

Anmerkungen

1 In *Industrial Councils* sind Arbeitgeber, Gewerkschaften und Regierung vertreten, die nach Mehrheitsbeschluß Tarife und Arbeitsbedingungen aushandeln. 1987 gab es insgesamt 104 *Industrial Councils*. Da sie für ganze Industriesektoren in bestimmten Gebieten zuständig sind, variiert ihre organisatorische Größe erheblich. Die Interessen von Schwarzen

wurden in diesen Industrieräten bis in die jüngste Zeit von den weißen Gewerkschaften „wahrgenommen". Die neuen schwarzen Gewerkschaften weigerten sich, ohne Vetorechte in den Industrieräten mitzuarbeiten, weil sie befürchteten, von den weißen Gewerkschaften und den Arbeitgebern überstimmt zu werden. Die Struktur der Industrieräte gewährt dem Staat ein Mitspracherecht in den Industriebeziehungen; eine „Tarifautonomie" existiert nicht. In Bereichen ohne Industrierat konnte der Arbeitsminister auf Antrag von Tarifparteien auch sog. *conciliation boards* (Schlichtungsausschüsse) einsetzen. Aufgrund der Weigerung vieler schwarzer Gewerkschaften, in den Industrieräten mitzuarbeiten, werden bis heutzutage Löhne und Arbeitsbedingungen häufig direkt zwischen Gewerkschaften und Unternehmen ausgehandelt.

2 Industrie und Landwirtschaft profitieren bis heute von den äußerst geringen Löhnen für Schwarze, die im Durchschnitt nur etwa ein Fünftel der Löhne Weißer betragen.

3 „Offiziell" vertraten die Komitees im Zeitraum von 1973-79 ca. 20 % der schwarzen Arbeiter. Doch handelte es sich zumeist um eine Zwangsvertretung, vgl. John Brewer: After Soweto — an Unfinished Journey, Oxford 1986, S. 168 und Luckhardt, Ken u. B. Wall: Arbeiter gegen Apartheid, Bonn 1984, S. 19.

4 Die unterschiedlichen Bildungs- und Ausbildungsniveaus hatten seit der Jahrhundertwende dazu geführt, daß Afrikaner schlechter als Weiße qualifiziert waren und dementsprechend schlechter bezahlte Arbeit annehmen mußten. 1956 wurde, aufbauend auf dem *Mines and Works Act* von 1953, die Arbeitsplatzreservierung gesetzlich verankert. Von 28 Arbeitsplatzreservierungen wurden bis 1977 jedoch 20 wiederaufgehoben; die verbleibenden, die für schwarze Bergarbeiter von großer Bedeutung waren, wurden Anfang der 80er Jahre außer Kraft gesetzt. Seitdem dürfen Schwarze u.a.auch Sprengungen in Minen durchführen und Entlüftungsanlagen in den Bergwerken warten. Trotz formeller Aufhebung der *job reservation* werden jedoch auch weiterhin Arbeitsplätze weiterhin durch eine Vielzahl von *closed shops* für Weiße reserviert.
Für Farbige in der Kapregion war bis Anfang der 80er Jahre eine Reservierung von Arbeitsplätzen durch Schaffung der *Coloured Labour Preference Area* vorgenommen worden. Demnach durfte ein Arbeitsplatz durch einen Schwarzen nur besetzt werden, wenn der Unternehmer nachweisen konnte, daß für diese Arbeit kein geeigneter Farbiger gefunden werden konnte.

5 Die Arbeitgeber waren jedoch nicht an die Beschlüsse der Komitees gebunden.

6 Damit ist sowohl der Mangel an Facharbeitern, d.h. Arbeiter, die eine Berufsausbildung (z.B. Lehre) absolviert haben, als auch der Mangel an Fach- und Führungskräften (z.B. Ingenieure) gemeint. Der Facharbeitermangel kann nur grob geschätzt werden, da der Bedarf an Facharbeitern mit schwer kalkulierbaren Größen wie Wirtschaftswachstum, tech-

nologischem Fortschritt, Rationalisierung etc. zusammenhängt. Bei hohem Wirtschaftswachstum (4-5%) könnten bis zum Jahre 2000 etwa 900 000 Fachkräfte fehlen (vgl. H. Rudolph:Fachkräftemangel in Südafrika?, in: ISSA 1/86, S. 18). Andere Schätzungen liegen beträchtlich darüber oder darunter. Die bei weitem höchste Schätzung, die sich mittlerweile als unrealistisch erwiesen hat, ging von bis zu 1,5 Mill. fehlenden Qualifizierten bereits für 1990 aus (Luckhardt/Wall: op. cit. S. 47). Trotz aller Problematik dieser Schätzungen steht fest, daß bei Beibehaltung des derzeitigen Bildungs- und Ausbildungssystems mittelfristig hunderttausende qualifizierte Arbeitskräfte fehlen werden. In einigen Bereichen, wie z.B. bei Ingenieuren und Computer-Spezialisten, ist der Mangel bereits spürbar, nicht zuletzt deshalb, weil der hohe Bedarf der südafrikanischen Rüstungsindustrie bevorzugt gedeckt wird, womit der Privatindustrie Arbeitskräfte entzogen werden.

7 „Registrierung" bedeutet die staatliche Genehmigung für die Arbeit als Gewerkschaft. Sie wird in der Regel nur nach Offenlegung sämtlicher organisatorischer Daten (Mitgliederlisten, Vorlage der Satzung, Finanzen...) erteilt. Nachdem eine Gewerkschaft vom staatlichen „Registrar" akzeptiert wurde, darf sie an den Tarifverhandlungen in den Industrieräten teilnehmen. Von den schwarzen Gewerkschaften wurde die Registrierung massiv bekämpft, da sie befürchteten, daß die Offenlegung aller Organisationsdaten Repressionen von seiten der Sicherheitskräfte erleichtere.

8 Wie in den 50er Jahren wurden Sicherheitsgesetze erlassen, deren Straftatbestände speziell daraufhin konstruiert waren, die Gewerkschaften zu behindern. So konnte mit dem *Intimidation Act* (Einschüchterungsgesetz) von 1981 gegen Streikposten vorgegangen werden.

9 Im internationalen Vergleich mit westlichen Industriestaaten liegt Südafrika damit deutlich zurück, da z.B. in der BRD 38%, in Großbritannien 45% und in Schweden sogar 70% (jeweils 1985) der Arbeiter gewerkschaftlich organisiert waren.

10 Parallelgewerkschaften sind nach Rassen getrennte Organisationszweige einer weißen Muttergewerkschaft, die die „parallele" schwarze Gewerkschaft in jeder Hinsicht dominiert. Sie stellten (neben den „Betriebsgewerkschaften", den „gelben Gewerkschaften) Organisationen dar, die häufig von den Unternehmen gegründet und finanziert wurden. In der Literatur wurden sie charakteristischerweise auch als „sweetheart unions" bezeichnet. Solche „Gewerkschaften" existieren nach wie vor, wenn sich auch ihre Zahl sehr verringert hat.

11 vgl. Human, P. u. M. Rajah: Economic Power and Trade Union Structure, in: South African Journal of Labour Relations (SAJLR), no.4, Dec 1984, S. 16; und Wellmer, G.: Gewerkschaften in Südafrika, in: Mielke, S.: Internationales Gewerkschaftshandbuch, Opladen 1983, S. 1049 f.

12 SAJLR 2/87, S. 64.

13 Luckhardt/Wall op. cit., S. 26.

14 *stayaways* sind Aktionen, bei denen die Arbeiter der Arbeitsstätte für meist nur wenige Tage fernbleiben. Sie sind im Unterschied zu Streiks selten mit konkreten Forderungen verbunden, sondern symbolisieren eher Protest und Ablehnung.
15 Zit. nach Informationsdienst Südliches Afrika (ISSA) Nr. 13/14 1977, S. 14-16 (Orginaldokument)
16 Diese Organisationen waren als „Ersatz" für Gewerkschaften, die es zu Beginn der 70er kaum gab, entstanden. Sie fungierten als „vorgewerkschaftliche" Organisationen, die durch Funktionärsschulungen, Gewährung von Rechtshilfe etc. erst die Gründung der neuen Gewerkschaften überhaupt ermöglichten.
17 Die Zahl der Einzelgewerkschaften war inzwischen durch Fusionen auf 7 geschrumpft.
18 Nach Schätzungen wurden beispielsweise ca. 40 % des Finanzetats der FOSATU durch das Ausland (Gewerkschaften, Parteien, EG etc.) aufgebracht. Hinzu kamen logistische Hilfen, etwa bei der Funktionärsausbildung, vgl. Luckhardt/Wall, op. cit. , genaue Angaben sind nicht zu erhalten.
19 FOSATUs Strategie läßt sich wie folgt zusammenfassen: „Die Alternative zu einem Boykott des Reformpakets ist der Versuch, die Widersprüche, denen sich der Staat gegenübersieht, auszunutzen und gegen die Registrierung anzukämpfen, während zur gleichen Zeit die Vorteile durch die neuen Rechte wahrzunehmen wären". zit. nach SALB 9/81, S.34ff (eigene Übersetzung)
20 Im Vordergrund der in den 70er Jahren entstandenen *Black consciousness*-Bewegung stand der Versuch, ein „schwarzes sozialisisches Bewußtsein" zu entwickeln und sich damit geistig vom Apartheidssystem zu emanzipieren. Vgl. dazu auch das Kapitel von Suitbert Schmüdderich in diesem Band.
21 unabhängig sind: Transkei, Bophuthatswana, Venda, Ciskei (auch als TBVC-countries bezeichnet), bis heute werden bis zu 90 % des Staatshaushaltes der meisten Homelands von Südafrika finanziert, vgl. auch zu den Homelands das Kapitel von Hanns Maull in diesem Band, ferner zur Entstehung den Beitrag von Stephan Raabe.
22 Zu den schlechten Lebensbedingungen kommt hinzu, daß die meisten Homelands mehr oder minder diktatorisch regiert werden.
23 1983 gab es 770000 Pendler und ca. 1,2 Millionen Wanderarbeiter.(South African Institut for Race Relations, PD7/84, S.2) Diese Zahlen sind nur Schätzungen , da viele Homeland-Bewohner sich illegal in Südafrika aufhalten und so schwer statistisch zu erfassen sind.
24 So errichtete BMW 1984 eine Polsterei in Bophuthatswana, in letzter Zeit investierten vor allen Konzerne aus Taiwan und Südkorea verstärkt in Homelands.
25 Keine genauen Angaben zu erhalten.
26 Der „Verhaltenskodex für in Südafrika ansässige europäische Unterneh-

men" wurde 1977 von der EG erlassen und stellte den Versuch dar, bestimmte Verhaltensregeln und Mindeststandards auf freiwilliger Basis (!) für europäische Unternehmen in Südafrika zu entwerfen. Unter anderem war die Zulassung und Akzeptanz schwarzer Gewerkschaften, die Aufhebung aller Diskriminierungen am Arbeitsplatz, die Gewährung zusätzlicher sozialer Leistungen und die Einführung eines Mindestlohnes vorgesehen. Obwohl sich im Laufe der Jahre immer mehr Firmen zur Einhaltung der Bestimmungen bereiterklärten (vor allem auf Druck der Regierungen und der Öffentlichkeit), war die Wirkung des Kodex nur sehr beschränkt, da nur die Lage einiger hunderttausend Schwarzer verbessert werden konnte. Durch die Arbeitsrechtsreformen (vgl. Kap. 2.) sind einige Bestimmungen bereits in der Realität überholt. Die entscheidende Schwäche dieses Kodex ist jedoch, daß er im Gegensatz zu seinem amerikanischen Pendant — den *„Sullivan Principles"* — bisher nicht verpflichtend für die Unternehmen gemacht wurde. Von den schwarzen Gewerkschaften wird er, in Übereinstimmung mit deutschen Gewerkschaften daher auch als überholt und weitgehend wirkungslos abgelehnt.

27 Im Falle des amerikanischen Dachverbandes *AFL-CIO* war der begründete Verdacht aufgetaucht, daß mit Billigung und Mithilfe des CIA eine geplante Finanzhilfe von 850 000 Dollar nur an gemäßigte Gewerkschaften und nur für bestimmte Programme gewährt werden sollte. Das Mißtrauen gegen den IBFG, der in den 50er und 60er Jahren sogar Unternehmensgewerkschaften anerkannte und unterstützte, sitzt bei den unabhängigen Gewerkschaften noch so tief, daß z.B. die FOSATU sich weigerte, in den Internationalen Metallarbeiterbund einzutreten. Vgl. South African Institute of Race Relations, PD 9/84, FOSATUs International Policy Statement.

28 Nach einem Besuch des DGB-Vorsitzenden Ernst Breit in Südafrika forderte der DGB im Juli 1987 seine Mitglieder auf, südafrikanische Produkte zu meiden.

29 Beim Abbruch aller Handelsbeziehungen zwischen der BRD und Südafrika könnte es nach Schätzungen zu einem Verlust von mehreren tausend Arbeitsplätzen kommen. Die höchsten Schätzungen gehen sogar von bis zu 40 000 verlorenen Arbeitsplätzen aus. (Die Zeit, 1. 8. 86). Sämtliche Zahlen müssen allerdings als reine Spekulationen gelten.

30 Vgl. SALB 1. 11. 87, S. 102. Bei der Gründung COSATUs hatte die Mitgliedschaft ca. 450 000 betragen. Nach diesen Angaben hatte der Verband Ende 1987 sogar 850 000 beitragszahlende Mitglieder.

31 Im Nahrungsmittelsektor FAWU *(Food and Allied Workers Union)*, in der Bauindustrie CAWU *(Construction and Allied...)*, in der chemischen Industrie CWIU *(Chemical Workers Industrial Union)*, die Gewerkschaft der Hausangestellten SADWU *(South African Domestic Workers Union)*, die Metallgewerkschaft NUMSA *(National Union of Metalworkers of South Africa)*. Hinzu kommen die weniger wichtigen

Organisationen der Beschäftigten im medizinischen Bereich, in der Papier- und Textilindustrie sowie die der städtischen Angestellten.

32 Vgl. zum Verhältnis UDF-COSATU Kap. 5; dazu auch: Varrim, Yunus: COSATU-Towards Disciplined Alliances (Report from COSATU-Congress 1987), in: Work in Progress Sept. 1987.

33 Vgl. SALB 2/88, Economic Notes for Trade Unions, S. 127, 1985 betrugen die Reallohnverluste immerhin 9 %, 1986 noch 7 % (Weekly Mail 13. 6. 88)

34 ISSA 5/87 und *Clarion Call*, Vol. 2, 1986, S. 13.

35 Dies sind die 40000 Mitglieder starke *National Union of Brick and Allied Workers Union* und die von Arbeitgebern mit israelischer Unterstützung finanzierte Gewerkschaft der Zuckerarbeiter *National Union of Sugar Refining and Manufacturing Employees*.

36 Vgl. zu den Zielen die INKATHA — Zeitschrift *Clarion Call*, Vol. 2, 1986, S. 13 und Work in Progress 42/86.

37 Tabelle aus: Race Relations Survey 1986, Johannesburg 1987, S. 271, (Angaben für 1986 auch in SALB 1. 11. 87, S. 104), eigene Übersetzung.

38 Angaben aus Sigrid Thomsen: Kampf gegen Apartheid und für die Rechte der schwarzen Mehrheit in: IG Druck und Papier, Juli 1987, aufgrund des NUM-Streiks wird 1987 erneut ein Rekordstreikjahr werden. Die folgenden Angaben sind dem South African Labour Bulletin 1. 11. 1987, S. 104 ff entnommen.

39 1984 wurden 164 von 469 Streiks um höhere Löhne geführt, 97 richteten sich gegen Disziplinarmaßnahmen, Quelle: Internationale Arbeitsorganisation. Sonderbericht „Apartheid in Südafrika" (1986), zit. nach IG Metall: Arbeitsbeziehungen in Südafrika, Frankf. 4/88.

40 SAJLR 3/87, S. 58.

41 SALB 1. 11. 87, S. 104.

42 Ungeklärt ist dabei sowohl in Südafrika selbst wie auch unter westlichen Südafrika-Experten die Frage, was unter einem politischen Streik überhaupt zu verstehen sei. Das entscheidende Kriterium für einen politischen Streik ist meiner Auffassung nach, daß der Addressat der Streikforderungen ausschließlich der Staat und nicht ein Unternehmen ist. Eine andere Auffassung vertritt z.B. Gerald Braun: Modernisierung weißer Vorherrschaft und gewerkschaftlicher Widerstand in Südafrika, in: Afrika-Spektrum 85/1, S. 21 ff.

43 Konsumentenboykotte sind spezifisch südafrikanische Aktionen von Gewerkschaften oder/und UDF-Gruppen, bei denen Produkte bestimmter Unternehmen nicht mehr gekauft werden, um Druck auf Unternehmen auszuüben. Sie haben sich bisher als wirkungsvolles Druckmittel erwiesen. Sie besitzen eine lange Tradition, die bis zum Beginn dieses Jahrhunderts zurückreicht.

44 Zum Verhältnis UDF — COSATU vgl. K. Browne: COSATU and Working Class Politics, in: SALB 2/87, S. 55.

45 Zwar sanken die Reallöhne im Zeitraum von 1979 bis 1985 insgesamt

bei Schwarzen, doch konnten die Gewerkschaften ein noch stärkeres Absinken des Lebensstandards verhindern.
46 Vgl. Webster, Eddie: Organisational Trends, Achievements and Potential of the Labour Movement...., in: Friedrich-Ebert-Stiftung (Hrsg.): Black Trade Unions in South Africa, Bonn 1983.
47 Message from COSATU-Executive Committee, zit. nach SALB 2/87, S. 51.
48 The Star 13. 7. 1988.

Südafrikas Wirtschaft:
Achilllesferse des Apartheidstaates?

Hanns W. Maull

Südafrikas Wirtschaft ist ein regionaler Wirtschaftsriese auf tönernen Füßen. Auf den ersten Blick in die Statistiken überragt Südafrika seine Nachbarländer in der Region deutlich: Seine rund 37 Millionen Bewohner (ca. ein Drittel der Gesamtbevölkerung des südlichen Afrikas) erwirtschafteten 1988 ein Sozialprodukt von etwa US$ 88 Mrd. — knapp dreimal soviel wie die volkswirtschaftliche Gesamtleistung der anderen zehn Staaten im südlichen Afrika. Das Sozialprodukt insgesamt entsprach etwa demjenigen Belgiens, das Pro-Kopf-Einkommen lag mit rund 2500 Dollar im Jahr mehr als dreimal so hoch wie das Zimbabwes oder Angolas.

Das Rückgrat der südafrikanischen Wirtschaftsentwicklung war und ist der Bergbau. Gold- und Diamantenfunde lösten ab etwa 1870 eine tiefgreifende Veränderung der Wirtschaftsstrukturen aus und schufen die Basis für die modernen Sektoren der südafrikanischen Wirtschaft. Der Bergbau stellte 1987 13,5 % des Brutto-Inlandsproduktes und rund 56 % der Exporterlöse; auf Gold allein entfielen dabei 40 %, auf Platinmetalle weitere 5 %[1]. Südafrika ist damit außenwirtschaftlich in hohem Maße vom Weltmarkt für einen Rohstoff abhängig. Auf der Basis der enormen Exporterlöse aus dem Goldbergbau entwickelte sich in Südafrika eine moderne verarbeitende Industrie und ein umfangreicher Dienstleistungssektor, auf die 1987 23 bzw. 53 % des Bruttoinlandsproduktes entfielen. Die verarbeitende Industrie stellt jedoch nur einen vergleichsweise geringen Anteil am Gesamtexport (1982: 14 %; neuere Angaben nicht verfügbar), der zudem in wenigen Sektoren, primär in der Rohstoff-Verarbeitung, konzentriert ist. Auf die Landwirtschaft entfielen 1987 5,6 % des Sozialproduktes und etwa 6 % der Exporterlöse[2].

Seine reichen Rohstoff-Vorkommen und die billige Arbeitskraft der schwarzen Bevölkerungsmehrheit verhalfen Südafrika von 1948 bis etwa Mitte der 70er Jahre zu einem eindrucksvollen Wirtschaftsaufschwung: Die durchschnittlichen Wachstumsraten betrugen in den 50er Jahren 4,1 % jährlich, in den 60er Jahren sogar 5,9 %, in den weltwirtschaftlichen Krisenjahren der 70er noch immer 3,2 %. Von 1981 bis 1987 allerdings sank die Wachstumsrate dann dramatisch und erreichte im Mittel nur noch 1,2 % — ein struktureller Wachstumseinbruch, dessen Ursachen — wie noch gezeigt werden soll — überwiegend durch das System der Apartheid bedingt waren. Es ist sicherlich nicht übertrieben, Südafrikas Wirtschaft als ein besonders ausgeprägtes Beispiel einer „politisierten Ökonomie" zu betrachten[3].

Anknüpfend an das Zentrums-Peripherie-Modell[4] läßt sich Südafrikas Wirtschaftsraum in drei große Bereiche einteilen — die Wirtschaftsräume der Metropolen um Johannesburg und Pretoria (oft als *Pretoria-Witwatersrands-Vereeniging* oder PVW-Region bezeichnet) sowie um Port Elisabeth, Durban und Kapstadt, die wiederum (auf der Basis des *Group Area Act*) nach rassischen Kriterien getrennte Wohn- und Wirtschaftsbereiche aufweisen; die ländlichen Gebiete des weißen Südafrika; und schließlich die Gebiete der zehn Homelands. Dabei ist das Gefälle zwischen Zentren und Peripherien in Südafrikas Wirtschaftssystem besonders ausgeprägt.

1. Bevölkerungs-Dynamik und Wirtschaftsentwicklung

Zentrale Aufgabe jedes Wirtschaftssystems ist die Bereitstellung von Ressourcen zur Ernährung und Versorgung der Bevölkerung mit lebensnotwendigen Gütern und zur Realisierung weiterreichender Hoffnungen und Erwartungen (Wohlstand, Gesundheit, Macht, Status etc.). Südafrikas Volkswirtschaft hat zwar einer Bevölkerungsminderheit einen beachtlichen Lebensstandard und umfangreiche Machtmittel verschafft, zugleich allerdings selbst die minimale Aufgabe einer angemessenen Abdeckung der Grundbedürfnisse nicht erfüllt. Darin ähnelt Südafrika eher vielen Wirtschaftssystemen der Dritten Welt als einem modernen Industrieland.

Dies gilt ähnlich auch für die Bevölkerungsstruktur des Landes, die sich durch folgende Merkmale auszeichnet:

a) Bevölkerungswachstum: Südafrika hatte Ende 1987 nach revidierten Schätzungen einschließlich der Homelands etwa 35 Mio. Einwohner —gegenüber knapp 6 Mio.1911 und knapp 16 Mio.1960. Die langfristige Bevölkerungswachtumsrate liegt mit 5 % für den Zeitraum 1911 bis 1986 außerordentlich hoch und reflektiert die hohe Geburtenrate, aber auch die große Bedeutung des Faktors Einwanderung. Die Geburtenzuwachsrate ging in den 70er Jahren zurück, ist seither jedoch wiederum angestiegen und liegt in den 80er Jahren für Südafrika ohne die Homelands bei etwa 2,1 %, mit den Homelands um die 2,4 %. UN-Projektionen für das Jahr 2000 sehen einen Anstieg der Gesamtbevölkerung Südafrikas auf zwischen 46 und 52,7 Mio. Einwohner, während südafrikanische Schätzungen von 38,5 bis 40,5 Mio. sprechen; nach dieser letzteren Quelle würde sich die Bevölkerung Südafrikas im Jahr 2020 auf mindestens 47, möglicherweise sogar auf 53 Mio. Bewohner belaufen[5].

b) Altersstruktur: Während die altersspezifische Zusammensetzung der weißen Bevölkerungsgruppe Südafrikas derjenigen der westlichen Industriestaaten gleicht, ähnelt sie bei den nichtweißen Bevölkerungsgruppen der demographischen Alterspyramide vieler Entwicklungsländer mit einer ausgeprägt breiten Basis junger Menschen und einer starken Verengung mit fortlaufendem Alter. Stellten Menschen über 55 1985 immerhin 16 % der weißen Bevölkerungsgruppe, so waren es bei den Afrikanern nur 8,3 %, bei den Farbigen und Asiaten noch weniger. Umgekehrt betrug der Anteil der unter 25-Jährigen bei den Weißen 44 %, bei den Afrikanern und Farbigen dagegen fast 59 % und bei den Asiaten immerhin noch 54,5 %.[6]

c) Ethnische Zusammensetzung: Die Unterschiede in der Altersstruktur der Bevölkerungsgruppen spiegeln unterschiedliche Wachstumsraten der Bevölkerungsgruppen. Im Ergebnis bewirken sie eine zunehmend dramatische Verschiebung der Gewichte zwischen den Bevölkerungsgruppen des Apartheidstaates: Stellten die Weißen 1921 noch fast 22 % der Gesamtbevölkerung, so ging ihr Anteil inzwischen über 19,3 % (1960), 17,3 % (1970) und 18,2 % (1980) auf derzeit 17,3 % zurück; Schätzungen des *Human Sciences Resources Council* liegen mit einem weißen Anteil von 16,5 % (1980) und 15,3 % (1985) sogar noch deutlich niedriger. Nach dieser Studie könnte der Anteil der Weißen auf zwischen 12,9 und 13,3 % im Jahr 2000 und auf 10,3 bis 11,1 % im Jahr 2020 zurückgehen; 5,3 bis 5,5 Mio. Weiße würden dann etwa 42 bis 48 Mio. Nichtweißen, davon zwischen 37 und 42 Mio. Afrikanern, gegenüberstehen. Die entsprechenden Zahlen für 1986 lauteten 4,9 Mio. Weiße und 23,5 Mio. Nichtweiße, darunter 19,7 Mio. Afrikaner[7]. Eine zahlenmäßig nur relativ geringfügig wachsende, zunehmend alte weiße Minderheit wird also einer immer größeren relativen und absoluten Mehrheit von Nichtweißen, insbesondere Afrikanern gegenüberstehen. Diese gewichtigen demographischen Verschiebungen dürften erhebliche politische Folgewirkungen zeitigen.

d) Urbanisierung: Offizielle Statistiken zeigen eine rapide Verstädterung der Bevölkerung Südafrikas unter dem Apartheid-Staat — eine Folge der hohen Wachstumsraten im Sog der raschen Industrialisierung des Landes seit 1950. Der städtische Anteil der weißen Bevölkerungsgruppe stieg von 79,1 % (1951) auf 87,9 % (1980), der der Farbigen von 66,2 % auf 75,2 % und der der Asiaten von 77,6 % auf 89,8 %. Vergleichsweise zögernd verlief dieser Prozeß nur für die afrikanische Bevölkerungsgruppe: Hier stieg der Anteil der städtischen Bevölkerung nach offiziellen Zahlen (die das tatsächliche Ausmaß der Urbanisierung wahrscheinlich erheblich unterschätzen) unter Einbeziehung der Homelands von 27,9 % (1951) auf 32,9 % im Jahr 1980[8].

Sowohl das insgesamt niedrigere Niveau der Verstädterung wie das langsamere Wachstum der städtischen schwarzen Bevölkerung lassen sich als Ergebnisse der Zuzugskontrollen und anderer Auflagen des Apartheid-Systems verstehen. Die rigorosen Versuche, die afrikanische Bevölkerung soweit wie möglich aus den weißen Bevölkerungszentren fernzuhalten, konnten freilich die Bevölkerungsdynamik der Urbanisierung allenfalls verlangsamen, aber nicht entscheidend blockieren: Die überwältigenden Anreize, den desolaten Zuständen katastrophaler Unterentwicklung und sozialer Zerstörung insbesondere in den Homelands zu entfliehen, trieben die schwarze Bevölkerung trotz aller Barrieren und Zwangsmaßnahmen in die Ballungszentren. Und dieser Trend wird in den kommenden Jahren aller Wahrscheinlichkeit nach weiter an Dynamik gewinnen: Südafrikanische Bevölkerungsstudien erwarten einen Anstieg der städtischen schwarzen Bevölkerung im Jahr 2000 auf mindestens 53 % selbst unter der Annahme fortgesetzter Zuzugskontrollen; fallen diese Kontrollen tatsächlich, wie es die Regierung 1986 ankündigte, so könnte die städtische schwarze Bevölkerung von 8,6 Mio. (1980) auf über 21 Mio. oder 61 % der schwarzen Gesamtbevölkerung zunehmen[9]. Die ökonomische Logik einer geographischen Integration der Bevölkerung in den Wachstumszentren dürfte sich also selbst unter restriktiven Annahmen gegen die Zuzugskontrollen der Apartheids-Politik durchsetzen.

Eckdaten zur südafrikanischen Wirtschaftsentwicklung

	1970	1980	1985	1986	1987	1988	1989[c]
Bruttoinlandsprodukt (Mrd. Rand)	12,1	58,0	125,9	145,6	168,5	199,0	n.v.
Reales Wachstum: (% pro Jahr bzw. Durchschnitt)	1970-1980: 3,9		-0,8	0,3	2,1	3,2	1,5
Waren-Exporte (Mrd. Rand, ohne Goldausfuhr)	1,4	9,7	20,5	24,8	25,1	31,5	44
Goldausfuhr (Mrd. Rand)	0,8	10,1	15,5	16,7	17,8	19,6	18
Exporte gesamt (Mrd.R)	2,3	19,9	36,0	41,5	42,9	51,1	62
(Mrd. $)	3,2	25,5	16,1	18,3	21,1	22,5	23,1
Importe (Mrd. R)	2,6	14,2	23,0	25,6	28,3	39,2	50
Importe (Mrd. $)	3,6	18,2	10,3	11,2	13,9	17,2	20,9
Leistungsbilanz	-0,9	2,8	5,9	7,2	6,1	2,9	2,0
Inflationsrate	4,9	14,9	16,9	19,2	16,1	12,9	18,4
Wechselkurs: $ =	0,71 R	0,78	2,23	2,28	2,04	2,27	2,68
Bevölkerung[a] (Mio.)	21,8	24,9	32,5	33,2	34,0	34,9	35,7
Arbeitsfähige Bevölkerung (Mio)	8,1	8,7[b]	10,4	10,7	10.9	11,2	11,5
Beschäftigte (Mio.)	n.v.	n.v.	7,6	7,6	7,7	7,8	7,9
Arbeitslose (Mio)	n.v.	n.v.	2,8	3,0	3,3	3,4	3,6

a Zahlen ab 1985 reflektieren höhere Einschätzung der Bevölkerungs-Gesamtzahlen, daher keine direkte Vergleichbarkeit
b außer „unabhängige" Homelands Transkei, Venda, Ciskei, Bophuthatswana
c Schätzungen bzw. vorläufige Angaben

Quellen: South African Reserve Bank, Quarterly Bulletin, diverse Ausgaben South Africa, 1987/88, Official Yearbook of the Republic of South Africa, Johannesburg o.J. (1989)
Economist Intelligence Unit, South Africa, Country Report, versch. Ausgaben
Africa South of the Sahara, London, verschiedene Ausgaben
Statistisches Bundesamt, Statistik des Auslandes, Südafrika 1987, Wiesbaden 1988
Bureau of Economic Research, University of Stellenbosch, Macroeconomic Forecast for South Africa, 1987-1992, Stellenbosch 1987

2. Soziale Gegensätze: Ungleichheit im Apartheid-Staat

Südafrikas Wirtschafts- und Gesellschaftssystem zeichnet sich in hohem Maße durch scharfe Ungleichheiten und soziale Gefälle aus, die nicht zuletzt Folgen der Apartheid-Politik darstellen. Die Konzentration von Besitz und Einkommen in den Händen der weißen Bevölkerungsgruppe schlägt sich in vielfältiger Weise nieder — etwa in der ausgeprägten geographischen Konzentration der Wirtschaftsaktivitäten des Landes in den vier Ballungsgebieten der PWV-Region, Kapstadts, Durbans und Port Elisabeth, die insgesamt mit etwa 30 % der Bevölkerung des Landes über 60 % des Sozialproduktes stellen, während die zehn Homelands mit 13,6 % der Fläche und 42,2 % der Bevölkerung Südafrikas nur knapp 5 % der Gesamtproduktion erwirtschaften[10].

Zentrale Indikatoren wie die durchschnittliche Lebenserwartung (sie beträgt nach jüngsten Angaben für die weiße Bevölkerungsgruppe 73,9 Jahre, für die afrikanische dagegen nur 59,8 Jahre[11]), die medizinische Versorgung und das Erziehungswesen unterstreichen, daß die materiellen Ungleichheiten die Lebenschancen der einzelnen südafrikanischen Bevölkerungsgruppen tiefgreifend beeinflussen[12]. Einer der erschreckendsten Aspekte dieser materiellen Ungleichheiten des Apartheid-Systems ist die Massenarmut insbesondere in den Homelands: 81 % der Homeland-Haushalte lebten 1980 in akuter Armut, in ganz Südafrika betrug diese Zahl für die afrikanische Bevölkerungsgruppe 60-65 %[13]. Eine Untersuchung der Hilfsorganisation *Operation Hunger* ergab, daß in Südafrika 56,5 % der ländlichen Bevölkerung chronisch unterernährt sind — gegenüber 40,7 % in Botswana, 30,3 % in Swasiland, 34,8 % in Sambia und 13,9 % in Zimbabwe[14]. Dementsprechend liegt die Kindersterblichkeit in einigen Homeland-Regionen bei bis zu 250 auf tausend Geburten.

1970 besaßen 20 % der Südafrikaner — überwiegend Weiße — 75 % des gesamten Reichtum Südafrikas; der Vergleich mit den USA (39 %) und Brasilien (62 %) zeigt, daß die Republik am Kap hier sowohl im Vergleich mit anderen Industriestaaten, wie selbst mit keineswegs für soziale Ausgewogenheit bekannten lateinamerikanischen Drittwelt-Ländern recht ungünstig abschneidet. Im Verlauf der 70er Jahre verbesserte sich zwar das Einkommensgefälle (der Anteil der afrikanischen Bevölkerungsgruppe am gesamten Privateinkommen des Landes betrug 1980 29,1 % gegenüber 19,3 % 1970), aber nicht die Besitzverhältnisse: Der Anteil der Afrikaner am

Gesamtbesitz der südafrikanischen Gesellschaft wurde noch 1988 auf nur zwei Prozent geschätzt[15]. Das monatliche Durchschnittseinkommen eines weißen Haushaltes lag 1986 bei R 1958, das eines afrikanischen Haushaltes bei R 352. Die zahlenmäßige Überlegenheit der Schwarzen begann sich freilich in den 80er Jahren immer deutlicher auch in den Kaufkraft-Relationen niederzuschlagen: 1986 entfielen auf die afrikanische Bevölkerungsgruppe bereits knapp 32 % der gesamten Kaufkraft, auf die weiße noch 55,5 % — für Mitte der 90er Jahre wird damit gerechnet, daß die schwarze Massenkaufkraft diejenige der weißen Bevölkerungsgruppe überholt haben dürfte[16].

Diese Prognose ist freilich mit politischen und wirtschaftlichen Unsicherheiten befrachtet, die in Südafrika ja wie kaum in einem anderen System ineinandergreifen: Die Wirtschaftsentwicklung ist in hohem Maße abhängig von der Entwicklung des Apartheid-Systems; umgekehrt untergräbt die Dynamik der Wirtschaftsentwicklung immer deutlicher Apartheid-Strukturen. Wirtschaftliches Wachstum erscheint als zentrale Vorbedingung für eine Chance der evolutionären politischen Überwindung der Apartheid ohne Blutbad; zugleich be- und verhindert Apartheid jedoch an allen Ecken und Enden eben jene Wachstumschancen.

Die zentrale Herausforderung für die südafrikanische Wirtschaft liegt in der Schaffung von Arbeitsplätzen: Arbeitsplätze sind notwendig, um zu verhindern, daß Südafrikas Bevölkerungsdynamik in eine wirtschaftliche, soziale und politische Katastrophe mündet; Arbeitsplätze bilden zugleich die vielleicht wichtigste Voraussetzung für einen erfolgreichen Abbau der sozio-ökonomischen Disparitäten. Die Fähigkeit der südafrikanischen Volkswirtschaft, Arbeitsplätze zu schaffen, wird dabei grundsätzlich durch die gesamtwirtschaftlichen Wachstumsraten und die Arbeits-Intensität dieses Wachstums bestimmt: Hohe Wachstumsraten und die Bevorzugung arbeitsintensiver Wertschöpfungs-Prozesse bedeuten viele neue Arbeitsplätze, niedrige Wachstumsraten und kapitalintensive Produktionsprozesse dagegen eine geringe Ausweitung der Zahl der Arbeitsplätze.

Gerade diese letztere Kombination von niedrigem gesamtwirtschaftlichen Wachstum und steigender Kapital- und Technologieintensität kennzeichnete jedoch die südafrikanische Wirtschaftsentwicklung in den vergangenen Jahren. Das Ergebnis war eine dramatische Zunahme der Arbeitslosigkeit insbesondere in der afrikanischen Bevölkerungsgruppe. Von 1983 bis 1988 wuchs die arbeitsfähige Bevölkerung Südafrikas um 1,35 Mio. Menschen; gleichzeitig erhöhte sich die Zahl der Beschäftigten nur um 163 000[17]. Allein in diesem Zeitraum schwoll daher das Heer der afrikanischen Arbeitslosen, die günstigstenfalls in der Subsistenz-Landwirtschaft oder im informellen Sektor einen mageren Lebensunterhalt zu erwirtschaften vermögen, um fast 1,2 Mio. Menschen. Insgesamt dürften inzwischen um die 40 % der afrikanischen Bevölkerung arbeitslos sein, wobei derartige Raten keineswegs nur in den ländlichen Gebieten der Homelands erreicht und überschritten werden, sondern auch in den schwarzen *Townships*[18].

Diese Entwicklung war einerseits das Ergebnis der bereits skizzierten niedrigen Wachstumsraten der südafrikanischen Wirtschaft seit Mitte der 70er Jahre (Durchschnittswert Realwachstum des Brutto-Inlandsproduktes 1975-1980: 2,7 %, 1980-1985: 1,1 %), andererseits jedoch auch der seit etwa dieser Zeit zu beobachtenden Verstärkung der Kapitalintensität des volkswirtschaftlichen Wachstums. Die Ursachen dieser in hohem Maße problematischen Strukturverschiebung dürften einerseits in den rasch steigenden Lohnkosten für Afrikaner, den ohnehin hohen Löhnen der weißen Arbeitskräfte und der Verfügbarkeit von Kapital zu niedrigen Kosten zu sehen sein, andererseits in nicht zuletzt sicherheitspolitisch motivierten Bemühungen um den Aufbau moderner Industrien mit hochstehender Technologie als Alternative zur Abhängigkeit von Importen (Import-Substitution)[19].

In den kommenden Jahren und Jahrzehnten werden jährlich mindestens 300 000 Neulinge in den südafrikanischen Arbeitsmarkt drängen — davon allein 170 000 in den Homelands, die höchstens 15 % dieser Neuankömmlinge absorbieren können; der Rest ist darauf angewiesen, in den weißen Gebieten Südafrikas als Pendler oder Wanderarbeiter unterzukommen. Um die bestehende Arbeitslosigkeit abzubauen und die zusätzlich benötigten Arbeitsplätze zu beschaffen, müßten daher bis zum Jahr 2000 jährlich eine halbe Million Arbeitsplätze geschaffen werden. Der dafür erforderliche Investitionsaufwand betrüge — bei einem Mindestaufwand von R 20 000 pro Arbeitsplatz — jährlich etwa R 10 Mrd., das entspricht etwa einem Drittel der Gesamtinvestitionen Südafrikas 1987[20].

Wie ließe sich eine derart dramatische Ausweitung der Zahl der Arbeitsplätze vorstellen? Offizielle Einschätzungen und die meisten südafrikanischen Experten gehen davon aus, daß hierzu eine durchschnittliche jährliche Wachstumsrate des Sozialproduktes von 5 bis 5,5 % unumgänglich wäre, um auch nur eine weitere Verschärfung des Arbeitslosen-Problems zu vermeiden. Hohes Wachstum wird allgemein für eine entscheidende Voraussetzung für politische Stabilität gehalten: So bezeichnet das südafrikanische *Human Sciences Research Council* in seiner Auswertung eines umfangreichen Forschungsprojektes zur Situation im Lande Wirtschaftswachstum als „eine der wichtigsten Determinanten der zukünftigen Beziehungen zwischen den Bevölkerungsgruppen"[21] und sieht niedriges Wirtschaftswachstum als Ursache wachsender sozio-ökonomischer Disparitäten und verschärfter sozialer Konflikte[22]. Die jüngste mittelfristige Prognose der Universität Stellenbosch sieht für den Zeitraum 1987 bis 1992 freilich nur eine Wachstumsrate von durchschnittlich 2,8 %, also nur wenig über dem Bevölkerungswachstum; die Arbeitslosigkeit würde unter diesem Szenario bis 1992 um fast eine Milllion auf 4,14 Mio. ansteigen[23]. Eine wichtiger Grund für diese relativ niedrige Wachstumsprognose besteht darin, daß Südafrika auch weiterhin nicht auf Auslandskredite zurückgreifen kann: Allgemein wird in Südafrika davon ausgegangen, daß die Wirtschaft ohne Kapitalzufuhr aus dem Ausland ein Durchschnittswachstum von maximal drei Prozent jährlich erreichen kann[24].

Diese Einschätzung mag auf der Annahme einer Fortsetzung der — entwicklungspolitisch problematischen, weil wenig arbeitsintensiven — bisherigen kapitalintensiven Wirtschaftsstrategie beruhen und insofern nicht ganz zutreffen. Unter den gegenwärtigen Voraussetzungen erscheint jedoch in jedem Falle eine Wachstumsrate von jährlich 5 % kaum realisierbar. Im Gegenteil steckt die südafrikanische Wirtschaft in einer komplexen Krise, in der ungünstige Rahmenbedingungen, wirtschaftliche Strukturverzerrungen und der Ballast der Apartheid-Strukturen zusammenwirken. Diese Strukturkrise ist gleichzeitig politisch und ökonomisch bedingt, verweist also immer wieder zurück auf die Probleme der Apartheid-Politik.

3. Struktuprobleme der südafrikanischen Wirtschaft

Der Motor des südafrikanischen Wirtschaftswachstums ist traditionell der *Goldbergbau,* der noch immer etwa 40 - 50 % der südafrikanischen Exporterlöse erwirtschaftet und gut zehn Prozent des Bruttoinlandsproduktes stellt. In den kommenden Jahren steht der südafrikanische Goldbergbau jedoch vor erheblichen Strukturproblemen: Der sinkende Erzgehalt der Vorkommen und steigende Löhne ließen die Förderkosten in den letzten Jahren erheblich ansteigen;

dieser Trend wird sich fortsetzen. Aus Kreisen der südafrikanischen Bergbauindustrie war zu hören, daß 1987/8 über 40 % der südafrikanischen Goldbergwerke nahe an oder sogar unterhalb der Verlustschwelle arbeiteten. Zudem bedroht die Produktionssteigerung in anderen Bergbauländern, die in den letzten Jahren einen regelrechten Goldrausch erlebten (Australien, Kanada, USA), die südafrikanische Marktposition. Der Anteil des Landes an der Goldförderung der westlichen Welt sank bereits von 70 % 1981 auf 47 % 1987[25]. Die wachsende Konkurrenz im internationalen Goldgeschäft (in dem als wichtiger weiterer Lieferant auch die Sowjetunion eine bedeutsame Rolle spielt) könnte den Goldpreis unter Druck bringen und damit die Rentabilitätsprobleme der südafrikanischen Gruben verschärfen. Schon in den vergangenen Jahren war es lediglich der dramatische Verfall der südafrikanischen Währung, der diese Rentabilitätsprobleme überdecken half. Dieser Verfall des Rand bedeutete aber zugleich eine Zuspitzung des Inflationsdrucks in Südafrika.

Insgesamt ist die hohe Abhängigkeit der südafrikanischen Wirtschaft vom Goldpreis also ein erheblicher gesamtwirtschaftlicher Risikofaktor: Er unterwirft die Geschicke der Volkswirtschaft den Schwankungen des internationalen Goldpreises und bindet sie zugleich an einen Sektor, der gravierende Strukturprobleme zu bewältigen hat. Zugleich bedeutet die Abhängigkeit vom Goldbergbau auch eine außenwirtschaftliche Schwachstelle, die jedenfalls theoretisch Ansatzpunkte für durchschlagende Sanktionen liefern könnte: Jede Verringerung des Goldpreises um $ 50/Unze bedeutet für Südafrika eine Milliarde Dollar (oder ca. 5 %) weniger Exporterlöse. Die großen westlichen Zentralbanken könnten mit ihren enormen Goldreserven (die etwa das fünfzigfache der jährlichen Goldproduktion Südafrikas ausmachen) den Goldpreis effektiv manipulieren und damit der südafrikanischen Wirtschaft großen Schaden zufügen[26]. Sanktionsgefährdet sind auch andere Bereiche der südafrikanischen Bergbauindustrie, insbesondere der Kohlebergbau, der bereits erhebliche Einnahme-Einbußen hinnehmen mußte. Diejenigen Sektoren wie Platin, Chrom und Vanadium, die aufgrund ihrer überragenden Weltmarkts-Position kaum sanktionsgefährdet erscheinen und strukturell bessere Voraussetzungen als der Goldbergbau aufweisen, könnten zwar weiterhin einen wichtigen Beitrag zu den südafrikanischen Deviseneinnahmen leisten, dürften aber aus einer Reihe von Gründen nicht in der Lage sein, die tragende Rolle des Goldexports zu übernehmen[27].

Die südafrikanische *Landwirtschaft* spielt noch immer eine nicht unbedeutende Rolle als Devisenbringer. Auch hier mehren sich jedoch die Strukturprobleme: Neben den Auswirkungen der Dürreperiode 1982 bis 1984 wird die südafrikanische Landwirtschaft, die sich in ihrem marktorientierten Teil mit intensivem Kapital- und Produktionsmitteleinsatz (Düngemittel, Pestizide) nicht wesentlich von den modernen Landwirtschafts-Strukturen Europas oder der USA unterscheidet, zunehmend von den Auswirkungen ökologischer Vernachlässigung wie Bodenerosion und Überdüngung betroffen. Nach Aussage südafrikanischer Experten ist daher nicht auszuschließen, daß Südafrika beim wichtigsten Getreide, Mais, in absehbarer Zeit zu einem Netto-Importland werden könnte[28].

Die *verarbeitende Industrie* Südafrikas erlebte unter der Ägide der *National Party* seit Beginn der 50er Jahre einen bemerkenswerten Aufschwung: Ihr Anteil am Sozialprodukt stieg von 11 % 1940 und 18 % 1950 auf 23 % im Jahr 1965; seither blieb dieser Anteil in etwa konstant. Neben dem Bergbau waren die verarbeitende Industrie und Teile des Dienstleistungssektors die wichtigsten Triebkräfte des Wirtschaftsaufschwunges unter dem Apartheid-Regime. Allerdings wurde dieser Aufschwung immer wieder durch politische Krisen unterbrochen: So 1960 durch die tödlichen Schüsse der Polizei gegen Demonstranten in *Sharpeville*, 1976 durch die Unruhen in *Soweto* und schließlich 1984-1987 durch die Protestwelle im Anschluß an die Verfassungsänderung von 1983. Schon *Sharpeville* führte zu einem massiven Kapitalabfluß aus Südafrika; die Wirtschaftsplaner standen damals vor der Alternative, das Apartheidsystem zu reformieren, niedrigere Wachstumsraten hinzunehmen oder auf eine verstärkte Binnenentwicklung der Volkswirtschaft unter Verzicht auf Auslandskapital zu setzen. Sie wählten die letztere Alternative — und nahmen damit entscheidende Weichenstellungen in Richtung auf eine „Belagerungswirtschaft" (*siege economy*) vor.

Diese Entwicklung, die im Bereich der verarbeitenden Industrie die Entscheidung für Importsubstitution und für einen kapital- und technologieintensiven Weg der Industrialisierung bedeutete, lag nicht zuletzt aufgrund der spezifischen Gegebenheiten des Apartheid-Systems nahe: Das hohe weiße Lohnniveau und der Facharbeiter-Mangel, der sich aus den beruflichen Aufstiegsbarrieren für afrikanische Südafrikaner ergab, begünstigte diese Weichenstellung. In den Jahren nach Sharpeville wurde zugleich eine beträchtliche Erhöhung der schwarzen Reallöhne akzeptiert, um über eine Verbesserung der wirtschaftlichen Lage die politische Unzufriedenheit eindämmen. Nach den Unruhen von Soweto verstärkten die Südafrikaner ihre Bemühungen um den Aufbau eigener Industrien hinter hohen Zollmauern insbesondere in sicherheitspolitisch relevanten Bereichen — etwa durch die forcierte Entwicklung der Rüstungsindustrie oder eine eigene Dieselmotor-Produktion.

Der „Treibhaus-Effekt" der Abschottung der verarbeitenden Industrie nach außen führte zu einem wahren Boom, der insbesondere der burischen Bevölkerungsgruppe zugute kam — in diesem Zeitraum entfaltete sich erstmals ein gewichtiges burisches Unternehmertum. Zugleich bedeutete diese künstliche Abschottung der verarbeitenden Industrie jedoch auch erhebliche volkswirtschaftliche Verzerrungen und Effizienzeinbußen durch sinkende Konkurrenzfähigkeit im internationalen Vergleich, Inflationsanfälligkeit und zunehmende Belastung des Staatshaushaltes mit Subventionen. Diese Strukturverzerrungen tendierten dazu, sich im Sinne eines positiven Rückkoppelungs-Prozesses zu verstärken: Weil die verarbeitende Industrie zunehmend unter Apartheid-bedingtem Facharbeitermangel zu leiden hatte, verstärkte sie die Ersetzung von Arbeit durch Kapital und Technologie — und reproduzierte das Arbeitskräfte-Problem damit auf einer höheren Ausbildungs-Ebene, der der Ingenieure und Techniker.

Ende der 80er Jahre wies die verarbeitende Industrie Südafrikas also erhebliche Strukturprobleme auf: Die — nicht zuletzt strategisch motivierte — Entwicklung importsubstituierender Industrien auf dem technologischen Niveau der westlichen Industriestaaten reduzierte Südafrikas Außenabhängigkeit nur scheinbar, führte jedoch zugleich zu zunehmenden Engpässen bei qualifizierten Arbeitskräften wie Ingenieuren und Facharbeitern, die sich immer deutlicher wachstumshemmend auswirkten.

Ein bezeichnendes Beispiel hierfür ist die südafrikanische Rüstungsindustrie, in deren Zentrum die staatliche *Armaments Development and Manufacturing Corporation* (ARMSCOR) steht. ARMSCOR entwickelte sich in fünfzehn Jahren zum zehntgrößten Waffenhersteller der Welt und einem gewichtigen Waffenexporteur; der Aufbau der südafrikanischen Rüstungsindustrie ermöglichte es der Regierung, den Anteil von Rüstungsimporten am Verteidigungshaushalt von 70 % Anfang der 70er Jahre auf 15 % zehn Jahre später zu senken. Doch diese Fortschritte bei der Reduzierung der Importabhängigkeit bei Waffensystemen als Reaktion auf das UN-Sicherheitsrats-Waffenembargo von 1977 wurde mit einer verstärkten Abhängigkeit von Komponenten und Bauteilen erkauft: Die Einfuhren derartiger Teile für die südafrikanische Rüstungsindustrie kosteten allein in den Jahren 1981 bis 1983 mehr als die gesamten Waffeneinfuhren in den 20 Jahren zuvor[29]. Die technologische Abhängigkeit blieb also erhalten — sie hat sich lediglich verlagert.

Der Rüstungssektor bindet zugleich auch einen Großteil der hochqualifizierten südafrikanischen Ingenieure und Facharbeiter und verschärft dadurch die Engpässe der zivilen Sektoren, ohne freilich die eigenen Personalprobleme lösen zu können: Über 10 % der Beschäftigten beim Rüstungsunternehmen *Atlas Aircraft Corp.* mußten im Ausland rekrutiert werden, und die *Mirage*-Kampfflugzeuge Südafrikas werden seit 1981 nur noch mit Hilfe israelischer Techniker flugfähig gehalten[30]. Der Rüstungssektor illustriert daher auch ein weiteres Strukturproblem neben der fortbestehenden technologischen Abhängigkeit: Den Facharbeitermangel. Nach südafrikanischen Schätzungen dürften 1990 1,33 Mio. qualifizierte Arbeitskräfte fehlen; besonders kritisch erscheinen die Engpässe im Bereich der Computer- und Datenverarbeitungsindustrie[31]. Verschärft wurden diese Probleme noch durch die Auswanderung hochqualifizierter Spezialisten.

Das dritte Strukturproblem der südafrikanischen verarbeitenden Industrie ist ihre geringe internationale Wettbewerbsfähigkeit: Die Exportorientierung der Industrie beschränkt sich auf eine relativ enge Palette von Produkten, oft in Form von verarbeiteten Rohstoffen (zu den wichtigsten Exportgütern der verarbeitenden Industrie gehören Eisen und Stahl, Metalle und Düngemittel sowie verarbeitete Agrarprodukte und Textilien). Gemessen in US-Dollars, konnte die südafrikanische Industrie in den 80er Jahren ihre Ausfuhren bislang nur in wenigen Bereichen ausweiten; in der Mehrzahl der Exportbranchen mußte sie z.T. erhebliche Rückschläge hinnehmen. Ein typisches Beispiel für die Ineffizienz und mangelnde Konkurrenzfähigkeit der von hohen Zollmauern abgeschirmten südafrikanischen Industrie bildet der Automobilsektor, der in den letzten Jahren eine erhebliche Schrumpfung erlebte und kaum Exporte aufweisen konnte[32].

Das vierte Strukturproblem der verarbeitenden Industrie — wie der südafrikanischen Wirtschaft insgesamt — ist die starke Zusammenballung ökonomischer Macht: Südafrikas Volkswirtschaft weist einen besonders hohen Konzentrationsgrad auf. So entfielen auf Staatsunternehmen und die sechs größten Unternehmensgruppen Südafrikas Anfang der 80er Jahre 70 % des gesamten Anlage-Kapitals der 138 führenden Unternehmen; das größte Unternehmen, *An-*

glo American, kontrollierte alleine etwa ein Viertel[33]. Die damit verbundene Beeinträchtigung des Wettbewerbs impliziert ökonomische Effizienzverluste und Inflationstendenzen.

Insgesamt bildet die verarbeitende Industrie aufgrund dieser Strukturschwächen eine zusätzliche Belastung des südafrikanischen Exportsektors: Sie importiert in größerem Umfang Maschinen und Komponenten, als sie selbst durch Exporte erlöst, und ist deshalb auch anfällig für Sanktionen. Ihre internationale Konkurrenzfähigkeit hat sich in den 70er und 80er Jahren eindeutig weiter verschlechtert; lediglich in den Absatzmärkten der abhängigen Nachbarstaaten in der Region erzielte Südafrika Zuwächse.

Die Verschuldungskrise 1985/6 legte die Probleme der südafrikanischen Wirtschaft schonungslos bloß und verschärfte sie zugleich[34]. Als Folge der zeitweiligen Zahlungsunfähigkeit im Zusammenhang mit der politischen Krise Mitte der 80er Jahre wurde Südafrika bis auf weiteres von Kapitalimporten abgeschnitten; die Wirtschaft des Landes muß im Gegenteil bis mindestens 1990 Exporterlöse erwirtschaften, um ihre internationalen Verbindlichkeiten abzutragen. Dieser Exportüberschuß ist jedoch, wie die Entwicklung seit 1985 zeigt, nur über eine Rezession herstellbar: Eine Belebung der Binnenwirtschaft mündet rasch in einen Importsog, mit dem der Exportsektor angesichts der begrenzten Nachfrage nach Rohstoffen normalerweise nicht schritthalten kann, und/oder in steigenden Inflationsraten — wobei der permanente Inflationsdruck ohnehin ein Grundproblem der südafrikanischen Wirtschaft darstellt.

Der Schuldendienst erzwingt gegenwärtig also eine Drosselung der Binnenkonjunktur. Die politische Krise 1984 bis 1987 hat zugleich auch eine wirtschaftliche Vertrauenskrise ausgelöst: Die Investitionsneigung der südafrikanischen Unternehmen ging zurück. Die Brutto-Anlageinvestitionen betrugen 1986 gerade noch 70 % des Umfangs von 1980 — Südafrika erfährt seit Beginn der Dekade also einen Prozeß der De-Industrialisierung. Die Auflösung von Investitionskapital war dabei keineswegs auf ausländische Unternehmen beschränkt; auch südafrikanische Konzerne zogen immer mehr ein Engagement im Ausland oder die Investition ihrer Gewinne an der Kapstadter Börse vor.

Zu den — oft Apartheid-bedingten — Strukturproblemen der südafrikansichen Wirtschaft kommen weiter die beträchtlichen direkten Kosten des Apartheid-Systems, die sich im Staatshaushalt niederschlagen und seit den 50er Jahren zu einer starken Ausweitung des Staatsanteils am Sozialprodukt führten. Diese Kosten umfassen

— die Finanzierung der Apartheid-Bürokratien und der Verwaltung der Rassentrennung (allein die Kosten für die Durchführung der Paßgesetze und der Zuzugskontrollen wurde Mitte der 70er Jahre auf jährlich R 113 Mio. geschätzt[35]),
— die steigenden Rüstungsausgaben: Die Verteidigungsaufwendungen Südafrikas erhöhten sich von R 948 Mio. 1975 auf R 6680 Mio. 1987/1988,
— die Subventionen für Maßnahmen zur Sicherung der südafrikanischen Wirtschaft gegen Sanktionen: So bezifferte Staatspräsident Botha die Kosten für die Verringerung der Importabhängigkeit bei Erdöl von 1973 bis 1984 auf $ 10,7 Mrd.; diese Summe dürfte die Kosten des Aufbaus einer nationalen Kohle-Verflüssigungsindustrie (SASOL I — III), umfangreicher Erdöl-Vorräte und die Mehrkosten bei Einfuhren unter Umgehung des OPEC-Embargos umfassen. Inzwischen wäre auch die Erschließung der Erdgas-Vorkommen von *Mossel Bay* und die Kosten der dazugehörigen Gas-Verflüssigungsanlagen einzuberechnen, die ebenfalls erhebliche Subventionen erforderlich machen[36],
— Transferzahlungen an die Homelands und die schwarze Bevölkerung in den weißen Teilen Südafrikas zur Bewältigung der krassesten Mißstände des Apartheid-Systems: Die Aufwendungen des südafrikanischen Staatshaushaltes für die Homelands stiegen allein von 1984/5 bis 1985/6 für die vier „unabhängigen" Homelands von R 1397 auf R 1781 Mio.; für die nicht-unabhängigen Homelands stellte sich der Zuschuß nach den Haushaltsansätzen auf R 1772 Mio. für 1985/6 und R 2285 Mio. für 1986/7. Die Ausgaben für den nichtweißen Bildungssektor stiegen von R 2995 Mio. auf R 3695 Mio.[37],
— die direkten und indirekten Kosten von Wirtschaftssanktionen. Ausschlaggebend dürfte hier letztlich der psychologische Effekt von Sanktionen im Sinne der Verunsicherung der Wirtschaftsakteure sein. Die Auswirkungen einer solchen Verunsicherung sind in Südafrika allenthalben zu erkennen — sie reichen von der geringen Investitionsneigung und der wachsenden Bereitschaft südafrikanischer Unternehmen, ihre Zukunft im Ausland zu suchen, bis zur Abwanderung weißer Fachkräfte.

4. Apartheid am Scheideweg: Wirtschaftspolitische Alternativen

Das Apartheidsystem hatte sich also — trotz aller Bemühungen um eine Reform des Systems — wirtschaftspolitisch in eine Sackgasse manövriert: Wachstum erscheint als unerläßliche Voraussetzung langfristiger Systemstabilisierung, es wurde jedoch durch bestimmte Strukturmerkmale des Systems immer mehr behindert. Der nach Apartheid-Prinzipien organisierte und kontrollierte Arbeitsmarkt hemmte die Entwicklung der *human resources* des Landes: So schätzte man beispielsweise den jährlichen Bedarf an nichtweißen Managern 1987 auf 3 700, gegenüber einer tatsächlichen Ausbildung von etwa 300; Weiße besetzen noch immer 98 % aller Management-Positionen[38]. Selbst die kurz- und mittelfristigen Strategien zur Systemstabilisierung (Niederschlagung der inneren und äußeren Bedrohungen mit Gewalt; Verbesserung der Lebensverhältnisse der afrikanischen Bevölkerung zur Isolierung des Widerstandes und Kooptation afrikanischer Verhandlungspartner) implizierten eine drastische Erhöhung der Staatsausgaben, die volkswirtschaflich angesichts des ohnehin sehr hohen Staatsanteils am Sozialprodukt kaum darstellbar erscheinen.

Über welche Alternativen verfügte das Apartheidsystem unter diesen höchst ungünstigen Voraussetzungen? Die Alternative einer *exportorientierten Industrialisierungsstrategie* nach dem Beispiel der erfolgreichen asiatischen Schwellenländer wurde zwar in Südafrika intensiv diskutiert und zeitweilig auch von Regierungsseite befürwortet, erscheint dem Land jedoch faktisch bis auf weiteres verbaut — diese Strategie würde drastische Strukturveränderungen in der südafrikanischen verarbeitenden Industrie und wohl auch eine völlige Aufgabe der Prinzipien der Apartheid erforderlich machen, um den Belastungen durch Sanktionen zu entgehen. Bislang fehlen jedenfalls die Voraussetzungen, die den Erfolg der Schwellenländer Ostasiens ermöglichten, in Südafrika weitgehend[39].

Die zweite Alternative besteht in einer *binnenorientierten Entwicklungsstrategie* — der *„inward industrialisation"*. Etliche Anzeichen sprechen dafür, daß die Regierung in Pretoria diese Strategie mit ihren jüngsten wirtschaftspolitischen Reformerklärungen anpeilte. Die wichtigsten Elemente dieses Reformprogramms bestanden in einer Steuerreform, der Ankündigung von Privatisierungen bei Staatsunternehmen und von Deregulierungsmaßnahmen sowie in der Ermunterung unternehmerischer Eigeninitiative, insbesondere auch der afrikanischen Bevölkerungsmehrheit[40]. Die Rolle des Staates dagegen soll zunehmend zurückgenommen werden. Mit der Strategie der Privatisierung und Deregulierung versucht die Regierung offensichtlich mehrere Ziele gleichzeitig zu erreichen: Sie stellt sich damit — wohl auch bewußt — in den Zusammenhang des wirtschaftspolitischen „Zeitgeistes" des Westens (*Reaganomics* und *Thatcherism* stützen sich ja u.a. auf diese Elemente) und zeigt sich zugleich offen für Vorschläge des südafrikanischen Unternehmertums, dem mit Privatisierungen neue, verlockende Investitionsmöglichkeiten im eigenen Lande geboten werden sollen; schließlich erhoffte sich Pretoria von diesen Programmen stimulierende Wirkungen für die Wirtsschaftsentwicklung sowie eine Sanierung der belasteten Staatsfinanzen. Die aus der Privatisierung von Staatsbetrieben erlösten Mittel sollten offenbar auch die Finanzierung von Entwicklungs- und Sozialprogrammen für die schwarze Bevölkerung erleichtern.

Faktisch allerdings erscheinen die Schwierigkeiten auf dem Weg zur Realisierung dieser Ankündigungen beträchtlich: Die oft defizitären Staatsbetriebe eignen sich wenig für eine Privatisierung; die technischen Schwierigkeiten der Abwicklung wären erheblich. Die Deregulierungsankündigungen liefen der seit 1948 deutlichen Tendenz zu einer wachsenden Reglementierung und Kontrolle der Wirtschaft durch die Apartheidsbürokratie völlig entgegen, und neuere Gesetzesvorlagen, die dem Staat umfangreiche Vollmachten zur Durchsetzung von Lohn- und Preisstops übertragen würden, zeigen, daß eine derartige Kursänderung nicht ohne weiteres zustande kommen dürfte. Hinzu kommt die Tatsache, daß gerade im Staatsapparat und in den Staatsunternehmen traditionelle Wählerschichten der NP vertreten sind. Nicht zu unterschätzen ist schließlich auch die Möglichkeit einer systematischen Behinderung derartiger politischer Initiativen durch bürokratische Verschleppung und Unterwanderung.

Die entscheidende Achillesferse einer Strategie der Binnenindustralisierung besteht freilich wiederum in den Strukturen der Apartheid, die auf der Angebots- wie auf der Nachfrageseite der Volkswirtschaft Südafrikas eine Entfaltung des Wachstumspotentials der Wirtschaft einschneidend behindern. Auf der Angebotsseite gilt das vor allem für das Bildungssystem, auf der Nachfrageseite für die unterentwickelte Massenkaufkraft der afrikanischen Bevölkerungsgruppe. Selbst gegen die umfassende Reglementierungen und soziale Ungleichheit produzierenden Apartheidstrukturen hat sich inzwischen der informelle Sektor der südafrikanischen Volkswirtschaft — die Schattenwirtschaft der Afrikaner, von den Schnapsbuden und Lebensmittelständen bis zu den afrikanischen Taxiunternehmen — zum dynamischsten Teil der Volkswirtschaft entwickelt: Sein Anteil an der Gesamtwirtschaft wird mit bis zu einem Drittel angesetzt[41].

Auch die Wirtschaftsplaner der Regierung Botha und der ihr nahestehenden Denkfabriken setzten daher auf die schwarze Nachfrage als Motor der zukünftigen Entwicklung[42]; sie verkannten dabei allerdings, wie schwerwiegend die Entfaltung des Potentials der afrikanischen Wirtschaft nach wie vor durch die Strukturen der Apartheid behindert wird. Auch diese Alternative konnte deshalb, wollte sie erfolgreich sein, letztlich um eine tiefgreifende Strukturreform von Wirtschaft und Politik nicht herumkommen. Einige Elemente dieser Reformen wären neben den unumgänglichen politischen Reformen wie Abschaffung der Registrierung, aller Zuzugskontrollen und der Aufgabe der Homeland-Politik eine Bodenreform in der Landwirtschaft, die Forcierung der Umverteilung im Bildungs-, Gesundheits- und Sozialwesen und eine Umorientierung der Industriestrukturen auf angemessene Technologien und Massenprodukte (einschließlich der systematischen Erschließung von damit verbundenen Exportmöglichkeiten).

Insgesamt konnten also ohne Abschaffung der Grundpfeiler der Apartheid bestenfalls Elemente dieser binnenorientierten Wachstumsstrategie realisiert werden. Damit erschien die dritte Alternative für die wirtschaftliche Zukunft Südafrikas am wahrscheinlichsten — die Belagerungswirtschaft (*siege economy*), in der die Aufrechterhaltung der Apartheid mit niedrigem oder gar negativem Wirtschaftswachstum bezahlt wird. Kennzeichnend wäre hier die starke Präsenz des Staates in Wirtschaftsprozessen („Kommandowirtschaft"), wachsende Ineffizienz der formellen Wirtschaft und eine Überdehnung des Staatsapparates sowohl in personeller wie in materieller Hinsicht. Zentral erscheint die Unterordnung wirtschaftlicher Momente unter Erwägungen nationaler Sicherheit, in letzter Konsequenz also auch die Ein- und Unterordnung des Wirtschaftssystems in den Zusammenhang der „totalen nationalen Strategie".

Faktisch hatte Südafrika diesen Kurs schon seit 1960 zunehmend eingeschlagen. 1988 schien die Frage eher die zu sein, welche *Form* der Belagerungswirtschaft sich in Zukunft entwickeln würde. Die alternativen Auffassungen artikulierten dabei kontrovers und besonders einflußreich der ehemalige Gouverneur der südafrikanischen Zentralbank, *Gerhard de Kock*, und der Chef der SANLAM-Gruppe, *Fred du Plessis*: de Kock befürwortete eine marktorientierte Variante der Belagerungsökonomie, du Plessis eine staatsinterventionistische[43]. Keiner von beiden beabsichtigte jedoch ein völliges Kappen der Wirtschaftsverbindungen mit dem Westen — eine solche Lösung Südafrikas aus internationalen Wirtschaftsbindungen mußte, wie beide Positionen erkannten, angesichts der fortdauernden Abhängigkeiten Südafrikas die ohnehin schon gravierenden Probleme der Volkswirtschaft weiter verschärfen.

Insgesamt mußte Südafrika also volkswirtschaftlich einen hohen Preis für die Beibehaltung jener Apartheidsstrukturen zahlen, die vom weißen Minderheitssystem Bothas für unverzichtbar gehalten wurden. Auch wenn sich das weiße Südafrika noch einige Jahre durchwursteln mochte, auch wenn unerwartete Entwicklungen wie etwa ein starker Anstieg des Goldpreises temporären Aufschub gewähren konnten — überzeugende Zukunftsperspektiven waren für die südafrikanische Wirtschaft unter den Voraussetzungen der Apartheid nicht erkennbar.

Anmerkungen:

1 Zahlenangaben nach Economist Intelligence Unit, Country Report South Africa, No.2 / 1988. Zur historischen Entwicklung und Bedeutung des Bergbausektors für die südafrikanische Volkswirtschaft vgl. Merle Lipton, Capitalism and Apartheid, South Africa, 1910 — 1984, London 1985; Alf Stadler, The Political Economy of Modern South Africa, London 1987, insbes. Kap. 3; Duncan Innes, Anglo American and the Rise of Modern South Africa, New York 1984

2 Genaue Angaben über den südafrikanischen Außenhandel werden zunehmend durch Geheimhaltung von statistischen Angaben erschwert. Die genannten Zahlen stützen sich auf Economist Intelligence Unit, op. cit. Vgl. auch Merle Lipton, Sanctions and South Africa, The Dynamics of Isolation, London 1988 (= Economist Intelligence Unit Special Report No. 119) und Statistisches Bundesamt Wiesbaden, Statistik des Auslandes, Länderbericht Südafrika 1987, Stuttgart 1988, pp. 90 ff.

3 Vgl. Axel J. Halbach, Folgen der südafrikanischen Homeland-Politik: Durch getrennte Entwicklung gemeinsam in die Krise, in: IFO-Schnelldienst No. 34 / 1987, pp. 17 - 29 (17).

4 Vgl. hierzu J. G. Browett, T. D. J. Fair, South Africa 1870 - 1970: A View of the Spatial System, in: South African Geographical Journal, Vol. 56 No. 2, pp. 111 - 120, zit. und zusammengefaßt bei Anthony Lemon,

Apartheid in Transition, London 1987, pp. 138 f.
5 Vgl. Statistisches Bundesamt, op. cit., pp. 19 ff; Lemon, op. cit., Kap. 9; Human Sciences Research Council, Main Committee, HSRC Investigation into Intergroup Relations, The South African Society: Realities and Prospects, Pretoria 1985, pp. 23 ff; Population Data, Reprint from South African Bureau of Information, South Africa 1986, Official Yearbook of the Republic of South Africa, Pretoria o.J. (1987)
6 Statistisches Bundesamt, op. cit., pp. 26 f.
7 ibid.; Human Sciences Research Council, op. cit., p. 26; Population Data..., op.cit.
8 Unter Ausklammerung der Homelands beträgt die Zahl 37,9 %. Vgl. Population Data..., op. cit.; Lipton, op. cit. (1985), p. 379.
9 Lemon, op. cit., pp. 232 ff; Human Science Research Council, op. cit., pp. 23 ff.
10 Vgl. A. J. Halbach, Südafrika und seine Homelands, München 1988, p. 8 (=IFO Afrika Studien No. 113) sowie S. van der Berg, Long Term Economic Trends and Development Prospects in South Africa, Paper delivered at a conference on „Southern Africa: Crucial Issues", München, 15. - 17. Mai 1987, p. 26.
11 Population Data..., op. cit., p. 5; nach glaubhaften inoffiziellen Angaben liegt die durchschnittliche Lebenserwartung der Afrikaner niedriger — bei etwa 50 - 55 Jahren insgesamt und bei etwa 44 Jahren in Durchschnitt der ländlichen Gebiete. Vgl. South African Institute of Race Relations, Social and Economic Update, 10. März 1988.
12 Einzelheiten finden sich in den Race Relations Surveys des South African Institute of Race Relations sowie bei Roger Omond, The Apartheid Handbook, Harmondsworth 1987.
13 Angaben für 1980. Sie zeigen gegenüber 1960 einen relativen Rückgang der Homeland-Bewohner unterhalb der Armutsgrenze um 18 %; absolut freilich steigerte sich die Zahl der betroffenen Homeland-Bewohner von 4,1 auf 8,9 Mio. Zugleich stieg die Zahl der absolut Armen — also der Homeland-Bewohner ohne Land, Vieh, Arbeitseinkommen oder Pension — von 250000 (= 5 %) auf 1,43 Mio. (= 13 % der Homeland-Bevölkerung). Vgl. Omond, op. cit., p. 114; Financial Times, 19. April 1986. Die Angaben beruhen auf einem von der amerikanischen Carnegie-Stiftung finanzierten Projekt zur Erforschung der Armut im südlichen Afrika.
14 The Johannesburg Star, 27. April 1988.
15 Hierzu Financial Times, 19. April 1986; Lipton, op. cit.(1985), p. 386; Financial Times, 3. April 1988.
16 Race Relations Survey 1986, Part II, op. cit., p. 717.
17 Bureau of Economic Research, University of Stellenbosch, Macroeconomic Forecasts for South Africa, 1987 - 1992, Stellenbosch 1987, p. 66; vgl.auch van den Berg, op. cit., pp. 7 ff.
18 Vgl.Race Relations Survey 1985, op. cit., pp. 133 ff; South African Institute of Race Relations, 1986, Part 2, Johannesburg 1988, pp. 716 ff.

19 van den Berg, op. cit., pp. 14f; Lipton, op. cit. (1988), pp. 85ff.
20 Economist Intelligence Unit, op. cit., p. 2; Race Relations Survey, 1985, op. cit., p. 135, 1986, op. cit., p. 719; Halbach, op. cit. (1987), p. 25; Bureau of Economic Research ..., op. cit., p. 66; van den Berg, op. cit. und mündliche Ergänzungen während der Präsentation des Papiers.
21 Main Committee ..., op. cit., p. 41.
22 ebenda, pp. 100ff.
23 Bureau of Economic Research..., op. cit.
24 Vgl. z.B. Lipton, op. cit. (1988), p. 94.
25 Hierzu FAZ, Blick durch die Wirtschaft, 26. Mai 1988; US Bureau of Mines, Mineral Commodity Summaries 1983, 1988, Washington 1983, 1988.
26 Das Problem bei derartigen Sanktionen wäre die noch immer bedeutsame Rolle des Goldes im internationalen Währungssystem. Zur Diskussion derartiger Sanktionspotentiale vgl. Lipton, op. cit. (1988), p. 47 und Joseph Hanlon/Roger Omond, The Sanctions Handbook, Harmondsworth 1987, pp. 72f, 255ff.
27 Hierzu insgesamt Hanns W. Maull, Strategische Rohstoffe, Risiken für die wirtschaftliche Sicherheit des Westens, München/Wien 1988.
28 So Bernhard Weimer, Wirtschaftskrise in Südafrika, Vortrag im Rahmen einer Tagung zur Krisenregion südliches Afrika, veranstaltet von der Deutschen Gesellschaft für die Vereinten Nationen, München, 22. Juli 1988. Zur Thematik allgemein vgl. Harold D. Nelson (ed), South Africa: A Country Study, Washington 1981, pp. 159ff.
29 So Christopher Coker, South Africa's Security Dilemmas, New York 1987, p. 49 (= The Washington Papers No. 126).
30 ebenda, p. 60. Allgemein zu ARMSCOR auch Kenneth W. Grundy, The Militarization of South African Politics, London 1986, pp. 45ff.
31 Vgl. hierzu Race Relations Survey, op. cit., 1985, pp. 139ff, 1986, Part 2, pp. 725f.
32 Vgl. hierzu C. L. McCarthy, Structural Development of South African Manufacturing Industry — A Policy Perspective, in: The South African Journal of Economics, Vol. 56 No. 1/March 1988, pp. 1-23; J.C. Van Zyl, South Africa in World Trade, in: The South African Journal of Economics, Vol. 52 No. 1/March 1984, pp. 42-62; Financial Times, 2. April 1986.
33 Rob Davies/Dan O'Meara/Sipho Dlamini, The Struggle for South Africa, A Reference Guide to Movements, Organizations and Institutions, Vol. 1, London 1984, pp. 57ff.
34 Hierzu Lipton, op. cit. (1988), pp. 89ff; Jesmond P. Blumenfeld, Reaktionen der südafrikanischen Wirtschaft auf den wachsenden internationalen Druck, in: Europa Archiv, No. 23/1985, pp. 699-708.
35 Nelson (ed), op. cit., p. 108.
36 Lipton, op. cit. (1988), p. 86.
37 Angaben nach Race Relations Survey, op. cit., 1985 und 1986.

38 Race Relations Survey, 1986, Part II, op. cit., p. 726.
39 McCarthy, op. cit., pp. 14 ff.
40 Hierzu etwa McCarthy, op. cit., pp. 19 ff; Financial Times, 4. März 1988; Frankfurter Allgemeine Zeitung, 9. März 1988; Neue Zürcher Zeitung, 19. März 1988; Economist Intelligence Unit, Quarterly Economic Reviews, South Africa.
41 Vgl. etwa Neue Zürcher Zeitung, 26. März 1988 und 22. Juli 1988. Die Ermutigung schwarzer Unternehmer bildet inzwischen auch eine wichtige Zielsetzung der südafrikanischen Wirtschaft und der Regierung. Die Initiative der *Small Business Development Corp.* etwa konnte in den Jahren von 1983 bis 1988 mit Krediten für überwiegend schwarze Kleinunternehmer in Höhe von R 440 Mio. rund 186 000 Arbeitsplätze zu Durchschnittskosten von R 2 500 schaffen. (Financial Times, 4. März 1988).
42 Siehe etwa Bureau of Economic Research…, op. cit.
43 Vgl. Financial Times, 4. März 1988.

VI. Südafrikas Regionalpolitik

Karl Schwarz

1. Die Ära Vorster

Schon in den 20er Jahren begann sich im politischen Bewußtsein der weißen Bevölkerungsminderheit in Südafrika die Vorstellung herauszubilden, daß die Rassenprobleme und der internationale Außenseiterstatus des Landes seine Ursachen nicht in der gesellschaftlichen und politischen Verfassung der Kaprepublik habe, sondern das Ergebnis einer weltweit angelegten kommunistischen Offensive sei.[1] Vor dem Hintergrund der Entwicklungen in den beiden portugiesischen Kolonien Angola und Mosambik, die 1974 im Zusammenbruch dieses Kolonialreichs endeten, verfestigten sich diese Bedrohungsvorstellungen insbesondere in der militärischen Führungsspitze, die nun immer nachdrücklicher auf eine wachsende Gefährdung Südafrikas durch den „Weltkommunismus" hinwies und entschiedenere Anstrengungen dagegen forderte. Damit gerieten die Vorstellungen der Militärs jedoch im Hinblick auf die Politik gegenüber den Nachbarstaaten zunehmend in einen gewissen Gegensatz zur offiziellen Außen- und Afrikapolitik von Premierminister Vorster.

Obgleich Vorster nicht minder an die „rote Gefahr" glaubte, war er — anders als die Generale — davon überzeugt, daß sich mit gemäßigten schwarzafrikanischen Staaten eine Zweckgemeinschaft zur Abwehr des Kommunismus bilden lasse. Vorteilhafte Handelsabkommen und attraktive Finanz- und Technologiehilfen sollten nach Vorsters neuer Afrikapolitik, die ab Mitte 1967 unter dem Stichwort *„outward movement"* eingeleitet wurde, die afrikanischen Ansprechpartner in diese Zweckgemeinschaft einbinden.[2] Engere wirtschaftliche Beziehungen, so der Kern dieses Ansatzes, würden auf mittlere Frist ein verbessertes politisches Verhältnis bewirken. Außenminister Mullers Feststellung „unser Verhältnis zum Rest der Welt hängt von unserem Verhältnis zu den Staaten Afrikas ab" weist aber darauf hin, daß die Afrikapolitik Pretorias immer auch im Zusammenhang mit der existentiellen Abhängigkeit Südafrikas von Kapital- und Technologieimporten aus den westlichen Industriestaaten gesehen wurde.

Das *„outward movement"* brachte als einzig greifbares Ergebnis lediglich die Aufnahme diplomatischer Beziehungen zu Malawi, das bis zum heutigen Tag der einzige schwarzafrikanische Staat geblieben ist, der das Apartheidsystem anerkennt. Andere konservative, vornehmlich frankophone Staaten (Elfenbeinküste, Mauritius, Madagaskar) zeigten sich den Avancen Vorsters gegenüber zwar nicht abgeneigt, eine politische Aufwertung der Beziehungen unterblieb aber, da dies die Isolierung innerhalb der „Organisation für Afrikanische Einheit" (OAU) und womöglich auch den Ausschluß bedeutet hätte.[3] Die Gründung der *Southern African Customs Union* (SACU) im Jahr 1969 darf m.E. allerdings nicht als Erfolg dieser Politik verbucht werden, da es sich hier — wenngleich die SACU sich gut in die Zielsetzungen von Vorsters neuer Afrika-Politik einfügte — lediglich um die Bestätigung und Verlängerung der seit 1910 bestehenden Beziehungen mit den ehemaligen britischen *High Commission Territories* handelte.[4]

Dennoch setzte Vorster seine Bemühungen um Anerkennung in Schwarzafrika fort. Das Verhältnis zum Rhodesien des Ian Smith verdient in diesem Zusammenhang besondere Beachtung. Seit 1968 hatte die südafrikanische Regierung etwa 4 000 Mann und nicht unerhebliche Mengen an militärischer Ausrüstung nach Salisbury abgestellt, um bei der Bekämpfung des rhodesischen Widerstands (und des mit diesem gemeinsam operierenden südafrikanischen ANC) zu helfen. Ab Juni 1974 sollte ein Kurswechsel gegenüber dem Smith-Regime unter dem Schlagwort *„detente"* eine Lokomotivfunktion in Vorsters ungebrochenem Bemühen um einen Ausgleich zwischen Südafrika und dem Rest des Kontinents übernehmen:[5] Vorster gab dem weißen Minderheitsregime des nördlichen Nachbarn keine Überlebenschance mehr und sah nun eine ideale Gelegenheit, unter seiner persönlichen Regie die Bürgerkriegsparteien und die anderen Nachbarstaaten an den Verhandlungstisch zu bekommen, sich dadurch als Friedensstifter zu profilieren und so das internationale Ansehen Südafrikas zu heben.

Zunächst schien diese Strategie einige Erfolge vorweisen zu können — Vorster setzte die Entlassung einiger inhaftierter Widerstandskämpfer durch, die später auch an den Verhandlungen teilnahmen. Das Scheitern der „Victoria Falls-Konferenz" zwischen Vorster und dem Zambischen Staatspräsidenten Kenneth Kaunda sowie den Führern des rhodesischen Widerstands an der kompromißlosen Haltung des etwas undurchsichtigen Widerstandsführers *Sithole* im August 1975 bedeutete dann aber auch das Ende der *„detente"*-Initiative.

Die folgenden drei Jahre brachten keine neuen regionalpolitischen Initiativen mehr. Das hing zum einen mit der klaren Haltung der Nachbarstaaten zusammen, die die südafrikanische Rhodesien-Initiative zwar akzeptierten, gleichzeitig aber keinerlei Zweifel daran ließen, daß die Apartheid, selbst bei einer diplomatischen Lösung des Rhodesien-Problems, ein unüberwindbares Hindernis auf dem Weg zu Kontakten darstellte.

Ausschlaggebend für die regionalpolitische Enthaltsamkeit war aber die gegenseitige Blockierung der beiden wichtigsten politischen Entscheidungs-Eliten der weißen Bevölkerungsminderheit — der Militärs und der Regierung in Südafrika. Diese Gegensätze hatten einerseits innenpolitische Gründe. Die 1973 beginnende Streikwelle hatte in Südafrika die Strukturprobleme des Apartheidsystems ins Zentrum der innenpolitischen Diskussion gerückt und den Konflikt zwischen den beiden Hauptströmungen innerhalb des Burentums, zwischen *„verligte"* und *„verkrampte"*, deutlich verschärft.[6] Während Premier Vorster dem *„verkrampte"*-Lager zugerechnet wurde, das zu keinerlei Abstrichen an den bestehenden Macht- und Besitzverhältnissen bereit war (soziologisch stützte sich diese Richtung vor allem auf die Landwirtschaft, Mittel- und Kleinbetriebe der verarbeitenden Industrie und die weiße Unterschicht), galt Verteidigungsminister Pieter Willem (P.W.) Botha als Vertreter der *„verligte"*, also derjenigen, die eine Auflockerung der Apartheidbestimmungen (insbesondere auf dem Feld der Arbeitsbeziehungen) befürworteten.[7] Beide Flügel blockierten einander ab Mitte der 70er Jahre schließlich vollständig, so daß die letzten Jahre der Regierung Vorster von politischer Paralyse geprägt waren.[8] Aber auch das Verhältnis zu den Nachbarstaaten war zwischen den beiden Flügeln des Burentums umstritten. Verteidigungsminister Botha mißbilligte das Fallenlassen des weißen rhodesischen Ministerpräsidenten Ian Smith („Smitty") — eine Haltung, die innerhalb der weißen Bevölkerung große Sympathie genoß. Zudem war der „ideologieblinde", auf wirtschaftliche Zusammenarbeit ausgerichtete Ansatz Vorsters gegenüber der sich selbst als marxistisch bezeichnenden FRELIMO-Regierung in Maputo für P.W. Botha und die Militärs nicht akzeptabel. Es sollen geheime, vom Premierminister nicht genehmigte Waffenlieferungen an das Smith-Regime erfolgt sein;

als gesichert gilt, daß im September 1974 der völlig loyal zu Vorster stehende Geheimdienst BOSS „in letzter Minute" einschreiten mußte, um von P.W. Botha befohlene Aktivitäten zur Unterstützung eines Putsches der ehemaligen portugiesischen Siedler zu unterbinden.[9]

2. Die Neuorientierung unter Botha: „Totale nationale Strategie"

Der im September 1978 zum Regierungschef gewählte Botha räumte in seinem politischen Programm der Überwindung der lähmenden Verunsicherung und Handlungsunfähigkeit innerhalb des weißen Bevölkerungsteils oberste Priorität ein.[10] Das grundlegend Neue an Bothas Amtsführung war freilich die Straffung von Entscheidungsstrukturen und -prozessen, insbesondere durch eine bis dato nicht praktizierte Einbeziehung des Militärs.[11]

Magnus Malan, ein enger langjähriger Vertrauter Bothas und Chef der Südafrikanischen Streitkräfte (*South African Defence Forces*, SADF), wurde unter diesen Voraussetzungen zum Chefarchitekten der ab 1978 dominierenden *„total national strategy"*. Als dieser Begriff 1973 im Verteidigungs-Weißbuch zum erstenmal auftauchte, war er noch sehr eng mittels militärisch-sicherheitspolitischer Kategorien definiert; in der Folgezeit erweiterten sich aber die Dimensionen der von den Militärs unter dem Terminus TNS postulierten Politik.

Die „totale nationale Strategie"

Das Weißbuch 1973 ließ keinen Zweifel daran, von wem die Bedrohung der Kaprepublik ausging: „Die südafrikanische Republik ist ein Ziel des internationalen Kommunismus und seiner Kohorten — der Linken, der Aktivisten, des übertriebenen Humanismus, der Permissivität, des Materialismus und verwandter Ideologien. Zusätzlich ist die südafrikanische Republik zum speziellen Ziel für die Nebenprodukte dieser Ideologien wie schwarzer Radikalismus, übertriebene individuelle Freiheit, ein Mann — eine Stimme, und eine Unzahl anderer Slogans, die auf der Basis doppelter Maßstäbe gegen uns verwendet werden, ausgewählt worden."[12]

P.W. Botha erklärte 1978, die RSA nehme in dieser weltweit angelegten Verschwörung einen besonders hohen Stellenwert ein; dies sei nicht zuletzt deshalb so, weil „dieser totale Anschlag von einer weltweiten Propagandakampagne und verschiedenen Frontorganisationen, wie etwa von Gewerkschaften und sogar gewissen Kirchenorganisationen und -führern unterstützt" werde.[13] Neben dem Bestreben, das militärische Kräfteverhältnis in der Region zu ihren Gunsten zu verändern, unternähmen Südafrikas Feinde aber vor allem Versuche, die Spannungen in der RSA selbst zu schüren — und zwar auf dem gesamten Spektrum der wirtschaftlichen, diplomatischen, psychologischen und militärischen Angriffsflächen.

Geschult in Anti-Guerilla-Kriegsführung auf der Grundlage der Arbeiten des französischen Generals Beaufré, kam Malan zu dem Schluß, daß die militärische Kriegsführung klar der psychologisch-politischen unterzuordnen sei; die Formel von 20 % zu 80 % setzte sich durch, denn Malan war überzeugt: „Der militärische Kampf ist wichtig, aber wenn die Schlacht um die Seele der Bevölkerung verlorengeht, ist alles verloren. Die Aufständischen haben keine Hoffnung auf Erfolg ohne die Hilfe der Bevölkerung." Die Regierung müsse daher die Rassentrennung lockern und der schwarzen Mehrheit etwas bieten, wofür diese zu „leben und sterben" bereit sei, vor allem soziale Verbesserungen.[14]

Die „totale nationale Strategie" (TNS) wurde in einer ausgearbeiteten Form von P.W. Botha erstmals auf dem Parteitag der *National Party* in Natal im August 1978 publik gemacht; die wesentlichen Elemente des in Form eines Zwölf-Punkte-Programms vorgestellten Konzepts sind:[15]

1. Anerkennung der Existenz von Multinationalismus und Minderheiten in der RSA
2. Anerkennung einer vertikalen Differenzierung mit einem immanenten Prinzip von möglichst vielen Ebenen der Selbstbestimmung
3. Einrichtung von Verfassungsstrukturen für die schwarzen Völker (*„black peoples"*), um diesen den höchstmöglichen Grad an Selbstregierung zu ermöglichen in Staaten, die, soweit praktikabel, konsolidiert sind werden sollten
4. Machtteilung zwischen südafrikanischen Weißen, Farbigen und der indischstämmigen Bevölkerung
5. Anerkennung des Prinzips, daß jede Bevölkerungsgruppe ihre eigenen Schulen haben und in ihrer eigenen Gemeinschaft leben sollte, da dies wesentlich für die soziale Zufriedenheit sei
6. Beseitigung schmerzhafter und unnötiger Formen von Diskrimi-

nierung, aber keine Zwangsintegration in Südafrika und Erhaltung des Rechts der Selbstbestimmung der weißen Bevölkerung
7. Anerkennung gegenseitiger wirtschaftlicher Abhängigkeiten und der sorgfältig geplante Rückgriff auf die Arbeitskraft
8. Bemühung um eine friedliche Konstellation von Staaten des südlichen Afrika (*Constellation of Southern African States*), in der Respekt für die Kulturen, Traditionen und Ideale des jeweils anderen herrscht ... „Ein Pakt zwischen Staaten wird nur dann möglich, wenn der Wille dazu besteht. Man muß all diese Staaten zunächst einmal durch ihre Unabhängigkeit auf eine (rechtlich, K.S.) gleiche Stufe stellen und es ihnen dann selbst überlassen, wofür sie sich entscheiden"
9. Südafrikas feste Entschlossenheit, sich gegen Angriffe von außen in jeder denkbaren Weise zu verteidigen „... Ich will jene warnen, die glauben, wir handelten aus einer Position der Schwäche (...) Wenn sie uns auf die Probe stellen wollen, unsere Stärke, werden wir um Südafrikas Selbstachtung willen zurückschlagen"
10. Größtmöglich neutrale Haltung im Konflikt der Supermächte, mit eindeutigem Vorrang für die Interessen und Probleme des südlichen Afrika
11. Unverminderte Gewährleistung effizienter staatlicher Entscheidungen, die sich auf eine starke Armee stützen. „... Klare Verwaltung ist auf allen Stufen unerläßlich. Starke, von zufriedenen Soldaten gebildete Streitkräfte sind in der gefährlichen Welt von heute von größter Wichtigkeit"
12. Aufrechterhaltung des freien Unternehmertums als Grundlage der Wirtschafts- und Finanzpolitik und eine möglichst wirkungsvolle Ausbildung und Nutzung der Arbeitskraft."

Der „Zwölf Punkte-Plan" faßte also sämtliche Hauptpfeiler der von Botha konzipierten Apartheid-Politik („Neo-Apartheid") zusammen: Während die Punkte 1-3 und 5 die Fortschreibung der bereits unter Verwoerd eingeleiteten Politik der „getrennten Entwicklung" mit der logischen Konsequenz einer „Entnationalisierung der Schwarzen"[16] und die forcierte Weiterführung der Homeland-Politik umreißen, läßt sich Punkt 4 als Vorbote der 1983 verabschiedeten Verfassungsreform verstehen. Die Punkte 7 und 12 unterstreichen die Entschlossenheit zur Fortführung der Reformen auf dem Feld der Arbeitsbeziehungen (vgl. Beitrag Schmidt), während die Punkte 9 und 11 die Kräfteverschiebungen innerhalb des Regierungsapparates erkennen lassen und sehr deutlich die Handschrift der Militärs tragen (vgl. Beitrag Maull). Punkt 8 stellt den Brückenschlag zwischen den innerpolitischen und den regionalen und internationalen Zielsetzungen dar: Das Konzept einer *Constellation of Southern African States* sieht die Einbindung von Staaten des Subkontinents in eine auf sicherheitspolitischer und wirtschaftlicher Kooperation beruhende Staatengemeinschaft vor. Es stützt sich damit auf die *„constellation"*-Pläne der Vergangenheit und auf den funktionalistischen Ansatz der Vorster-Ära, erfährt aber durch das dezidierte Bekenntnis zur Einbeziehung der in die Unabhängigkeit zu entlassenden Homelands als gleichberechtigte Mitglieder eine qualitative Neuerung.

Eine sich unter den genannten Bedingungen bildende Konstellation wäre gleichbedeutend mit der Anerkennung und Legitimierung der Politik der „getrennten Entwicklung" und damit eines tragenden Pfeilers der Apartheid durch die völkerrechtlich souveränen Nachbarstaaten. Dies würde eine fundamentale Statusverbesserung der RSA auf der internationalen Bühne darstellen und über die gestiegene Legitimierung durch Staaten, die bis dahin zu den schärfsten Anklägern der Apartheid zählen, folgerichtig die Verurteilung Pretorias auch im Westen vermindern. Für die Architekten von TNS und CONSAS ist dies die grundlegende Voraussetzung für die Wiederherstellung eines problemlosen Zuflusses von Kapital und Hochtechnologie, auf den Südafrika existentiell angewiesen ist.

Das CONSAS-Konzept

Außenminister Roelof („Pik") Botha stellte der Weltöffentlichkeit das CONSAS-Konzept in einer Rede vor der Schweizerisch-Südafrikanischen Gesellschaft in Zürich (7. 3. 1979) vor. Darin regte er den Zusammenschluß von sieben bis zehn Staaten mit einer Bevölkerung von 40 Millionen südlich der Flüsse Sambesi und Cunene zu einer formalen Konstellation an, deren Fundament die „marxistische Bedrohung" und daher die Notwendigkeit eines „gemeinsamen Ansatzes im Sicherheits-, im wirtschaftlichen und im politischen Bereich" sei.[17]

Die beiden wichtigsten Komponenten des Konzeptes beziehen sich auf die Sicherheits- und Wirtschaftspolitik: *Sicherheitspolitisch* sollten bilaterale Nichtangriffsabkommen zwischen allen Teilnehmerstaaten abgeschlossen werden, deren letzendliches Ziel ein multilateraler Sicherheitspakt war. Dabei ging es vor allem darum, regierungs- und systemfeindlichen Gruppierungen die Operationsbasen in den zur CONSAS zusammengeschlossenen Staaten zu nehmen und ihre Aktivitäten weitestgehend zu beschneiden. Es handelte sich also genau genommen um Anti-Subversionsabkommen, in deren Rahmen die Sicherheitskräfte der Vertragsparteien Polizeiaufgaben für die anderen Mitgliedsländer wahrnehmen sollten. Aus südafrikanischer Perspektive bedeutete dies: Dem ANC würden jegliche militärische Aktionsmöglichkeiten außerhalb der RSA, aber auch rein politische Tätigkeiten verwehrt. Der — in den Augen des Militärs — nur von außen gesteuerte *„onslaught"* würde durch einen massiven Schutzwall (ähnlich dem *„cordon sanitaire"* der Kolonialzeit) abgeblockt.

In wirtschaftlicher Hinsicht wäre der funktionalistische Ansatz der Vorster'schen Regionalpläne übernommen worden: durch ökonomische Kooperation sollten die Abhängigkeiten der Nachbarstaaten von der RSA aufrechterhalten bzw. vergrößert werden. Dies würde im günstigsten Fall die Basis für sich allmählich verbessernde politische Beziehungen im Sinne der Neo-Apartheid darstellen, in jedem Fall aber Südafrika mit einem Instrumentarium von Zugriffs- und Sanktionsmechanismen zur Durchsetzung seiner politischen Ziele ausstatten.

Eine solche Wirtschaftskooperation war freilich auf die Mitarbeit des privaten Sektors angewiesen. Auf der Carlton-Konferenz (22.-24. 11. 1979), die hauptsächlich dazu dienen sollte, das traditionell gespannte Verhältnis zwischen Regierung und Wirtschaft auf eine konstruktivere Basis zu stellen, und die vor allem binnenwirtschaftliche Themen diskutierte, unterbreitete P.W. Botha erstmals auch der südafrikanischen Wirtschaft seine Pläne[18]: Der Staat könne nur die Rahmenbedingungen für eine stabilere regionale Ordnung schaffen, den Hauptbeitrag dazu zu erbringen, sei die Wirtschaft weitaus besser geeignet; sie könne eine ideale Vermittlerrolle übernehmen, Brücken über politische und ideologische Gräben schlagen und damit die Voraussetzungen für zwischenstaatliche Kooperation schaffen. Diese Vorschläge stießen bei den versammelten Wirtschaftsführern auf offene Ohren[19].

Die TNS und ihre regionalpolitische Komponente CONSAS hatten also mehrere Zielsetzungen: neben der innenpolitischen Integrationsfunktion, dem Zusammenschluß möglichst aller relevanten Teile der weißen Elite, insbesondere der Wirtschaft, des Militärs und der *National Party* als Repräsentantin des burischen Teils der Bevölkerung und der Bürokratie, beinhalteten sie sicherheitspolitisch-militärische und wirtschaftliche Ziele. Nicht zuletzt aber waren sie auf eine deutliche Erhöhung der internationalen Anerkennung des Neo-Apartheidsystems ausgerichtet.

Sowohl TNS als auch CONSAS schienen in den ersten beiden Jahren der Regierung Botha in sich schlüssige und „konsistente Konzept(e) zur Verteidigung der weißen Minderheitsherrschaft und ihres ökonomisch-sozialen Systems"[20] zu sein. So argumentierte Botha:

„Die totale nationale Strategie ist — *wird sie positiv umgesetzt* — der richtige Weg, um die Sicherheit, den Wohlstand und die Freiheit der Republik und ihrer Bevölkerungsgruppen zu sichern."[21]

Diese Aussage von P.W. Botha weist aber zugleich auf die Achillesferse der Konzeption hin: Grundlage und erster Schritt ist die „Modernisierung" des Apartheidsystems; der Grad der Akzeptanz durch die schwarzen, farbigen und indischstämmigen Bevölkerungsgruppen — und das Ausmaß an Widerstand gegen die „Neo-Apartheid" — werden zur entscheidenden Determinante jeglicher Imageverbesserung und Legitimitätserhöhung der RSA auf regionaler und internationaler Ebene. Der Schlüssel zum Erfolg liegt damit in der RSA selbst. Es war auch zum damaligen Zeitpunkt (1980) nicht vorstellbar, daß die Länder der Region ohne eine deutliche Entspannung der Rassenkonflikte am Kap und ohne glaubhafte substantielle Schritte zu einer Machtbeteiligung der anerkannten politischen Vertreter der Schwarzen ihre ablehnende Haltung gegenüber Pretoria ändern würden. Eine *„constellation",* die durch die Absegnung der getrennten Entwicklung gerade das Gegenteil erreichen wollte, war daher von Anfang an eine Totgeburt.

Rückschläge

Es sollte dann auch nicht sehr lange dauern, bis die CONSAS-Pläne erstmals nachhaltig erschüttert wurden. Bei den Parlamentswahlen im Februar 1980 hieß der Wahlsieger in Zimbabwe nicht Bischof Muzorewa, der der klare Wunschkandidat Pretorias war und erhebliche Unterstützung bekam, sondern Robert Mugabe. Dieser hatte im Gegensatz zu Muzorewa nie auch nur die Spur eines Zweifels an seiner Ablehnung jedweder *„constellation"*-Pläne aufkommen lassen. Gerade aber ein Beitritt Zimbabwes, das für jegliche regionale Integration eine Schlüsselfunktion besitzt, zur CONSAS hätte nach Einschätzung der Strategen in Pretoria eine starke Sogwirkung auf die „gemäßigten" Staaten der Region (Malawi, Swasiland, Lesotho, Botswana) ausgeübt und wohl auch Zambia und Zaire zum Beitritt veranlaßt.[22] So schlossen sich nach dem überwältigenden Wahlerfolg Robert Mugabes die neun schwarzafrikanischen Staaten des Subkontinents (Angola, Botswana, Lesotho, Malawi, Mosambik, Swasiland, Tansania, Sambia, Zimbabwe) auf der Konferenz von Lusaka im April 1980 zur *Southern African Development Coordination Conference* (SADCC) zusammen.

Das zentrale Ziel dieser Organisation, mittels Kooperation die Volkswirtschaften der einzelnen Länder zu entwickeln, wurde dabei als untrennbar verbunden mit einer massiven Reduzierung der strukturellen und wirtschaftlichen Abhängigkeiten von der Kaprepublik verstanden.[23] Die SADCC könnte dann in mehrfacher Hinsicht eine Bedrohung südafrikanischer Interessen darstellen, wenn sie sich tatsächlich aus der wirtschaftlichen Abhängigkeit von Südafrika zu lösen verstünde. Neben dem Verlust von nicht unerheblichen Absatzmärkten, vor allem für Produkte der verarbeitenden Industrie, würde eine Abkoppelung die RSA vor allem auch der wirtschaftlichen Zugriffsmöglichkeiten und Sanktionspotentiale gegenüber den Nachbarstaaten berauben. Der im Rahmen der SADCC-Kooperation erste Priorität einnehmende Wiederaufbau bzw. Ausbau der drei mosambikanischen Häfen Nacala, Beira und Maputo sowie der Eisenbahnlinien aus den Binnenländern würde es den meisten Staaten ermöglichen, ihren Außenhandel ohne das Eisenbahnnetz des Apartheidstaates abzuwickeln und so die ständige Gefahr von ihnen nehmen, in dieser Hinsicht politisch erpreßbar zu sein. Die SADCC stellt daher mittel- und langfristig eine Bedrohung der wirtschaftlichen und damit auch der politischen Hegemonie des Apartheidstaates auf dem Subkontinent dar.

Nicht zuletzt aber markierte der April 1980 eine handfeste diplomatische Blamage. Dem mit so großer öffentlicher Fanfare angeregten Vorhaben wurde von den potentiellen CONSAS-Partnern ausnahmslos die kalte Schulter gezeigt, weil sie nicht die „kommunistische Bedrohung" als die größte Gefahr ansahen, sondern das System der Apartheid. Obgleich das CONSAS-Konzept also einen schweren Rückschlag erlitten hatte, wurde es dennoch nicht *ad acta* gelegt. Im Gegenteil: die Ereignisse der folgenden Jahre zeigten, daß seine Ziele unbeirrt weiter verfolgt wurden. Die unmittelbare Konsequenz des Scheiterns bestand in einer Veränderung der Mittel, in einem Schwenk hin zu einer betont aggressiven Politik gegenüber der SADCC-Staaten.

3. Die Politik der Destabilisierung

Die nun einsetzende Destabilisierungspolitik folgte zwar theoretisch dem Prinzip von „Zuckerbrot und Peitsche", in der Praxis überwogen aber eindeutig die Elemente von militärischer Gewalt und wirtschaftlichem Druck.

Hatten sich die südafrikanischen Streitkräfte in den Jahren bis 1980 mit Ausnahme Angolas auf dem Subkontinent weitgehend zurückgehalten, befürworteten die TNS-Architekten nun den Einsatz eines breitgefächerten Spektrums militärischer Maßnahmen gegenüber den meisten SADCC-Staaten. Besondere Bedeutung kam hierbei — neben gelegentlichen Einsätzen der Luftwaffe — vor allem Spezialkommandos (*reconnaissance commandoes*, kurz „*recces*") und sog. „Befreiungsbewegungen" zu; Ziele der militärischen Angriffe waren angebliche ANC-Einrichtungen, Regierungspolitiker der einzelnen Länder sowie für die jeweilige volkswirtschaftliche Entwicklung und die SADCC-Kooperation wichtige Projekte.

Die *recces*, deren erste Einheit 1975 gegründet wurde und die sich zu einem erheblichen Teil aus Söldnern rekrutieren, sind speziell für Sabotageaktionen vorgesehen. Ihre Organisationsstruktur ist den Zielländern größtenteils angepaßt.[24] In den Grenzregionen zu den einzelnen Nachbarstaaten sind sog. *ethnic battallions* stationiert, die sich aus schwarzen Soldaten der jeweiligen Sprache/Kultur zusammensetzen und die die „Befreiungsbewegungen" unterstützen sollen. Diese „Befreiungsbewegungen" sind entweder erst auf südafrikanische Initiative hin ins Leben gerufen worden (so die *Lesotho Liberation Army* LLA) und die sog. *Super-ZAPU* in Zimbabwe) oder wären zumindest ohne substantielle Unterstützung Südafrikas untergegangen (die RNM in Mosambik), bzw. nähmen bei weitem nicht ihren heutigen Stellenwert ein (die UNITA in Angola).

Die wirtschaftliche Komponente

Die wirtschaftliche Komponente der Destabilisierungspolitik enthielt ein reichhaltiges Repertoire an Maßnahmen, die einerseits jene Staaten, die sich in nennenswertem Ausmaß von der RSA abzuwenden versuchen, unter Druck setzen und bestrafen, andererseits eine engere Kooperation mit dem Apartheidsystem schmackhaft machen sollten. Dazu zählten u.a.:

— Willkürliche und gezielte Einschränkungen bei der Verfügbarkeit des südafrikanischen Transportsystems (Eisenbahnen, Häfen) für den Außenhandel der Binnenstaaten („Eisenbahn-Diplomatie"),
— Einflußnahme auf Beschäftigungsmöglichkeiten für Wanderarbeiter,
— politische Vorbedingungen bei der Entwicklung des bilateralen Handels, bei technischer Hilfe, bei Elektrizitätslieferungen, bei öffentlichen und privaten Investitionen in den Nachbarstaaten.[25]

Andererseits erwies sich der Einsatz dieser wirtschaftlichen Komponenten der TNS wegen z.T. erheblicher kontraproduktiver Auswirkungen auf die südafrikanische Wirtschaft selbst in der Praxis gelegentlich als problematisch (z.B. Verlust von Absatzmärkten und Arbeitskräften).[26] Eine möglichst wirksame und aus der Sicht Südafrikas kostengünstige Kombination militärischer und positiver wie negativer wirtschaftlicher (Druck)maßnahmen wurde deshalb den jeweils zu destabilisierenden Staaten zunehmend auf den Leib geschneidert. Dazu einige kurze Fallbeispiele:

4. Fallbeispiele

Swasiland

Bedingt durch die relativ spannungsfreien Beziehungen der politischen Elite des Königreichs zur Regierung in Pretoria und durch seine geographische Lage wurde die „Neutralisierung" Swasilands überwiegend von kooperativen Elementen getragen.

Im Bemühen, Mosambik durch die Austrocknung des Hafens von Maputo eines wesentlichen Teils seiner Existenzgrundlage zu berauben, plante Pretoria, die Bedingungen für die Wirtschaft im nördlichen und östlichen Transvaal, die Maputo seit Beginn des Jahrhunderts quasi als südafrikanischen Binnenhafen in Anspruch nahm[27], zu verbessern. Der Hafen von *Richards Bay*, der, obgleich weitaus ungünstiger gelegen, als einzige Alternative zu Maputo in Betracht kam, konnte nur durch die Errichtung einer Swasiland durchquerenden Eisenbahnlinie akzeptabel gemacht werden. Ein 1982 gewährter Zuschlag von 50 Mio. Rand aus der SACU-Kasse sowie die Einräumung stark ermäßigter Transport- und Hafengebühren für die Exporte Swasilands, die bis dahin ebenfalls über das weitaus günstiger gelegene Maputo abgewickelt worden waren, waren in diesem Zusammenhang wohl die überzeugendsten Anreize Pretorias.

Große internationale Beachtung fand 1982 die Ankündigung Südafrikas, Swasiland das Bantustan KaNgwane sowie kleine Teile von KwaZulu zu „schenken" und den Nachbarstaat dadurch mit einer Küste auszustatten. Dieser *„land deal"* wurde 1984 nach einem Spruch des südafrikanischen Obersten Gerichtshofs endgültig aufgegeben. Ob diese Episode mit dem Nichtangriffspakt in Zusammenhang gebracht werden kann, den Swasiland im Februar 1982 mit dem Apartheidstaat abgeschlossen hatte (und der über zwei Jahre lang geheimgehalten wurde), wie man zunächst vermuten konnte, erscheint zweifelhaft. Attentate und Entführungen angeblicher ANC-Mitglieder durch südafrikanische Kommandos waren auch in Swasiland — ebenso wie in anderen Nachbarstaaten — fast an der Tagesordnung; die souveränen Rechte der Nachbarn galten Südafrika wenig.

Lesotho

Gegenüber Lesotho, das ebenso wie Swasiland keine Schlüsselrolle innerhalb der SADCC einnimmt, drängte Pretoria hauptsächlich auf stärkere Kontrolle der südafrikanischen Flüchtlinge durch die Behörden des Landes sowie auf eine vollständige Unterbindung von Aktivitäten des ANC. Ferner galt das SACU-Mitglied Lesotho als prädestinierter Kandidat für die diplomatische Aufwertung der Homelands; die Regierung in Maseru wurde wiederholt dazu aufgefordert, sich mit seinem „Nachbarn", dem Homeland Transkei, an den Verhandlungstisch zu setzen und ihn damit völkerrechtlich anzuerkennen.[28]

Abgesehen von einigen Einsätzen der SADF, etwa bei dem *„Maseru raid"* vom 9. 12. 1982, der zeitlich parallel zum Anschlag von *recces* auf ein Öldepot in Beira durchgeführt wurde und bei dem 42 angebliche ANC-Mitglieder den Tod fanden, überließen die Strategen in Pretoria den größten Teil der militärischen Destabilisierung der LLA. Diese Organisation wurde 1979 vom südafrikanischen Militär aus der Taufe gehoben; sie soll angeblich der bewaffnete Flügel der *Basutoland Congress Party* sein, jener Partei also, die 1970 die Parlamentswahlen im Königreich gewonnen hatte, dann aber — mit massiver Hilfe Südafrikas — von Chief Leabua Jonathan entmachtet und verboten worden war. Der LLA sind auf südafrikanische Instruktionen hin Anschläge vor allem auf den wirtschaftlich wichtigen Tourismus sowie Attentate auf Regierungsbeamte zuzuschreiben[29]. Seit 1984 verschwand die LLA in der Bedeutungslosigkeit. Die Regierung Jonathan hatte durch geschicktes Taktieren (wiederholte Amnestieangebote) die politische Basis der Organisation zersplittert. Pretoria kam daher zu dem Schluß, daß die militärische Destabilisierung des Landes kostengünstiger und effizienter auch durch SADF-Einheiten bzw. *recces* durchgeführt werden könnte.[30]

In wirtschaftlicher Hinsicht ließen die wechselseitigen Abhängigkeiten zwischen Lesotho und Südafrika den Destabilisierungs-Strategen weniger Spielraum als gewünscht. Verschiedene Grenzblockaden gegen das vollständig von Südafrika umschlossene Land mußten aufgrund heftiger Proteste von Wirtschaftskreisen, die den vorübergehenden Verlust des Absatzmarktes Lesotho nicht hinzunehmen gewillt waren, früher als politisch beabsichtigt wieder aufgehoben werden. Proteste der Bergbaukonzerne gegen die Drohung der Regierung, die aus Lesotho stammenden Wanderarbeiter auszuweisen, waren ein weiterer Beleg für die Zweischneidigkeit des südafrikanischen Wirtschaftsdrucks. Trotzdem blieben die Blockadeaktionen nicht völlig ohne Wirkung: im August 1983 konnten die Behörden des Landes nur durch die Ausweisung von 60 angeblichen ANC-Mitgliedern eine vorübergehende Beendigung der Grenzschikanen erreichen.

Am 20. Januar 1986 stürzte das Militär die Regierung von Premierminister Jonathan. Diesem Putsch war eine etwa 14-tägige totale Grenzblockade vorausgegangen. Er markiert aber nur scheinbar einen Erfolg der Destabilisierungspolitik, weil die neuen Machthaber unmißverständlich klarstellten, daß das Königreich nach wie vor ein vollwertiges Mitglied der SADCC bleiben wolle, daß ein Nichtangriffspakt nach dem Muster von „Nkomati" nicht in Frage komme, daß keinerlei offizielle Verhandlungen mit angrenzenden Bantustans geplant seien und daß Flüchtlinge aus der RSA auch weiterhin Aufnahme finden würden. Südafrikas Hoffnungen auf mehr Entgegenkommen hinsichtlich eines möglichen Beitritts zu CONSAS mußten daher sehr bald begraben werden, zumal Lesotho unvermindert die Beendigung seiner Mitgliedschaft in der Zollunion betreibt. Auch der häufig vorgetragene Wunsch, Maseru möge die diplomatischen Beziehungen zu den Staaten Osteuropas, welche das Land seit Beginn der 1980er Jahre aufgenommen hatte, wieder lösen, wurden unmißverständlich abgewiesen. Allerdings wurde die Präsenz militärischer Berater aus Nordkorea abgebaut.

Zimbabwe

Die eindeutige Absage von Premierminister Robert Mugabe an jegliche militärische Operationsmöglichkeit für den ANC vom Territorium Zimbabwes aus findet offenbar auch in Pretoria Glauben. Seine wirtschaftliche Stärke dagegen macht Zimbabwe zum Herzstück der SADCC. Die Politik gegenüber Harare dürfte daher in folgender Empfehlung eines namhaften südafrikanischen Politikwissenschaftlers treffend zusammengefaßt sein: „Das einzige Ziel bei der Destabilisierung Zimbabwes ist, es davon abzuhalten, seine wirtschaftlichen Bindungen zu Südafrika auf ein unbedeutendes Niveau abzubauen. Ein Zimbabwe, das wirtschaftlich verwundbar, eng an Südafrika gebunden und intern mit politischer Unzufriedenheit, Unruhen und Gewalt konfrontiert ist, (wäre die Ideallösung, K.S.)".[31]

Mit Hilfe der sog. „Super-ZAPU"[32] versucht Pretoria, die Gegensätze zwischen den beiden großen Bevölkerungsgruppen Zimbabwes, den Shona und den Ndebele, zu vertiefen und für seine Zwecke zu instrumentalisieren. Zwar haben diese ethnischen Spannungen tiefe historische Wurzeln, die das Verhältnis auch ohne südafrikanisches Zutun bis auf den heutigen Tag problematisch gestalten. Es kann aber als sicher angenommen werden, daß die Verschärfung dieser Spannungen in den vergangenen Jahren mit den Aktivitäten des südlichen Nachbarn zusammenhängt. Die Waffendepots, welche 1982 zum Zerwürfnis zwischen Premier Mugabe und Joshua Nkomo führten, wurden mit hoher Wahrscheinlichkeit über südafrikanische Kanäle angelegt und dann an die Öffentlichkeit gebracht.

Bei der Destabilisierung Zimbabwes kommt der „Eisenbahn-Diplomatie" die größte Bedeutung zu. Mit funktionsfähigen Eisenbahnlinien könnte Zimbabwe seinen Außenhandel zu 100 % über die mosambikanischen Häfen abwickeln; Südafrika wäre damit seiner effektivsten Zugriffsmöglichkeit beraubt. Insbesondere die Linien zu den Häfen Beira und Maputo und die parallel dazu angelegten Ölpipelines stellen daher bevorzugte Ziele der RNM und der *recces*-Kommandos dar. Zimbabwe wird zu einem wesentlichen Teil also über Mosambik unter Druck gesetzt. Zugleich bietet die südafrikanische Eisenbahngesellschaft SATS Interessenten in Zimbabwe verlockend günstige Tarife bei der Benutzung der südafrikanischen Transportinfrastruktur, um so Zimbabwes Außenhandel von Südafrikas Eisenbahnen abhängig zu machen.

Mosambik[33]

Das Jahr 1980 markiert insbesondere in den Beziehungen zwischen Südafrika und Mosambik eine Zäsur. Zunächst übernahm die Regierung Botha den ideologieblinden und vor allem auf wirtschaftliche Kooperation gegründeten Ansatz von Vorsters *„detente"* gegenüber Mosambik für zwei weitere Jahre — nicht zuletzt aufgrund erheblicher eigener ökonomischer Interessen: Maputo wurde generell quasi als ein südafrikanischer Binnenhafen betrachtet, der Cabora Bassa-Strom sollte 10 % des südafrikanischen Elektrizitätsbedarfs decken, und die mosambikanischen Wanderarbeiter waren als Facharbeiter in wichtigen Bereichen der Bergbauindustrie nur schwer zu ersetzen. Diese kooperationsorientierte Politik änderte sich freilich schlagartig mit dem Beitritt Mosambiks zur SADCC.

Der *„Matola raid"* (30. 1. 1981), ein militärisches Kommandounternehmen gegen angebliche ANC-Quartiere in der Hauptstadt Maputo, stellte die erste direkte Operation der SADF in Nachbarstaaten außerhalb Angolas dar und verdeutlichte damit auch den herausragenden Status, den Mosambik innerhalb der Destabilisierungsstrategie einnimmt. Weitere Einsätze von SADF- und *recces*-Einheiten folgten in den nächsten Jahren, den Löwenanteil der Destabilisierungsanstrengungen übernahm jedoch die RNM.

Diese — z.T. auch als RENAMO bekannte — Gruppierung wird im offiziellen mosambikanischen Sprachgebrauch als *„bandidos armados"* (bewaffnete Banditen) bezeichnet. Wie auch sämtliche westlichen Diplomaten im Lande versichern, fehlt ihr eine ernstzunehmende politischen Identität und Programmatik vollständig. Tatsächlich handelt es sich um eine reine Terrororganisation.

Anders als die FRELIMO während des Befreiungskampfs gegen die Portugiesen legten die *bandidos* vom ersten Tag an keinerlei Wert auf die Errichtung „befreiter Gebiete", in denen sie durch die Etablierung alternativer Verwaltungsstrukturen politischen Rückhalt bei der jeweiligen Bevölkerung hätten aufbauen können. Im Gegenteil: ihr Vorgehen ähnelte mehr einer Politik der verbrannten Erde, die Greueltaten gegen die Zivilbevölkerung waren von einer seltenen Brutalität. Ein vom amerikanischen Außenministerium in Auftrag gegebener Bericht[34] bestätigt dies; so heißt es dort z.B.: „Schulen und kleine Krankenstationen sind typische Ziele solcher Attacken, deren Opfer zielbewußt erschossen, hingerichtet, mit der Axt erschlagen, erstochen, mit Bajonetten niedergemacht, verbrannt, ertränkt oder erstickt werden. Gibt es in dem Dorf keine

Soldaten oder Milizionäre, wird der Angriff gegen unbewaffnete Zivilisten geführt". Insgesamt machte diese Studie die Aktionen der RNM für mindestens 100 000 Tote und eine systematische Verwüstung der mosambikanischen Infrastruktur und Wirtschaft verantwortlich.

Die RNM wurde ursprünglich vom rhodesischen Geheimdienst ins Leben gerufen, um den von mosambikanischem Territorium aus operierenden bewaffneten Widerstand der *ZANU* Robert Mugabes zu bekämpfen. Die Regierung Botha übernahm die Unterstützung der RNM im Oktober 1980, also unmittelbar nach der Unabhängigkeit Zimbabwes. Die RNM weist eine sehr heterogene Zusammensetzung auf, teils besteht sie aus ehemaligen Kollaborateuren des portugiesischen Kolonialregimes, teils aus FRELIMO-Dissidenten, teils aber aus gewöhnlichen Kriminellen. Wenn die Verbindung zu portugiesischen Exilantenkreisen zur RNM auch niemals abgerissen ist (was sich im Gefolge des „Nkomati-Vertrags" als höchst bedeutsam erweisen sollte), so stand sie seit 1980/81 doch fast vollständig unter südafrikanischem militärischen Oberbefehl. Alfonso Dhlakama, ihr Führer, erhielt im Oktober 1980 klare Direktiven: Die RNM solle durch Terror gegen die Zivilbevölkerung einen möglichst großen Teil des Landes unregierbar machen und so die Legitimationsbasis der FRELIMO-Regierung untergraben. Ferner gehört es zu den „Aufgaben" der *bandidos*, durch Anschläge und Sabotageaktionen gegen die mosambikanischen Eisenbahnlinien diese Schlüsselprojekte der SADCC nachhaltig zu erschüttern. Wie aus im Lauf der Jahre sichergestellten Dokumenten hervorgeht, leistete Südafrika bei derartigen Aktionen der RNM dann auch in großem Umfang kontinuierlich logistische Hilfe.

Auf wirtschaftlichem Gebiet griff Südafrika seit 1981 zu Zwangsmaßnahmen. Da die Regierung im Bereich der Wanderarbeiter in den Gold- und Kohlebergwerken wenig Manövrierraum besaß, wurden 1982 zunächst jedoch lediglich 12.000 illegale mosambikanische Farmarbeiter ausgewiesen. Empfindlicher konnte man Mosambik mit der schrittweisen Austrocknung des Hafens von Maputo treffen: die aus bzw. für Südafrika umgeschlagenen Güter wurden zwischen 1979 und 1983 von ca. 4 Mio. t auf knapp 1 Mio. t reduziert; vor allem Güter mit hohen Frachtkosten wie Stahl- und Ferrochromexporte sowie Automobilzubehör mußten ab 1981 über südafrikanische Häfen verschifft werden. Lediglich die Kohleexporte über Maputo, die Mosambik wenig Transportgebühren einbringen, wurden erhöht.

Eine Wende in den Beziehungen zwischen Südafrika und Mosambik schien sich dann Mitte der 80er Jahre anzubahnen: Am 16. März 1984 unterzeichneten der mosambikanische Präsident Samora Machel und P.W. Botha in der Grenzstadt Komatipoort ein *Agreement on Non-Aggression and Good Neighbourliness* (kurz: Nkomati-Vertrag). Darin verpflichteten sich beide Staaten, gewaltsame Aktivitäten gegen die territoriale Integrität und das politische System der jeweils anderen Seite auf ihrem Hoheitsgebiet zu unterbinden und die entsprechenden Gruppierungen, also vor allem ANC und RNM, genauestens zu überwachen.

Dieser Vertrag kam für die Weltöffentlichkeit völlig überraschend. Was hatte Südafrika nach gut drei Jahren Destabilisierungspolitik zu dieser scheinbaren Kehrtwendung veranlaßt? Legte man nun wieder mehr Priorität auf den Aufbau einer CONSAS-Variante, wie viele Beobachter aus der in Komatipoort gehaltenen Rede Bothas herauszuhören meinten?

Die Entwicklungen der folgenden sechs Monate schienen diese Vermutungen zunächst zu bestätigen: Nichtangriffspakte gehörten ja seit 1978 zur Substanz der Konstellations-Pläne, zumal wenn sie — wie im Fall „Nkomati" — auf höchster diplomatischer Ebene besiegelt und der internationalen Öffentlichkeit vor Augen geführt werden konnten. „Nkomati" war in einem umfassenderen Sinn aber nicht nur auf die sicherheitspolitische Ebene beschränkt, es sah auch ein sehr dicht gewobenes Netz wirtschaftlicher Kontakte vor allem in den jeweils grenznahen Gebieten vor. Wären diese Projekte verwirklicht worden, hätte sich die Abhängigkeit mindestens der südlichen Landesteile Mosambiks von Südafrika drastisch erhöht. Auch maßgebliche Politiker und Finanzkreise im Westen, insbesondere in Großbritannien und den USA, machten kein Hehl aus ihrer Sympathie für eine solche Perspektive; Johannesburg sollte das Finanzzentrum der gesamten Region werden, Kredite an sämtliche Staaten des Subkontinents über diesen Kanal fließen; US-Banker regten gar die Schaffung einer regionalen Rand-Währungszone an.[35]

Im Gefolge von „Nkomati" konnte Botha erstmals wieder Staatsbesuche in westeuropäische Hauptstädte durchführen (Juni 1984) — ein bedeutender Renommée-Gewinn, wie ihn sich die CONSAS-Strategen ja immer ausgerechnet hatten. Ab Oktober 1984, ein halbes Jahr nach der Vertragsunterzeichnung, zerstob jedoch der Optimismus im Westen und am Kap. Von Friedenshoffnungen in der Region konnte keine Rede mehr sein; das Apartheidregime, das so nahe vor dem internationalen Ausbruch aus der Isolation gestanden hatte, war isolierter denn je. Zwei Faktoren waren dafür ausschlaggebend: die von Anfang an beabsichtigte Unaufrichtigkeit Pretorias gegenüber Mosambik und die Entwicklung des Rassenkonfliktes in Südafrika selbst.

Geist und Buchstaben des Vertrags von Nkomati wurden von der südafrikanischen Seite vom Zeitpunkt seiner Konzipierung an unterlaufen: Die RNM erhielt in der ersten Jahreshälfte 1984 zwar kaum mehr Nachschub, dafür hatte man aber die *bandidos* zuvor bis an die Zähne bewaffnet. Aus 1985 sichergestellten Dokumenten der RNM geht klar hervor, daß Pretoria ein doppeltes Spiel spielte: Der internationalen Öffentlichkeit und der FRELIMO sollte die Einhaltung des Vertrags glaubhaft gemacht werden, andererseits aber wollte man die mosambikanische Seite durch den anhaltenden RNM-Terror nicht zur Ruhe kommen lassen. Die Regierung in Pretoria bot sich, da sie (wie sie nun einräumte) vor „Nkomati" Kontakte zu den *bandidos* gehabt hätte, als eine Art „ehrlicher Makler" an, der die verfeindeten Parteien an den Verhandlungstisch führen und so einen Ausgleich vermitteln wollte.

Dieses Kalkül schien dann tatsächlich aufzugehen. In den *Pretoria talks* vom 8.-12. 10. 1984 machte die FRELIMO-Delegation eine nie für möglich gehaltene Konzession: Um einen 45tägigen Waffenstillstand zu erreichen, erkannte sie die RNM als *„interested party"* an, mit der man nach dem Ablauf dieser Frist in direkte Verhandlungen über politische, soziale, wirtschaftliche und militärische Angelegenheiten eingetreten wäre. Die in Pretoria anwesende RNM-Delegation erkannte im Gegenzug Präsident Machel an — auch dies ein absolutes Novum. Offenbar wollte die südafrikanische Seite durch die kontrollierte Verletzung des Nkomati-Vertrags die Beteiligung der RNM an der Staatsmacht in Mosambik durchsetzen. Dadurch glaubte man, einen dauerhafteren und berechenbareren Einfluß auf die mosambikanische Politik gewinnen zu können, als dies nur mit einem Vertrag möglich gewesen wäre.

Das sorgfältig ausgeklügelte Vorhaben scheiterte jedoch an der mangelnden Berechenbarkeit der *bandidos*. Nachdem sich die Delegationen auf die oben skizzierte Formel verständigt hatten, kündigte der RNM-Delegationsleiter Evo Fernandes die Einigung wieder auf. Die Begleitumstände sind nicht völlig klar, die Version namhafter, in Nkomati anwesender Journalisten wurde andererseits aber auch von keiner Seite dementiert: Fernandes, ein gebürtiger Portugiese und Verbindungsmann zu portugiesischen Hintermännern der RNM, habe unmittelbar nach der Einigung einen Telefonanruf aus Lissabon erhalten, in dem ihm eine Ablehnung jedweden Kompromisses aufgetragen wurde.

Damit war auch die doppelbödige Nkomati-Strategie Pretorias gescheitert. In der Folgezeit fanden innerhalb der RNM unter südafrikanischer Federführung Säuberungen und Umstrukturierungen statt, die die Verbindungen nach Portugal kappen und die RNM „afrikanisieren" sollten. Die südafrikanische Regierung hatte sich freilich vor der Weltöffentlichkeit blamiert. Der Westen, der „Nkomati" sehr wohlwollend beobachtet und auch erhebliche wirtschaftliche Hilfestellung in Aussicht gestellt hatte, reagierte mit scharfer Kritik an Südafrika und mit stärkerer Unterstützung für SADCC-Projekte, gerade auch in Mosambik.

Dieser Druck blieb nicht ohne Wirkung. Als die Folgen der militärischen Schlappe in Angola gegen Ende 1987 und eine durch die Annäherung zwischen Moskau und Washington veränderte internationale Konstellation Pretoria dazu zwangen, seine Regionalpolitik grundsätzlich zu überdenken, fand auch das Abkommen von Nkomati neues Interesse. Im September 1988 trafen sich Botha und der mosambikanische Staatschef Joaquim Chissano in der Grenzstadt Songa, um den Vertrag zu bekräftigen. Als Geste guten Willens versprach Botha bei dieser Gelegenheit der mosambikanischen Regierung auch Rüstungsgüter im Wert von R 10 Mio.

Auch der neue Staatspräsident de Klerk setzte diesen Kurs Bothas fort; dennoch erhielt die RNM offenbar auch weiterhin Unterstützung aus Südafrika und anderen Ländern, die es ihr erlaubte, ihren Terrorfeldzug gegen die FRELIMO-Regierung fortzusetzen. Die katastrophale Situation im Lande zwang Chissano schließlich[36], den Dialog mit der RNM zu suchen, die ihrerseits von seiten Südafrikas zu Gesprächen ermuntert wurde. Durch die Vermittlung des kenianischen Präsidenten Daniel arap Moi kam es schließlich seit Juli 1989 zu ernsthaften Verhandlungen zwischen Regierung und RNM.

Angola

Angola ist in mehrfacher Hinsicht ein Ausnahmefall im Konfliktsystem des südlichen Afrika. Vor allem aufgrund seiner geographischen Lage bestehen kaum wirtschaftliche Abhängigkeiten von der RSA und damit auch — im Gegensatz zu den oben genannten Staaten — keine ökonomischen Zugriffsmöglichkeiten des Apartheidregimes. Die Destabilisierung des Landes mußte sich daher ausschließlich auf militärische Mittel stützen.

Seine erheblichen Ölvorkommen machen die ehemalige portugiesische Kolonie zu einem der potentiell reichsten Länder Afrikas. Dies — und die strategisch sehr wichtige Benguela-Eisenbahn (die insbesondere für die Binnenstaaten Zaire und Zambia als Transportweg von herausragender Bedeutung ist) — weisen Angola neben Zimbabwe eine Schlüsselrolle in der Entwicklung der SADCC zu. Aber nicht nur diese wirtschaftlichen und geopolitischen Gegebenheiten ließen das Land aus der Warte der Destabilisierungs-Strategen zu einer besonderen Bedrohung werden. Angolas unumwundenes Bekenntnis zum bewaffneten Befreiungskampf des ANC, das sich in der Bereitstellung von Trainingslagern im äußersten Norden des Landes niederschlug, und die Nachbarschaft zum widerrechtlich unter südafrikanischer Verwaltung gehaltenen Namibia (auch hier unterstützte die MPLA-Regierung in Luanda den bewaffneten Kampf der SWAPO) ließen Angola schon seit 1974 / 75 zum aus südafrikanischer Sicht gefährlichsten Gegenspieler des Apartheidstaates werden.

Innenpolitisch hatten sich die gegenwärtigen Konfrontationslinien in Angola bereits zu Beginn der 1970er Jahre herausgebildet. Die beiden pro-westlichen Widerstandsbewegungen FNLA und UNITA wandten sich schon in der Phase des Befreiungskampfes gegen die „kommunistische" MPLA; dies sicherte ihnen die Unterstützung sowohl des portugiesischen Geheimdienstes PIDE wie auch des CIA und Südafrikas. Ein im Januar 1975 geschlossenes Abkommen, das eine Allparteienregierung (mit portugiesischer Beteiligung) bis November 1975 und dann freie Wahlen vorsah, wurde vor allem vom CIA unterlaufen, der UNITA und FNLA gegen die MPLA mobilisierte. Südafrika sprang auf diesen fahrenden Zug auf. Ab August / September 1975 marschierten FNLA-Guerrilleros und UNITA-Verbände auf die Hauptstadt Luanda, in der die MPLA inzwischen die Macht übernommen hatte. Die UNITA-Verbände wurden dabei von einem Invasionskontingent der SADF unterstützt. In letzter Minute konnte diesem Vormarsch durch die Entsendung starker kubanischer Truppenkontingente im November 1975 Einhalt geboten werden.

Nachdem der amerikanische Kongress den geheimen Machenschaften des CIA auf die Spur gekommen war, untersagte er strikt jede weitere militärische Unterstützung für die UNITA und die FNLA (*Clarke Amendment* vom 9. 2. 76). Die Offensive gegen die

MPLA-Regierung war damit zusammengebrochen. Zwar kam es in den folgenden Jahren fast kontinuierlich zu Zusammenstößen mit den SADF; zwar führte die UNITA (mit südafrikanischer Unterstützung) Sabotageaktionen insbesondere gegen die Benguela-Bahn durch; eine ernsthafte, existentielle Bedrohung der angolanischen Regierung war aber niemals gegeben. Im Gegenteil: Die Jahre 1979/80 waren von zunehmenden militärischen Erfolgen der MPLA geprägt. Dies ermöglichte die vorübergehende Wiedereröffnung und den Ausbau der Benguela-Bahn, die zwischen 1975-1978 geschlossen gewesen war; Kupfer aus Zaire und Zambia konnte nun wieder über den Hafen von Lobito verschifft werden.

Unter Premierminister Botha, der die Niederlage von 1975/76 wohl bis zum heutigen Tag nicht verwunden hat, begann sich diese militärische Zurückhaltung Südafrikas gegenüber Angola jedoch allmählich zu verändern. Ab Mitte 1980 führte die SADF vermehrt direkte Angriffe durch; die „Operation Protea" (August/September 1981) endete mit der Besetzung eines etwa 70 km breiten Gebietsstreifens nördlich der namibischen Grenze als Pufferzone gegen Infiltrationsversuche der SWAPO.

Die „Operation Askari" im Dezember 1983 und Januar 1984 verfolgte dann eindeutig noch weiterreichende Zielsetzungen; allen Behauptungen zum Trotz, man habe lediglich SWAPO-Basen bis zu 300 km im Landesinneren zerstören wollen, richtete sich die Operation vor allem auf wirtschaftliche Ziele wie die Kassinga-Eisenerzmine, das wichtigste Wirtschaftsprojekt im südlichen Landesteil (das zudem mit westlicher Hilfe entwickelt worden war).

Diese Operation markierte freilich auch einen militärisch-strategischen Wendepunkt. Zum einen hatten die Südafrikaner, nicht zuletzt aufgrund der stark verbesserten angolanischen Luftabwehr, deutlich höhere Verluste hinnehmen müssen als erwartet; zum anderen hatte der wichtigste militärische Verbündete der Angolaner, die UdSSR, Pretoria offenbar sehr deutlich zu verstehen gegeben, daß man ein weiteres Vorrücken mit allen Mitteln verhindern würde.

Das vom amerikanischen Unterstaatssekretär Chester Crocker vermittelte und am 16. Februar 1984 in Lusaka unterzeichnete Waffenstillstandsabkommen zwischen Südafrika und Angola erschien vor diesem Hintergrund nur zu verständlich. Die südafrikanische Seite verpflichtete sich darin, ihre Truppen aus den seit 1981 kontrollierten Gebieten im Süden Angolas abzuziehen. Als Gegenleistung sicherte die angolanische Regierung den Rückzug und die

Überwachung der SWAPO-Einheiten in Angola und die Verlegung der kubanischen Verbände nach Norden zu. Die Regierung in Luanda konnte damit zugleich diese im Süden gebundenen Kampfverbände für eine Offensive gegen die UNITA im Landesinneren gewinnen.

Das Waffenstillstandsabkommen wurde jedoch schon bald unterlaufen. Ab 1985 griffen südafrikanische Verbände erneut massiv zugunsten der UNITA in den Bürgerkrieg in Südangola ein und verhinderten so eine entscheidende Schwächung der Organisation durch die Offensiven der MPLA-Truppen. Pretoria demonstrierte damit, daß es nicht willens war, die Zerschlagung der UNITA und damit eine Konsolidierung der MPLA-Regierung in Luanda zu dulden.

Die Kampfhandlungen eskalierten vom Oktober 1987 bis März 1988, als südafrikanische Verbände zunächst eine Offensive der Regierungstruppen gegen eine vorgeschobene Bastion der UNITA in Mavinga (im Südosten Angolas) abwehren halfen und dann im Gegenzug eine Offensive gegen die Provinzstadt Cuito Cuanavale mit dem Ziel eröffneten, einen strategisch bedeutsamen Flughafen und angolanische Radaranlagen zu erobern. Diese Offensive scheiterte unter erheblichen Verlusten (u.a. verloren die SADF 50 weiße Soldaten) am Widerstand der angolanischen und kubanischen Verbände, deren modernes sowjetisches Kriegsmaterial sich als überlegen erwies. (Insbesondere hatte Südafrika seine traditionelle Luftüberlegenheit verloren).

Eine überraschende Gegenoffensive der Kubaner im Südwesten bis an die Grenze Namibias verschärfte das militärische Dilemma der SADF weiter, die nun vor der Alternative einer weiteren Eskalation zu einer — zweifellos kostspieligen und verlustreichen — Entscheidungsschlacht mit den rund 50.000 Kubanern oder einer Auflösung des militärischen Patts durch Verhandlungen standen. Pretoria entschied sich zunächst — ob aus taktischen Gründen (Zeitgewinn) oder als Ergebnis eines wirklichen Kurswechsels — für Verhandlungen. Ab April 1988 verhandelten Diplomaten Pretorias, Kubas und Luandas unter Vorsitz des amerikanischen Vermittlers Chester Crocker über eine politische Lösung des Angola/Namibia-Problems. Dabei begann sich folgendes Paket herauszuschälen: Die südafrikanischen Truppen sollten aus Angola und Namibia abgezogen werden; Pretoria würde seinerseits die UN-Sicherheitsratsresolution 435 vom November 1978 akzeptieren und umsetzen, die es bis dahin torpediert hatte. Diese sieht freie und von den UN kontrollierte

Wahlen in dem seit 1915 von Südafrika kontrollierten Gebiet sowie die Herstellung der vollen Unabhängigkeit des Landes vor. Im Gegenzug würden sich Angola und Kuba verpflichten, die kubanischen Truppen aus Angola abzuziehen; Luanda würde außerdem die Unterstützung für den ANC und seine militärische Operationen in Südafrika einstellen.[37]

Der Waffenstillstand vom Juli konnte dann in zähen Verhandlungen zwischen Südafrika, Kuba und Angola unter amerikanischer Gesprächsleitung am 22. 12. 1988 in einem Vertragswerk bestätigt und um einen detaillierten Zeitplan zum Abzug der ausländischen Truppen aus Angola und Namibia erweitert werden. Dieses Abkommen von New York markierte eine wichtige Zäsur in der südafrikanischen Regionalpolitik — die Umorientierung dieser Politik von militärisch-subversiven auf diplomatische Strategien.

Ermöglicht wurde dieses Abkommen durch die Konvergenz internationaler und regionaler Entwicklungen in Richtung auf eine politische Lösung der Konflikte im südlichen Afrika[38]. Mit der Entspannung zwischen Washington und Moskau entwickelte sich zunehmend auch die Bereitschaft beider, Drittwelt-Konflikte gemeinsam einer Lösung zuzuführen. So spielte auch beim Zustandekommen des Vertragswerkes vom Dezember 1988 sowjetischer Druck auf Kuba eine entscheidende Rolle. Dieses sowjetische Interesse an einem Abkommen reflektierte einerseits die großen wirtschaftlichen Belastungen der UdSSR durch ihre Unterstützung für Angola (allein die direkten Subventionen Moskaus für Angola wurden für 1988 auf ca. eine Mrd. Dollar geschätzt, hinzu kam der Beitrag zur Finanzierung der 50000 kubanischen Soldaten in Angola), andererseits das Bestreben, durch Zusammenarabeit mit den USA dem Entspannungsprozeß zusätzliche Impulse zu geben.

Die Reagan-Administration hatte ihrerseits unter der Regie ihres tatkräftigen Staatssekretärs Chester Crocker seit Jahren versucht, einen Rückzug der Kubaner aus Angola mit dem südafrikanischen Rückzug aus Namibia zu verknüpfen. Das Abkommen von New York stellte zweifellos einen Erfolg für diese zähen Vermittlungsbemühungen dar. Es wäre jedoch sicherlich selbst trotz der tatkräftigen Unterstützung der UdSSR nicht möglich gewesen, wenn nicht auch die Interessen der regionalen Kontrahenten an einem solchen Vertrag konvergiert hätten. Angola stand zunehmend unter dem Druck anderer afrikanischer Staaten, die kubanischen Verbände nach Hause zu schicken und eine politische Lösung mit der UNITA anzustreben. Der Krieg forderte nicht nur einen enormen Preis an getöteten und verstümmelten Menschenleben, auch die wirtschaftlichen Lasten des Krieges wurden angesichts des Verfalls der Erdölpreise (Rohöl bildet Angolas wichtigsten Devisenbringer) und der wachsenden Unsicherheit über sowjetische Zuschüsse immer drückender. Hinzu kam, daß Angola zwar eine militärische Niederlage gegen UNITA und Südafrika abwenden, einen Sieg jedoch nicht erzwingen konnte.

Auch Südafrika war Ende 1987 an die Grenzen seiner militärischen Macht gestoßen: Die Niederlage gegen angolanische und kubanische Verände vor Cuito Coanavale hätte nur durch massive Eskalation wettgemacht werden können. Dabei bestand für Südafrika nicht nur die Gefahr eines Verlustes großer Teile seiner Luftwaffe (die aufgrund der Wirkung westlicher Waffenembargos nicht ersetzt werden konnten), sondern auch einer so großen Zahl weißer Soldaten, daß das unternehmen innenpolitisch unerträglich werden mußte. Hinzu kamen die wirtschaftlichen Kosten der südafrikanischen Regionalpolitik — ca. $ 40 Mio. für den Krieg in Angola und etwa $ 120 Mio. Subventionen für Namibia jährlich.

Mit dem Scheitern der militärischen Option schlug die Stunde der Diplomaten, die nunmehr den „Sekurokraten" das Heft der Außenpolitik aus den Händen zu winden begannen: Sie erreichten mit dem Abkommen von New York immerhin einige wesentliche Ziele der südafrikanischen Regionalpolitik: Den Abzug der Kubaner aus Angola, einer Verweigerung Angolas und Namibias für Basen des ANC und diplomatische Aufwertung in Afrika wie im Westen.

Ob das Abkommen vom Dezember 1988 in die Praxis umgesetzt werden und zu einem dauerhaften Frieden führen kann, läßt sich zu diesem Zeitpunkt (Ende 1989) noch nicht abschätzen. Die entscheidende Frage dürfte die Zukunft einer Organisation sein, die in den Verträgen explizit nicht erwähnt wurde: Die UNITA, deren Beteiligung an der Regierung in Luanda ein Ziel der südafrikanischen Angolapolitik darzustellen schien. Diese seit ihrer Gründung 1966 unter der Führung von Jonas Savimbi stehende Organisation unterscheidet sich in mehrfacher Weise von den anderen „Widerstandsbewegungen". Ganz im Gegensatz zur RNM darf sie sich eines nicht unerheblichen Rückhaltes in der Bevölkerung sicher sein; die größte ethnische Gruppe Angolas, die Ovimbundu aus dem zentralen Hochland, gilt als politische Basis der UNITA. Fehler der MPLA-Regierung, die konsequent auf eine „sozialistische Landwirtschaft" mit starker Betonung von Staatsfarmen setzte, trieben der UNITA zusätzliche Anhänger zu. Die regional sehr eng begrenzte Herkunft des größten Teils der MPLA-Führung und die geringe Popularität der Regierungspartei machten es der UNITA zudem ziemlich leicht, in fast allen Landesteilen Fuß zu fassen.

Anders als die *bandidos* in Mosambik legte Savimbi großen Wert auf die Etablierung von eigenen Verwaltungsstrukturen in den von der UNITA kontrollierten Gebieten, die eine Alternative zur „kommunistischen" MPLA-Politik darstellen sollten.

Wenngleich die UNITA (nicht zuletzt aufgrund des persönlichen Charismas von Savimbi) auf internationaler Ebene einen ungleich größeren Bekanntheitsgrad und ein deutlich besseres Image vorweisen kann als die anderen „Freiheitsbewegungen", so darf doch nicht übersehen werden, daß die UNITA ohne südafrikanische Unterstützung erheblich schwächer würde. Die umfangreiche südafrikanische Hilfe für die Organisation wurde bis 1986 auf ca. 1 Mrd. Dollar geschätzt. Südafrikanische Truppen mußten wiederholt massiv eingreifen, um Offensiven der Regierungstruppen und ihrer kubanischen Verbündeten gegen die UNITA abzublocken. Zudem spielten die SADF offenbar auch bei den Terroraktionen der UNITA eine unmittelbare Rolle: Ein 1985 festgenommenes *recces*-Mitglied enthüllte, daß ein großer Teil der von Savimbis Organisation für sich in Anspruch genommenen Sabotageaktionen tatsächlich von *recces* durchgeführt wurden.

Eine Beilegung des Bürgerkrieges konnte angesichts der Stärke der UNITA und der Schwäche der MPLA-Regierung letztlich nur in Verhandlungen erreicht werden. Tatsächlich gelang es der Vermittlung mehrerer afrikanischer Staaten und insbesondere des Staatspräsidenten von Zaire, Mobutu, im Juni 1989 direkte Gespräche zwischen Savimbi und dem Regierungschef Angolas, Eduardo dos Santos, zu arrangieren. Die dort vereinbarte Friedensregelung zerbröckelte freilich schon nach wenigen Tagen wegen der ungeklärten Zukunft Savimbis und der Frage der Eingliederung der UNITA-Verbände in die Streitkräfte der MPLA.

Für Angola sind die Auswirkungen des Bürgerkrieges verheerend: Fast die Hälfte der rund 8,5 Mio. Bewohner wurde durch Kriegshandlungen zur Flucht gezwungen, Landminen verstümmelten mindestens 20 000 Menschen; allein 1986 starben nach Angaben von UNICEF ca. 56 000 Kinder an Folgen von Kampfhandlungen. Die wirtschaftlichen Schäden beziffern Experten mit etwa 12 Mrd. Dollar.[39]

Konfliktfeld Südliches Afrika

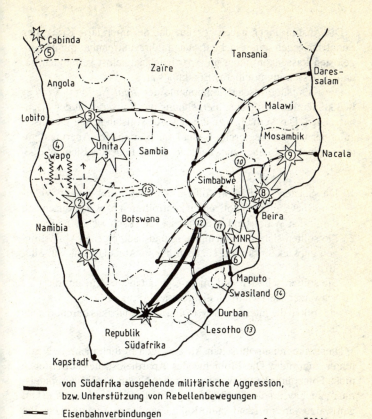

5. Schlußbetrachtung

Die Ausführungen haben gezeigt, daß der unerklärte Krieg, den Südafrika gegen seine Nachbarstaaten führt, untrennbar mit den ungelösten Rassenkonflikten im Apartheidstaat selbst verbunden, ja, daß er dessen unmittelbares Ergebnis war.

Die regionalpolitische Komponente der *Total National Strategy* ließ keinen Raum für die Anerkennung der Souveränität der Nachbarstaaten. Das Verhältnis zu ihnen wurde vollständig der Durchsetzung der von der Regierung Botha konzipierten Neo-Apartheid untergeordnet und dabei entscheidend durch folgende Elemente geprägt:

1. Die Staaten der Region sollten den ANC (und andere Widerstandsbewegungen) polizeilich kontrollieren bzw. ausweisen und damit den Widerstand in Südafrika selbst schwächen helfen.
2. Sie sollten sich nicht unabhängig und nach eigenen Vorstellungen entwickeln dürfen, sondern nur in Abhängigkeit von Südafrika.
3. Sie sollten schwach und uneinig gehalten werden, um die Idee schwarzer Herrschaft zu diskreditieren; und
4. sie sollten die internationale Isolierung Südafrikas durchbrechen helfen.

Diesem regionalpolitischen Ansatz lagen freilich mehrere Denkfehler zugrunde: Die Probleme des Apartheidstaates waren eben nicht Folge äußerer Subversion durch ANC und „Weltkommunismus", auch wenn die Abschottung gegen diesen *„onslaught"* gelungen wäre, wäre im Land kaum Ruhe eingekehrt. Und zweitens ließen sich durch die *Total National Strategy* das System der Rassentrennung und die bestehenden Machtverhältnisse nicht dauerhaft stabilisieren.

Aber auch im Rahmen ihrer eigenen Logik enthielt die Südafrikanische Regionalstrategie der „Sekurokraten" grobe Fehler. Die Entwicklungen des internationalen Umfeldes — insbesondere die Entspannung der Beziehungen zwischen den Supermächten —, aber auch die Grenzen der eigenen militärischen Möglichkeiten erzwangen seit Ende 1987 eine Neuorientierung der Regionalpolitik Südafrikas. Gewiß, die Regionalpolitik Bothas hatte Erfolge aufzuweisen: Die Schwächung der Frontstaaten hatte dazu geführt, daß der ANC seine Operationsbasen im südlichen Afrika Zug um Zug einbüßte. Allerdings zeigte sich dabei auch, daß die Ursachen des Bürgerkrieges in Südafrika in Südafrika selbst lagen. Und dieser „Erfolg" hatte einen hohen Preis: Er stürzte die Nachbarstaaten Angola und Mosambik in schlimmstes Elend, tötete oder verkrüppelte Hunderttausende und überzog weite Teile der Region mit dumpfem Terror. Diese Verwüstungen mobilisierten die Weltöffentlichkeit gegen Südafrika und konnten so letztlich auch Südafrika nicht gleichgültig sein, zumal Südafrikas Industrie durch dieses Elend auch wirtschaftliche Möglichkeiten einbüßte.

Auch in einem zweiten Punkt konnte Südafrikas Politik am Ende der Ära Botha auf Erfolge verweisen: Die Isolation der Republik Südafrika in Afrika war weitgehend gescheitert: Südafrika unterhielt (gelegentlich allerdings sehr diskret gehandhabte) Handelsbeziehungen mit 50 der 51 anderen afrikanischen Staaten und Botha bzw. sein Nachfolger de Klerk konnten 1988 und 1989 mehrere afrikanische Staaten (Elfenbeinküste, Zaire, Malawi, Mosambik, Sambia) besuchen; andere Staaten signalisierten ihre Bereitschaft zur diplomatischen Anerkennung, sobald Nelson Mandela freigelassen würde. Diese Haltung etlicher afrikanischer Staaten reflektierte eine Anerkennung der Realitäten: Südafrika war eine nicht hinwegzudiskutierende wirtschaftliche und militärische Macht der Region. Auch die amerikanische Afrika-Politik basierte auf der Anerkennung dieser Realität. Freilich bedeutete diese Art der Anerkennung für Pretoria nicht nur einen Gewinn, sondern auch eine — wenn auch begrenzte — Abhängigkeit und Beeinflußbarkeit von außen: Wollte Südafrika diese Beziehungen nicht gefährden, so mußte es außenpolitische Empfindlichkeiten berücksichtigen.

Im Ergebnis zeigte sich daher am Ende der Amtszeit Bothas, daß auch der Versuch einer regionalpolitischen Absicherung der Apartheid durch militärische und subversive Machtentfaltung nach außen als gescheitert betrachtet werden mußte. Schon 1988 zeichnete sich daher eine Neuorientierung der südafrikanischen Außenpolitik ab, die die drei entscheidenden Denkfehler der alten Regionalpolitik der *Total National Strategy* zu korrigieren suchte: Sie akzeptierte die Grenzen militärischer Machtentfaltung und den politischen Kompromiß, sie reduzierte die Belastungen Südafrikas durch die alte Strategie durch den Rückzug aus Angola und Namibia, und schließlich anerkannte sie zumindest implizit den Primat der Innenpolitik bei der Suche nach einer tragfähigen Lösung des Rassenkonfliktes in Südafrika selbst. Die „Ära der Verhandlungen", die seit 1988 auch im südlichen Afrika auszubrechen schien, muß daher auch

Südafrika selbst einbeziehen, soll sie nicht rasch zum Scheitern verurteilt sein. Für den Frieden der Region ist eine friedliche Überwindung des Bürgerkrieges in Südafrika selbst vielleicht allein keine ausreichende, sicherlich jedoch eine unumgängliche Voraussetzung.

Anmerkungen

1 Robert Jaster, South Africa and its Neighbours, The Dynamics of Regional Conflict, London 1986, pp. 6ff (= Adelphi Papers No. 209)
2 Zur Außenpolitik der Vorster-Ära insgesamt: Ronald Meinardus, Die Afrikapolitik der Republik Südafrika, Bonn 1981, pp. 51-68 und: Sam Nolutshungu, South Africa in Africa, A Study of Ideology and Foreign Policy, Manchester 1975
3 Im Gefolge des Muldergate-Skandals wurde publik, daß nicht unbeträchtliche Summen in einige Länder geflossen waren, so z.B. Gabun, Liberia und Elfenbeinküste.
4 Hierzu ausführlich Bernhard Weimer, Die Zollunion im südlichen Afrika, Ein Stabilitätsfaktor in einer instabilen Region? in: Afrika Spectrum No. 3/1981, pp. 5-21
5 Colin Legum, The Secret Diplomacy of Detente, in: Africa Contemporary Record 1974/75, New York 1977, pp. A3-A15
6 Robert H. Davies/Dan O'Meara, The State of Paralysis in the Southern African Region: Issues Raised by South African Strategy, in: Review of African Political Economy, No. 29/1984, pp. 164-76
7 Vgl. dazu den Beitrag von Maull
8 Davies/O'Meara, op.cit.
9 Kenneth W. Grundy, The Rise of the South African Security Establishment, An Essay on the Changing Locus of State Power, Braamfontein 1983, p. 29
10 Davies/O'Meara, op.cit.
11 Maull, op.cit.
12 Zitiert nach: Frankfurter Rundschau, 15. 3. 1988
13 ibid.
14 Zitiert nach: Africa Contemporary Record 1979/80, New York 1982, p. B768
15 Deon Geldenhuys, Some Foreign Policy Implications of South Africa's „Total National Strategy", with Particular Reference to the 12-Point-Plan, Braamfontein 1981, pp. 60ff
16 Vgl. Winrich Kühne, Südafrika und seine Nachbarn: Durchbruch zum Frieden? Baden-Baden 1985
17 Deon Geldenhuys, The Diplomacy of Isolation, South African Foreign Policy Making, New York 1984, p. 41

18 ibid, p. 161
19 ibid.
20 Kühne, op.cit., p. 13
21 Geldenhuys, Some Foreign Policy ..., op.cit, p. 42
22 Davies/O Meara, Total Strategy in Southern Africa, An Analysis of South African Regional Policy since 1978 in: Journal of Southern African Studies, No. 2/1985, pp. 183-211
23 Vgl. insgesamt Joseph Hanlon, SADCC: Progress, Projects and Prospects, London 1984
24 Davies/O Meara, Total Strategy ..., op.cit. p. 194
25 Geldenhuys, Some Strategic ..., op.cit., p. 21
26 vgl. dazu insbesondere die folgenden Fallbeispiele Lesotho (bzgl. seiner Wanderarbeiter und als Absatzmarkt) und Mosambik.
27 Wolfgang Schoeller, Mosambik — Struktur und Krise einer Dienstleistungsökonomie im südlichen Afrika, in: Afrika Spectrum No. 3/1981, pp. 345-368
28 Davies/O Meara, Total Strategy ..., op.cit., p. 199
29 Joseph Hanlon, Beggar Your Neighbour, Apartheid Power in Southern Africa, London 1986, p. 110
30 ibid.
31 Davies/O Meara, Total Strategy ..., op.cit., p. 204
32 Joseph Hanlon, Apartheid's Second Front — South Africa's War Against its Neighbours, Harmondsworth 1986, p. 56
33 Die folgende Darstellung stützt sich auf die unveröffentlichte Magisterarbeit des Verfassers: Die Beziehungen zwischen Südafrika und Mozambique 1975-1986, unter besonderer Berücksichtigung des „Vertrages von Nkomati" 1984, München 1987
34 Süddeutsche Zeitung, 18./19. 6. 1988
35 Hanlon, Beggar ..., op.cit., pp. 151-171
36 Nach Chissanos eigenen Aussagen hatte der Bürgerkrieg in Mosambik bis Mitte 1989 rund 700 000 der 15 Mio. Mosambikaner getötet, weitere 1,5 Mio. lebten als Flüchtlinge, das Sozialprodukt betrug nur noch ein Viertel des Volumens zu Ende der portugiesischen Kolonialzeit und ein Drittel der Bevölkerung war abhängig von ausländischer Nahrungsmittelhilfe. Vgl. Economist, 12. August 1989.
37 Vgl. dazu Informationsdienst Südliches Afrika, No. 4/1988, p. 26 sowie den Wortlaut der Vereinbarungen in: Süddeutsche Zeitung, 22. 7. 1988.
38 Vgl. hierzu IISS, Strategic Survey 1988/89, London 1989, pp. 195 ff.
39 John A. Marcum, Regional Security in Southern Afrika: Angola, in: Survival, Jan.-Febr. 1988, pp. 3-13.

Sanktionen gegen Südafrika

Hubert K. Meese

Die Apartheid-Politik Südafrikas führte schon früh zu Bemühungen, das Land international zu isolieren und durch wirtschaftlichen Druck eine Veränderung der Grundlagen der südafrikanischen Innenpolitik zu erzwingen. Die moralische Ächtung des Apartheid-Staates hatte dabei ihre Wurzeln vor allem in der anti-kolonialistischen Bewegung der Nachkriegsära. Auch die historischen Erfahrungen der Auseinandersetzung mit dem rassistischen System des Nationalsozialismus und — für die USA — der Emanzipation der schwarzen Bevölkerung in den 60er Jahren spielten eine Rolle.

Südafrika erschien vor diesem Hintergrund als eine der wenigen Bastionen der kolonialen Unterdrückung einer nicht-weißen Bevölkerungsmehrheit durch eine weiße Minderheit und zugleich ein rassisch strukturiertes politisches System.

Die ersten Versuche einer internationalen Verurteilung Südafrikas erfolgten aufgrund dieser Gegebenheiten im Rahmen der Vereinten Nationen. Im November 1962 forderte die UN-Generalversammlung in einer (nichtbindenden) Resolution erstmals Wirtschaftssanktionen gegen Südafrika in Form von Einschränkungen des Handels und Aufhebung von Landerechten für südafrikanische Flugzeuge und Schiffe; diese Resolution wurde inzwischen mehrfach bekräftigt.[1]

1963 empfahl der UN-Sicherheitsrat ein Waffenembargo gegen Südafrika, das 1977 verschärft für bindend erklärt wurde. Im November 1986 mußte es ausgeweitet und auf Ersatzteile ausgedehnt werden.[2]

Die USA verhängten unter Präsident Kennedy 1963 als erste Wirtschaftsmaßnahmen gegen den Apartheid-Staat ein freiwilliges Waffenembargo und die Aufforderung, die Kreditgewährung einzuschränken.

1973 verhängte die OPEC ein Erdöl-Embargo gegen Südafrika, das allerdings von einigen Mitgliedern systematisch ignoriert wurde. Der Triumph der OPEC-Staaten über die westlichen Industrieländer — der erste durchschlagende Erfolg eines Zusammenschlusses von Entwicklungsländern gegen die westlichen Industrienationen — gab auch der Diskussion um Sanktionen neuen Auftrieb.

1977 beschloß die Europäische Gemeinschaft einen Verhaltenskodex für die Tochtergesellschaften europäischer Unternehmen in Südafrika; 1978 verboten die USA jegliche Verkäufe an südafrikanische Streitkräfte und die Polizei.

In den 80er Jahren belebte sich die Sanktions-Diskussion um Südafrika erneut, sie mündete schließlich in eine dramatische Eskalation von Maßnahmen in den Jahren 1985 und 1986. Dies spiegelt sicherlich auch das Versagen der bis dahin verhängten Sanktionen im Sinne der damit verfolgten Intentionen wider. Entscheidend war jedoch wohl die innenpolitische Entwicklung Südafrikas, die Welle von Unruhen und die blutigen Repressionen in den Jahren 1984 bis 1987. Die daraus resultierende Verschärfung der Sanktionen gegen die RSA in den 80er Jahren soll im folgenden genauer untersucht werden.

1. Erfolgsbedingungen von Sanktionen

Sanktionen als Mittel der Außenpolitik umfassen alle Formen von wirtschaftlichen Maßnahmen, die mit politischer Schädigungsabsicht gegen ein Land ergriffen werden. Die Spanne reicht dabei von der Androhung von Leistungskürzungen (z.B. Entwicklungshilfe) bis zur völligen Unterbrechung sämtlicher wirtschaftlichen Kontakte.[3] Sanktionen können mit dem Ziel eingesetzt werden, kleinere politische Veränderungen zu bewirken, ein Land zu destabilisieren, es von einem militärischen Abenteuer abzubringen bzw. militärisch zu schwächen oder um einen grundlegenden politischen Wandel zu bewirken.

Sie werden in zunehmendem Maße als nichtmilitärisches Mittel zur Einflußnahme gerade auch im Verhältnis der Großmächte angewendet (z.B. US-Sanktionen gegen die UdSSR nach der sowjetischen Invasion in Afghanistan 1980 oder gegen Polen nach Verhängung des Kriegsrechts dort 1981), dienen aber auch in lokalen Konflikten als Mittel zur Durchsetzung politischer Ziele, wie etwa die US-Sanktionen gegen Panama, zur Absetzung und Auslieferung des in den USA wegen Rauschgifthandels gesuchten Generals Noriega

1988. Aber auch die Republik Südafrika, sonst eher Zielscheibe von Wirtschaftsdruck, hat wiederholt von diesem Mittel Gebrauch gemacht, z.B. gegen Lesotho 1986.

Positionen in der Sanktionsdebatte

Umfassende Sanktionen gelten bei ihren Befürwortern als geeignetes Mittel, die Ablehnung des Apartheid-Systems zum Ausdruck zu bringen und die südafrikanische Regierung zu einer Änderung ihrer Politik zu bewegen. Dabei wird oft argumentiert, die Wirtschaftsbeziehungen Südafrikas mit dem Westen hätten in der Vergangenheit dem Apartheid-Regime den Auf- und Ausbau des Systems der Rassentrennung erst ermöglicht oder zumindest erleichtert.

Handel, Direktinvestitionen, Kredite und Technologietransfer seien demnach hauptsächlich den Weißen zugute gekommen, während sie, trotz mancher Programme und Verhaltenskodices zur Verbesserung der Lage am Arbeitsplatz, für die schwarze Bevölkerungsmehrheit kaum Fortschritte gebracht hätten.

Diese Einschätzung wird offenbar von einer Mehrheit betroffener Afrikaner geteilt, die bereit sind, kurzfristig Nachteile in Kauf zu nehmen, um langfristig das größere Übel der Rassentrennung zu beseitigen.[4]

Die Sanktionsgegner, zu denen Unternehmer im Westen und in Südafrika aber auch manche Regierungen — vor allem in Großbritannien und der Bundesrepublik Deutschland — zählen, argumentieren dagegen, daß wirtschaftliches Wachstum und freie Marktwirtschaft in Südafrika einen steigenden Bedarf an höher qualifizierten Arbeitnehmern zu entsprechend höheren Löhnen schaffe, was letztendlich auch mehr politische Rechte sowie eine grundsätzliche Umwälzung der Apartheidstrukturen nach sich ziehen würde. Wirtschaftssanktionen würden eher die konservativen und reformfeindlichen Kräfte in der RSA unterstützen und den Wandel durch Modernisierung behindern, den die gegenwärtige Regierung in Pretoria, nach Meinung dieser Gruppen, durchzuführen gewillt sei.

Diese Stimmen betonen zudem Südafrikas wirtschaftliche Stärke und besonders den Rohstoffreichtum des Landes. Bisherige Boykottmaßnahmen seien deshalb in der Regel wirkungslos geblieben bzw. vom weißen Südafrika auf andere, z.B. die eigene schwarze Bevölkerungsmehrheit oder die Nachbarstaaten, abgewälzt worden.

Sanktionen würden daher vor allem den ärmsten Schichten der Bevölkerung schaden.

Südafrikanische Bürgerrechtsbewegungen, Kirchenkreise und viele *Commonwealth*-Staaten vertraten eine Zwischenposition. Sie befürworteten gezielte wirtschaftliche Maßnahmen, die verhindern sollten, daß das System der Rassentrennung durch Technologie- und Finanztransfers gestärkt wird, ohne die schwarze Bevölkerungsmehrheit unnötig unter dem Druck leiden zu lassen. Bei Computerlieferungen an Behörden, Transfer von Kommunikationstechnologie, Waffen und ähnlichem forderten sie daher Zurückhaltung, bei Beziehungen, von denen die Masse der südafrikanischen Bevölkerung profitiert, jedoch eher einen Ausbau.[5]

Sanktionen gegen Südafrika und ihre Wirkungen

Die Ziele der Maßnahmen gegen Südafrika waren Abschaffung der Apartheid, Durchsetzung der Menschenrechte und Beendigung der unrechtmäßigen südafrikanischen Besetzung Namibias. Außerdem sollte die Destabilisierungspolitik der RSA im südlichen Afrika bestraft werden.

Wann und inwieweit Sanktionen erfolgreich sein können, ist umstritten. Nach allen geschichtlichen Erfahrungen stünden die Chancen für einen Erfolg dann schlecht, wenn das Ziel von Wirtschaftsmaßnahmen darin gesehen würde, die Apartheid-Regierung zur Aufgabe von Grundelementen ihrer bisherigen Politik bewegen zu wollen. Hufbauer und Schott haben in einer grundlegenden Studie 1985 aus der Analyse von 103 historischen Sanktionsbeispielen eine Reihe Schlußfolgerungen ableiten können, die sie in Form von Empfehlungen formulierten. Ihre neun Grundregeln für erfolgreiche Sanktionen lauten:[6]

1. **Keinen größeren Bissen nehmen, als man kauen kann.** Man kann von Sanktionen nicht zuviel erwarten, ein größerer politischer Wandel oder auch eine entscheidende militärische Schwächung konnte bisher nur in den seltensten Fällen durch Wirtschaftsdruck erreicht werden. Dieses warnt davor, in Bezug auf Südafrika überzogene Erwartungen in Sanktionen zu setzen.
2. **Schlage auf die Schwachen und Hilflosen ein.** Ein schwaches Land mit inneren Unruhen ist leichter durch Sanktionen zu treffen als ein gefestigtes, stabiles. In Südafrika sind zwar innere Spannungen vorhanden, die politische Macht liegt aber unbe-

stritten noch in den Händen der Weißen, auch die Wirtschaft funktioniert, von Schwäche kann daher nicht ausgegangen werden.
3. **Greife deine Verbündeten an, nicht deine Gegner.** Man kann ein Land, mit dem man wirtschaftlich eng verflochten ist, eher durch Wirtschaftsmaßnahmen treffen, als eines mit dem man kaum Kontakte hat. Der Westen hat sehr enge Beziehungen zu Südafrika und die Wirtschaft am Kap ist so strukturiert, daß sie auf freien Handel angewiesen ist. Sie bietet von daher Ansatzpunkte für Sanktionsdruck.
4. **Handle schnell und sorge für maximale Kosten beim Ziel deiner Sanktionen.** Ein langsamer Abbruch der Beziehungen kann leichter verkraftet werden als schnelle, massive Einschränkungen. Je länger Sanktionen andauern, desto mehr werden sie umgangen. Dies ist im Falle Südafrikas nicht beachtet worden. Alle Beschlüsse wurden nach langer Diskussion und zögernd gefaßt, so daß die RSA sich darauf einstellen konnte.
5. **Setze Sanktionen mit Entschiedenheit ein.** Sanktionen, die in der Wirtschaft des Ziellandes zu einem Absinken des Bruttosozialprodukts um etwa 2 % oder mehr führen, haben eher Aussicht auf Erfolg, als solche, die unter 1 % bleiben. Die Verwundbarkeit Südafrikas gegen Sanktionen ist grundsätzlich hinreichend gewichtig, um solche Effekte erzielen zu können.
6. **Zahle selbst keinen zu hohen Preis für Sanktionen.** Man sollte darauf achten, daß die Kosten von Maßnahmen für den Sender möglichst niedrig sind. Auf Südafrika bezogen, heißt das z.B., daß die eigene Rohstoffversorgung nicht beeinträchtigt werden sollte.
7. **Erwarte nicht, daß bei einem Versagen von Sanktionen geheime oder offene militärische Lösungen mehr Erfolg bringen.** In bezug auf die RSA wäre hierbei an eine Küstenblockade zu denken. Dies erscheint jedoch politisch kaum realistisch und wohl auch nur schwer durchführbar.
8. **Zuviele Köche verderben den Brei.** Wenn mehrere Staaten zusammenarbeiten müssen, um gegen ein Land Wirtschaftsdruck ausüben zu können, sind die Erfolgsaussichten meist gering. Im Falle Südafrika mit seinen weitverzweigten Handelsbeziehungen wäre in der Tat ein hohes Maß an internationaler Kooperation nötig, um wenigstens Teilerfolge zu erzielen.
9. **Plane vorsichtig, wirtschaftliche Zwangsmaßnahmen können eine schlechte Situation verschlimmern.** Man muß sich über

die Ziele und potentiellen Opfer von Sanktionen im Klaren sein, bevor man sie ergreift.

Sanktionen gelten nun bereits als erfolgreich, wenn sie (selbst bei gewissen Kosten für den Sanktionierenden) einen bescheidenen Beitrag zur zumindest teilweisen Erreichung eines Ziels geleistet haben.[7]

Die Kaprepublik wurde in den letzten Jahren mit den weitreichendsten Druckmaßnahmen konfrontiert, mit denen sie je in ihrer Geschichte zu tun hatte. Südafrika hatte aber sehr lange Zeit, um sich auf Sanktionen vorzubereiten, da diese in der westlichen Literatur und Politik sehr ausführlich diskutiert wurden und werden.

Mit entsprechenden materiellen Anreizen können die meisten Formen von Sanktionen relativ problemlos umgangen werden. Ian Smith, der frühere rhodesische Premierminister, drückte dies einmal für sein Land so aus: „Um zehn Prozent haben wir viele Freunde." Einer seiner früheren Berater, Pat Corbyn, leitet jetzt das südafrikanische *Sekretariat für unkonventionellen Handel*, ein Instrument Pretorias zur Koordinierung und Förderung des Handels unter Umgehung des internationalen wirtschaftlichen Drucks.[8]

Auch eine Zusammenlegung des *Ministeriums für Handel und Industrie* mit dem *Ministerium für Mineralien und Energie* zu einem neuen *Ministry of Economic Affairs and Technology* wird als direkte Antwort auf die Notwendigkeit gesehen, den Handel flexibler zu gestalten.

Gelder könnten, sollte es sich als notwendig erweisen, über *offshore* Bankplätze oder über andere Paria-Staaten wie Taiwan fließen. Waffen sind auf den internationalen Waffenmärkten ohnehin meist zu bekommen. Rüstungsfirmen in Frankreich, Italien, der Bundesrepublik, Großbritannien, der Schweiz und in den Niederlanden haben nach einem 1987 veröffentlichten Bericht des US-Außenministeriums gegen das UN-Waffenembargo verstoßen. Israel wird dabei besonders herausgestrichen, da es offenbar regelmäßig Waffen- und Technologielieferungen nach Südafrika durchführte, bis es, auf Druck der Vereinigten Staaten, im März 1987 die Kooperation offiziell einstellte.[9]

Andere mit Einschränkungen versehene Waren können zum Teil legal über Drittländer von und nach Südafrika gelangen. Swasiland gilt dabei als besonders wichtige Hintertüre, über die auch Märkte in Schwarzafrika zu günstigen Bedingungen für Südafrika zu erschließen sind. Für die Findigkeit beim Umgehen von Sanktionen spricht z.B., daß allein das Emirat Abu Dhabi 1986 „Obst aus Swasiland" in einem Umfang importierte, der dem Vierfachen der gesamten Erntemenge jenes Landes entsprach. Dies war möglich, weil Südafrika mit seinem Nachbarn eine gemeinsame Vermarktungsgesellschaft betreibt.[10]

Auf der Liste der Länder, die Südafrika beim Unterlaufen von Sanktionen unterstützen, stehen noch Botswana, Lesotho, Taiwan, Hongkong, Südkorea, die Schweiz und Israel, neuerdings auch einige Staatshandelsländer sowie die Türkei und Iran. Japan scheint als Handelspartner ebenfalls eine wachsende Bedeutung zu bekommen, auch wenn es offiziell keine Direktinvestitionen in der RSA erlaubt und beim Handel zu Zurückhaltung aufruft. So kann z.B. die Automobilindustrie das Investitionsverbot dadurch umgehen, daß sie von lokalen Lizenznehmern am Kap montieren läßt, während die Elektronikbranche bestrebt ist, vom schwindenden amerikanischen Marktanteil zu profitieren. Die Bedeutung der Beziehungen wird dadurch unterstrichen, daß im Herbst 1986 der südafrikanische Außenminister auf einer Asienreise auch einen Stop in Tokio einlegte.[11]

Mit dem neuerlichen Vorgehen der Regierung gegen Gewerkschaften, Bürgerrechtsbewegungen und kirchliche Opposition im Frühjahr 1988 machte sich Pretoria auch bei den Sanktionsgegnern unglaubwürdig, die bislang für friedlichen Wandel und Dialog mit der Opposition plädiert hatten. Ihnen wurde, wie etwa der deutschen Bundesregierung, durch den Konfrontationskurs Pretorias zunehmend die Argumentationsbasis entzogen, die die Ablehnung von Sanktionen rechtfertigen sollte. Südafrika trieb daher zunehmend in die wirtschaftliche Isolierung.

2. Ausländische Kapitalanlagen in der RSA

In diesem Kapitel soll untersucht werden, ob ausländische Investitionen die Politik der Rassentrennung wirtschaftlich in signifikanter Weise stützen und wenn ja, ob sie Ansatzpunkte für Druck in Richtung auf eine Änderung der Apartheid sein könnten.

Schon 1972 hatte der damalige südafrikanische Premierminister John Vorster festgestellt: „Jedes neue Handelsabkommen, jeder neue Bankkredit und jede neue Investition ist ein weiterer Ziegelstein in der Mauer unserer weiteren Existenz".[12] 1984 mußte Finanzminister O. Horwood zugeben, daß Kredite, also kurzfristige

Engagements, von wachsender Bedeutung für Südafrika seien, während Investitionen, die langfristiges Vertrauen signalisieren würden, abnähmen.[13]

Auf ausländisches Geld ist Südafrika grundsätzlich angewiesen. Um nur den jährlich mindestens 300 000 neu auf den Arbeitsmarkt drängenden Menschen Arbeitsplätze bieten zu können, wäre ein durchschnittliches Wirtschaftswachstum von jährlich etwa 5,5 % nötig. Südafrika ist jedoch nach Meinung auch südafrikanischer Experten ohne Kapitalzufluß aus dem Ausland bestenfalls in der Lage, etwa 3 % Plus zu erwirtschaften. Nach diesen Überlegungen bliebe ein Kapitaldefizit, das bis zur Jahrtausendwende auf mindestens 100 Mrd R geschätzt wird und das durch Auslandskapital ausgeglichen werden müßte.[14]

Diese Sichtweise steht allerdings im Gegensatz zur gegenwärtigen Realität in Südafrika. Paradoxerweise stand in den letzten Jahren mehr als genug Geld zur Verfügung. Für südafrikanische Unternehmen waren angesichts der niedrigen Auslastung bestehender Produktionskapazitäten und unsicherer Zukunftsperspektiven neue Investitionen in der RSA wirtschaftlich nicht sinnvoll, zumal der Aufkauf abzugswilliger internationaler Firmen lukrative Investitionsmöglichkeiten bot. So konnte ein Teil ausländischer Investitionen günstig „südafrikanisiert" werden — was freilich keine neuen Arbeitsplätze schuf, denn Südafrikas Wirtschaft steckte in einer tiefen Krise, die nicht zuletzt auf mangelndem Vertrauen beruhte. Zugleich bescherte der schwache Randkurs den exportorientierten südafrikanischen Unternehmen hohe Gewinne.[15]

Gleichzeitig stiegen die südafrikanischen Investitionen im Ausland. Sie beliefen sich 1986 auf 32 Mrd R (1985: 30,3 Mrd; 1984: 24,6 Mrd) und waren hauptsächlich kurzfristiger Natur. Dabei fällt auf, daß sich die Anlagen in Europa nahezu verdoppelt haben (1985: 5,75 Mrd R; 1986: 11,2 Mrd R) während die hohen Steigerungsraten der südafrikanischen Investitionen nach Afrika, die in den letzten Jahren festzustellen waren, wieder rückgängig gemacht wurden.[16] Das könnte ein Hinweis dafür sein, daß südafrikanische Firmen zumindest auf absehbare Zeit kein Vertrauen in eine günstige wirtschaftliche Entwicklung im südlichen Afrika hatten und dabei ihr eigenes Land mit einbezogen.

Dies war die schwerwiegende Konsequenz einer letztlich der Apartheid anzulastenden wirtschaftlichen Strukturierung, die durch sinkende Wachstumsraten und düstere Zukunftsperspektiven gekennzeichnet ist.[17]

Entwicklung des ausländischen Investitions- und Kreditvolumens
Ausländische Investitionen in der RSA[8]

In Rand	In US-Dollar	Zuwachs des Rand-Werts
1956: 2,7 Mrd		1956-1973: jährlich 8 %
1973: 10,4 Mrd		1973-1980: jährlich 13,5 %
1980: 25,5 Mrd	34,2 Mrd	1980-1981: 27,5 %
1981: 32,5 Mrd	34,0 Mrd	1981-1982: 23 %
1982: 39,9 Mrd	34,0 Mrd	1982-1983: 14 %
1983: 45,5 Mrd	37,1 Mrd	1983-1984: 45 %
1984: 67,0 Mrd	33,8 Mrd	1984-1985: 25 %
1985: 83,5 Mrd	32,6 Mrd	1985-1986: - 14 %
1986: 71,9 Mrd	32,6 Mrd	1986-1987: - 7 %
1987: 66,9 Mrd	32,9 Mrd	1987-1988: 5 %
1988: 70,2 Mrd	30,9 Mrd	

Anteil der langfristigen Investitionen an den gesamten ausländischen Investitionen

1956: 84,2 %	1982: 68,9 %	1986: 61,0 %
1973: 82,8 %	1983: 66,0 %	1987: 61,0 %
1980: 81,3 %	1984: 58,5 %	1988: 62,0 %
1981: 72,6 %	1985: 57,0 %	

Es erfolgte eine deutliche Umschichtung zugunsten kurzfristiger Anlageformen. Von 1970 bis 1980 waren über 80 % der Investitionen ausländischer Firmen nur wieder angelegte Gewinne ohne neue Geldtransfers.[19]

Die Re-Investition von Gewinnen, die südafrikanische Niederlassungen ausländischer Unternehmen vornehmen, wird von südafrikanischer Seite durch einen ungünstigen Transferwechselkurs bei der Überweisung ins Ausland massiv beeinflußt.

Kredite

Im Sommer 1985 weigerten sich amerikanische Großbanken, wie *Chase Manhatten* und *Bank of America*, kurzfristige Kredite automatisch zu erneuern. Dies war einer der Auslöser der Liquiditätskrise, die Südafrika zwang, Rückzahlungen kurzfristiger Verbindlichkeiten zu stoppen und durch die Spaltung der Währung in Finanz- und Handels-Rand[20] die Devisenausfuhr zu erschweren.[21]

Dieses einseitige Rückzahlungsmoratorium, das 10,1 Mrd $ fälliger Gelder bei einer Gesamtschuld von 23,7 Mrd $ zum Wert August 1985 betraf, wurde inzwischen durch eine mittelfristige Umschuldungsvereinbarung abgelöst. Sie sieht vor, daß bis 1990 13 % der fällig gewordenen Schulden zurückgezahlt werden, wobei die Zinsen insgesamt bei dem moderat erscheinenden Satz von 1 % über Libor — dem Zinssatz, zu dem sich Banken üblicherweise untereinander Geld leihen — liegen. Die übrigen Schulden werden normal weiter bedient. Vielen Kritikern des Südafrikageschäfts erschienen die Bedingungen, die der Kaprepublik gestellt wurden, als zu entgegenkommend. Die Banken wollten aber durch diese Maßnahmen verhindern, daß das technisch sogar unterverschuldete Südafrika als erstes Land Zahlungsunfähigkeit reklamiert und damit einen Präzedenzfall für tatsächlich überschuldete Länder z.B. in Lateinamerika schafft.[22]

Die Verhältnisse der südafrikanischen Wirtschaft haben sich seit dem Zahlungsaufschub verbessert und auch die Kursentwicklung des Rand gegenüber dem US-Dollar zeigt eine für Südafrika positive Tendenz. Die Gold- und Devisenreserven sind wieder soweit angestiegen, daß Befürchtungen, Südafrika könnte seine laufenden Zahlungsverpflichtungen nicht erfüllen, einstweilen unbegründet erscheinen. Auch als Drohung ist dies nicht mehr im Gespräch. Pretoria versucht vielmehr, das verlorene Vertrauen der Banken wieder in vollem Umfang zurückzugewinnen. Dies ist beispielsweise daraus zu ersehen, daß alle Rückzahlungen überaus pünktlich, z.T. sogar vor Fälligkeit, erfolgen. Es sind aber auch Anfang 1989 bereits einige Kredite neu umgeschuldet worden.

Aus politischen Gründen ist freilich eine volle Rückkehr auf den Kapitalmarkt noch nicht wieder möglich. Die amerikanischen Banken zogen sich aufgrund innenpolitischen Drucks in den USA aus dem Südafrikageschäft zurück, schon ehe die US-Regierung neue Kredite für Südafrika verbot. Eine der vier großen britischen Banken folgte nach: 1986 erklärte die *Barclays Bank* ihren Rückzug aus Südafrika und die Verweigerung neuer Kreditlinien. In der Schweiz und in der Bundesrepublik Deutschland werden jedoch weiter langfristige Kredite gewährt und auch Anleihen von südafrikanischen Staatsunternehmen plaziert. Französische Banken bemühen sich ebenfalls darum, einen Teil des Südafrikageschäfts abwickeln zu können. Die offizielle Herabstufung der südafrikanischen Kreditwürdigkeit hat das Verhalten der Banken nicht sehr beeinflußt, da die wirtschaftlichen Perspektiven Südafrikas schon vorher eine Ausweitung der langfristigen Kredite wenig ratsam erscheinen ließen.[23]

Wohin fließen die ausländischen Investitionen und Kredite?

Südafrika verfügt über einen enormen Reichtum an dringend benötigten strategischen Rohstoffen. Man sollte daher annehmen, daß ein Großteil der ausländischen Investitionen im Bergbaubereich getätigt wird, um die Erschließung und Förderung eben dieser Bodenschätze zu ermöglichen. In Wirklichkeit spielt aber ausländisches Kapital gerade in diesem Sektor keine große Rolle. Mit 13 % Anteil an den ausländischen Investitionen steht der Bergbau an dritter Stelle hinter der Industrie (30 %) und dem Finanz- und Versicherungswesen (27 %). Massive Verkäufe von Goldminenaktien während der letzten Jahre ließ die Bedeutung ausländischer Gelder weiter sinken.

Noch deutlicher ist die Konzentration im Industrie- und Finanzbereich bei den deutschen Direktinvestitionen in Südafrika: 25 % davon sind in der Automobilindustrie, 22 % in der Elektrotechnik, 17 % in der chemischen Industrie angelegt. Es folgen Handels- und Investmentgesellschaften sowie der Maschinenbau, nicht nennenswert ist der Bergbau. Dies alles sind Bereiche, in denen Südafrika einen gewissen Nachholbedarf hat, um auf dem Weltmarkt konkurrieren oder eigene Autarkiebestrebungen durchsetzen zu können.[24]

Pointiert gesagt: Die deutschen Gelder fließen genau in die Wirtschaftszweige, in denen Südafrika mehr Unabhängigkeit anstrebt. Damit wirken sie stabilisierend für das Apartheid-System. Andererseits könnten sie gerade wegen ihrer Bedeutung auch als Druckmittel für die beschleunigte Durchführung ernsthafter Reformen verwendet werden.

Den größten Bedarf an ausländischem Kapital hatte in der Vergangenheit schon der Staat und die von ihm kontrollierten Unternehmen. Diese Nachfrage dürfte in der Zukunft eher noch steigen, betrachtet man die ehrgeizigen Projekte, die Südafrika durchführen will und muß. (Die Kosten für soziale Maßnahmen und militärische Sicherheit, die in jedem Staatshaushalt die größten Posten bilden, will ich hier nicht untersuchen, sie werden nicht durch ausländische Gelder finanziert.)

Handeln muß Pretoria beispielsweise, um die Wasserversorgung im wichtigsten Industriegebiet des Landes, dem Dreieck Pretoria — Witwatersrand — Vereeniging, langfristig zu sichern. Die eigenen Ressourcen können bestenfalls bis zum Jahr 2025 den Bedarf decken. Es gibt daher großangelegte Pläne, wie das *Lesotho-Highland-Water Project*, das *Sambesi-Project* und den Ausbau des *Tugela-Vaal Project*. Dazu sind gewaltige Investitionen nötig, deren Kosten noch kaum abzuschätzen sind. Die Angaben schwanken so z.B. bei dem Lesotho Projekt zwischen 1,4 und 4 Mrd R (zu Preisen von 1985). Allerdings übernimmt Lesotho die Finanzierung dieses Unternehmens zu 80 % und hat dafür bereits die Zustimmung für die nötigen Kredite durch die Weltbank und von Privatbanken. Die anderen Pläne, die kaum weniger aufwendig sein dürften, müssen von Südafrika allein getragen werden. Für den Bau neuer Staudämme werden z.B. 1,5 Mrd R veranschlagt.[25]

Hohe Investitionen kommen auf Südafrika auch im Energiesektor zu. Nach einem vom südafrikanischen Bergbau- und Energieministerium im Juli 1986 dem Parlament vorgelegten Entwurf soll um das Jahr 2000 ein neues Kernkraftwerk im westlichen Kapland ans Netz gehen. (Bedingung ist dabei allerdings, daß die unter den bisherigen Bauvoraussetzungen nötigen Lizenzen von den USA und Frankreich erteilt werden). 1987 waren fünf neue Kohlekraftwerke und ein Pumpspeicherwerk in Bau, aufgrund geringerer Stromnachfrage jedoch in etwas verlangsamtem Tempo.

Für die Stromerzeugung wird ein Kapitalbedarf in Höhe von jeweils über R 3,5 Milliarden jährlich für die Jahre 1986 bis 1990 angenommen. 1986 konnten davon 32 % aus Stromverkäufen gedeckt werden (1985 war der Eigenanteil nur 10 %), die Masse muß nun primär auf dem lokalen Kapitalmarkt besorgt werden. Der geringe Auslandsanteil ist nach Angaben der Unternehmensführung jedoch bereits vollständig gesichert, bis zu 85 % der benötigten Mittel können als Lieferkredite kurzfristig erhalten werden, der Rest sind Anleihen.[26]

Weitere erhebliche Investitionen sind von staatlicher Seite notwendig, um die Abhängigkeit vom importierten Öl abzubauen. Auch wenn hier aufgrund der Geheimhaltung keine verläßlichen offiziellen Zahlen verfügbar sind, weiß man doch, daß die drei in Betrieb befindlichen Kohleverflüssigungs- und -vergasungsanlagen *SASOL* 1-3 nur etwa 40 bis 50 % des Ölbedarfs der Republik decken können. Es existieren daher Pläne, eine vierte derartige Anlage mit einer Kapazität von 25000 barrel Öl pro Tag zu errichten (dies entspräche weiteren 10 % des Erdölbedarfs). Geschätzte Kosten: 3,5 Mrd R. Zugleich sollte die Erdgasförderung aus dem Mossel Bay Vorkommen durch Verflüssigung des Gases zu Treibstoff die Erdölabhängigkeit weiter senken helfen. Die Kosten wurden auf 4,2 bis 4,8 Mrd R geschätzt — zuviel, wie die Regierung inzwischen befand.[27]

Auch *South African Transport Services*, die die Hafenanlagen und Eisenbahnen sowie die südafrikanische Fluggesellschaft SAA umfassen, rechnen in den nächsten Jahren mit einem hohen Anstieg des Transportvolumens und entsprechend steigendem Bedarf an Geldern für Expansion und Modernisierung. Investitionen von 8 Mrd R für die Jahre 1985 bis 1990 sind bereits im Gange, wovon der Hauptteil der Bahn zukommen soll. Die Finanzierung des ausländischen Anteils wird hauptsächlich über Lieferkredite abgewickelt.[28]

Staatliche Unterstützungen für die Entwicklung neuer Industriezweige und die Subventionierung älterer, nach internationalem Standard zwar unrentabel arbeitender, aber aus Autarkiegründen dennoch zu erhaltender Wirtschaftszweige verschlingen weitere Milliarden. Als Beispiele seien hier die neue Strategie für die Elektronikindustrie und die Unterstützung der Veredelungsindustrie genannt.

Im Bereich der Elektronik soll mehr auf Spitzentechnologie gesetzt werden, wobei südafrikanische Entwicklungen und ein gewisser Anteil an lokaler Produktion bereits heute von staatlichen Stellen bei Ausschreibungen mit einem Bonus bis zu 35 % honoriert werden. Der Staat gilt in diesem Bereich als der Hauptabnehmer.[29]

Bei der Veredelungsindustrie von Bergbauprodukten setzt die Regierung ebenfalls auf Expansion. Man hofft dadurch Abnehmerboykotts bei Rohstoffen besser umgehen zu können. Der *Council for Mineral Technology, (Mintec)* nahm bereits erste Kontakte zur Gründung von *Joint Ventures* mit Taiwan auf. Man will auf dem Gebiet der Veredelung von Chromchemikalien, Vanadium- und Titaniumpentoxyd, der Fabrikation von Juwelenschmuck aus Gold, Platin und Diamanten sowie der Produktion von Ferrovanadium zusammenarbeiten, wie aus einer offiziellen Verlautbarung hervorgeht. Die Ausfuhr von veredelten Mineralien könnte wertmäßig stark zunehmen. Die südafrikanische Regierung stellt finanzielle Hilfen zur Errichtung bzw. zum Ausbau bestehender Verarbeitungsanlagen bereit.[30]

Außerdem investiert Pretoria erhebliche Mittel zur Ausforschung neuer Goldlagerstätten, obwohl hier auch die Privatwirtschaft eine in dieser Größenordnung noch nie erreichte Explorationstätigkeit entfaltet. Grund für das gestiegene Interesse an Gold war der hohe Goldpreis dank der starken Nachfrage und des schwachen US-Dollars. Vor allem aber muß sich Südafrika mit Goldverkäufen langfristig den Zugang zu Devisen offenhalten. Gold war und ist von überragender Bedeutung für die gesamte Volkswirtschaft.[31]

Andere Bereiche der Wirtschaft zeigen keinen erhöhten Kapitalbedarf. Maschinenbau, Automobilindustrie und Chemie leiden unter der schlechten Wirtschaftslage und melden keine kapitalintensiven Neuerungen. Besonders die Kraftfahrzeughersteller hatten lange eine nur geringe Nachfrage, weshalb viele von ihnen den Rückzug antraten. Heute beherrschen japanische und deutsche Firmen den Kfz-Markt.[32]

3. Technologieabhängigkeit der RSA

Neben der Abhängigkeit von ausländischem Kapital ist Südafrika anfällig für eventuelle Unterbrechungen im Technologietransfer. Bei der Nukleartechnologie, in der Computerindustrie, in Teilen des Rüstungssektors, in speziellen Bereichen des Bergbaus, bei der Kohleverflüssigung und in der chemischen Industrie ist Südafrika nach wie vor auf westliches *know how* angewiesen. Wieweit die Kaprepublik tatsächlich auf diesen Gebieten durch Sanktionen verwundbar war, soll in diesem Abschnitt geprüft werden.

Kernenergie

Südafrika verfügt inzwischen über einen — mit westlicher Hilfe — relativ hochentwickelten Nuklearsektor. Das zivile Kernkraftwerk in Koeberg und eine Versuchsanlage für Urananreicherung macht Südafrika zur potentiellen Nuklearmacht, da mit angereichertem Uran und Plutonium aus diesen Anlagen grundsätzlich der Bau von Kernwaffen möglich erscheint. Die westlichen Industriestaaten haben sich daher spätestens seit 1985 sehr große Einschränkungen bei der nuklearen Zusammenarbeit mit Südafrika auferlegt, freilich wohl zu spät: Entscheidende Kenntnisse waren bereits vorher ans Kap gelangt.[33]

In der zivilen Nutzung der Kernkraft ist die RSA technologisch laut Generaldirektor McRea von *ESCOM*, so weit, daß bei der Errichtung eines neuen Kernkraftwerks nicht mehr ein schlüsselfertiges Werk gekauft werden müßte, sondern verschiede Komponenten aus unterschiedlichen Ländern kombiniert werden könnten, was eine Umgehung des westlichen Nuklearembargos wesentlich erleichtern würde.[34]

Das Kernkraftwerk Koeburg, das seit 1984 in Betrieb ist, wurde in Zusammenarbeit mit der französischen Atomindustrie erbaut. Der Reaktor basiert auf einer Lizenz der amerikanischen *Westinghouse Electric Corporation*, die Finanzierung wurde über ein Bankensyndikat unter Federführung der französischen *Crédit Lyonnaise* abgewickelt. Frankreich übernimmt auch nach den EG-Sanktionsbeschlüssen von 1986 die Wartung des Unternehmens.

Ursprünglich sollten die Vereinigten Staaten die Brennelemente liefern. Als sie sich, nachdem die RSA dem Atomwaffensperrvertrag nicht beitrat, in den 60er Jahren weigerten, den nötigen angereicherten Brennstoff zu garantierten Bedingungen zu liefern, entwickelte Südafrika ein eigenes Pilot-Projekt zur Urananreicherung in Valindaba nahe Pretoria. Es läuft seit 1970 unter strikter Geheimhaltung und ohne internationale Kontrolle. *Siemens, MBB,* französische, schweizer und amerikanische Firmen stellten Ausrüstungen dafür zur Verfügung. Die Technologie, die dabei verwendet wurde, soll nach eigenen Angaben südafrikanisch sein, nach anderen Quellen entspräche sie im wesentlichen dem Trenndüsenverfahren des deutschen Professors Becker, für das die deutsche *STEAG* das Verwertungsrecht hätte, was hier nicht nachzuprüfen ist. Festzuhalten gilt es aber dabei: Wenn es sich um eine deutsche Technologie handelt, so wurde jedenfalls keine Lizenz dafür erteilt. Die RSA hat die nötigen Kenntnisse ohne einen solchen formalen Schritt bekommen, die deutsche Forschung und Industrie war also bereit, Grundlagen, mit denen möglicherweise Kernwaffen produziert werden können, zu vermitteln.[35] 1981 hatte Südafrika genügend angereichertes Uran, um den Reaktor in Koeberg erstmals zu laden.

Andere Komponenten der südafrikanischen Atomindustrie bilden eine rein für Forschungszwecke ausgelegte kerntechnische Anlage bei Pelindaba, die radioaktive Isotope herstellt sowie der Forschungsreaktor *SAFARI 1.* Er wurde von einer amerikanischen Firmengruppe unter Beteiligung deutscher und schweizer Unternehmen errichtet und wird international überwacht.

Die südafrikanische Regierung bestätigt das Vorhandensein von technischem Wissen und den nötigen Mitteln für den Bau von Kernwaffen, bestreitet aber die Herstellung solcher Massenvernichtungsmittel, wohl in der richtigen Einschätzung, daß der zugegebene Besitz von Kernwaffen die technologische Kooperation mit dem Westen endgültig beenden würde.[36] Einige Faktoren sprechen jedoch dafür, daß Südafrika über solche Waffen verfügt:

So fand ein sowjetischer Aufklärungssatellit 1977 in der Kalahari-Wüste Anzeichen für ein südafrikanisches Atomtestgebiet. Nachdem von amerikanischer Seite diese Feststellung bestätigt worden war, intervenierten beide Großmächte gemeinsam in Pretoria und stoppten dadurch einen möglicherweise geplanten Atomwaffentest.

Am 22.9.1979 wurde über dem Südatlantik vom amerikanischen Aufklärungssatellit *Vela* ein „Doppelblitz" entdeckt, der dem einer Kernexplosion ähnelte. Es war aber keine erhöhte Strahlung festzustellen, so daß bis heute ungeklärt ist, ob es der RSA gelungen ist, sich, seit dem Inkrafttreten des Atomwaffensperrvertrags 1970, als zweites Land — neben Indien — mit Nuklearwaffen zu versorgen. Ein zweiter Test soll am 16.12.1980 stattgefunden haben. Inzwischen sind weitere Anlagen festgestellt worden, die auf ein militärisches Kernforschungszentrum hinweisen könnten.

Diese ominösen Anzeichen für eine mögliche Kernwaffenoption des Apartheid-Staates führten zu einer drastischen Einschränkung der Zusammenarbeit des Westens mit Südafrika auf nuklearem Gebiet — freilich wohl erst zu spät. Forschungskontakte, die gleichzeitig auch eine gewisse Überwachung sichern würden, sind inzwischen fast eingestellt.

Computer- und Elektronikindustrie

Im Bereich der Computerindustrie strebt Südafrika zunehmend Eigenständigkeit an, der Weg dahin ist jedoch sehr weit. Nach einer US-Studie entfielen 1984 über 80 % der Verkäufe im Elektronikbereich auf multinationale Gesellschaften und ihre südafrikanischen Niederlassungen.[37]

Diese Konzerne kommen dabei den Autarkiebestrebungen Pretorias entgegen. Sie sehen Südafrika als ein Land, von dem aus sie den afrikanischen Markt erschließen können, und sind daher an Lager- und Produktionsstätten dort sehr interessiert. Der erzwungene Rückzug amerikanischer Konzerne 1985 und '86 aufgrund von US-Regierungsmaßnahmen wurde wohl nicht zuletzt aus diesem Grund weitgehend abgemildert und bedeutete keine tiefgreifende Verschlechterung der Versorgung der RSA mit modernen elektronischen Geräten. *Apple*, das 1985 den Verkauf seiner *Personal Computer* in Südafrika einstellte, hat seinen Marktanteil an fernöstliche Konkurrenten verloren. *IBM* hat im Herbst 1985 nur seine Niederlassung an das frühere (größtenteils weiße) Management verkauft, bietet aber noch die gesamte Produktpalette über die deutsche Niederlassung in Stuttgart mit den üblichen Garantien an. Unklar ist noch, ob sich die neuen Besitzer, *ISM*, an die Prinzipien des *Sullivan-Codes* halten oder nicht. *MGX*, eine südafrikanische Firma, die 1985 eine Tochter des amerikanischen *Bell & Howell* Konzerns übernahm, berichtet von verstärkter Nachfrage, da nun mehr auf die speziellen Bedürfnisse des südafrikanischen Marktes eingegangen werden könnte.

Inzwischen laufen auch Regierungsprogramme, die den Anteil lokaler Produkte im Technologiesektor kontinuierlich erhöhen sollen (derzeit beträgt dieser Anteil nur etwa 10 %). Ein Anstieg auf über 25 % wird von Fachleuten aber als unwahrscheinlich betrachtet, die Außenabhängigkeit wird also längerfristig erhalten bleiben.

Der einzige südafrikanische Hersteller von Siliconchips, die privatisierte *South African Micro Electronic Systems SAMES*, ist in der Lage, eigenständig Microchips nach Spezifikation der Auftraggeber zu entwickeln. Die Chips können allerdings nicht in Computer des Marktführers *IBM* eingebaut werden und ihr Marktanteil dürfte schon deshalb nicht sehr hoch sein, weil beispielsweise 1984 erst 20 von 30 000 damals üblichen Designs produziert werden konnten. Alle Datenterminals staatlicher Institutionen sollen jedoch — wohl nicht zuletzt mit Blick auf mögliche Sanktionen in diesem Bereich — nach und nach standardisiert und mit in Südafrika zusammengebauten Geräten ausgestattet werden.[38]

Die Vielfalt des Angebots und die Zahl der Firmen, die miteinander konkurrieren, ist inzwischen auf dem weltweiten Computermarkt jedoch so groß, daß auch Behörden und Sicherheitskräfte des Apartheid-Staates, trotz eines amerikanischen Lieferverbots, modernste Geräte besitzen.

Rüstungssektor

Der Rüstungssektor wird häufig als sehr anfällig für ein eventuelles Technologieembargo genannt. Schon 1963 empfahl der UN-Sicherheitsrat einen freiwilligen Verzicht auf Waffenverkäufe an Südafrika.[39] Als dennoch direkte Exporte weitergingen und, was den Aufbau der südafrikanischen Rüstungsindustrie erst ermöglichte, in großem Umfang Lizenzen gewährt wurden, trat 1977 ein bindendes Waffenembargo in Kraft.[40] Dieses konnte aber nicht verhindern, daß die südafrikanische Armee heute als die schlagkräftigste auf dem gesamten Kontinent gilt.

1986 erweiterte der Sicherheitsrat sein Waffenembargo, das nunmehr auch untersagte, Waffen, Munition und Militärfahrzeuge aus Südafrika zu importieren.[41] Aus dem Waffenimporteur am Kap war ein Exporteur geworden! Besonders auf dem kritischen Sektor der Munitionsbevorratung ist Südafrika inzwischen von Importen unabhängig.[42]

Federführend auf dem Gebiet der Rüstungsindustrie ist seit 1968 *ARMSCOR (Armaments Corporation of South Africa)*. Die Firma beschäftigte 1985 insgesamt etwa 33 000 Arbeitnehmer, strebt aber aus Kostengründen danach, möglichst viele Teile von der Privatwirtschaft produzieren zu lassen. 60 bis 70 % des Wehrmaterials werden von etwa 1 000 Subunternehmen zugeliefert, worunter sich auch multinationale Gesellschaften befinden. Gegebenenfalls kann jede in Südafrika operierende Firma verpflichtet werden, rüstungsrelevante Güter an den Staat zu liefern, wobei sie zwar Anspruch auf Entschädigung hätte, aber nicht veröffentlichen dürfte, was sie eigentlich geliefert hat. Nach offiziellen Angaben kann Südafrika bis zu 95 % des Rüstungsbedarfs im eigenen Land herstellen.[43]

Die Waffensysteme, die Südafrika heute jedoch besitzt, der *Impala 1* Jagdbomber, die *Reshef*-Klasse Patrouillenboote und die *Cactus*-Raketen, basieren alle auf Lizenzen, die vor 1977 erworben wurden. Danach wurden illegal noch einige *Centurion* Panzer erstanden, aber spektakuläre Neuerwerbungen sind in den 80er Jahren nicht mehr zu verzeichnen. Davon wurde insbesondere die Luftwaffe betroffen.

Die umstrittene Lieferung von deutschen U-Boot Bauplänen, zeigt ferner, daß auch die Marine ihre Rüstungsziele durchsetzen kann. Bei der angekündigten Modernisierung der südafrikanischen U-Boot Flotte dürfte sich dieser Technologietransfer als nützlich erweisen.[44]

In welchem Maße sich der Beschluß der israelischen Regierung im Frühjahr 1987 auswirkt, die traditionell enge Kooperation mit Südafrika im Rüstungssektor auslaufen zu lassen, ist bislang schwer abzuschätzen. Die USA hatten jedenfalls hier ihren wichtigen Verbündeten im Nahen Osten massiv unter Druck setzen müssen, um diese Entscheidung zu erzielen.[45] Zeitweise ist Südafrikas Abhängigkeit von Lieferungen und Technologie für Dieselmotoren rüstungsrelevant gewesen. Durch die Zusammenarbeit mit der *Daimler Benz AG, Perkins Engines, Magirus Deutz* und *Nissan Diesel*, konnte aber auch dieser Engpaß beseitigt werden. Südafrikas *Atlantis Diesel Engines* produziert Motoren, deren Bestandteile zu früher 60, heute 80 % ihres Gewichts in der Kap-Republik hergestellt sind. Allerdings müssen einige Schlüsselkomponenten, wie z.B. Einspritzpumpen, nach wie vor eingeführt werden, angeblich aus wirtschaftlichen Erwägungen heraus.[45a]

Insgesamt scheint die Stärke der südafrikanischen Rüstungsindustrie oft überbewertet. Das westliche Waffenembargo hat, wie die Ereignisse in Angola zeigten, durchaus Wirkungen erzielt: Die Tatsache, daß Südafrika nicht über moderne Großwaffensysteme verfügt und im Falle empfindlicher Materialverluste nicht in der Lage ist, für entsprechenden Ersatz zu sorgen, erwies sich in der Konfrontation mit den mit modernsten sowjetischen Waffen ausgerüsteten kubanischen und angolanischen Einheiten als Nachteil. Die technologische Abhängigkeit der südafrikanischen Rüstung ist demnach keineswegs verschwunden, sie hat sich vielmehr in die Bereiche *Komponenten* und *Blaupausen* verlagert. Christopher Coker hat zudem in einer jüngeren Studie auf eine Reihe von weiteren Schwächen der südafrikanischen Rüstungsindustrie hingewiesen, die die bisher angenommene militärische Stärke Südafrikas zumindest relativieren.[46]

Andere Bereiche

Im Bergbau, dem wichtigsten südafrikanischen Exportbereich, ist eine gewisse Abhängigkeit von ausländischer Technologie bei der Kühlung der Bergwerke und bei Hochdruckrohren gegeben. Dennoch scheint hier kein Feld zu sein, in dem durch Einschränkung des Technologietransfers irgend etwas erreicht werden könnte, lediglich die Arbeitsbedingungen der Bergarbeiter würden schlechter.

Der chemische Sektor ist in Südafrika hinter einem Wall von Schutzzöllen und Einfuhrbeschränkungen so gewachsen, daß er alle Anforderungen erfüllt. Die Betriebe klagen zwar über schlechte Auslastung und erzwungen hohe Lagerhaltung, im Sinne der Autarkie wird dies jedoch politisch in Kauf genommen.[47]

Mit der Chemie verbunden ist die Frage der Kohleverflüssigung, die ursprünglich auf einem in Deutschland entwickelten Verfahren beruht. *ANC* und *SWAPO* haben gemeinsam ermittelt, daß alleine einundfünfzig deutsche Unternehmen an Technologietransfers für Kohleverflüssigungsanlagen der *SASOL* beteiligt waren.[48]

Der gesamte Sektor der Technologie scheint inzwischen nur noch dann zu einem geeigneten Feld der Einflußnahme auf das Apartheid-Regime zu werden, wenn ein Maß der Kooperation aller industrialisierten Staaten erreicht werden könnte, das bislang schwer vorstellbar ist. Selbst unter dieser Voraussetzung wären die Auswirkungen eher längerfristig, da ein hoher Grad an Autonomie bereits erreicht ist. Sanktionen im Technologiebereich könnten die Situation der Schwarzen in Südafrika unter Umständen aber sogar positiv verändern. Die Nachfrage nach ungelernten Hilfskräften könnte steigen und so zusätzliche Arbeitsplätze geschaffen werden. In Zusammenhang mit dem Stopp von Kapitalzuflüssen käme es allerdings bald zu einer Kontraktion der Wirtschaft mit rasch steigender Arbeitslosigkeit.

4. Der Weg zu Sanktionen

Die Diskussion um Sanktionen gegen Südafrika knüpfte an den — wie gezeigt, realen — Abhängigkeiten des Apartheid-Systems vom Waren- Kapital- und Technologieaustausch mit den Industriestaaten an (allerdings wurde dabei nicht selten versäumt, zwischen *Abhängigkeit* und *Verwundbarkeit* zu unterscheiden, also zu untersuchen, inwieweit Abhängigkeiten politisch so zu instrumentalisieren sind, daß Sanktionen wirksam verhängt werden und erheblicher Schaden verursacht werden kann). In dieser Diskussion lassen sich drei grundsätzliche Positionen unterscheiden: Die Befürworter umfassender Sanktionen, die Sanktionsgegner und die Befürworter selektiver Sanktionen, zu denen sich seit 1985 die meisten westlichen Industrieländer gesellten.

Die USA

Die Dritte Welt, viele *Commonwealth-* Staaten, die Generalversammlung der Vereinten Nationen und die skandinavischen Staaten waren lange die wichtigsten Befürworter von wirtschaftlichem Druck gegen die RSA. In den 80er Jahren nahmen die USA in gewisser Hinsicht eine Vorreiterrolle ein. Es lassen sich dort zwei konträr laufende Bewegungen erkennen, die typisch für die Sanktionsdebatte allgemein sind:

— Auf die mit deutlichen Anti-Apartheid-Akzenten verfolgte Politik der US-Regierung unter Präsident Jimmy Carter, die zu einem Tiefpunkt der Beziehungen zwischen den USA und Südafrika führte, folgte die Politik des *Constructive Engagement* der Reagan Administration, die nach eigenem Bekunden mehr erfüllen als versprechen wollte. Durch Gespräche und enge Kooperation sollten die weißen Machthaber in Pretoria zu einer Änderung ihrer Haltung bewegt werden. Gleichzeitig sollten die amerikanischen Firmen, die in der RSA tätig waren, ihr Engagement im sozialen Bereich steigern, während die diplomatische Präsenz sich, im Gegensatz zu Carters Politik, äußerster Zurückhaltung bei Treffen mit oppositionellen Kräften befleißigte.[49]
— Parallel zu dieser Politik der Reagan-Regierung entwickelte sich in den USA eine zunehmend selbstbewußte Lobby von Apartheidsgegnern, die in Wirtschaftssanktionen das wirkungsvollste Mittel zur Abschaffung der Apartheid sah und deshalb versuchte, Entscheidungen von Firmen und die Stimmung in der Öffentlichkeit sowie im Kongreß in diesem Sinne zu beeinflussen.

Diese zweite Richtung setzte sich im Herbst 1986 durch. Das konstruktive Engagement war aus drei Gründen gescheitert. Erstens war die Namibia-Frage, trotz aller diplomatischen Bemühungen Washingtons, ungelöst geblieben, weil Pretoria keinerlei Anstalten machte, die *SWAPO* in Unabhängigkeitsverhandlungen einzubeziehen oder bei Wahlen zuzulassen. Zudem komplizierte die Verquickung dieser Problematik mit der Forderung nach einem Abzug kubanischer Truppen und Berater aus Angola die Lösung des Namibia-Komplexes weiter.

Zweitens waren die Bemühungen um eine friedliche Koexistenz im südlichen Afrika erfolglos geblieben. Südafrika setzte, trotz des Nkomati-Vertrags mit Mosambik und des Waffenstillstandsabkommens von Lusaka 1984, seine Destabilisierungspolitik in der Region fort und nahm sich weiterhin das Recht heraus, echte oder vermeintliche *ANC* Basen in den Nachbarländern zu überfallen.

Drittens schließlich zeigte, wie die neue Verfassung von 1984 demonstrierte, die südafrikanische Regierung lange keinerlei Bereitschaft, das Apartheidsystem abzubauen, was langfristig das Ziel der amerikanischen *Constructive Engagement*-Politik war.[50]

Die Apartheidsgegner in den USA hatten unterdessen eine neue Strategie entwickelt, mit der sie über Wirtschaftsdruck einen Wandel erreichen wollten: Sie beruhte auf den beiden Schlüsselbegriffen *Divestment* und *Disinvestment*.

Divestment bedeutet dabei, daß Regierungen und Verwaltungen der einzelnen US-Bundesstaaten, Städte und öffentliche Körperschaften wie Universitäten, Kirchen oder Pensionsfonds ihre Konten bei in Südafrika präsenten Banken auflösen, Anteile von Firmen verkaufen und Aktien abstoßen sollten, um diese Unternehmen zu zwingen, ihr Südafrika-Engagement zu beenden. Mit dieser indirekten Methode, die auf Geschäftspartner Südafrikas abzielte, konnte und kann starker Druck ausgeübt werden.[51]

21 US-Bundesstaaten verabschiedeten inzwischen Gesetze, die auf einen Abbau der wirtschaftlichen Beziehungen mit Pretoria zielen. Eine Vielzahl von Städten beschloß, keine Gelder mehr in Banken und Kreditinstituten anzulegen, die Kredite an Südafrika vermitteln oder Handel mit südafrikanischen Krügerrands betreiben (dies führte schon zu einem *de facto* Stop des Verkaufs dieser Goldmünze in den USA, bevor die bundesweiten Verbote in Kraft traten).[52]

Disinvestment zielt darauf, daß Unternehmen und Institutionen ihre Direktinvestitionen oder anderen Formen der Präsenz am Kap beenden, die Gelder zurückziehen und keine neuen vergeben.

Die *Divestment*-Bewegung und allgemein die wachsende Kritik der Apartheidsgegner an Firmen, die mit Südafrika Geschäfte machen, erzielten beachtliche Wirkung.

Laut dem Internationalen Bund Freier Gewerkschaften verfügten 1988 noch 1 267 Unternehmen aus westlichen Industrieländern über

Tochtergesellschaften in Südafrika. 188 Unternehmen aus sieben Ländern hatten sich demnach bereits aus dem Südafrikageschäft zurückgezogen, davon 134 amerikanische, wobei auch ein weiteres Engagement ohne direkte Präsenz als Abzug gewertet wurde.[53]

Die amerikanischen Muttergesellschaften zogen sich entweder, wie *Kodak*, ganz aus Südafrika zurück oder sie verkauften ihre Anteile an ihr größtenteils weißes Management in Südafrika, wobei allerdings die Produktpalette, wie oben ausgeführt, häufig unverändert blieb.

Neben den ständigen Problemen der Managements mit Apartheidgegnern („*hassle factor*") bei Aktionärsversammlungen spielten bei Rückzugsentscheidungen wohl auch ungünstige Wirtschafts- und Gewinnaussichten in Südafrika eine Rolle.[54] Auch der Druck der Anti-Apartheidbewegung auf Washington, die Politik des konstruktiven Engagements aufzugeben, wurde zunehmend stärker. Besonders die Kongressabgeordneten bekamen die wachsende Unzufriedenheit ihrer Wähler mit der amerikanischen Südafrikapolitik zu spüren.

Der Senat war zunächst eher bereit, Reagan zu unterstützen. Die Empörung der Öffentlichkeit über die anhaltenden Unruhen in Südafrika und die Verhängung des Ausnahmezustandes im Juli 1985 zwangen die US-Regierung dann aber im September zum Handeln.

Präsident Reagan mußte einem noch schärfer formulierten Gesetzentwurf des Kongresses durch einen eigenen Erlaß zuvorkommen. Zeitlich zunächst auf ein Jahr befristet, sahen die Sanktionen des Präsidenten vor, den Verkauf von Krügerrands in den USA sowie den Export von US-Computern an südafrikanische Behörden zu verbieten. Der Transfer von Nukleartechnologie (außer zu medizinischen Zwecken) und die Gewährung von neuen Krediten an den südafrikanischen Staat, soweit sie nicht der Verbesserung der Lebensbedingungen der Schwarzen dienten, sollte ebenfalls eingestellt werden. Außerdem sollten amerikanische Firmen für ein Engagement in Südafrika keine Exporthilfen mehr erhalten, wenn sie sich nicht an die Richtlinien für faire Beschäftigung, den *Sullivan-Code*, hielten.[55]

Diese Sanktionen beeindruckten weder Südafrika noch die amerikanische Anti-Apartheid-Lobby. Der US-Senat legte deshalb im August 1986 einen weiteren Gesetzentwurf vor, der ein Verbot neuer Investitionen und Kreditvergaben sowie Importsperren für südafrikanische Güter beinhaltete. Das amerikanische Repräsentantenhaus übernahm diesen Vorschlag des Senats, der von Präsident Reagan als zu weitgehend abgelehnt wurde.

Reagans Veto wurde jedoch trotz, oder gerade wegen eines Interventionsversuchs des südafrikanischen Außenministers, der konservative US-Senatoren umstimmen wollte, im Oktober 1986 zu Fall gebracht. Nachdem der sogenannte *Comprehensive Anti-Apartheid Act* in der von beiden Häusern gebilligten Form in Kraft gesetzt wurde, stehen die USA jetzt auch hinsichtlich der offiziellen Maßnahmen gegen Südafrika an der Spitze der Sanktionsbefürworter.

Zugleich geht der Rückzug von US-Firmen, besonders seit ein Doppelbesteuerungsabkommen zwischen den USA und der RSA am 1.1.1988 ausgesetzt wurde, langsam aber stetig weiter. Ein neuer Gesetzentwurf, der praktisch jeden Handel mit Südafrika unterbinden würde und jede Form von Investitionen dort verbietet, hat im Frühjahr 1988 überraschend schnell die ersten Hürden im US-Gesetzgebungsprozeß genommen und wurde auch in der neuen Legislaturperiode wieder eingebracht. Auch wenn er in dieser Form wohl nicht durchgehen wird, ist er doch ein deutliches Zeichen für weiter wachsenden Unmut.[56] Auch Präsident Bush geriet deshalb rasch unter Druck, die Sanktionsmaßnahmen gegen Südafrika zu verschärfen.

Auf der nichtstaatlichen Ebene ist der Protest gegen das weiße Minderheitsregime in Pretoria ebenfalls nicht verstummt. Neuen Aufschwung bekamen die Sanktionsbefürworter im Sommer 1987 durch den Aufruf von Reverend Leon Sullivan an amerikanische Firmen, sich ganz aus Südafrika zurückzuziehen und auch keine Lizenzen oder ähnliche Abkommen mehr dorthin zu vergeben.

Sullivan hatte bis dahin Direktinvestitionen unterstützt, solange sie durch Einhaltung des von ihm durchgesetzten Verhaltenskodex (*Sullivan Code*) zur Gleichstellung der schwarzen Arbeiter beitrugen. Nach zehn Jahren seiner — im Zuge der Diskussion über Südafrikas Politik immer weiter gefaßten — Prinzipien für mehr Gleichheit am Arbeitsplatz mußte Sullivan aber eingestehen, daß sich seine Vorstellungen nicht verwirklichen ließen.[57]

Gleichzeitig sank aber auch das Interesse Südafrikas an einer Kooperation mit amerikanischen Firmen. Japan wurde 1987 zum wichtigsten Handelspartner, auch andere Länder in Asien und Europa scheinen zu profitieren, weshalb in den USA nun bereits Aktionen von Apartheidsgegnern gegen Firmen dritter Länder, die Beziehungen zu Südafrika pflegen, gestartet werden. Konkret betroffen sind japanische Firmen wie *Hitachi Ltd.* aber auch der anglo-niederländische Ölmulti *Royal Dutch/Shell*, wobei offensichtlich auch ein gewisser Neid eine Rolle spielt.[58]

Europa, Commonwealth

Innerhalb der EG war bis 1985 keine Einigung über ein gemeinsames Vorgehen gegen Pretoria erzielt worden. Einige Länder hatten zwar einzelne Wirtschaftssanktionen verhängt, von anderen wurden sie dafür umso heftiger abgelehnt.

Gründe für die europäische Zurückhaltung in der Sanktionsfrage gibt es viele. Erstens fehlte im Gegensatz zu den USA der Druck aus der Öffentlichkeit, aktiv zu werden. Zweitens sind europäische Firmen mit Verbindungen nach Südafrika in der Regel stärker dort engagiert, als vergleichbare amerikanische. Sie haben dort im Verhältnis mehr zu verlieren und erwirtschaften einen größeren Anteil ihres Konzerngewinns in Südafrika.[59]

Zudem ist die Interessenlage der europäischen Länder recht heterogen: Großbritannien und die Bundesrepublik etwa lieferten 1984 zusammen rund 25 % des südafrikanischen Güterbedarfs, während Frankreich nur mit etwa 4 % beteiligt war.[60] Belgien braucht für die Antwerpener Diamantenschleifereien gute Beziehungen zur RSA, wogegen Dänemark, die Niederlande und Frankreich nur Kohle aus der Kaprepublik bezogen, für die es genügend andere Lieferanten gibt. Die EG konnte sich deshalb lange Zeit nur darauf verständigen, die Apartheid verbal zu verurteilen. Erst unter dem Druck der Ereignisse in Südafrika und des Beispiels der USA fand man zu gemeinsamen Aktionen.

Nachdem Dänemark am 15. Juni 1986 einen totalen Handelsboykott gegen Südafrika beschlossen hatte, einigten sich die EG-Regierungschefs im September 1986, unter dem Eindruck südafrikanischer Intransigenz und der inneren Unruhen im Apartheid-Staat, auf ein Einfuhrverbot für Eisen, Stahl und Goldmünzen sowie eine Einstellung von Neu- nicht aber von Ersatzinvestitionen.

Einen Abnahmeboykott für südafrikanische Kohle verbindlich in den Maßnahmenkatalog aufzunehmen, unterließ man — angeblich wegen der negativen Folgen für schwarze Arbeitnehmer. Kritiker meinen, man wollte dadurch die Beschlüsse entwerten, um zu beweisen, daß Sanktionen nichts bewirken.[61] Großbritannien hatte nicht nur in der EG eine bremsende Funktion, auch bei Diskussionen im Rahmen des *Commonwealth* sträubte sich die Regierung Thatcher zunächst erbittert gegen Sanktionen und riskierte fast den Zerfall dieser Institution. Immer wieder verwies sie darauf, daß bis zu 200 000 britische Arbeitsplätze am Südafrikageschäft hingen — eine höchst umstrittene Zahl.[62]

Neben offiziellen britischen Sanktionen im Rahmen der EG und des *Commonwealth* haben inzwischen auch englische Unternehmen einen massiven Abbau ihrer Präsenz am Kap eingeleitet. Von den 364 britischen Unternehmen, die 1984 in der RSA Vertretungen hatten, gab es zu Jahresbeginn 1988 gerade noch 179. Freilich handelte es sich dabei nicht um einen vollständigen Abbruch der Beziehungen. Die meisten Firmen haben lediglich ihre Tochtergesellschaften verselbständigt oder an die südafrikanische Geschäftsleitung verkauft, während die Zusammenarbeit über Lizenz- und Franchiseabkommen gewährleistet bleibt.[63]

Der Minimalkonsens, der schließlich im Rahmen des *Commonwealth* zustandekam, lief darauf hinaus, im Frühjahr 1986 eine hochrangige Delegation nach Südafrika zu entsenden, um dort die innenpolitische Lage zu sondieren und eine Verhandlungslösung zwischen Regierung und Opposition zu vermitteln. Diese *Eminent Persons Group* schien anfangs einer solchen friedlichen Lösung der Konflikte im südlichen Afrika näher zu kommen. Dann torpedierte die südafrikanische Regierung jedoch die Mission der Delegation auf eine geradezu desavouierende Weise, (als sie noch in Südafrika war!) durch Überfälle auf die Nachbarstaaten Zimbabwe, Sambia und Botswana. Pretoria war nicht bereit, auf das Prinzip der nach ethnischen Gruppen unterschiedlich gewährten Rechte (*group rights*), auf die Aufrechterhaltung der *Homelands* und auf die Weiterführung der Verfassungsreform von oben aus dem Jahr 1983 zu verzichten. Die *Commonwealth*-Delegation empfahl danach, ohne den Begriff zu verwenden, Wirtschaftssanktionen durchzuführen.[64]

Ein erstes Sanktionsbündel wurde daraufhin im August 1986 verhängt. Die Maßnahmen umfaßten einen Einfuhrstop für südafrikanische Kohle, Eisen, Stahl, Agrarprodukte und Goldmünzen sowie eine Streichung von Landerechten für die *SAA*. Als Reaktion auf diese Beschlüsse verschärfte Südafrika seinerseits die Zollkontrollen gegen Sambia, Zimbabwe und Zaire. Dies war als Demonstration zu sehen, daß die RSA nicht gewillt war, Wirtschaftsdruck unbeantwortet zu lassen. Pretoria wollte wohl auch zeigen, wie sehr die Nachbarländer von Südafrika abhängig sind.

5. Zur Wirkung von Sanktionen

Im Sommer 1988 sah sich die Kaprepublik folgenden offiziell von Regierungen verhängten Beschränkungen gegenüber, die in unterschiedlicher Weise durchgesetzt und von den jeweiligen wirtschaftlichen Akteuren unterstützt werden:

— Totaler Handelsboykott: Indien (seit 1964!), Dänemark, Schweden.[65]
— Verbot von Waffenverkäufen an Südafrika: Weltweit (verbindlicher UN-Sicherheitsrats Beschluß!).
— Sanktionen durch die Vereinigten Staaten: Importverbote für Stahl, Uran, Aluminium, Eisen, Farmprodukte, Textilien; Verbot neuer Investitionen für Firmen, die sich nicht an die Regeln der Nichtdiskriminierung halten; Verbot der Vergabe neuer Kredite an südafrikanischen Staat oder Staatsbetriebe; Verbot für Ölprodukts- und Rohölexporte; Einfrieren südafrikanischer Bankguthaben in den USA; Visumsbeschränkungen für Regierungsmitglieder; Entzug der Landerechte für die *SAA*; Ermächtigung für den Präsidenten zum Verkauf von Gold, um den Preis zu drücken.
— Sanktionen durch die EG: Einfuhrstop für Eisen, Stahl, Goldmünzen; Verbot von Neuinvestitionen.
— Sanktionen durch Commonwealth-Staaten: Übernahme der EG-Beschlüsse; zusätzlich teilweise Importverbote für Agrarprodukte und Uran, Abbruch des Flugverkehrs.
— Sanktionen durch afrikanische Staaten: Keine bindenden, nur regelmäßige Aufrufe der *Organisation Afrikanischer Einheit OAU* zu Sanktionen.[66]
— Sanktionen durch andere Länder:
— Japan: Keine Direktinvestitionen; Exportverbot für Computer an Polizei und Armee; Visumsbeschränkungen; RSA als Risiko bei Exportversicherung eingestuft.
— Kanada: Zusätzlich zu *Commonwealth*-Beschlüssen Einstellung von Erdöllieferungen; keine Exportversicherung mehr; Außerkraftsetzung eines Doppelbesteuerungsabkommens.
— Norwegen: Keine Öllieferungen mehr.
— Ostblock Staaten: Hatten nie bedeutende wirtschaftliche Verbindungen. Das Preiskartell bei Gold und Diamanten zwischen UdSSR und RSA scheint nicht berührt.

Alle Handelsbeschränkungen zusammen betrafen insgesamt nur etwa 8 % der Warenströme von und nach Südafrika. Rechnet man die bereits praktizierte Umgehung von Sanktionen mit, ist ein Wert von ca. 3 % wahrscheinlicher. Grundsätzlich bestand also noch ein erheblicher Spielraum für verschärfte Maßnahmen.

Südafrikanische Gegensanktionen wären in der Form einer Einstellung von Lieferungen strategischer Rohstoffe an den Westen vorstellbar. Grundsätzliche erscheint ein solches Gegenembargo eher unwahrscheinlich, da es der südafrikanischen Industrie schaden und möglicherweise weitere westliche Sanktionen heraufbeschwören würde, für die ja durchaus noch Ansatzpunkte vorhanden wären. Wenn jedoch weitere, verschärfte Boykottmaßnahmen besonders in den USA ergriffen werden, könnte die „Rohstoffkarte" ausgespielt werden, wie von Regierungskreisen in Pretoria manchmal angedeutet wird. Auf der anderen Seite legen amerikanische Firmen inzwischen größere Vorratslager kritischer Rohstoffe an, als Sicherheit gegen Lieferausfälle. Zudem könnten solche Drohungen dazu führen, daß die Suche nach Ersatzstoffen und alternativen Herkunftsländern intensiviert wird, wodurch der vermeintliche Trumpf, die Abhängigkeit des Westens von südafrikanischen Rohstoffen, nicht mehr stechen würde.[67]

Die bislang durchgeführten Sanktionen haben inzwischen einige der erhofften politischen Wirkungen gezeigt. Die Zielsetzung der Sanktionspolitik wurde am klarsten von der amerikanischen Regierung umrissen. Im *Comprehensive Anti-Apartheid Act* von 1986 gab der US-Kongreß dem amerikanischen Präsidenten das Recht, einen Teil oder alle der 1986 beschlossenen Maßnahmenn gegen Südafrika aufzuheben, wenn es vier der folgenden fünf Bedingungen erfüllt hätte:

a) Aufhebung des Ausnahmezustands,
b) Freilassung Nelson Mandelas und anderer politischer Häftlinge,
c) Zulassung aller politischen Parteien zu Wahlen,
d) Gespräche mit schwarzen Führern, die ihr Volk wirklich repräsentieren und
e) Aufhebung der Gesetze, die die Freizügigkeit der Schwarzen und Farbigen einschränken.[68]

Nach diesen Kriterien war die Sanktionspolitik zunächst wenig erfolgreich.

Das Apartheidsystem Südafrikas ließ trotz der steigenden Arbeitslosigkeit und des geringeren Wirtschaftswachstums keine ernsthafte Tendenz zu grundlegenden Veränderungen erkennen. Der ausländische Druck mußte sich daher noch verstärken und die Kosten für die Aufrechterhaltung der Apartheid weiter erhöhen. Wo der amerikanische Präsident verstärkten Wirtschaftsdruck gegen Südafrika anwenden wollte, mußten auch Europa und Japan ihre Positionen überdenken.

Auf der anderen Seite wäre es falsch, die verhängten Sanktionen als völlig erfolglos zu bezeichnen. Kleine Siege im Kampf gegen die Apartheid konnten bereits früher durch internationalen Druck erzielt werden: Der Abbruch der sportlichen und kulturellen Zusammenarbeit und die Drohung amerikanischer Filmverleiher, keine Filme mehr an Kinos zu geben, die Rassentrennung praktizieren, veranlaßten die südafrikanischen Behörden, Rassenschranken in diesen Bereichen weitgehend aufzuheben.

Die US-amerikanische Drohung, die 1984/85 noch existierende enge militärische Kooperation mit Südafrika zu kündigen und den Militärattachée zurückzurufen, reichte aus, Bischof Tutu das Visum für eine Reise in die USA anläßlich seiner Ehrung mit dem Friedensnobelpreis zu sichern. In neuester Zeit hat gewiß auch der Sturm internationaler Proteste dazu beigetragen, daß sechs Schwarze, die des gemeinschaftlichen Mordes an einem schwarzen Stadtrat in Sharpeville im Jahre 1984 bezichtigt wurden und zum Tode verurteilt worden sind, bislang noch nicht hingerichtet wurden.[69]

Dies sind Beispiele dafür, daß diplomatisches Vorgehen gegen Südafrika immer wieder häufig mit Hinweisen auf eine mögliche Verschärfung von Sanktionen verknüpft wurde. Jede dramatische südafrikanische Unrechtsmaßnahme führt tendenziell zu einer verstärkten Debatte über weiteren wirtschaftlichen Druck, eine Entwicklung, die in Südafrika mit großer Besorgnis verfolgt wird.

Die Wirtschaftsanalysen für Südafrika zeigen langfristig eine Reihe von z.T. sanktionsbedingten strukturellen Faktoren, die wachstumshemmend wirken. Der Netto-Kapitalabfluß wird weiter anhalten und der Zugang zu Kapitalmärkten wird begrenzt bleiben. Durch die tendenziell stagnierende Nachfrage nach Rohstoffen werden die Exportmöglichkeiten der RSA ungünstiger. Privatisierung von Staatsunternehmen und Entbürokratisierung, die neue Wachstumsimpulse freisetzen sollten, haben bisher noch zu keinen greifbaren Ergebnissen geführt. Es muß bezweifelt werden, ob sie wirklich in vollem Umfang realisierbar sind und wenn ja, ob sie langfristig wirkungsvoll sein können.

Zusammenfassung

Insgesamt läßt sich als Ergebnis dieser Überlegungen folgendes festhalten:

1. Südafrika ist grundsätzlich durch Sanktionen verwundbar, wenngleich nicht alle Voraussetzungen für optimale Wirksamkeit von wirtschaftlichem Druck erfüllt sind. Gegensanktionen Südafrikas im Bereich strategischer Rohstoffe erscheinen eher unwahrscheinlich und könnten z.B. durch bessere Bevorratung des Westens wirkungslos gemacht werden.
2. Die bisher verhängten Sanktionen waren wirksam im Sinne einer Schädigung der südafrikanischen Volkswirtschaft, nicht jedoch im Hinblick auf die deklarierten politischen Zielsetzungen. Die strukturellen und psychologischen Auswirkungen der Kredit- und Handelsrestriktionen belasteten die südafrikanische Wirtschaft in erheblichem Maße durch Verringerung des Wirtschaftswachstums, steigenden Inflationsdruck, Erhöhung der Arbeitslosigkeit und eine Verschärfung der sozialen Spannungen. Diese Auswirkungen betrafen unbestreitbar auch die schwarze Bevölkerung. Die gravierendsten Auswirkungen der Sanktionen belasteten jedoch die Zukunftserwartungen: Hoffnungslosigkeit und Resignation lähmten die Investitionsbereitschaft und begünstigten die Abwanderung von Kapital und qualifizierten Arbeitskräften.

Langfristig können Sanktionen zu einem friedlichen Wandel beitragen, wenn die weiße Minderheit einsieht, daß sie besser in einer funktionierenden wirtschaftlichen Umgebung mit geteilter politischer Macht leben kann, als in einer von außen abgeschnittenen Belagerungswirtschaft mit zunehmender Unruhe unter immer mehr Arbeitslosen. Zu diesem Zweck muß die „weiße Moral" getroffen und die „Wagenburg-Mentalität" gebrochen werden, indem die Kosten für die Aufrechterhaltung der bisherigen Strukturen für jeden einzelnen merklich erhöht werden, sei es aufgrund teurerer Importe von Luxusgütern, sei es durch Verweigerung von kulturellem und sportlichen Austausch oder durch Reisehindernisse, begonnen bei Visumszwängen bis zu unangenehmen Zwischenaufenthalten bei Flugreisen.

Es wäre sicher auch sinnvoll, die Aufhebung gewisser Maßnahmen mit konkreten Zugeständnissen Pretorias zu verbinden, so wie dies bereits in den USA praktiziert wurde. Eine Politik mit „Zuckerbrot und Peitsche", bei der auch vor dem Gebrauch der Peitsche nicht zurückgeschreckt wird, könnte die Lösung der Probleme am Kap bringen, bevor die Pessimisten, die den Weg in eine Revolution mit Zerstörung der südafrikanischen Infrastruktur voraussehen, Recht bekommen.

Anmerkungen

1. Resolution 1761 (XVII) der UN-Generalversammlung vom 6.11.1962.
2. Resolutionen 181 und 182 des UN-Sicherheitsrats von 1963. Resolution 418 des UN-Sicherheitsrats von 1977. Resolution 558 des UN-Sicherheitsrats von 1986. Vgl.: United Nations Centre on Transnational Corporations, Activities of Transnational Corporations in South Africa and Namibia and the Responsibilities of Home Countries with Respect to their Operations in this Area, ST/CTC/84, New York 1986, pp. 12 ff.
3. Zu Rechtsfragen bezüglich Sanktionen: Klaus-Peter Kißler, Die Zulässigkeit von Wirtschaftssanktionen der Europäischen Gemeinschaft gegenüber Drittstaaten, Frankfurt 1984 (= Schriften zum Staats- und Völkerrecht 16).
4. *ANC, PAC* und einige schwarze Gewerkschaften vertreten diese Position offiziell; Umfragen, die aufgrund der Zensur in Südafrika immer problematisch sind, zeigen kein einheitliches Bild.
5. Gerald Braun, Uwe Tonndorf, Heribert Weiland, Sanktionen gegen Südafrika, Bonn 1986, (= ARB 42/86), S. 10-15.
6. Die „neun Gebote" für Sanktionen sind erstmals veröffentlicht in: G.C. Hufbauer, J.J. Schott, Economic Sanctions in Support of Foreign Policy Goals, Washington 1983, pp. 76-85.
7. G.C. Hufbauer, J.J. Schott, ass. by K.A. Elliott, Economic Sanctions Reconsidered, Washington 1985, pp. 79 f.
8. Zitat nach: Süddeutsche Zeitung, 10.10.1986. Zur Umgehung von Sanktionen allgemein: International Herald Tribune, 11./12.10.1986; International Herald Tribune, 10.7.1986.
9. US State Department, Report on U.N. Arms Embargo Compliance, Washington April 2 1987.
10. The Economist August 22 1987.
11. International Herald Tribune, 3.9.1986.
12. Zitiert nach: Eva Militz, Bank Loans to South Africa Mid-1982 to End 1984, 1985, p.9.
13. ibid., p.9.
14. Axel J. Halbach, Südafrika unter Druck, in: ifo-schnelldienst 3/87, München 1987, S. 21.
15. ibid., S. 27.
16. Neue Züricher Zeitung, 2.5.1988.
17. Vgl. Beitrag Maull; The Economist Intelligence Unit, Country Report South Africa 2, London 1988, pp. 14 ff.
18. Quelle: Südafrikanische Notenbank, veröffentlicht in: Neue Züricher Zeitung, 3.2.1983; 18.4.1984; 4.1.1985; 1./2.1.1986; 10.4.1987; 2.5.1988; 17.1.1990. US-Dollar Werte eigene Berechnungen aufgrund der Mittelkurse.
19. Zitiert nach: Merle Lipton, Sanctions and South Africa, London 1987/88 (= The Economist Intelligence Unit Special Report No. 119), p. 37.

20. Der Kurs des Handels-Rand wird an der Devisenbörse ermittelt. In ihm werden Waren- und Dienstleistungsverkehr, Rand-Anleihen und Dividendenzahlungen an ausländische Aktionäre abgewickelt. Der Finanz-Rand gilt hingegen beim Verkauf von Rand-Anlagen, wobei ein Abschlag 1986 von immerhin ca. 50 %, gegenüber dem Guthaben erfolgt. Investoren an den südafrikanischen Börsen und seit 1986 auch in nicht an der Börse gehandelten Unternehmen profitieren hingegen vom Finanz-Rand, denn sie kommen um den Abschlag billiger ins Südafrika-Geschäft. Auch wird der Gewinn in Handels-Rand berechnet, wodurch die Rendite des eingesetzten Kapitals höher wird, Kapitaltransfers für Immobilien können bis zu 50 % des Kaufpreises in Finanz-Rand abgewickelt werden. Bei starkem Kapitalabfluß wird die Marge automatisch größer, der Geldtransfer aus der RSA uninteressanter. Als Zeichen wirtschaftlicher Erholung und finanzieller Gesundung kann gewertet werden, daß die Kursdifferenz zwischen Finanz- und Handelsrand 1987 / 88 dauernd geringer geworden ist. Die Transferbremse muß nicht mehr so fest angezogen werden.
21. Für eine sehr eingehende Analyse wie es zur Schuldenkrise kam; Jesmund P. Blumenfeld, Reaktionen der südafrikanischen Wirtschaft auf den wachsenden internationalen Druck, Europa Archiv 23, 1985, S. 699-708.
22. Standstill Coordinating Committee, Results of Review of Actual and Projected Performance of the Republic of South Africa's Economy as Compared with its Present and Currently Projected Performance, Pretoria 1986, (Bankinternes, vertrauliches Papier). BfA - Nfa (x) 24.10.1986.
23. Süddeutsche Zeitung 21.5.1988; Eva Militz, op.cit.,p. 19.
24. Für eine detaillierte Studie zu deutschen Investitionen; Wolff Geisler, Gottfried Wellmer, DM-Investitionen in Südafrika, Bonn 1983 (= ISSA-Wissenschaftliche Reihe 10), S. 12.
25. BfA / Nfa (x) 19.4.1985; Blick durch die Wirtschaft, 17.11.1986.
26. Der positive Effekt für die südafrikanische Bauindustrie und die Erleichterung der internationalen Zulieferer von technischer Ausrüstung darüber, daß die Programme von ESKOM durch- bzw. weitergeführt werden, wird ausdrücklich hervorgehoben. BfA / NfA (x) 16.10.1987; Börsenzeitung, 9.4.1988.
27. Mossel Bay im Indischen Ozean ist der bisher erfolgversprechendste Erdgasfund in der RSA. Die bisherigen Probebohrungen lassen auf langfristig rentable Nutzung schließen, die Kapprovinz könnte einen wirtschaftlichen Aufschwung erleben. Neue Züricher Zeitung, 29.11.1985; Blick durch die Wirtschaft, 7.7.1987.
28. BfA / NfA (x) 11.4.1985.
29. BfA / NfA (x) 24.3.1986.
30. Blick durch die Wirtschaft 2.9.1986.
31. Vgl. Beitrag Maull.
32. BfA / NfA (x) 24.2.1987.

33 J. Hanlon, R. Omond, The Sanctions Handbook, Harmondsworth 1987, pp. 309 f.
34 Blick durch die Wirtschaft, 21.7.1986.
35 Ulrich Kienzle, Wagenburg mit Atombombe? in: ders. (hersg.), Südafrika, Weiße in der Wagenburg, München 1982, S. 129 f.; Günter Verheugen, Apartheid. Südafrika und die deutschen Interessen am Kap, Köln 1986, S. 124 ff.
36 Süddeutsche Zeitung, 16.8.1988. Andererseits will Südafrika seinen Sitz in der Internationalen Atomenergiebehörde nicht aufgeben.
37 UN Centre on Transnational Corporations, Policies and Practices of Transnational Corporations Regarding Their Activities in South Africa and Namibia, New York 1984, E/C, 10/1983/10/Rev. 1, pp. 15 f.
38 BfAI/NfA (x) 24.3.1986.
39 Resolution 181 des UN-Sicherheitsrats von 1963.
40 Resolution 418 des UN-Sicherheitsrats von 1977.
41 Resolution 558 des UN-Sicherheitsrats von 1986.
42 Mit fremder Hilfe, siehe den bisher einzigen Fall, in dem hohe Freiheitsstrafen für Manager der Firma *Rheinmetall* in der BRD wegen eines Verstoßes gegen Rüstungsexportbestimmungen ausgesprochen wurden. Es ging dabei um die Lieferung von Teilen einer Munitionsfüllanlage, die sich die RSA aus verschiedenen NATO-Ländern besorgen konnte.
43 The Economist Intelligence Unit, Country Report South Africa 2, 1988.
44 Süddeutsche Zeitung, 21.7.1988.
45 The Economist, February 21 1987; Süddeutsche Zeitung, 20.3.1987.
45a BfAI/NfA (x) 14.4.1987.
46 Christopher Coker, South Africa's Security Dilemmas, New York 1987, Chap. 4 (= Washington Papers No. 126).
47 BfAI/NfA (x) 21.4.1987.
48 Verheugen, op. cit., S. 145 nennt dieses Ergebnis einer 1985 veröffentlichten Studie des ANC und der SWAPO.
49 Chester A. Crocker, South Africa: Strategy for Change, in: Foreign Affairs, Winter 1980/81, pp. 323-351 forumlierte diese Politik richtungsweisend.
50 Stanford J. Ungar, Peter Vale, South Africa: Why Constructive Engagement Failed, in: Foreign Affairs, Winter 1985/86, pp. 234-258; Martin Schümer, Ende der *Constructive Engagement*-Strategie?, in: Afrika Spectrum 3, 1985, S. 287-312.
51 Die Terminologie bezüglich *Divestment* und *Disinvestment* ist in der Literatur nicht einheitlich, *Disinvestment* wird häufig als Überbegriff für beides verwendet, ich schließe mich hier der von Braun, Tonndorf, Weiland, op. cit., S. 5 an; vgl. aber Hanlon, Omond, op. cit., p. 14.
52 Für eine detaillierte Auflistung der Aktivitäten siehe: Winrich Kühne, Annette Jünemann, Wirtschaftssanktionen gegen Südafrika. Hinweise und Materialien zur Diskussion, Ebenhausen 1986; und Winrich Kühne, Christiane Stepanek, Wirtschaftssanktionen gegen Südafrika — Materialien

Sommer 1986 bis Herbst 1987, o.O. 1987.
53 Blick durch die Wirtschaft, 31.5.1988; eine geringere Zahl multinationaler Konzerne setzt die UN-Studie 1986 an, sie nennt 1 068 im Jahre 1984 in der RSA tätige derartige Firmen, allerdings mit mindestens 10 % ausländischer Beteiligung. United Nations Centre on Transnational Corporations, Acitivities of Transnational Corporations in South Africa and Namibia and the Responsibilities of Home Countries with Respect to their Operations in this Area, ST/CTC/84, New York 1986.
54 Die Gewinne der Aktien von US Tochtergesellschaften in der RSA fielen von ca. 20 % im Jahr 1981 auf ca. 13 % 1986, siehe: The Economist, June 13 1987; britische Gewinne aus Südafrika sanken von 520 Mio 1985 auf 310 Mio. £ 1986, NfA (W), 27.4.1988.
55 The Economist Intelligence Unit, Quarterly Economic Review of South Africa No. 4, London 1985, pp. 10 f.
56 International Herald Tribune, 7./8.5.1988.
57 The Economist June 13 1987.
58 International Herald Tribune, 6.7.1987.
59 Neue Züricher Zeitung, 4.12.1986.
60 South Africa Foundation, Information Digest 1986, Johannesburg 1986, p. 91.
61 Ein freiwilliger Boykott südafrikanischer Kohle sorgt inzwischen dafür, daß Südafrika erheblich billiger anbietet, The Economist Intelligence Unit, Country Report South Africa 3, London 1987, p. 7.
62 Die Schätzung von 200 000 Arbeitsplätzen war die von der britischen Regierung genannte Maximalzahl, vgl.: Süddeutsche Zeitung 16.10.1985. Andere Meinungen sehen sogar Chancen für einen Gewinn von Arbeitsplätzen, da afrikanische Märkte ohne den Hemmschuh Südafrika erschlossen werden können und da der britische Bergbau Auftrieb gewinnen könnte.
63 Insgesamt scheint der Abbau des Engagements in Südafrika keine Auswirkungen zu haben. NfA (W), 27.4.1988.
64 The Commonwealth Group of Eminent Persons, Mission to South Africa, Harmondsworth 1986.
65 Der Handel Schwedens wird von dem Boykott wenig berührt, über Tochterfirmen werden Umwege erschlossen. Süddeutsche Zeitung, 15.3.1988; auch Indien umgeht z.T. den Sanktionsbeschluß, J.P. Hayes, Economic Effects of Sanctions on Southern Africa, London 1987, (= Thames Essay No. 53), p. 9.
66 Vgl. Beitrag Weimer.
67 International Herald Tribune, 7./8.5.1988; vgl. dazu insgesamt H.W. Maull, Strategische Rohstoffe, Risiken für die wirtschaftliche Sicherheit des Westens, München 1988.
68 Hayes, op. cit., pp. 2 f.
69 Zum Hintergrund: Süddeutsche Zeitung, 17.3.1988.

Übersicht 1: Erfolgsaussichten möglicher Sanktionen gegen Südafrika

Sanktionen	Erfolgschancen bei Verhängung durch nur USA	Erfolgschancen bei Verhängung durch alle westl. Staaten	Haupthindernisse
Einschränkungen westlicher Exporte nach Südafrika			
Erdölprodukte	niedrig	bescheiden (sehr hoch wenn weltweit!)	Würde wahrscheinlich umgangen — sehr erfolgversprechend wenn von allen eingehalten. Südafrikas Nachbarn sind von südafrik. Ölweitergabe abhängig
Hochtechnologie, die in der RSA nicht produziert wird	mittel	hoch	Manche Waren sind nur in bestimmten Bereichen nützlich
Konsumgüter und Zwischenprodukte, die in der RSA hergestellt werden	niedrig	niedrig	Während die Produktivität litt, würde ein Boykott den Importsubstitutionssektor stärken
Landwirtschaftliche Produkte	niedrig	niedrig	Wenig Abhängigkeit, viel wird weiterexportiert
Einschränkungen westlicher Importe von Südafrika			
Strategische Rohstoffe (Platin, Chrom usw.)	bescheiden	mittel	Wesentlich schädlicher für den Westen, als für die RSA augenblicklich
Gold, Diamanten	mittel	sehr hoch	Einseitig amerikanisches Vorgehen würde nur andere Handelsformen und -wege bringen, Bedarf muß sinken.
Fertigprodukte	niedrig	niedrig	Außer weiterverarbeiteten Primärgütern exportiert die RSA wenig Fertigprodukte
Landwirtschaftliche Produkte	niedrig	mittel	Der Rückgang kann durch Exporte in Nicht-Industriestaaten aufgefangen werden, viele südafrik. Arbeitsplätze gehen verloren

Sanktionen	Erfolgschancen bei Verhängung durch		Haupthindernisse
	einseitig nur USA	alle westl. Staaten	
Beschränkungen des Kapitalverkehrs			
Disinvestment (Abzug von ungebundenen Geldern)	hoch	hoch	Undurchführbar, weder die sa. Regierung noch westl. Konzerne würden das zulassen
Divestment (erzwungener Verkauf von Tochtergesellschaften und Aktien)	bescheiden	mittel	(Meist südafrik.) Käufer machen gute Gewinne, Konzerne könnten an unbetroffene Töchter verkaufen
Bann neuer direkter Investitionen	bescheiden	mittel	Langzeitwirkung, Probleme ähnlich wie bei Divestment
Bann neuer Kredite an die Regierung der RSA	niedrig	bescheiden	Umstrukturierung des südafrika. Kapitalmarkts kann den Effekt aufheben
Bann neuer Kredite an Firmen und Regierung plus Bann neuer Direktinvestitionen	bescheiden	hoch	Hauptsächlich Langzeitwirkung
Bann neuer Kredite und keine Erneuerung laufender Kredite	mittel	sehr hoch	Ernste Gefahr der Zahlungsunfähigkeit, daher Opposition durch westliche Banken und Industrie.

Quelle: (übersetzt und bearbeitet): Charles M. Becker, Economic Sanctions Against South Africa, in: World Politics, January 1987, pp. 154-156.

Übersicht 1: Sanktionen auf einen Blick

	Importbeschränkungen						Exportbeschränkungen				Verbot von Krediten und Investitionen			
	Krüger-rand	Kohle	Eisen u. Stahl	Uran	Land-wirt-schaftl. Produkte	Produkte staatl. Unter-nehmen	Erdöl	Compu-tertech-nologie	Nuklea-rer Han-del		Neue Investi-tionen	Privat-kredite	Regie-rungs-kredite	Keine Luftver-kehrsver-bindun-gen mehr
Australien	x	x	x	x	x		x	x			x[a]	x[a]	x	x
Österreich	x		x				x[b]	x			x	x[b]	x[b]	
Belgien	x		x						x					x
Kanada	x[a]	x	x	x	x		x[a]					x[a]	x	
Dänemark	x	x	x	x	x	x	x	x			x	x		x
Finnland											x	x		x
Frankreich	x	x	x				x		x[c]		x		x	
BR Deutschland	x		x				x		x		x			
Griechenland	x		x								x			
Nieder-														

Italien	x						x	x
Japan	x	x[d]		x			x	
Luxembourg								
Neuseeland	x		x	x	x[a]		x[a]	x
Norwegen	x	x	x	x[b]	x	x[a]	x	x
Portugal	x					x		
Spanien	x			x[b]	x	x[a]		
Schweden	x	x	x	x	x	x[a]	x	x
Schweiz				x[b]	x		x	
Türkei		x			x			
Großbritannien	x		x	x[b]	x	x[a]	x	x
USA	x	x	x	x	x	x	x[a]	x

a freiwillig. b Gilt nur für Regierungsbehörden. c Mit Ausnahme von Lieferungen an das Koeberg-Atomkraftwerk. d Importe mit Lizenz genehmigt.

Quelle: US-Außenministerium, zitiert und übersetzt nach: Merle Lipton, Sanctions and South Africa, London 1987/88 (= The Economist Intelligence Unit Special Report No. 119), p. 22.

Auswirkungen von Wirtschaftssanktionen gegen Südafrika auf die Southern African Development Coordination Conference (SADDC)

Bernhard Weimer

1. Einleitung

In der vieldiskutierten Sanktionsstudie der Wirtschaftswissenschaftlerin Merle Lipton heißt es über die möglichen Auswirkungen von Sanktionen gegen die Republik Südafrika (RSA) auf ihre Nachbarn:

„Südafrikas Nachbarn haben möglicherweise durch Sanktionen am meisten zu verlieren. Die Sanktionskosten sind wahrscheinlich für die an Südafrika angrenzenden ‚Frontstaaten' am höchsten. Dies ist zum einen so wegen ihrer engen Verflechtung mit der südafrikanischen Volkswirtschaft, so daß deren Niedergang die Frontstaaten beeinträchtigen würde; zum anderen bietet ihre Abhängigkeit Südafrika eine Waffe, die es zur Abwehr von Sanktionen oder zu Vergeltungsmaßnahmen einsetzen kann. Die Verletzbarkeit der Frontstaaten ist ein offensichtliches Hindernis gegen die Verhängung umfassender Sanktionen..."[1]

In der Tat benutzen westliche Politiker wie Großbritanniens Premierministerin Margaret Thather oder auch Bundeskanzler Kohl neben einer Reihe von anderen Argumenten auch die im vorstehenden Zitat zum Ausdruck gebrachte Anfälligkeit der Frontlinien-Staaten (FLS) gegenüber möglichen Sanktionsfolgen, um ihre ablehnende Haltung zur Frage der Verhängung mandatorischer Sanktionen gegen Südafrika zu begründen.

Diese Haltung in der Sanktionsdebatte ist diametral entgegengesetzt zu jener der angesprochenen, potentiell Meistbetroffenen: der Frontlinien-Staaten und der SADCC.[2] Diese fordern in schöner Regelmäßigkeit — durchaus im Bewußtsein möglicher Schäden für sie selbst — von der internationalen Gemeinschaft die Verhängung mandatorischer Sanktionen gegen die RSA, etwa auf dem Gipfeltreffen ihrer Führer in Luanda/Angola im August 1986:

„Im Hinblick auf Sanktionen bestätigte der Gipfel die Haltung der SADCC in dieser Frage. Auf dem Treffen wurde festgestellt, daß —

obwohl SADCC-Mitglieder durch Sanktionen verletzbar seien — dies nicht als Entschuldigung dafür benutzt werden sollte, keine Sanktionen zu verhängen... Das Communiqué stellte des weiteren fest, daß die SADCC-Mitglieder eng miteinander zusammenarbeiten sollten, um die Auswirkungen zu mildern, die die Verhängung von Sanktionen auf ihre Volkswirtschaften hätten..."[3]

Spiegeln die in den Zitaten zum Ausdruck gekommenen Haltungen lediglich konträre *politische Positionen* in der Sanktionsdebatte wider, die gewissermaßen unabhängig von der realwirtschaftlichen Substanz des Arguments der Sanktionsfolgen für Südafrikas Nachbarn eingenommen werden? Benutzen die Sanktionsgegner das Argument der oftmals nur postulierten und selbst in der Sanktionsstudie von Merle Lipton schlecht belegten, überragenden Abhängigkeit und Verletzbarkeit einiger SADCC-Länder von bzw. durch Südafrika vor allem aus ideologischen Gründen? Oder sind tatsächlich die Auswirkungen von Sanktionen gegen Südafrika auf die SADCC so schwerwiegend, daß man — unabhängig von der jeweiligen politischen Position in der Sanktionsdebatte — die Verhängung von Sanktionen ablehnen muß, um die Wirtschaften und Gesellschaften dieser Staaten nicht zu gefährden?

Im folgenden soll der Versuch unternommen werden, einige ökonomische Anhaltspunkte für die Sanktionsfolgenproblematik mit dem Ziel zusammenzutragen, einen Beitrag zur Versachlichung der Sanktionsdebatte zu leisten. Diesen Versuch zu unternehmen heißt gleichzeitig, sich die erheblichen *methodischen Probleme* einzugestehen, die damit verbunden sind. Zum einen ist ein Defizit an Wirtschaftsdaten über das südliche Afrika zu beklagen; zum anderen ist es methodisch äußerst schwierig, die direkten und indirekten Auswirkungen von Sanktionen auf die südafrikanische Wirtschaft sowie auf die mit Südafrika wirtschaftlich verflochtenen Nachbarstaaten genau zu bestimmen.

Im Hinblick auf die möglichen Auswirkungen von Sanktionen gegen Südafrika auf die SADCC scheint es unter Verweis auf die Sanktionsstudie von J.P. Hayes vom Londoner Trade Policy Research Centre[4] sinnvoll, drei Aspekte zu unterscheiden:

— *Indirekte Auswirkungen* oder „spillover-Effekte" von internationalen Sanktionen gegen Südafrika auf die SADCC;
— *Rückwirkungen von Sanktionen der SADCC-Länder* gegen Südafrika auf sie selbst;

— Auswirkungen von südafrikanischen *Vergeltungssanktionen* auf die SADCC.

In den folgenden Ausführungen wird in umgekehrter Reihenfolge vorgegangen, die Problematik der Vergeltungssanktionen also zuerst aufgegriffen.

2. Auswirkungen von südafrikanischen Vergeltungssanktionen auf die SADCC

Wahrscheinlichkeit von Vergeltungssanktionen

Die Ausgangsthese dazu lautet: Die Wahrscheinlichkeit der Verhängung umfassender südafrikanischer Vergeltungssanktionen gegen die SADCC ist gering und nimmt in dem Maße ab, in dem sich Südafrikas Wirtschafts- und Finanzkrise verschärft und sich seine internationale Isolierung verstärkt.

Im wesentlichen lassen sich drei Begründungen für diese These ins Feld führen.

a) Die Politiker Südafrikas haben in der Öffentlichkeit wiederholt die Androhung von Vergeltungsmaßnahmen an den Tatbestand der Verhängung mandatorischer oder selektiver Sanktionen der Vereinten Nationen gekoppelt, die über das bereits bestehende Waffen- und Ölembargo hinausgehen.[5] Mandatorische Sanktionen sind bisher nicht verhängt worden, so daß nach dieser südafrikanischen Argumentation vorderhand eine Begründung für die Verhängung umfassender Vergeltungssanktionen (z.B. Grenzschließung, Repatriierung von Wanderarbeitern, etc.) entfällt. Auch hat Südafrika nicht mit Vergeltungsmaßnahmen gegen seine Nachbarn geantwortet, als sich der internationale Sanktionsdruck erhöht hat, etwa durch die Verabschiedung des *„Comprehensive Anti-Apartheid-Act"* durch den amerikanischen Kongreß im Jahre 1986. Überdies sind, wie noch zu zeigen sein wird, die angekündigten Sanktionen einzelner SADCC-Mitglieder ausgeblieben, so daß auch von daher Südafrika keinen Anlaß hat, Sanktionsmaßnahmen wirtschaftlicher Art gegen die betreffenden Länder zu verhängen.

b) Südafrika hat als Antwort auf seine Wirtschaftskrise, den Verfall des Randkurses, seine ab 1985 neue Rolle als Kapitalexporteur, die durch die Verschuldungskrise des Landes erzwungen wurde (siehe Beitrag Meese), und die Auswirkungen der bestehenden selektiven Sanktionsmaßnahmen einzelner westlicher Länder bzw. Ländergruppen den Handels- und Dienstleistungsverkehr mit der SADCC-Gruppe zum Teil drastisch gesteigert. Der Leistungsbilanzüberschuß mit den SADCC-Nachbarn lag 1986 bei geschätzten 2,5 Mrd. US-Dollar, bei steigender Tendenz.[6] Dieser Betrag entspricht etwa der Höhe der jährlichen südafrikanischen Zinszahlungen, die zur Tilgung der Auslandsverbindlichkeiten anfallen und stellt deswegen einen nicht unbedeutenden ökonomischen Posten bei der Wiederherstellung der Kreditwürdigkeit dar. Warum sollte Südafrika durch Vergeltungsaktionen diesen wichtiger werdenden regionalen Markt — das trifft insbesondere auf die Mitglieder der Zollunion Botswana, Lesotho und Swaziland zu — vorsätzlich ruinieren, wo sich außerdem für Maßnahmen der Sanktionsumgehung („*sanctions busting*") wichtige Standorte und Infrastruktur-Einrichtungen befinden?

c) Vielleicht hat Pretoria auch bemerkt, daß die westlichen Länder ihr politisches und ökonomisches Gewicht — zum Teil auch im Bereich der Sicherheitskooperation — zunehmend hinter die SADCC und einzelne ihrer Mitglieder, etwa Mosambik, gestellt haben. Südafrika hätte vermutlich mit stärkeren Druckmaßnahmen des Westens gegen sich selbst und mit einer noch größeren politischen und ökonomischen Isolation zu rechnen, würde es auf die bisher vom Westen verhängten „Low Intensity"-Sanktionen mit Vergeltungssanktionen gegen die SADCC antworten. Hinzu kommt, daß der verstärkte Zufluß von Entwicklungshilfemitteln an die SADCC zum Teil auch direkt der südafrikanischen Industrie im Sinne einer zusätzlichen regionalen Nachfrage nach Waren und Dienstleistungen nützt.

Allgemein muß man davon ausgehen, daß sowohl die Wirtschaftskrise in Südafrika selbst als auch die sich langsam einstellenden „Abkoppelungserfolge" der SADCC insbesondere im Verkehrs- und Telekommunikationsbereich die zugunsten Südafrikas bestehende „asymmetrische Interdependenz" zwischen der wirtschaftlichen Hegemonialmacht und ihren SADCC-Peripherien verringert.[7] M.a.W. trifft die im Eingangszitat von Lipton getroffene Feststellung — daß eine Verschlechterung der wirtschaftlichen Lage Südafrikas zwangsläufig die Verschlechterung der SADCC-Wirtschaften nach sich zieht — nicht in dieser Allgemeinheit zu. Wenn aber die SADCC für Südafrika ein immer wichtigerer Wirtschaftspartner wird bzw. sich die Wirtschaftsbeziehungen von Dependenzbeziehungen stärker in Richtung „Symbiose" bewegen[8], macht es aus der Interessenlage Südafrikas um so weniger Sinn, die SADCC-Region durch „wirtschaftliche Kriegsmaßnahmen"[9] zu sanktionieren.

Auswirkungen von potentiellen südafrikanischen Vergeltungsmaßnahmen auf die SADCC

In einer Untersuchung der SWP[10] wurde zu zeigen versucht, daß die Folgewirkungen (Kosten) von umfassenden südafrikanischen Vergeltungssanktionen im Sinne eines *„worst case scenario"* (Grenzschließung, Repatriierung der Wanderarbeiter, Unterbrechung der Verkehrsverbindungen, Stop der finanziellen Transaktionen usw.) kurzfristig schwerwiegend wären, jedoch nicht so katastrophal, wie von bestimmten Presseorganen und von grundsätzlichen Sanktionsgegnern immer wieder behauptet wird. Manche Sanktionsgegner, auch in der Bundesrepublik, stellen pauschal fest, südafrikanische Vergeltungssanktionen kämen einer Politik der „verbrannten Erde" im südlichen Afrika gleich, ohne allerdings sektoral, zeitlich usw. zu differenzieren. In der genannten Untersuchung wird dagegen argumentiert, daß erstens südafrikanische Vergeltungssanktionen in kurzfristiger Hinsicht weitaus schwerwiegendere Folgen haben würden als in längerfristiger Hinsicht, und daß zweitens südafrikanische Sanktionen nicht nur Schäden im Sinne von Kosten für die SADCC verursachen würden, sondern auch, zumal in mittelfristiger Hinsicht, Nutzeneffekte haben könnten. Dabei ist selbstverständlich die Frage nach dem „Nettoeffekt", also nach der Differenz zwischen Kosten und Nutzen zu stellen. Nutzeneffekte im Sinne von Wirtschaftsdiversifikation, Wachstum und Anstieg der Produktion können sich, wie das Beispiel der mandatorischen Sanktionen gegen Rhodesien zeigte,[11] unter bestimmten Umständen einstellen, ebenso wie allgemeine Impulse für die Wirtschaftsentwicklung im Sinne einer durch Vergeltungssanktionen erzwungenen, selektiven Abkoppelung von der regionalen Vormacht und der dadurch notwendig werdenden Diversifizierung der Außenbeziehungen. M.a.W. könnten sie sich, vorausgesetzt, daß entsprechende Maßnahmen ergriffen werden, günstig auf die Erreichung der SADCC-Ziele auswirken.

Hier ist, gerade unter Bezugnahme auf die eingangs erwähnten methodischen Probleme zu unterstreichen, daß Überlegungen mit Blick auf eine Kosten-Nutzen-Analyse von Sanktionen sehr problematisch sind. Es läßt sich aber nicht von der Hand weisen, daß nicht nur Kostenmomente, sondern auch Nutzeneffekte zu berücksichtigen sind, obgleich beide sowie die Nettobilanz aus beiden in einem sehr spezifischen politischen Kontext gesehen werden müssen.

In der Literatur besteht so gut wie Einigkeit darüber, daß die kurz- bis mittelfristigen Auswirkungen von totalen südafrikanischen Vergeltungssanktionen gegen die SADCC ökonomisch wie politisch schwerwiegende Folgen haben würden.[12] Diese bestünden in erster Linie

„...in einem beträchtlichen Rückgang der Staats- und Deviseneinnahmen der SADCC-Staaten. Darüber hinaus sind dramatische Kostensteigerungen zu erwarten aufgrund höherer Transportkosten und höherer Kosten für Warenimporte aus Südafrika (insbesondere für die BLS-Staaten), aber auch wegen der stark steigenden Haushaltsmittel, die für Sicherheitsmaßnahmen und Beschäftigungsprogramme aufgewendet werden müssen. Die Lücke zwischen der rasch wachsenden Nachfrage nach Finanzmitteln einerseits und den gleichermaßen schrumpfenden Ressourcen andererseits wird sich wahrscheinlich sowohl in starkem wirtschaftlichen und politischen Druck in den betreffenden Ländern äußern als auch in einer stetigen Zunahme des Grades der Verarmung der Menschen in der Region".[13]

Der SADCC-Berater und Professor für Wirtschaftswissenschaften am *Institute for Development Studies* der Universität Brighton in Sussex, Professor Reginald H. Green, versucht, ebenfalls auf der Basis von „guesstimates", die Auswirkungen von Sanktionen nach Kosten und Nutzen zu differenzieren.[14]

Kosten (für einen Dreijahres-Zeitraum, in Mrd. US-Dollar)

— Kapitalinvestitionen zum Ausbau der
  SADCC-Verkehrswege   2,000-2,500
— Ausgaben für Maßnahmen der FLS im
  Militär- und Sicherheitsbereich (z.B. militä-
  rischer Schutz des Beira-Korridors)   1,750
— Beschäftigungsprogramm für repatriierte
  Wanderarbeiter   1,000
— Sonderprogramme (z.B. Luftbrücke) für
  Lesotho   0,300-0,600
— Ausgaben für kurzfristige Anpassungsmaß-
  nahmen (z.B. höhere Kosten für Importe
  von anderen als südafrikanische Liefe-
  ranten)   0,250-0,500
(a) Zwischensumme: Kosten (aufgerundet)   5,500-6,500

Nutzen (jährlich, in Mrd. US-Dollar)

— Ersparnisse durch alternative Importquellen	0,200
— zusätzliche Exporte bzw. neuerschlossene Exportmärkte	0,050-0,075
— niedrigere Transportkosten	0,200
— stimulierte regionale Produktion von Waren und Dienstleistungen (Importsubstitution)	0,500-0,600
— zusätzlicher Output durch repatriierte Wanderarbeiter	0,300
— durch verbesserte Sicherheitslage (vor allem in Mocambique) induzierte Wachstumseffekte	0,200
Nutzen pro Jahr	1,500-1,575
(b) *Zwischensumme: Nutzen* (3 Jahre, abgerundet)	4,500
Netto-Effekt (a) minus (b)	**1,000-2,000**

Diese Schätzungen basieren auf der Annahme einer südafrikanischen Politik gegenüber den Nachbarstaaten, die primär eigene wirtschaftliche Interessen und nicht die Maximierung der Schadenswirkungen auf die Nachbarn verfolgt; möglicherweise sind sie zu optimistisch.[15] Diese Einwände ändern aber nichts an der Seriosität des Versuchs, in einer Wirkungsanalyse von Sanktionen auf die SADCC nicht nur die Kosten-, sondern auch die Nutzenseite zu berücksichtigen.

Allerdings müssen nach Meinung des Verfassers drei Bedingungen erfüllt sein, um derartige Szenarien und Kosten-Nutzen-Überlegungen überhaupt plausibel diskutieren zu können:

— Die SADCC müßte über verstärkte Nettozuflüsse an offizieller Entwicklungshilfe die Mittel zur Finanzierung ihrer dringend benötigten Projekte aufbringen können;[16]
— sie müßte ihre Verkehrsinfrastruktur-Entwicklungsprogramme ungehindert und kontinuierlich durchführen und, unmittelbar damit zusammenhängend,
— das ungestörte Funktionieren der Verkehrskorridore durch Einsatz militärischer und anderer Mittel sicherstellen.

Die beiden letztgenannten Bedingungen scheint die SADCC zumindest für den in mittelfristiger Hinsicht strategisch besonders wichtigen „*Beira Korridor*" im großen und ganzen aufrechterhalten zu können.[17]

Auch wenn die Ausgangsthese von der derzeitigen Unwahrscheinlichkeit von umfassenden Vergeltungsmaßnahmen der RSA gegen SADCC plausibel erscheinen mag, so ist es keineswegs auszuschließen, daß Südafrika im einen oder anderen Fall ökonomische Druckmittel gegenüber Nachbarn einsetzt. Die Embargomaßnahmen gegen Lesotho vom Dezember 1985 / Januar 1986, die den Sturz des Jonathan-Regimes beschleunigten (vgl. Beitrag Schwarz), zeigen, daß Südafrika auch dann zu ökonomischen Zwangsmaßnahmen greift, wenn gar kein unmittelbarer Bezug zur Sanktionsthematik gegeben ist. Sollte sich etwa Swaziland unter dem jungen König Mswati III. stärker aus der südafrikanischen Umklammerung befreien wollen, dann könnte dies südafrikanische Embargomaßnahmen nach sich ziehen.

Aber auch das Abstimmungsverhalten von südafrikanischen Nachbarn in multilateralen Gremien wie dem *Commonwealth*, der OAU, der Blockfreienbewegung usw. könnte zu gezielten südafrikanischen Nadelstichen bzw. Retorsionsmaßnahmen gegenüber den Volkswirtschaften der SADCC führen. Die strengeren und langwierigeren Zollkontrollen an der Grenze zu Zimbabwe und die Erhebung von Anzahlungen (in Devisen) auf zambische Importe aus Südafrika im Gefolge der Sanktionsbeschlüsse des „*Commonwealth Mini Summit*" im Oktober 1986 in London weisen in diese Richtung. Deswegen ist J.P. Hayes, einem mit dem südlichen Afrika vertrauten früheren Weltbank- und OECD-Ökonomen und stellvertretenden Staatssekretär im britischen Außenministerium, zuzustimmen, wenn er sagt, daß diese Form des „Katz-und-Maus-Spiels" das wahrscheinlichste Szenario von Vergeltungsmaßnahmen Südafrikas gegenüber seinen Nachbarn darstellt.[18]

3. Rückwirkungen von Sanktionen der SADCC-Länder gegen Südafrika auf sie selbst

Die Haltung der SADCC-Staaten zu Sanktionen

In der Einleitung wurde festgestellt, daß die FLS und SADCC jeweils kollektiv oder als Gruppe Sanktionen gegen Südafrika nicht nur befürworten, sondern fordern. Das Bild ändert sich jedoch, wenn man die Position der einzelnen Mitglieder in der Sanktionsdebatte ausschließlich unter dem Gesichtspunkt der „nationalen Interessen" untersucht. Das alles andere als überraschende Ergebnis dieser Übung zeigt, daß die Haltung in der Sanktionsfrage im wesentlichen nach Maßgabe des Grades der ökonomischen Verflechtung mit Südafrika und der geographischen Nähe variiert zwischen einer „Pro-" und einer „Kontra-Positon", etwa nach folgendem Kontinuum:

Schaubild 1:

„Pro"	Sanktionen	„Kontra"
Angola Tansania Sambia Zimbabwe Mosambik Botswana Malawi Swaziland Lesotho		

Unter Mitberücksichtigung des internationalen Kontexts, in dem die Sanktionsdebatte stattfindet, ergibt sich allerdings die dargestellte, Sanktionen befürwortende kollektive Haltung der SADCC.

Ein wichtiger Grund für das Auseinanderklaffen zwischen „individueller" Haltung der einzelnen Mitglieder und der „kollektiven" Position der SADCC ist darin zu sehen, daß diese Staaten die internationale Gemeinschaft und insbesondere die westlichen Länder nicht aus ihrer völkerrechtlich gebotenen Verpflichtung zur Einmischung in Südafrika — im Sinne von Sanktionen — entlassen wollen, indem sie selbst unter Berufung auf ihre z.T. engen Wirtschaftsbeziehungen mit der Apartheidrepublik auf die Forderung nach Sanktionsverhängung verzichten. Täten sie dies, könnte sich die westliche Welt, die ja ebenfalls zum Teil recht enge Wirtschaftsbeziehungen zur Kaprepublik unterhält, auf einen Präzedenzfall berufen.

Diese oftmals als widersprüchlich bezeichnete und mit dem Attribut „unglaubwürdig" versehene, in Wirklichkeit aber pragmatisch gehandhabte Lösung eines Dilemmas einzelner SADCC-Mitglieder ist besonders deutlich an den genannten Sanktionsbeschlüssen des *Commonwealth* in *Nassau* im Oktober 1985 und auf dem „Mini-Gipfel" in *London* im August 1986 ablesbar (vgl. Beitrag Meese). In der *Nassau-Deklaration* ist eine sogenannte „*escape clause*" enthalten, die sinngemäß besagt, daß *Commonwealth*-Mitglieder in Ausnahmefällen das Sanktionspaket oder Teile daraus nicht zu implementieren brauchen.[19]

Vor diesem Hintergrund wird hier als These postuliert, daß auch Sanktionen der SADCC oder einzelner Mitglieder gegen Südafrika vorderhand sehr unwahrscheinlich sind, mithin also diesbezügliche Vergeltungsaktionen Südafrikas ebenfalls.

Von allen SADCC-Führern haben lediglich Präsident Kaunda von Sambia und Premierminister Mugabe angekündigt, sie würden bis zum Ende des Jahres 1986 das gesamte „Nassau"-Sanktionspaket unter der Voraussetzung implementieren, daß dies von allen *Commonwealth*-Mitgliedern ebenfalls praktiziert wird. Insbesondere wurde um die Jahreswende 1986/87 immer wieder über ein unmittelbar bevorstehendes Handelsembargo von Zimbabwe gegen Südafrika sowie die Unterbrechung des Flugverkehrs spekuliert. Bis Juni 1988 sind weder diese beiden Maßnahmen ergriffen, noch die gesamte Sanktionspalette angewendet worden. Zimbabwe hat statt dessen in wichtigen Bereichen die Kooperation mit Südafrika bestätigt bzw. ausgebaut: 1987 wurde das präferenzielle Handelsabkommen zwischen Zimbabwe und Südafrika verlängert und es wurde in größerem Umfang Flugbenzin aus Südafrika importiert — anstatt über den Beira-Korridor. Außerdem sah sich Zimbabwe genötigt, zur Behebung von Transportengpässen Lokomotiven in Südafrika auszuleihen. Sambia hat lediglich damit aufgehört, seine Kupferexporte über südafrikanische Eisenbahnen und Häfen laufen zu lassen; statt dessen sind sie über den Beira-Korridor umgelenkt worden. Aber diese Maßnahme läuft im Grunde nicht auf eine Sanktionierung Südafrikas im Sinne des *Commonwealth*-Pakets hinaus, da sie ohnehin in der Programmatik der SADCC — unabhängig von der Sanktionsdebatte —vorgesehen war und überdies aus ökonomischen Gründen als sinnvoll und geboten erscheint.

Als Fazit läßt sich sagen, daß offensichtlich beide Länder derzeit zu sehr mit der Lösung ihrer eigenen Wirtschaftsprobleme beschäftigt sind, als daß sie sich im Sinne von prioritären Politikzielen auf die Praktizierung von Sanktionsmaßnahmen gegen Südafrika einlassen könnten. Aber gesetzt der Fall, daß bspw. Zimbabwe das *Commonwealth*-Sanktionspaket entgegen aller wirtschaftlicher und politischer Logik (s. unten) gegenüber Südafrika zur Anwendung brächte: Was würden die Kosten derartiger Maßnahmen sein?

Rückwirkungen von SADCC-Sanktionen auf diese Länder

Bei der Beantwortung dieser Frage sei als erste Prämisse vorausgeschickt, daß Botswana, Lesotho, Swaziland und Malawi mit größter Wahrscheinlichkeit unter Berufung auf die *„escape clause"* keine Sanktionen gegen Südafrika verhängen würden.[20] Desweiteren soll angenommen werden, daß sich auch Mosambik nicht an

Sanktionen beteiligen würde, da es nicht Mitglied im *Commonwealth* ist, sondern dort nur Beobachterstatus hat.[21] Auch *Sambia* würde vermutlich keine umfassenden Sanktionen im Sinne des Nassau-Pakets praktizieren.[22] Was würden also, unter der weiteren Prämisse, daß Südafrika keine Vergeltung übt, die Kosten von *Commonwealth*-Sanktionsmaßnahmen Zimbabwes gegen Südafrika sein? Im folgenden sollen nur die für Zimbabwe wichtigsten Aspekte der *Commonwealth*-Sanktionsliste diskutiert werden.[23]

a) Unterbrechung des Luftverkehrs

Air Zimbabwe hätte 1987 38 wöchentliche Flüge von/nach Bestimmungsorten in Südafrika einzustellen gehabt. Dabei handelte es sich um jene Strecken, die einen hohen Auslastungsgrad aufwiesen und deswegen die am wenigsten defizitären Strecken des Liniennetzes waren. Insgesamt belief sich der Verlust von *Air Zimbabwe* im Jahr 1985/86 auf 12 Mio. Z-Dollar, der im folgenden Fiskaljahr auf 45 Mio. Z-Dollar anwuchs. Die Unterbrechung des Luftverkehrs würde daher mit Sicherheit die Verluste von *Air Zimbabwe* erhöhen bzw. sie würde zu erheblichen Kostensteigerungen führen, nicht zuletzt aufgrund der Tatsache, daß im Sanktionsfalle auch die „*servicing facilities*" für die Flugzeugwartung in Südafrika verlorengingen. Angesichts der großen Wahrscheinlichkeit, daß ein nicht-sanktionierendes Botswana einen Teil des durch die zimbabwischen Sanktionen freigewordenen Passagieraufkommens nach/mit Südafrika über den „Khama International Airport" absorbieren würde — entsprechendes gilt für Zambia — wäre erstens der tatsächliche Sanktionseffekt gering und würde zweitens der politische Konflikt innerhalb der SADCC verschärft.

b) Verbot von Kohle-, Eisen- und Stahlimporten

Was den Handel mit Stahlerzeugnissen anbelangt, so läuft er zweigleisig, mit einem gewissen Spezialisierungsgrad auf beiden Seiten. Zimbabwe importierte im Jahr 1984 aus Südafrika Stahl im Werte von 27,3 Mio. Z-Dollars. Angesichts der weltweiten Stahlschwemme wäre es für Zimbabwe unproblematisch, seinen Stahl — auch kurzfristig — aus anderen Quellen zu beziehen. Allerdings dürften aufgrund längerer Transportwege höhere Transportkosten zu kalkulieren sein. Von dem Verbot der Kohleimporte würden auch die zimbabwischen Koksimporte aus Südafrika betroffen sein. Trotz eigener Kohlevorkommen importiert Zimbabwe Koks aus Südafrika, der qualitativ besser ist (niedriger Schwefelgehalt). Er wird benötigt zur Herstellung von Ferro-Chrom, dem neben Gold wichtigsten Exportprodukt Zimbabwes bei der Palette mineralischer Rohstoffe. Sicherlich könnte Harare auch andere Bezugsquellen für seinen Koksbedarf finden, müßte aber auch hier kurz- bis mittelfristig eine Verteuerung dieser Importe sowie möglicherweise der Ferro-Chromexporte hinnehmen.

c) Handel

Es ist schon gesagt worden, daß zwischen beiden Ländern ein präferenzielles Handelsabkommen besteht. Südafrika ist für Zimbabwe ein wichtiger Exportmarkt, in dem im Jahr 1985 11 % der Gesamtexporte untergebracht und 231 Mio. US-Dollar an Exporterlösen erwirtschaftet wurden. Auf der anderen Seite stellt die RSA eine wichtige, billige Importquelle dar. Im Jahr 1985 kamen 18 % der Gesamtimporte aus der Kaprepublik.[24] Insbesondere die verarbeitende Industrie deckt dort etwa 70 % ihres Importbedarfs. Der Bedarf dieser wirtschaftsstrategisch besonders wichtigen Industrie, die gegenwärtige Devisenknappheit und die damit im Zusammenhang stehende schwierige Lage bei der Versorgung mit Ersatztteilen sowie die durch den niedrigen Randkurs bedingte Preisgünstigkeit des südafrikanischen Angebots lassen vermuten, daß eine Kündigung des präferenziellen Handelsabkommens schwerwiegende Auswirkungen auf Schlüsselsektoren der zimbabwischen Volkswirtschaft und auf die Devisenlage hätte. Dadurch würden die gegenwärtig zu beobachtenden Krisentendenzen erheblich verschärft. Wie Peter Waller vom Deutschen Institut für Internationale Entwicklung (DIE) in Berlin in einer Studie nachgewiesen hat, wäre insbesondere die kontinuierliche Versorgung der Bergbauindustrie Zimbabwes mit Spezialgeräten, Pumpen, Sprengsätzen usw. von einem Handelsembargo stark betroffen: „Diese Lieferungen könnten kurzfristig selbst bei höheren Kosten nicht auf dem Weltmarkt bezogen werden. Ihre Unterbrechung würde zu Engpässen im Bergbau führen, die Produktion und damit die Deviseneinnahmen reduzieren und Arbeitsplätze sowohl im Bergbau wie in verbundenen Wirtschaftssektoren gefährden".[25]

d) Investitionen und Finanztransaktionen

Nach Maßgabe der *Commonwealth*-Sanktionsliste sind nur neue Investitionen oder Reinvestitionen in Südafrika betroffen. Der Vollzug dieses Schritts hätte kaum Rückwirkungen auf Zimbabwe, da zimbabwische Gesellschaften kaum an südafrikanischen Unternehmen beteiligt sind. Allerdings würde die Unterbrechung finanzieller Transaktionen zwischen Zimbabwe und Südafrika als Gewinn (Nutzen) für Harare zu Buche schlagen: Im Jahre 1985/86 flossen 88 Mio. Z-Dollar nach Südafrika (Pensionszahlungen: 63 Mio. Z-Dollar; Dividenden: 25 Mio. Z-Dollar), wohingegen in umgekehrter Richtung im Jahr 1984 lediglich 23 Mio. Z-Dollar flossen. Der Nettoeffekt (Nutzen) für Zimbabwe läge also in einer Größenordnung von etwa 65 Mio. Z-Dollar.

Aus den genannten Überlegungen und Zahlen geht schon hervor, wie schwierig es ist, die Kosten/Nutzen abzuschätzen bzw. exakt zu quantifizieren, die für Zimbabwe entstünden, wenn es sich an die Spitze der Sanktionsbewegung inerhalb des Commonwealth stellen und tatsächlich die geforderten Maßnahmen implementieren würde. Angesichts der angespannten Wirtschaftslage legten bisher in erster Linie die Ökonomen, bspw. Finanzminister Dr. Chidzero oder der Wirtschaftsprofessor Hawkins von der University of Zimbabwe, vor allem unter Verweis auf die Kosten ihr Veto gegen die an sich vom *Commonwealth* und der SADCC insgesamt politisch gewünschte Sanktionsverhängung gegen den südlichen Nachbarn ein.[26] Vor allem die an den Kosten ansetzende wirtschaftliche Logik verhinderte bisher die politisch geforderten und beschlossenen Embargomaßnahmen. Dies macht für Zimbabwe insgesamt auch politisch Sinn, da andere, westliche *Commonwealth*-Mitglieder wie Großbritannien sowie weiter von der Krisenregion südliches Afrika entfernt liegende und deswegen weniger von möglichen Retorsionsmaßnahmen betroffene afrikanische Mitglieder wie Kenia ihrerseits das „Nassau-Paket" bisher nicht implementiert haben bzw. es nicht implementieren wollen. Warum sollte ausgerechnet ein Entwicklungsland und direkt von Südafrika bedrohter Nachbarstaat wie Zimbabwe die Vorreiterrolle spielen?

4. Indirekte Auswirkungen (*"spill-over"*-Effekte) von internationalen Sanktionen gegen Südafrika auf die SADCC

Wirkungen von Sanktionen auf Südafrika

Die Abschätzung dieser Art von Auswirkungen steht und fällt mit den Annahmen, die man im Hinblick auf erstens die Frage der Sanktionsdynamik, also die Frage ob, wie, durch wen usw. der Sanktionsdruck auf Südafrika erhöht wird, postuliert, und zweitens, wie sich die jeweiligen Sanktionsmaßnahmen auf die südafrikanische Wirtschaft auswirken bzw. sich in das politische System „übersetzen".

Im Sinne einer *allgemeinen Prämisse* soll zunächst davon ausgegangen werden, daß sich der Sanktionsdruck auf die RSA erhöhen wird, zumindest dann, wenn in den USA der Kandidat der Demokratischen Partei ab Ende 1988 für die nachfolgenden vier Jahre Präsident wird. Dadurch würde sich auch die wirtschaftliche und politische Lage am Kap verschlechtern.

Im speziellen basieren aber die folgenden Ausführungen auf Szenarien einer Sanktionsfolgenabschätzung der südafrikanischen *Federated Chamber of Industries* (FCI), die in dem weitverbreiteten Artikel von Axel Halbach vom IFO-Institut München wiedergegeben worden sind.[27]

Tabelle 1: Auswirkungen von Sanktionen auf Produktion und Beschäftigung in Südafrika

Scenarie	Netto-Produktionseffekt (über einen Zeitraum von ca. 2 Jahren		Gesamter Nettoeffekt bei binnenwirtschaftlichen Gleichgewicht (5 Jahre)	
	Rückgang des BIP (in %)	Rückgang der Beschäftigung (in 1 000)	Rückgang des BIP (in %)	Rückgang der Beschäftigung (in 1 000)
1	1,7	48,9	—	—
2	6,7	204,8	16,9	685,3
3	10,1	312,4	29,3	1 135,0

Quelle: Halbach, Südafrika unter Druck, S. 24.

Das erste Szenario gibt die zu Jahresende 1986 bestehende Situation von „*low intensity*"-Sanktionen wider. Szenario zwei geht von hypothetischen Sanktionen aus, die alle südafrikanischen Exportprodukte außer Gold, Diamanten und einige strategische Mineralien betreffen, stellt aber auch beträchtliche Möglichkeiten der Sanktionsumgehung in Rechnung. Szenario drei ist ein „*worst case*"-Szenario im Sinne umfassender mandatorischer Sanktionen, ausgenommen die bei Szenario zwei genannten Produkte — ohne Umgehungsmöglichkeiten.

Die Berechnungen der FCI lassen, wie andere Sanktionsfolge-Untersuchungen, etwa die bereits zitierte von Merle Lipton, keinen

Zweifel daran, daß die jetzt schon bestehenden, vor allem aber zukünftig sich verstärkende Sanktionen erhebliche Schadenswirkungen entfalten dürften. Dies verwundert angesichts des „offenen" Charakters der südafrikanischen Volkswirtschaft nicht, für den die hohe Außenhandelsquote von 55 % (Anteil des Außenhandels am BSP) ein guter Indikator ist.[28]

Nicht berücksichtigt sind in der Tabelle Sanktionen im Finanz- und Kapitalverkehrsbereich (Sperrung bzw. Nichtverlängerung von Krediten, Rückzug von Investitionen) die nach Berechnungen von Experten noch schwerwiegendere Folgen für die südafrikanische Wirtschaft haben können als ein reines Handelsembargo.[29] Es liegen Berechnungen vor, die bei Fortsetzung der bestehenden „*low intensity sanctions*" eine Arbeitslosenquote von 55 % im Jahr 2000 prognostizieren[30], wobei jetzt schon eine Arbeitslosigkeit bzw. Unterbeschäftigung von drei bis fünf Millionen vorwiegend schwarzer Südafrikaner zu registrieren ist. Das entspricht, je nach Schätzverfahren, einer Arbeitslosenquote zwischen 25 und 35 % (zum Vergleich: Saarland: 17 %, Bremen: 15 %, Hamburg: 13 %; jeweils für 1986).

Im Vergleich zu diesen Größenordnungen sind die in Szenario 1 angegebenen bisherigen sanktionsbedingten Verluste von Arbeitsplätzen (Größenordnung: 50000) bescheiden zu nennen. Sektoral gesehen sind besonders die Zuckerindustrie und der Kohlebergbau betroffen. Aus dieser Relation ist ersichtlich, daß, bisher jedenfalls, nicht so sehr die Auswirkungen von Sanktionen als vielmehr andere, vorwiegend endogene Ursachen (Rückgang der Produktion, Dekapitalisierung, Inflation, negative Zinssätze usw.) für die südafrikanische Wirtschaftskrise und diese wiederum für die hohe Arbeitslosigkeit verantwortlich sind. Seit 1980, also ab einem Zeitpunkt lange vor der Verabschiedung der amerikanischen Anti-Südafrika-Sanktionsgesetzgebung war das reale BSP-Wachstum pro Kopf im Jahrsdurchschnitt negativ. Wie der Verfasser an anderer Stelle zu zeigen versucht hat, ist also die Wirtschaftskrise in Südafrika in erster Linie „hausgemacht" und nicht sanktionsbedingt.[31]

Diese etwas längeren Ausführungen zeigen, daß — wie im Einleitungskapitel angesprochen — exogene Faktoren (Sanktionen) und endogene Ursachen (Wirtschaftspolitik) in komplexer Weise zusammenwirken und wechselseitig die Wirtschaftskrise Südafrikas verstärken.

Auswirkungen auf die SADCC

Als These sei formuliert, daß die Auswirkungen ebenfalls als Resultante eines Kräfteparallelogramms begriffen werden müssen. Auf der einen Seite wird Südafrika versuchen, Sanktionswirkungen an die Nachbarn weiterzugeben, etwa indem es Wanderarbeiter repatriiert. Dies bedeutete für die Arbeitskräfte-exportierenden SADCC-Mitglieder (Lesotho, Mosambik, Swaziland, Malawi, Botswana) negative Auswirkungen. Auf der anderen Seite aber wird Südafrika versuchen, auch sanktionsbedingte Auswirkungen der Wirtschaftskrise (z.B. im Export) durch eine stärkere Wirtschaftskooperation mit seinen Nachbarn zu kompensieren, auch im Sinne einer Nutzung deren Standorte für Sanktionsumgehungsmaßnahmen.[32] Dies könnte insbesondere für die kleineren SADCC-Mitglieder wirtschaftliche Vorteile bringen. Dieser Logik entsprechend müßte man für jedes einzelne SADCC-Mitglied wie für die Gruppe zusammen eine Nettobilanz der indirekten Sanktionsauswirkungen erstellen, was im Rahmen dieses Aufsatzes nicht geleistet werden kann. Statt dessen sollen im folgenden einige Überlegungen zur Problematik indirekter Auswirkungen von Sanktionen auf die SADCC allgemein und für einzelne Mitglieder skizziert werden.

Allgemein kann man zunächst davon ausgehen, daß Handelsembargo, Kapitalabflüsse und die die Importtätigkeit anheizende Konjunkturpolitik der Regierung in den Jahren 1987 und 1988 zusammen eine Verringerung der Devisenreserven verursachten. Allein der durch die amerikanischen Sanktionen bedingte Rückgang der Exporte gegenüber dem Vorjahr wird für die ersten neun Monate des Jahres 1987 auf 6,9 % oder 624 Mio. US-Dollar geschätzt.[33] Zusammen mit den anderen Momenten führte dies in den ersten Monaten des Jahres 1988 zu Leistungsbilanzdefiziten, die nur durch das „Versilbern" von Goldreserven kompensiert werden konnten.[34]

Postuliert man mit Hayes einen längerfristigen, durch wachsende Devisenknappheit-bedingten Rückgang der südafrikanischen Importfähigkeit um 30 % sowie einen äquivalent-proportionalen Faktor in bezug auf die südafrikanischen Importe auf Zimbabwe, die 11 % aller zimbabwischen Exporte ausmachen, dann würde dieser Rückgang á conto Zimbabwe, dem wichtigsten Handelspartner der RSA in der Region, eine Abnahme der Deviseneinnahmen aus dem Exportgeschäft mit Südafrika um zwischen 3 und 5 % bedeuten.[35] Dieser Rückgang dürfte volkswirtschaftlich zu verschmerzen bzw. durch aggressives Exportgebaren auf anderen Märkten zu kompensieren sein, würde allerdings die angespannte Devisenlage des Landes verstärken. Aber auch der gegenteilige Fall könnte eintreten, nämlich, daß Südafrika krisenbedingt mehr als bisher aus Zimbabwe importiert. Dies würde in erster Linie den Agrarbereich betreffen, in dem in den vergangenen Jahren Zimbabwe bereits als Lieferant von weißem Mais und Weizen aufgetreten ist.[36]

Die sanktionsbedingte Verschärfung der Wirtschaftskrise und damit die knapper werdenden verfügbaren Einkommen in Südafrika hätten möglicherweise auch negative Konsequenzen für die Zahl der südafrikanischen Touristen in Zimbabwe und anderen attraktiven Nachbarstaaten z.B. Botswana, die dort das Hauptkontingent der Touristen ausmachen und insofern wichtige Devisenbringer sind. Nicht nur Devisen gingen diesen Ländern verloren, sondern auch der Auslastungsgrad der Tourismusindustrie wäre rückläufig und hätte negative Rückwirkungen auf die Beschäftigungs- und Einkommenslage.

Andererseits zeigt die Erfahrung des Verfassers in Botswana während des Befreiungskriegs im damaligen, von mandatorischen Sanktionen betroffenen Rhodesien, daß Botswanas Tourismusindustrie von den Sanktionen gegen Rhodesien profitierte. Aufgrund der internationalen Isolierung und der angespannten Devisenlage boten sich die Urlaubsgebiete des Nachbarstaats geradezu in idealer Weise für rhodesische Urlauber an. Analoge Entwicklungen könnten sich auch im Fall Südafrika ergeben, wodurch die Funktion der südafrikanischen Touristen als wichtige Devisenbringer für Botswana, Lesotho, Malawi, Swaziland, Mosambik und Zimbabwe unterstrichen würde.

Aufgrund der längerfristigen Arbeitsmarktproblematik in Südafrika dürfte sich auch der politische Druck auf die Unternehmen insbesondere im Bergbausektor mit dem Ziel erhöhen, ihre Wanderarbeiter aus der Region in die Herkunftsländer zurückzuschicken und durch einheimische Arbeitnehmer zu ersetzen. Ein solcher Schritt ist nicht unbedingt im Interesse der Unternehmen, die dadurch billige, aber erfahrene Arbeitskräfte verlieren würden und deren Substitution die ohnehin — auch durch Streikfolgen — äußerst angespannte Kostensituation wesentlich verschärfen würde. Dennoch muß davon ausgegangen werden, daß aufgrund der längerfristigen Sanktionswirkungen, der im Weltmaßstab abnehmenden Bedeutung der sinkenden südafrikanischen Goldproduktion und der Rationalisierungsmaßnahmen in den Unternehmen selbst immer mehr Wanderarbeiter ihre Jobs verlieren und nach Hause zurückkehren. Davon betroffen sind Lesotho mit 115 000 Wanderarbeitern, Mosambik mit 70 000, Botswana und Malawi mit je 19 000 und Swaziland mit 13 000 (Angaben für 1985). Die Auswirkungen auf die Ökonomien der Arbeitskräfte-exportierenden Länder wären zweifach: Erstens gingen die *„remittances"*, also die Überweisungen der Wanderarbeiter zurück, die im Falle Lesotho 50 % des Bruttosozialprodukts ausmachen — im Falle Swazilands 6 % und bei Mosambik immer noch 3 %. Die Beendigung der Verträge mit Mosambiks Wanderarbeitern im Gefolge der im nachhinein teilweise zurückgenommenen Repatriierungsentscheidung der Botha-Regierung vom Oktober 1986 kostet das Land mindestens 30 Mio. US-Dollar im Jahr an entgangenen Deviseneinnahmen. *Zweitens* belasten die Rückkehrer den ohnehin angespannten heimischen Arbeitsmarkt und würden, zumindest in Notfällen, spezielle Arbeitsbeschaffungsmaßnahmen erforderlich machen, die eine zusätzliche Bürde für den jeweiligen Staatshaushalt bedeuten und möglicherweise eine Umlenkung bereits allokierter Haushaltsmittel aus anderen Programmen bzw. Projekten notwendig machten.[37]

Differenziert man die *„spill over"*- oder *„passing through"*- Effekte von Sanktionen gegen Südafrika auf die Nachbarstaaten nach Ländern, so ergibt sich folgendes *grobes* Bild:

Lesotho, Swaziland:

Die direkten Auswirkungen dürften relativ stark sein, aufgrund der engen realwirtschaftlichen und monetären Verflechtung mit der südafrikanischen Ökonomie (*Rand Monetary Area, Southern African Customs Union*, SACU). Allerdings profitieren diese Länder auch von den Sanktionen gegen Südafrika insofern, als sie eine wichtige Rolle im *„sanctions busting"* spielen und beliebte Standorte hinsichtlich der Verlagerung südafrikanischer Unternehmen darstellen. Ihre gleichzeitige Mitgliedschaft in der SACU, der Lomé-Konvention, der SADCC und der PTA machen sie aus der Perspektive Pretorias und unter Zugrundelegung einer verschärften internationalen Sanktionspolitik zu „interessanten" Partnern. Swaziland wird gar als „neuer Industriestandort im südlichen Afrika" angepriesen[38], an den sich ehemals in Südafrika ansässige Unternehmen wie BATA (Schuhe) oder Coca Cola aus Furcht vor verschärften Sanktionen zurückziehen. Allein die Verlagerung der Coca Cola Sirupfabrikation nach Mbabane, von wo aus der gesamte Markt des südlichen Afrika beliefert wird, soll jährlich 112 Mio.

Rand an Exporterlösen erbringen.[39] Allerdings hat Swaziland auch Kosten zu befürchten, die mit seiner Rolle im „*sanctions busting*" zusammenhängen. Es ist bspw. bekanntgeworden, daß in Swaziland mit gefälschten Herstellungszertifikaten und Frachtpapieren gearbeitet wird oder daß — um nur ein Beispiel zu nennen, die Menge der Früchteexporte Swazilands allein nach Abu Dhabi die tatsächlich erzeugte Menge im Jahr 1987 um das Vierfache überstieg.[40] All dies könnte die Seriosität Swazilands im internationalen Handel unterminieren — mit entsprechenden Rückwirkungen auf seinen eigenen Außenhandel. Für Lesotho, das insbesondere im Textilexportgeschäft tätig ist, ergeben sich Analogien.

Botswana:

Dieses Land hat weniger schwere Auswirkungen zu befürchten, da es einerseits makroökonomisch unter Bezugnahme auf die Devisenreserven (sie entsprechen dem Importbedarf von zwei bis drei Jahren!) das potenteste SADCC-Mitglied ist und weil sein Hauptexportprodukt, Diamanten, von der Verschärfung der Sanktionen gegen Südafrika nicht unmittelbar berührt ist, zumal es leicht ausgeflogen werden kann. Außerdem hat sich in den vergangenen Jahren die „asymmetrische Netto-Abhängigkeit" (Interdependenz) von Südafrika zugunsten Botswanas verringert, z.B. durch eine größere Kapitalbeteiligung der Regierung Botswanas an *De Beers*, dem südafrikanischen Diamantenmonopol, oder der vertraglichen Absicherung des südafrikanischen Markts für Botswanas Pottasche- und Sodaexporte[41], so daß Botswana durchaus weitere positive Rückwirkungen von Sanktionen gegen Südafrika erwarten könnte. Diese sind jetzt schon an einer stärkeren Auslastung des „Khama International Airport" abzulesen.[42]

Sambia:

Die indirekten Auswirkungen sind aufgrund geographischer Gegebenheiten und geringer wirtschaftlicher Verflechtung relativ gering. Dennoch ist festzustellen, daß Südafrika oftmals als der „letzte Notnagel" für Lusaka fungierte, wenn Engpässe verschiedener Art (z.B. Treibstoffknappheit) auftraten. Diese Funktion könnte sich durch eine verstärkte Wirtschaftskrise in Südafrika ändern. Andererseits rechnet auch Zambia mit einer sanktionsbedingten stärkeren Auslastung seiner Luftlinie.

Mosambik:

Die Problematik des Verlusts der „*remittances*" wurde bereits angesprochen. Man muß darüber hinaus in Rechnung stellen, daß Mosambik gewissermaßen mit eigenen Maßstäben zu messen ist, da es zum wichtigsten Objekt südafrikanischer Destabilisierung geworden ist (Vgl. Beitrag Schwarz). Im Jahre 1986 schrieb die südafrikanische Zeitung *The Star*, daß „*things cannot get much worse*", selbst wenn Südafrika direkte Wirtschaftssanktionen gegen Mosambik verhängen würde. 1987 war dagegen — trotz anhaltender Destabilisierung — ein reales BSP-Wachstum von 4 % zu verzeichnen.[43] Das zeigt, daß unter bestimmten Bedingungen Wirtschaftssanktionen auch positiv wirken können, wenn sie dazu führen, daß notwendige wirtschaftliche Anpassungsmaßnahmen ergriffen werden. Wie Erfried Adam, der langjährige Vertreter der Friedrich-Ebert-Stiftung in Maputo in beeindruckender Weise aufgezeigt hat, befindet sich Mosambik in der Phase eines gründlichen Umbaus, der — wie die *Perestroika* in der Sowjetunion — wirtschafts- und innenpolitische, aber auch außenpolitische Momente enthält.[44] Im Hinblick auf letzteres stellt das Nkomati-Abkommen mit Südafrika vom März 1984 das vielleicht wichtigste Element dar; so verwundert es nicht, daß Mosambik im ersten Halbjahr 1988 insbesondere mit Blick auf die Sicherheitslage versucht hat, den Vertrag mit neuem Leben zu erfüllen, und, damit zusammenhängend, die Stromlieferungen vom Cabora Bassa-Damm nach Südafrika wieder aufnehmen will.[45] Von daher ist es plausibel anzunehmen, daß die Wirtschaftsbeziehungen Südafrika-Mosambik auch unter Sanktionsbedingungen nicht ausschließlich auf Kosten Mosambiks gehen müssen, sondern diesem Staat wirtschaftlichen Nutzen einbringen können.

Malawi:

Dieses Land ist von „*spill over*"-Effekten nur in sehr geringem Maße betroffen, da es — entgegen einer weitverbreiteten Meinung — mit Südafrika wenig ökonomisch verflochten und geographisch weit vom Schuß ist. Überdies kann Malawi zur Abwicklung seines Außenhandels zunehmend auf die Transportalternative *Northern Corridor* (nach Dar-es-Salaam) zurückgreifen und womöglich bald schon den von der RENAMO weitgehend unterbrochenen Verkehr über den *Nacala Corridor* (in Mosambik) wieder aufnehmen. Insbesondere letztere Option würde Malawi Ersparnisse in Höhe des gesamten Nettozuflusses von Mitteln der Entwicklungshilfe[46] einbringen, die es jetzt aufwenden muß, um seinen Außenhandel anstatt über den *Nacala Corridor* über Mosambik, Zimbabwe, Botswana und Südafrika abzuwickeln.

5. Schlußbemerkungen

Die hier vorgetragenen Überlegungen haben einige Anhaltspunkte dafür erbracht, daß die These der Sanktionsgegner „Die Kosten sind für die Frontstaaten (FLS) am höchsten" (Lipton) in dieser apodiktischen Einfachheit zumindest nicht unter allen Umständen zuzutreffen braucht. Die Auswirkungen von Sanktionen gegen Südafrika auf die SADCC können durchaus ambivalent, also mit Kosten- wie mit Nutzenmomenten versehen sein. Dabei ist es unter Berücksichtigung zeitlicher und sektoraler Gesichtspunkte jeweils schwierig, den Nettoeffekt beider Momente für jedes einzelne SADCC-Mitglied wie für die Gruppe insgesamt abzuschätzen.

Während jedoch die hier diskutierten Sanktionsauswirkungen Eventualitäten umreißen, bzw. Möglichkeiten im Sinne von Szenarien darstellen, darf keineswegs in Vergessenheit geraten, daß südafrikanische Sanktionsmaßnahmen gegen die SADCC bereits jetzt schon Wirklichkeit sind, unter der Voraussetzung, daß man Sanktionen nicht im engen Sinn von ökonomischen Embargomaßnahmen begreift. Der von Südafrika direkt und indirekt (mit Hilfe der UNITA) geführte Krieg gegen Angola ist Realität, ebenso wie der ungeheuerliche Terrorismus der RENAMO gegen die Zivilbevölkerung Mosambiks[47]. Beide verhindern oder erschweren die Durchführung strategisch wichtiger SADCC-Projekte, insbesondere im Verkehrs- und Energiebereich, mit erheblichen Auswirkungen für Außenhandel und Leistungsbilanz fast aller SADCC-Mitglieder. Die direkten und indirekten Kosten dieser Destabilisierungssanktionen belaufen sich auf Milliardenbeträge in der Größenordnung des gesamten SADCC-BSP eines Jahres[48] bzw. der gesamten Nettozuflüsse an öffentlichen Entwicklungsgeldern an die SADCC.

Angesichts dieser Größenordnungen ergibt sich für die SADCC und die FLS-Gruppe ein sehr realer, sehr plausibler Grund, von der internationalen Gemeinschaft Sanktionen gegen Südafrika zu fordern. Wenn durch Sanktionsandrohung und -verhängung schon nicht die RSA zur Abschaffung der Apartheid und zur Entlassung Namibias in die Unabhängigkeit gezwungen werden kann, so soll sie wenigstens deutlich daran erinnert werden, daß nicht nur Apartheid zu Hause und Kolonialismus in Namibia, sondern auch die Destabilisierung der SADCC ihren politischen und ökonomischen Preis haben.

Genau deswegen ist es logisch, wenn etwa der Botschafter Botswanas in Brüssel — für die SADCC insgesamt sprechend — meint, der Westen dürfe nicht glauben, er könne sich entweder durch eine stärkere Unterstützung der SADCC oder durch die Berufung auf die zu erwartenden Sanktionsschäden für die SADCC von der politischen und moralischen Verpflichtung zur Verhängung von Sanktionen gegen Südafrika „freikaufen" bzw. „freisprechen".[49] In dieser Logik erscheint die Sanktionierung Südafrikas — bei allen Unwägbarkeiten der Auswirkungen dieses Schritts für die SADCC und die Regionalökonomie — als vernünftiger, lange überfälliger Beitrag zu Frieden und Stabilität im südlichen Afrika, auch wenn er den bisherigen Opfern der südafrikanischen Destabilisierung weitere Opfer abverlangen mag.[50] Nach der Auffassung des Verfassers kann dieser Beitrag indes nur dann Erfolg haben, wenn er von den Sanktionsbefürwortern mit dem Angebot an Südafrika zum Gespräch, zum Dialog — auch innerhalb Südafrikas — gekoppelt ist.[51]

Anmerkungen:

1 Vgl. Lipton, Merle, Sanctions and South Africa. The Dynamics of Economic Isolation, London 1988 (The Economist Intelligence Unit, Special Report, No. 1119), S. 51.
2 Frontstaaten: Angola, Botswana, Mosambik, Tanzania, Zambia, Zimbabwe; SADCC: Frontstaaten plus Lesotho, Malawi, Swaziland.
3 Final Communiqué of SADCC Summit Meeting, abgedruckt in: Angop News Bulletin, No. 44 (29.8.1986), S. 3.
4 Hayes, J.P., Economic Effects of Sanctions on Southern Africa, Aldershot 1987 (Trade Policy Research Centre, Thames Essay, No. 53).
5 Hier ist insbesondere die Schlüsselrede Präsident P.W. Bothas an der Potchefstroom-Universität am 29.5.1985 relevant. Sie ist abgedruckt in: Summary of World Broadcasts (SWB) Middle East and Africa (ME), SWB/ME/A/018/B/5, 1.6.1985. Zur konzeptionellen Ausgestaltung von Sanktionen gegen die SADCC vgl. Geldenhuys, Deon, Some Strategic Implications of Regional Economic Relationship for the Republic of South Africa, in: Institute for Strategic Studies (ISSUP)-Review, Januar 1981 (University of Pretoria), S. 15-30.
6 Vgl. Lewis Jr., Stephen R., Economic Realities in Southern Africa (or, One Hundred Million Futures), Falmer/Brighton 1987 (Institute of Development Studies, Discussion Paper 232), insb. S. 5/6 und 30-33.

7 Vgl. Weimer, Bernhard, Die Southern African Development Coordination Conference (SADCC) — eine Bestandsaufnahme. Vortrag, gehalten anläßlich der Tagung der Hanns-Seidl-Stiftung: „Die SADCC-Staaten — Möglichkeiten und Grenzen regionaler Kooperation, Wildbad Kreuth, 14. - 16.12.1987 (hektogr.).
8 Vgl. Willers, David, South African Business and SADCC: A Few Observations, in: South Africa International, Vol. 18, No. 4 (1988), S. 249-256.
9 Geldenhuys, Strategic Implications
10 Vgl. Weimer, Bernhard, Südafrika gegen SADCC: Thesen zur regionalen Dynamik und zu den Auswirkungen von Sanktionen Südafrikas gegen seine Nachbarn, Ebenhausen 1987, Stiftung Wissenschaft und Politik, unveröffentl. Manuskript.
11 Vgl. Hawkins, Tony, Sanctions against South Africa. The Rise and Fall of Smith's Rhodesia, in: Financial Times, 1.8.1986, S. 18.
12 Vgl. bspw. Setai, Bethnel, Implications of Sanctions against South Africa on SADCC Member Countries. Focus on Migrant Labour. Report Presented to the SADCC Secretariate in Gaborone, Roma (Lesotho) 1986, Waller, Peter, P. Sanktionen und Abbau wirtschaftlicher Abhängigkeit im südlichen Afrika, Berlin 1987 / Deutsches Institut für Entwicklungspolitik — DIE), Davids, C.W., The Impact of Economic Sanctions against South Africa on the SADCC-States, o.O. (Montreal) 1986 (Canadian International Development Agency — CIDA).
13 Davids, Impact of Economic Sanctions, S. 44.
14 Vgl. Green, Reginald H., Sanctions and the SADCC Economies: Towards Cost Containment and Benefit Attainment, o.O. 1986 (Third World Foundation).
15 Hanlon, Joseph, Beggar your Neighbours. Apartheid Power in Southern Africa, London 1986 (Catholic Institute for International Relations), S. 263 ff.
16 Trotz wachsender Bereitschaft der internationalen Gemeinschaft, sich an der SADCC, auch im Sicherheitsbereich zu beteiligen — auf der Geberkonferernz 1988 in Arusha / Tanzania wurden Neuzusagen in Höhe von einer Milliarde US-Dollar für die kommenden vier Jahre gegeben — sind nach Angaben des Finanzministers Zimbabwes, Dr. Bernard Chidzero, die Aussichten für anhaltende Mittelzuflüsse an die SADCC ungewiß. Die wichtigsten Gründe dafür sind vor allem die stagnierenden bzw. sich verschlechternden terms of trade für SADCC-Rohstoffexporte bei gleichzeitigem Anwachsen der Verschuldung. Vgl. The Financial Gazette (Harare), 12.2.1988, zit. nach: Aktueller Informationsdienst Afrika, No. 4 (1988), S. 58. Ein Überblick über die Schuldensituation findet sich in: SADCC-Energy (Luanda), Vol. 5, No. 16 (1987), S. 34-45.
17 Eine im wesentlichen positive Bilanz der Sicherheitsmaßnahmen im Beira Korridor für das Jahr 1987 findet sich im Organ der Beira Corridor

Group (BCG), BCG-Bulletin (Harare), No. 5 (Januar 1988), S. 4f.
18 Hayes, Effects of Sanctions on Southern Africa, S. 63.
19 ebd., S. 18.
20 Der Botschafter Botswanas in Brüssel, Mpofu, ließ in einem Gespräch mit dem Verfasser am 21.11.1987 in Bonn für sein Land keinen Zweifel an der Richtigkeit dieser These.
21 Aus gut informierten Kreisen verlautet, daß Mosambik bereit sein könnte, Südafrika für den Fall umfassender Sanktionen den Hafen von Maputo für „sanctions-busting"-Operationen anzudienen. Mosambik versuchte bereits in der Vergangenheit — über Portugal —ein Embargo der EG für Kohleimporte aus Südafrika zu verhindern, die zum Teil über den Hafen von Maputo laufen.
22 Zambia Airways hat inzwischen die Lücke im Luftverkehr zwischen Johannesburg und New York gefüllt, die der sanktionsbedingte Rückzug amerikanischer Gesellschaften hinterlassen hat, Vgl. Africa Analysis (London), 10.6.1988, S. 5.
23 Argumentation und Zahlenangaben folgen, soweit nicht anders ausgewiesen, im wesentlichen den Ausführungen bei Hayes, Effects of Sanctions on Southern Africa, S.47-66.
24 Während sich für die ersten acht Monate des Jahres 1987 der Exportanteil nach Südafrika bei der 11 % - Marke stabilisiert hatte, stieg der Importanteil Südafrikas auf über 28 % an. Vgl. Financial Gazette (Harare), 8.4.1988, zit. nach: Zimbabwe Pressespiegel, Vol. 7, No. 8 (20.4.1988), S. 11.
25 Waller, op. cit., S. 19.
26 Unter anderem wird — inoffiziell — auf die steigende Schuldenlast Zimbabwes (Schuldendienstquote: zwischen 30 und 40 %) und auf die Kosten der militärischen Präsenz Zimbabwes in Mosambik, insbesondere zum Schutz des Beira-Korridors (zwischen 200 und 400 Mio- Z-Dollars pro Jahr verwiesen, die den Handlungsspielraum für Sanktionen gegen die Kaprepublik einengen. Vgl. Africa Analysis, 6.3.1987, S. 11 sowie Financial Gazette (Harare), 13.3.1987, zit. nach Zimbabwe Pressespiegel, vol. 6, no. 6(1987), S. 5.
27 Halbach, Axel, Südafrika unter Druck: Sanktionen und ihre Wirkungen, in: ifo-Schnelldienst, No. 3, 1987, S. 21-29.
28 Vgl. Sautter, H., Die Wirkung von Wirtschaftssanktionen: eine wirtschaftliche Analyse. Wirtschaftspolitisches Forum Arnoldshain, 11.6.1987 (Hektogr.).
29 Vgl. Cooper, J.H., The Impact of Disinvestment and the Dept Crisis on the South African Economy, o.O. (Durban), o.J. (1986), (unveröffentl. Manuskript).
30 Vgl. Bethlehem, Ronnie W., Sanctions and the Process of Adjustment, in: South Africa Foundation News, November 1986, S. 2.
31 Vgl. Weimer, Bernhard, Südafrika und SADCC: Die Auswirkungen der wirtschaftlichen Strukturkrise Südafrikas auf die regionalen Koopera-

tionsbeziehungen. Dissertation bei Prof. Ansprenger, Freie Universität Berlin, in Vorbereitung.
32 Vgl. dazu ausführlich „Recipes for Sanctions Busting", in: Africa Analysis, 10.6.1988, S. 5.
33 Vgl. Frankfurter Rundschau, 27.6.1988, S. 2.
34 Vgl. Weekly Mail, 1. - 7.7.1988, S. 23.
35 Vgl. Hayes, Effects of Sanctions on Southern Africa, S. 42.
36 Obwohl keine verläßlichen Zahlen vorliegen, gibt es einige Anhaltspunkte für die Gefahr, daß Südafrika von einem Netto-Nahrungsmittelexporteur zu einem Netto-Nahrungsmittelimporteur werden könnte. Gespräch des Verf. mit dem Agrarökonomen und Direktor der Development Bank Southern Africa (DBSA), Dr. Simon Brand, am 16.12.1988 in Wildbad Kreuth.
37 Vgl. Setai, Focus on Migrant Labour; zum Goldbergbau speziell: De Fletter, Fion, Foreign Labour on the South African Gold Mines: New Insights on an Old Problem, in: International Labour Review (Genf), Vol. 126, No. 2 (1987), S.199-217.
38 Frankfurter Allgemeine Zeitung, Blick durch die Wirtschaft, 29.4.1988, S. 2.
39 Vgl. Africa Analysis, 27.5.1988, S. 11.
40 Vgl. The Star (Johannesburg), 16.9.1987, S. 9.
41 Vgl. Deutsche Gesellschaft der Freunde Botswanas, Rundbrief No. 3, Februar 1988, S. 28.
42 ebd., S. 30
43 Vgl. Financial Times, 16.1.1988, S. 2.
44 Vgl. Adam, Erfried, Moçambique: Reformpolitik — Weg aus der Krise?, in: Außenpolitik, No. 2, 1988, S. 186-201.
45 Pretoria will jetzt Mosambiks Armee statt Rebellen helfen, Frankfurter Rundschau, 5.5.1988, S. 2.
46 Die Kosten beliefen sich im Jahr 1986 auf 150 Millionen Kwacha, dem Equivalent sowohl des Nettozuflusses an Entwicklungshilfe als auch des Handelsbilanzüberschusses, jeweils im Jahr 1986. Angaben von Ulbrich, Wolfgang, General Manager, Malawi Development Corporation, Blantyre, auf der SADCC-Konferenz der Hanns-Seidl-Stiftung, Wildbad Kreuth, 14. - 16.12.1987.
47 Vgl. Gersony, Robert, Summary of Mozambican Refugee Accounts of Principally Conflict-Related Experience in Moçambique. Report Submitted to Moore, Jonathan, Director, Bureau for Refugee Programs and Crocker, Chester A., Assistant Secretary of African Affairs, o.O. (Washington), April 1988 (Department of State, Bureau for Refugee Programs). Siehe auch den Beitrag von Schwarz in diesem Band.
48 Nach Schätzungen des SADCC-Sekretariats in Gaborone beliefen sich die Destabilisierungskosten im Zeitraum von 1980 bis 1986 auf 30 Mrd. US-Dollar bei einem geschätzten SADCC-BSP für 1985 von 25 Mrd. US-Dollar; vgl. SADCC-Energy (Luanda), Vol. 5, No. 16 (1987), S. 44;

vgl. auch das Interview mit Makoni, Simba, SADCC Executive Secretary, in: The Courier, No. 95 (Jan. / Feb. 1986), S. 44. Zur Kalkulationsmethode vgl. Hanlon, Beggar your Neighbours, Appendix 1, The Cost of Destabilization, S. 265-270.

49 Bei einer Tagung von „Zimbabwe Netzwerk" in Bonn am 21.11.1987; vgl. Zimbabwe Netzwerk Rundbrief No. 13, Dezember 1987, S. 5 f.

50 Mmusi, Peter, Botswanas Vizepräsident und Vorsitzender des SADCC-Ministerrats findet für diesen Zusammenhang ein treffendes Bild, wenn er sagt, daß „like a woman in labour Southern African countries were fully prepared to suffer the hardships resulting from economic sanctions against the South African Apartheid regime. The hardships were a price worth paying for if they were followed by stability and peace in the region", zit. nach: SADCC-Energy (Luanda), Vol. 4, No. 11 (1986), S. 18.

51 Vgl. dazu Weimer, Bernhard, Der Konflikt im Südlichen Afrika: Eine Kommunikationsstörung? in: Senghaas, Dieter (Hrsg.), Regionalkonflikte in der Dritten Welt, Autonomie und Fremdbestimmung, Baden-Baden 1989 (SWP-Aktuelle Materialien zur Internationalen Politik, Bd. 21) S. 207-240.

Südafrika ohne Apartheid

Überlegungen zu einer ungewissen Zukunft

Winrich Kühne

Seit Mitte der 80er Jahre, dem Zeitraum also, an dem sich die schwarze Bevölkerung so erfolgreich gegen die Präsenz der „weißen" Staatsmacht in den Townships erhob, wird über die Gestaltung eines Südafrika ohne Apartheid intensiv nachgedacht.[1] Innerhalb und außerhalb Südafrikas fanden und finden Konferenzen und Begegnungen zu diesem Thema statt. Sie waren keineswegs nur akademischer Natur. Die Welt horchte auf, als sich am 13. September 1986 in Sambia eine Delegation führender Geschäftsleute aus Südafrika mit der Führungsspitze des ANC *(African National Congress)* traf. Als ein Durchbruch wurde das erste Treffen von fast 60 weißen, vor allem burischen, Wissenschaftlern, Politikern, Journalisten etc. mit einer hochrangigen ANC-Delegation ein Jahr später, im Juli 1987, in Dakar (Senegal) gefeiert. An dieses Treffen schlossen weitere an. Von ihnen verdient die erste gemeinsame Konferenz von ca. 20 weißen Südafrikanern, einer fünfköpfigen sowjetischen Delegation sowie einer achtköpfigen des ANC besondere Erwähnung. Sie fand im Oktober 1988 in Leverkusen statt. Auf dieser Konferenz war die Diskussion der „Leitlinien für eine Verfassung eines demokratischen Südafrikas", die der ANC im Frühjahr 1988 veröffentlicht hatte, ein wichtiger Tagesordnungspunkt.

Dieser Beitrag befaßt sich mit der Frage eines Südafrikas ohne Apartheid.[2] Welche Gestalt wird das gesellschaftliche und staatliche Zusammenleben in diesem Lande dann annehmen? Welches sind, unabhängig von den Vorstellungen, die der ANC, die südafrikanische Regierung oder andere südafrikanische Akteure propagieren, die grundlegenden Probleme und welche Lösungswege sind vorstellbar? Der Behandlung dieser Fragen muß allerdings die Erörterung einer anderen vorausgehen: Auf welche Weise wird es vermutlich zu einer Beendigung der weißen Minderheitsherrschaft kommen?

1. Das Ende der Apartheid: Revolutionärer Umsturz oder schrittweise Erosion?

Die Diskussion über das Ende der weißen Minderheitsherrschaft wird in der Regel von zwei falschen Vorstellungen beherrscht. Die erste, man könnte sie die der revolutionären Romantiker nennen, glaubt, daß dieses Regime eines Tages, so fern dieser auch immer liegen mag, unter dem Ansturm der schwarzen, revolutionären „Massen" zusammenbrechen wird. Darauf hofften viele Jugendliche, als es in der Phase von 1984-86 in einem relativ kurzem Zeitraum gelang, die Repräsentanten der staatlichen Macht aus den Townships zu vertreiben. Der „weiße" Staat jedoch ging, nachdem seine Führung sich von dem ersten Schock erholt hatte, mit der ihm eigenen Härte und Systematik zur Gegenoffensive über. Das Militär besetzte die Townships, der Ausnahmezustand wurde verhängt und 2-3000 Menschen verhaftet. Pressezensur, weitreichende Verbote der politischen Betätigung etc. taten ein weiteres, die Dynamik des Widerstandes zu brechen und ihn organisatorisch zu lähmen. Der Staat und sein Sicherheitsapparat erwiesen sich als zu stark, um durch eine direkte Konfrontation in die Knie gezwungen zu werden.

Die Jugendlichen haben einen schmerzhaften, die Revolution ihres romantischen Schleiers entkleidenden Lernprozeß durchmachen müssen — sei es durch Verhaftung, Folter oder auf der ständigen Flucht vor der Polizei. Auf der Ebene der Massenmobilisierung kann man zwar durchaus von einer revolutionären Situation sprechen, auf der Ebene der Organisation des schwarzen Widerstandes jedoch kaum. Die Waffen, einen Bürgerkrieg auch nur halbwegs erfolgreich zu führen, sind nicht vorhanden. Genau umgekehrt verhält es sich auf der Seite des Staates. Seine Fähigkeit zur Repression und militärischen Verteidigung des Minderheitsregimes ist von Jahr zu Jahr gewachsen. Gerade für eine direkte Konfrontation ist er besonders gut gewappnet. Die Beseitigung der weißen Minderheitsherrschaft wird sich nicht durch einen „leveé en masse" vollziehen. Es wird keinen revolutionären „Sturm auf die Bastille" geben, der den Staat und seine Sicherheitskräfte hinwegfegt. Auch ein plötzlicher Zusammenbruch des Regimes ähnlich den Ereignissen, die zum Sturz des Schahs im Iran führten, ist nicht zu erwarten. Denn die Armee (und Polizei) wird in Südafrika nicht plötzlich überlaufen.[3]

Die weiße Bevölkerung wiegt sich aufgrund dieser Lage jedoch in einer falschen Sicherheit. Sie zieht aus der Stärke des weißen Staates die falsche Schlußfolgerung, daß die weiße Vorherrschaft noch beliebig lange, auf jeden Fall über Jahrzehnte, fortexistieren könne. Gemäß einer neueren Umfrage glauben über 80 % der Weißen, daß die Sicherheitskräfte die Situation so lange unter Kontrolle halten können, wie es ihnen beliebt.[4] Diese Einschätzung wird häufig damit begründet, daß es naiv sei zu glauben, der Widerstand könne die südafrikanischen Streitkräfte jemals militärisch besiegen. Der Einwand ist richtig. Er verkennt jedoch, daß der Erfolg des Widerstandes von einem solchen Sieg nicht abhängt. Die militärische, repressive Stärke des Staates wird mit seiner Überlebensfähigkeit verwechselt. Denn nicht direkter Sturz, sondern schrittweise Erosion werden zur Beseitigung der weißen Vorherrschaft führen. Dieser Erosionsprozess läßt sich nicht einfach in die Begriffe Revolution oder Evolution, und Gewalt oder friedlicher Wandel fassen. Die Verhältnisse in Südafrika sind komplizierter. Revolutionäre und evolutionäre Prozesse laufen ebenso nebeneinander ab wie gewaltfreie und gewaltsame. Es ist falsch, sie gegeneinander auszuspielen oder nur jeweils die eine Alternative für real zu halten, sei es aus analytischer Einäugigkeit oder ideologischer Voreingenommenheit. Das Ende der Apartheid wird nicht durch einen plötzlichen Umsturz, sondern durch einen schrittweisen Erosionsprozeß gekennzeichnet sein, in dessen Mittelpunkt wirtschaftlicher Verfall und eskalierende Gewalt stehen. In Südafrika spricht man treffend von einer *violent erosion*. Da keine Seite in der Lage ist, die andere Seite zu besiegen, wird die Konfrontation zwischen dem Staat und dem anti-Apartheid-Widerstand mehr und mehr in ein sogenanntes *stalemate*, also ein *machtpolitisches* Patt, hineingeraten.

Es sei daran erinnert, daß die rhodesischen Streitkräfte zu dem Zeitpunkt, als sich die Smith-Regierung zu einer Beteiligung an den Lancaster-House-Verhandlungen über die Unabhängigkeit Zimbabwes bereiterklärte, keine einzige Schlacht oder größeres Scharmützel gegen die Befreiungsbewegungen verloren hatten. Ähnlich war es in Algerien. An dem Tag, an dem de Gaulle zugunsten einer politischen Lösung einlenkte, hatten die französischen Streitkräfte das Land militärisch besser unter Kontrolle als in den Jahren zuvor.

Der Erosionsprozeß ist auf dem Gebiet der internen und internationalen Legitimation des weißen Regimes schon recht weit fortgeschritten, viel weiter, als in der westlichen Öffentlichkeit in der Regel erkannt wird.[5] Er beschleunigt sich, seitdem ein wesentliches Element für den Zusammenhalt der Weißen in Südafrika und ihre Unterstützung von außen, die kommunistische Bedrohung, in ihrer

Bedeutung abnimmt. Im Westen sind es nur noch die Ewiggestrigen, die daran glauben, daß das „weiße" Südafrika ein für den Westen unverzichtbares „Bollwerk gegen den Kommunismus" in Afrika ist.[6] Und auch in Südafrika wachsen seit dem Auftreten Gorbatschows die Zweifel, ob es den von der Regierung behaupteten *total onslaught of international communism and terrorism* überhaupt noch gibt. Hat Verteidigungsminister Malan in jüngster Vergangenheit nicht selbst die konstruktive Rolle Moskaus bei den Verhandlungen über die Lösung des Angola/Namibia Konfliktes öffentlich gelobt?

Unter der akademischen Jugend, auch der afrikaanssprechenden, nimmt die Zahl derjenigen, die nicht bereit sind, für das überlebte Konzept der Apartheid zu sterben, und deswegen den Wehrdienst verweigern, dramatisch zu. Man spricht von einer Verweigerungsrate von 15 % bis 25 %. Jedenfalls ist sie so hoch, daß die genaue Zahl seit 1985 zu einem militärischen Geheimnis erklärt wurde. Die Toten des von Südafrika im Norden Namibias und in Angola geführten Krieges haben in Südafrika einen beginnenden Vietnameffekt erzeugt. Er war ein wesentlicher, wenn nicht sogar der entscheidende Grund dafür, daß die südafrikanische Führung im Frühjahr 1988 auf den verstärkten militärischen Druck der Kubaner nicht mit einer Entscheidungsschlacht, sondern mit der Bereitschaft zur Fortsetzung der Verhandlungen reagiert hat. Eine Offensive gegen die kubanisch-angolanischen Streitkräfte soll nicht nur von Präsident Botha und Außenminister Botha, sondern auch von Verteidigungsminister Malan wegen des Ausmaßes der zu befürchtenden Verluste abgelehnt worden sein.

Im Zentrum des Erosionsprozesses steht jedoch der wirtschaftliche Niedergang Südafrikas. Die direkten und indirekten *Kosten der Apartheid* steigen.[7] Die nationale, insbesondere aber die internationale Wirtschaft glaubt nicht mehr an die wirtschaftliche Zukunft eines Südafrika, in dem Rassentrennung und -diskriminierung oberster Leitsatz der staatlichen Politik ist. Politische Instabilität, eskalierende Gewalt etc. verhindern ein Klima, in dem die Wirtschaft prosperieren kann. Die weitaus überwiegende Zahl der amerikanischen Firmen hat sich aus diesem Grunde, und nicht wegen der Sanktionsgesetze, zurückgezogen. Und auch die weitsichtigeren südafrikanischen Wirtschaftsführer wissen das und äußern sich öffentlich entsprechend. Nur eine Stimme, die von Donald Gordon, Vorsitzender von *Liberty Life*, sei hier zitiert:

„Die permanente Beschäftigung der Regierung mit der Aufrechterhaltung des unakzeptablen Systems eines institutionalisierten Rassismus und von Apartheid hat es der Wirtschaft praktisch unmöglich gemacht, ihre Position zu Hause oder im Ausland zu verteidigen."[8]

Der wirtschaftliche Niedergang wird auch die weiße Bevölkerung treffen und trifft sie schon jetzt. „Weiße Armut", der die Afrikaaner (Buren)[9] durch die seit den 20er Jahren mit aller Macht angestrebten politischen Vorherrschaft und Implementierung einer totalen Apartheid zu entkommen suchten, ist wieder ein Thema in Südafrika.[10] Sie trifft vor allem die burische Unter- und Mittelschicht, da sie wirtschaftlich unbeweglich und überwiegend schlecht ausgebildet ist. Sie glaubt, auf einen Fortbestand der Apartheid besonders angewiesen zu sein, und wendet sich deswegen massenweise der ultra-rechten Konservativen Partei (KP) zu, die heute das rassenpolitische Programm der Nationalen Partei (NP) der 50er und 60er Jahre vertritt.

Natürlich besteht analytisch keine Möglichkeit, *exakt* vorauszusagen, wann genau die Machtverhältnissse in Südafrika umkippen werden. Die Zahl der Faktoren und Akteure ist zu groß. Und wichtiger noch: Die Dynamik dieses Prozesses ist das Ergebnis einer Vielzahl von objektiven und subjektiven Konstellationen und von widersprüchlichen Kräfteverhältnissen, die miteinander um ihre Durchsetzung ringen. Dieses Ringen vollzieht sich nicht in einem gradlinigen, sondern dialektischen Prozeß, bei dem Quantitäten des schwarzen Widerstandes und der Erosion zu neuen Qualitäten des schwarzen Selbstbewußtseins und des Zusammenlebens zwischen Schwarz und Weiß führen. Die Entwicklung des gewerkschaftlichen, arbeitsrechtlichen Bereichs seit dem Wiedererstarken der schwarzen Arbeiterbewegung Anfang der 70er Jahre ist dafür ein besonders eindrucksvolles Beispiel.

Es läßt sich jedoch mit einiger Gewißheit voraussagen, daß Schwarz und Weiß sich eines Tages am Verhandlungstisch wiederfinden werden. Die objektive Lage wird ihnen keine andere Wahl lassen. Die schwarze Seite, insbesondere die Führung der größten Befreiungsbewegung, die des *African National Congress* (ANC), scheint sich darüber klarer zu sein als die Mehrheit der Weißen.[11] Denn eine endlose Fortführung dieses Kampfes ohne Sieger würde nicht nur die Lebensgrundlage der schwarzen, sondern auch der weißen Bevölkerung zerstören. F. van Zyl Slabbert hat diesen Zusammenhang in einem Interview, das er im Anschluß an seinen demonstrativen Austritt aus dem Kapstädter Parlament und Rücktritt als Führer der liberalen Oppositionspartei PFP im Januar 1986 gegeben hat, eindringlich formuliert: „Der Unterschied zwischen heute und dem Tag, an dem auch die Regierung verhandeln wird, „is the body count", das heißt die Zahl der Leute, die für diese Einsicht sterben muß."[12]

Worüber aber werden Schwarz und Weiß sprechen müssen, wenn sie sich eines Tages am Verhandlungstisch gegenübersitzen und über ein Südafrika ohne Apartheid nachdenken?

2. „One person, one vote" und die weiße Minderheit

Eine neue Ordnung in Südafrika wird sich nur auf der Basis der *vollen politischen Gleichberechtigung* zwischen den Rassen, also auf der Basis des Prinzips *one person, one vote* errichten lassen. Die Zeit, in der noch Lösungen unterhalb dieses Prinzips (z. B. ein nach Ausbildungsgrad, Einkommen oder Besitz qualifiziertes Stimmrecht für die schwarze Bevölkerung) möglich waren, sind vorbei. Es gibt in Südafrika keine relevante schwarze Gruppierung, deren Führer nicht auf der Verwirklichung dieses Grundsatzes bestehen.[13]

In der weißen Politik stößt jedoch dieses Prinzip nach wie vor überwiegend auf Ablehnung. *Majority rule* wird als *majoritarian rule* oder sogar als *majoritarian dictatorship* diskreditiert und dadurch der Eindruck erweckt, daß politische Gleichberechtigung gleichbedeutend mit einer Diktatur der schwarzen Mehrheit sei. Diese Gleichsetzung geschieht teilweise absichtlich, zum Beispiel in der Regierungspropaganda, teilweise aber auch aus Unwissenheit. Denn sie ist eine gute Methode, die Fortdauer der weißen Vorherrschaft zu rechtfertigen. Wer kann die Verwirklichung eines Prinzips wollen, das die weiße Bevölkerung einer Diktatur unterwerfen würde. Dann ist es schon besser, man übt diese Diktatur selbst aus.

Der Schutz von Gruppenrechten bzw. Minderheiten ist jedoch mit dem Grundsatz *one person, one vote* nicht per se unvereinbar. Denn auf diesem Grundsatz können unterschiedliche politische Ordnungen aufgebaut werden. *Föderative, konkordanzdemokratische* oder *zentralistische* Ausformungen des Staatswesens sind mit ihm ebenso vereinbar wie die politischen Strukturen eines *präsidialen* oder *parlamentarischen*, eines *Mehr-Parteien-Systems* oder *Ein-Parteien-*

Systems. Sie wirken sich auf die Frage des Minderheitenschutzes natürlich unterschiedlich aus bzw. messen der Frage, wie stark der Wille der Mehrheit über die Interessen und Wertvorstellungen von Minderheiten dominieren darf, einen unterschiedlichen Stellenwert bei.

Die Kunst einer Südafrika-Lösung wird es sein, das *Prinzip der vollen politischen Gleichberechtigung* mit bestimmten *Garantien für die weiße Minderheit* bzw. mit *Garantien* ganz generell für *gruppenspezifische* Interessen und Vorstellungen (man denke nur an den indischstämmigen Bevölkerungsteil) in ein für alle Bevölkerungsteile *akzeptables Gleichgewichts- und Mischungsverhältnis* zu bringen. Dieses Verhältnis zu finden bzw. auszuhandeln, wird in Südafrika viel schwieriger sein als im Falle Zimbabwes.[14]

Formen des Minderheitenschutzes

Der Schutz von Minderheiten kann in einem *one person, one vote*-System im Prinzip auf zwei Wegen (bzw. Mischformen von diesen) gesichert werden. Der erste führt über eine *individuelle Absicherung* der Bürger- und Menschenrechte jedes einzelnen. Eine Benachteiligung aufgrund rassischer, ethnischer, religiöser, geschlechtlicher Merkmale ist unzulässig, und das Eigentum sowie die Freiheit zur Ausübung der jeweiligen Sprache, Religion etc. werden unabhängig vom jeweiligen Mehrheitswillen garantiert. Diese Rechte werden in der Regel in einer „*Bill of Rights*" (oder einem Grundrechtskatalog wie im Grundgesetz der Bundesrepublik Deutschland) niedergelegt. Effektiv werden sie allerdings erst durch eine unabhängige *Rechtsprechung*, derer sich der Bürger zur Durchsetzung dieser Rechte gegenüber der Exekutive bedienen kann.

Die Befreiungsbewegung ANC hat in ihren kürzlich vorgelegten *guidelines* für ein Post-Apartheid-Südafrika diesen Weg des individualrechtlichen Schutzes von Minderheitsrechten beschritten.[15] Einen eingefleischten Afrikaaner (Buren) wird dieser Weg jedoch wenig überzeugen. So reagierte einer von ihnen in einem Leserbrief auf den ANC-Vorschlag folgendermaßen: „Die *Bill of Rights,* die sie vorschlagen, um diese Tyrannei (der Mehrheitsherrschaft; d. Verf.) zu zähmen, ist bestenfalls in einer lächerlichen Weise zahnlos, und schlechtestenfalls eine Rechtfertigung für mehr Tyrannei."[16]

Minderheitenschutz kann aber auch auf *kollektivem Wege* erfolgen. Hier werden die Rechte der Gruppe in ihrer Gesamtheit geschützt. *Drei Stufen der Intensität* sind denkbar: Erstens: Gewählte

Gremien (z.B. kulturelle, religiöse oder sonstige Beiräte) der Minderheiten müssen von den politischen Organen und der Verwaltung des Landes bei allen Vorgängen konsultiert werden, die ihre Interessen berühren. Der Schutz beschränkt sich auf die administrative Ebene. Dieser Schutz wird um eine Stufe verstärkt, wenn diese Gremien auf dem Rechtswege gegen Anordnungen der Verwaltung oder der politischen Organe vorgehen können. Im Detail bedarf das natürlich einer genauen Regelung.

Dieses Konzept einer *administrativen* und *rechtlichen* Absicherung ist in den Indaba-Vorschlag eingegangen, der von der Inkatha-Bewegung unter Führung von Gatsha Buthelezi und Weißen als Sonderlösung für die Region KwaZulu / Natal ausgehandelt wurde. Dort behandelt ein ganzer Abschnitt die Aufgaben und Rechte von *cultural councils*. Der Indaba-Vorschlag verbindet diese Absicherung mit einer weiteren, dritten Stufe der Absicherung: das *konkordanzdemokratische* Modell. Den Vertretern dieses Modells reicht eine juristische Absicherung des Minderheitenschutzes nicht aus, sondern in sogenannten ethnisch segmentierten Gesellschaften wie Südafrika, dem Libanon, der Schweiz etc. soll das politische System, genauer die Machtverteilung in diesem System, von vornherein in einer Weise organisiert werden, die ausschließt, daß eine Gruppe die andere dominieren kann.[17] Jede Gruppe hat deswegen in allen wichtigen Fragen ein Veto-Recht. Minderheitenschutz wird zum Grundbaustein des politischen Systems und Zusammenlebens.

Die weiße Minderheit: kein monolithischer Block

Die Schutzbedürfnisse der Weißen in einem Südafrika ohne Apartheid sind keineswegs einheitlich, wie das in der Regel angenommen wird. Die Kluft zwischen den afrikaanssprechenden und den englischsprachigen Südafrikanern (den „Brits", wie viele Afrikaaner (Buren) mit einer gewissen Verächtlichkeit sagen) ist nur ein Beispiel. Kulturell, also sprachlich, religiös und im Lebensstil, sind die Unterschiede zwischen ihnen sicherlich nicht weniger groß als die zwischen den Zulus, Xhosas oder Sothos. In der Diskussion über den Minderheitenschutz spielt diese Tatsache bislang jedoch eine geringe Rolle. Die ethnischen Unterschiede auf der Seite der Schwarzen, die es unbestreitbar gibt, finden dagegen große, um nicht zu sagen übergroße, Beachtung. Die Erklärung dafür liegt auf der Hand. In der Diskussion um einen Minderheitenschutz für die Weißen geht es zwar auch um Fragen der *kulturellen Identität* (zum

Beispiel die Angst der Afrikaaner, daß Afrikaans keine Amtssprache mehr sein könnte). In erster Linie ist es aber die *wirtschaftlich privilegierte Position* aller Weißen, deren Absicherung gesucht wird. Auf den ersten Blick scheint Konkordanz die ideale Lösung für Südafrika zu sein. Wenn die ökonomischen Probleme eines Post-Apartheid-Südafrika behandelt worden sind, wird jedoch deutlich werden, daß dies nicht der Fall ist. Und im Hinblick auf diese Position bestehen innerhalb der Weißen signifikante Unterschiede. *Drei Gruppen* lassen sich unterscheiden:

— Unternehmer, Geschäftsleute, Manager, Angehörige der technischen Berufe und akademische Intelligenz, die aufgrund von Kapitalbesitz, guter Ausbildung oder aus anderen Gründen einen beträchtlichen wirtschaftlichen Aufstieg geschafft haben;
— die Farmer;
— die burische Unter- und Mittelschicht.

Diese drei Gruppen werden von einer Mehrheitsherrschaft in Südafrika wirtschaftlich sehr unterschiedlich betroffen sein.

Unternehmer, Geschäftsleute, Manager etc. werden, wie die entsprechende Gruppe von Weißen in Zimbabwe, auch in einem Südafrika ohne Apartheid wirtschaftlich eine starke Stellung haben. Sie werden dann genauso gebraucht werden wie heute. Das ist ihr stärkster Schutz. Man kann es sogar noch drastischer formulieren: Sie werden die ökonomisch dominierende Gruppe bleiben. Die Zeiten, in denen die schwarzen Führer glaubten, man könne auf die Weißen ohne weiteres verzichten, sind vorbei. Die weiße Bevölkerung in Südafrika kann darauf bauen, daß ein schwarzes Mehrheitsregime aufgrund der Erfahrungen in Mosambik und Angola einerseits und Zimbabwe andererseits ein großes Interesse daran hat, sie im Lande zu halten. Nicht nur die Entwicklungen in Zimbabwe seit der Unabhängigkeit sind in dieser Hinsicht aufschlußreich, sondern auch die jüngsten Entwicklungen in Namibia. Der Führer der Befreiungsbewegung *South West African People's Organization* (SWAPO), Sam Nujoma, hat das große Interesse der SWAPO an einer Aussöhnung mit den weißen Namibianern wiederholt öffentlich betont und entsprechende Vorschläge gemacht. Im August 1988 erklärte er in Sambia, man wolle auf keinen Fall einen Auszug der über 75 000 Weißen. Man werde keine umfassende Verstaatlichung durchführen, höchstens die von ein oder zwei Unternehmen, selbstverständlich gegen eine entsprechende Entschädigung. Den weißen Farmern werde man nicht ihr Land wegnehmen, obwohl Landreform ein wichtiger Programmpunkt der SWAPO sei. Letztere werde sich jedoch auf Farmen beschränken, deren Besitzer nicht in Namibia leben und die ihr Land nicht selbst bewirtschaften.[18] (Dieser Punkt ist in der SWAPO jedoch nicht ausdiskutiert. Bei einem weiteren Treffen in Sambia im Oktober 1988 war unter anderem davon die Rede, daß niemand mehrere größere Farmen zugleich besitzen solle).

Die ANC-Führung hat ebenfalls, zum Beispiel 1985 bei einem Treffen mit südafrikanischen Wirtschaftsführern in Sambia, deutlich gemacht, daß sie keinen Exodus der Weißen will. Sie ist bei anderer Gelegenheit sogar so weit gegangen, die weißen Techniker etc. über eine südafrikanische Zeitung aufzufordern, das Land nicht zu verlassen, da man sie dringend für den Aufbau eines neuen Südafrika brauche.[19] Die wechselseitige Abhängigkeit von Schwarz und Weiß bei der Realisierung eines prosperierenden Südafrika ist von dem überwiegenden Teil des Widerstandes erkannt und anerkannt.[20] Ausdruck davon ist auch ein höchst bemerkenswertes Treffen, das im August 1988 in Broederstroom in Südafrika stattfand. Dort diskutierten zwei Tage lang eine Gruppe von Wirtschaftsführern mit Vertretern von *United Democratic Front* (UDF) und dem *Congress of South African Trade Unions* (COSATU) über Möglichkeiten des gemeinsamen Vorgehens. Insgesamt nahmen 77 Personen teil.[21]

Diese Einsicht über ihre wirtschaftliche Rolle in einem Post-Apartheid-Südafrika sollte für die Weißen ein weiterer Anlaß sein, die Zusicherungen der schwarzen Seite über ihr *originäres Heimatrecht* in Südafrika nicht als leeres Gerede abzutun. Derartige Zusicherungen wurden in der Freiheits-Charta von 1955, dem sogenannten Lusaka-Manifest verschiedener schwarzafrikanischer Staatsmänner aus dem Jahre 1969 und weiteren Dokumenten gemacht.[22]

Auch in Moskau geht man heute davon aus, daß man über die Befürchtungen der Weißen nicht einfach hinweggehen kann. Gleb Starushenko, stellvertretender Direktor des Afrika-Institutes der Sowjetischen Akademie der Wissenschaften, wies auf einer internationalen Konferenz in Moskau im Juni 1986 ausdrücklich darauf hin, daß die „anti-rassistischen Kräfte keine Pläne für eine umfassende Nationalisierung ... vorhätten und bereit seien, der Bourgeoisie alle notwendigen Garantien zu geben". [23] Er ist kein einsamer Rufer unter den sowjetischen Afrikaexperten, sondern bringt eine Strömung in der sowjetischen Afrikapolitik zum Ausdruck, die an Boden gewinnt. Darüber ist an anderer Stelle mehr geschrieben worden.[24]

3. Zur Post-Apartheid Wirtschaftsordnung

Es ist also die *Wahl der Wirtschaftsordnung*, die von zentraler Bedeutung für den Verbleib vieler Weißer in Südafrika sein wird. Die weißen Unternehmer etc. wollen natürlich, daß ihre Position unangetastet bleibt. Sie werden deswegen auf eine umfassende *Garantie des Eigentums* und der *Privatinitiative* sowie eine *marktwirtschaftliche* Ordnung, also eine *kapitalistische Ausrichtung* drängen. Sie werden behaupten, daß allein auf diese Weise das wirtschaftliche Wohlergehen Südafrikas, und damit auch das der schwarzen Bevölkerung, gewährleistet werde. In Wirklichkeit aber werden Fragen der *Umverteilung*, wie also die durch die Apartheid bedingte völlig einseitige Ausrichtung der südafrikanischen Wirtschaft zugunsten der Weißen verändert werden kann, in ihren Überlegungen eine untergeordnete Rolle spielen. Das kann kaum anders sein. Denn Aufgabe der Unternehmer ist es, Gewinne zu machen.

Eine auf der Basis der politischen Gleichberechtigung gewählte schwarze Regierung wird dagegen ganz andere Sorgen haben. *Umverteilung*, zumindest aber eine nachhaltige *Verbesserung* der *wirtschaftlichen Lage* der schwarzen Bevölkerung wird an der obersten Stelle ihrer Prioritätenliste stehen. Sie wird in dieser Hinsicht einem starken Druck ihrer Anhängerschaft ausgesetzt sein, mehr als jede weiße südafrikanische Regierung vor ihr. Zudem ist für viele Schwarze, insbesondere die jüngeren, *Apartheid* identisch mit *Kapitalismus*. Diese Auffassung ist sachlich zwar nicht richtig, emotional aber völlig verständlich. Die Wirtschaft hat nicht nur lange Zeit von den repressiven Strukturen des Apartheidstaates profitiert, sondern mit ihm auch auf das Engste kooperiert. In verschiedenen Bereichen gilt das bis heute, insbesondere im Rüstungssektor.

Sozialismus und „mixed economy"

Eine *sozialistische Ausrichtung* Südafrikas, wie auch immer sie im Detail aussehen mag, ist für viele Schwarze deshalb identisch mit der *Hoffnung* auf eine *Verbesserung* ihrer *wirtschaftlichen Lage*. Der Ruf nach Verstaatlichung und einem nicht-kapitalistischen, Privatinitiative und Marktwirtschaft nachhaltig begrenzenden Entwicklungsweg als einem Mittel der schnellen Umverteilung des Reichtums in Südafrika wird stark sein. Die Hinwendung zum Sozialismus wird in Südafrika genauso zu einem Hoffnungsbanner für ein besseres Leben werden wie das in fast allen afrikanischen Staaten nach ihrer Unabhängigkeit der Fall war, von Kenia über den Senegal bis hin später zu Mosambik, Angola und Zimbabwe. Dabei besteht die Gefahr, daß es in Südafrika nach einer geschichtlich überholten weißen Minderheitsherrschaft zu einer geschichtlich ebenfalls bereits überholten Form des Sozialismus bzw. des Marxismus-Leninismus kommt, wie er in Mosambik, Angola und Äthiopien in unterschiedlicher Ausprägung noch ausprobiert worden ist. Der Ruf nach einer umfassenden Verstaatlichung und zentralistischer, staatskollektiver Wirtschaftsführung als Mittel einer schnellen Umverteilung ist hier der neuralgische Punkt.

Die schlechten Erfahrungen gerade in diesen Ländern haben dieser Spielart des Sozialismus jedoch viel von ihrem Glanz genommen. Die Hoffnung, daß der Sozialismus ein *quick fix* für die entwicklungspolitischen Probleme Afrikas ist, hegen nur noch wenige. Die Entwicklungen in China, Osteuropa und seit Gorbatschow in der Sowjetunion selbst haben zu einem weiteren Schub der Ernüchterung geführt. In Afrika findet derzeit, und nicht nur in den sozialistisch orientierten Ländern, eine kritische Bestandsaufnahme der problematischen Rolle des Staates als Motor von Entwicklung statt. Preise werden dereguliert, Staatsunternehmen und -farmen privatisiert sowie zentralistische bürokratische Planung und andere Formen des Staatsinterventionismus zurückgenommen. Das gilt nicht zuletzt für die zwei Länder, bei denen es in der zweiten Hälfte der 70er Jahre noch danach aussah, als ob sie zu Vorreitern des orthodoxen Marxismus-Leninismus in Afrika werden würden: Mosambik und Angola.

Die Führung des ANC ist mit dieser Entwicklung aufgrund ihres Exildaseins enger im Kontakt als die von der internationalen Sozialismusdiskussion abgeschnittene Bevölkerung in den Townships. Heribert Adam hat kürzlich zutreffend festgestellt: „Es sind nicht die Kommunisten, die die Townships radikalisieren, sondern die Jugendlichen, die die Kommunisten und den ANC radikalisieren".[25] Im ANC scheint die Tendenz zu einem orthodoxen, staatszentralistischen Sozialismus, die es zeitweilig wohl gegeben hat, abzunehmen. Dem erfolgreichen Vorbild Zimbabwe folgend, wird nun in den Kategorien einer *mixed economy* gedacht, oder wie es in den *guidelines* für ein Post-Apartheid-Südafrika heißt: „Die Wirtschaft soll eine gemischte sein, mit einem öffentlichen, einem privaten, einem ko-operativen und einem familiären Sektor."[26]

Angesichts dieser Ausrichtung gibt es keine prinzipielle Kluft mehr zwischen den Vorstellungen des ANC (und mit Einschränkungen) denen der Südafrikanischen Kommunistischen Partei (SACP) und der Wirtschaftsunternehmen in Südafrika, die unüberwindbar ist. Insbesondere die größeren von ihnen wissen aufgrund ihrer Betätigung in anderen Entwicklungsländern, daß es in einer derartigen Wirtschaftsordnung für sie ausreichend Spielraum gibt. Tom Lodge von der Universität Witwatersrand in Johannesburg hat zu Recht darauf hingewiesen, daß die *ANC-guidelines* interessanterweise nicht die Verpflichtung der Freiheits-Charta zu einer Nationalisierung der Minen, der Banken und der Monopolindustrie wiederholen.[27]

Gewerkschaften als dynamischer Umverteilungsfaktor

Im Unterschied zu fast allen anderen schwarzafrikanischen Ländern hat sich in Südafrika im Zuge des Kampfes gegen die weiße Vorherrschaft eine starke und *unabhängige schwarze Gewerkschaftsbewegung* herausgebildet.[28] Ihre beiden wichtigsten Dachverbände COSATU und der *National Council of Trade Unions* (NACTU) vertreten sowohl im Verhältnis zu den Unternehmen, dem Staat aber auch der politischen Führung des Widerstandes eine selbstbewußte Politik. Beide Dachverbände haben mit der ANC-Führung im Exil über ihre Stellung in einem von der Mehrheit beherrschten Südafrika bereits gesprochen. Sie haben dabei deutlich gemacht, daß sie nicht in Anspruch nehmen, die Führer des politischen Kampfes zu sein, obwohl unter den besonderen Bedingungen Südafrikas zwischen gewerkschaftlichen und politischen Aktivitäten häufig schwer zu unterscheiden ist. Insoweit gilt das Primat der politischen Organisationen (ANC, UDF, ASAPO, PAC etc.). Ihre unabhängige Stellung jedoch wollen die Gewerkschaften auch in einem Post-Apartheid-Südafrika nicht beeinträchtigt sehen, selbst wenn es dann von einer Bewegung wie dem ANC, der sich sozialistischen Ideen und dem Kampf der Arbeiterklasse verpflichtet fühlt, regiert werden sollte. Die Führer des ANC und der SACP sollen diese Position im großen und ganzen akzeptiert haben. Einigen, die stärker in Richtung auf einen dogmatischen Marxismus orientiert sind, scheint das allerdings nicht leicht gefallen zu sein: Sie folgen einer Auffassung, die in den letzten Jahrzehnten im Ostblock vorherrschend war und die argumentiert, daß in einem sozialistisch orientierten System eine starke Stellung von Gewerkschaften überflüssig sei, weil die Interessen der Arbeiterschaft bereits durch die politische Führung, i.e. die Partei, wahrgenommen werden. Sie, nicht die Gewerkschaften, sei der eigentliche Repräsentant der Arbeiterbewegung. Diese Denkrichtung hat die Entwicklungen in Polen und ihre Auswirkungen auf die Diskussion des Sozialismus zweifellos nicht genügend zur Kenntnis genommen.

In einer *gemischten Wirtschaft* werden und sollten die Gewerkschaften eine starke Stellung haben. Denn sie sind die einzige Kraft, die einen Rückfall der Unternehmer in frühkapitalistische Methoden einerseits und eine übermäßige, unter Umständen sogar eine diktatorische Ausweitung staatsinterventionistischer bzw. -kollektivistischer Tendenzen andererseits verhindern kann. Gleichzeitig sind sie ein Garant dafür, daß der Druck auf Umverteilung und Umstrukturierung der südafrikanischen Wirtschaft erhalten bleibt. Denn das Modell der *gemischten Wirtschaft* bietet dafür aus sich heraus keine Garantie.

Es wird die Aufgabe von Verhandlungen zwischen Schwarz und Weiß sein, unter diesen Bedingungen die Weichen für die richtige Balance von Privatinitiative und staatlicher Intervention zu stellen. Im Vorlauf zu solchen Verhandlungen können wissenschaftliche Untersuchungen wichtige Beiträge zur Beantwortung der Frage liefern, wie diese Mischung unter Berücksichtigung der Erfahrungen in anderen Ländern im Sinne einer optimalen wirtschaftlichen Entwicklung Südafrikas für alle aussehen sollte. Die Ende September 1986 an der Universität von York in Großbritannien abgehaltene Konferenz über „*The Southern African Economy after Apartheid*" hat dazu einen wichtigen Anfang gemacht.[29] Drei Monate später veranstaltete das *South African Economic Research and Economic Training Project* (SAERT) in Amsterdam eine Konferenz mit dem Thema „Beyond Apartheid".[30] Und in Südafrika selbst wird gegenwärtig von dem *Institute for Race Relations* in Johannesburg eine größere Studie zur Frage eines Südafrikas ohne Apartheid durchgeführt.[31]

Insgesamt läßt sich feststellen, daß die Frage einer gemischten, das Problem der Umverteilung ausreichend berücksichtigenden Post-Apartheid-Wirtschaftsordnung noch einer intensiven Diskussion bedarf. Dabei ist nicht zu vergessen, daß ein beträchtlicher Teil der südafrikanischen Industrie bereis in staatlicher Hand ist. Die Apartheidwirtschaft ist keine freie Marktwirtschaft im klassischen Sinn des Wortes.

Die Diskussion wird kontrovers und politisch brisant sein. Denn sie hat nicht lediglich akademischen Charakter, sondern betrifft einen für die schwarze Bevölkerung *existenziell* wichtigen Punkt, nämlich die Tatsache, daß gegenwärtig über 90 % der Produktionsmittel in den Händen der Weißen sind. Sie wird deswegen eine Diskussion über eine veränderte, die Erfahrungen in Mozambique, Angola, Äthiopien, China und den Ostblock einbeziehende, Art der „sozialistischen Orientierung" sein.

Die weißen Farmer und die Landfrage

Die ungleiche Verteilung des Landbesitzes ist eine der schlimmsten Folgen der Kolonial- und Rassenpolitik. Die schwarze Bevölkerung ist auf einen Anteil von ca. 13 % zurückgedrängt worden, obwohl sie über 80 % der Bevölkerung ausmacht. Diese ungleiche Verteilung ist Folge einer systematischen Politik, die seit dem Auszug der Afrikaaner unter Piet Retief (der Große Trek) aus der Kapprovinz mit Gewehr und Gesetz systematisch betrieben worden ist.[32]

Es ist daher verständlich, daß die Rückgabe bzw. Umverteilung des Landes eine Hauptforderung aller wichtigen schwarzen Oppositionsbewegungen ist. Der PAC vertritt sie besonders entschieden.[33] In den *guidelines* des ANC ist sie in differenzierter, gemäßigter Form ebenfalls enthalten.

Landreform ist nicht nur notwendig aus Gründen der Gerechtigkeit, sondern sie ist unverzichtbar für eine gesunde wirtschaftliche Entwicklung. Das ist heute eine in der entwicklungspolitischen Literatur unbestrittene Erkenntnis. (In diesem Zusammenhang ist daran zu erinnern, daß die schwarze Landwirtschaft bis zur Jahrhundertwende sehr erfolgreich war, häufig erfolgreicher als die weiße. Durch die oben genannten Gesetze und eine massive staatliche Subvention der weißen Farmer wurde sie jedoch als Konkurrent ausgeschaltet. Heute kann der südafrikanische Staat diese Subventionslast kaum noch tragen.[34])

Diese Erkenntnis ist jedoch mit einer anderen zu balancieren. Eine Landreform sollte nicht zur Zerstörung der kommerziellen Großfarmen führen, soweit sie dem Land wichtige Devisen einbringt oder zur Nahrungsmittelversorgung des Landes beiträgt. Eine umfassende Enteignung könnte darüberhinaus zum Auslöser für einen Exodus vieler Weißer, und zwar nicht nur der Farmer, und eine Politik der verbrannten Erde rechtsradikaler Weißer werden. Beides hätte für die Wirtschaft des Landes katastrophale Folgen. Eine schwarze Regierung wird es nicht leicht haben, dieser Einsicht Folge zu leisten, denn sie begrenzt drastisch den Spielraum, die einseitige und vom Standpunkt der Gerechtigkeit nicht zu rechtfertigende Landverteilung zugunsten der Weißen zu korrigieren.

In Zimbabwe ließ sich die Spannung zwischen der Forderung nach einer Umverteilung des Landes und der, die weißen Farmen nicht anzurühren, durch die Landreserven in den *tribal trust areas*[35] mildern. Dennoch ist das Problem noch nicht ausgestanden. Viele schwarze Zimbabwer halten die Landreformmaßnahmen ihrer Regierung für völlig unzureichend. Ihr Ärger ist groß. Denn der Befreiungskampf in Zimbabwe wurde gerade von der heute regierenden Zimbabwe National Union (ZANU) unter dem Banner der Rückeroberung des an die Weißen verlorenen Landes geführt, viel mehr, als das in Südafrika der Fall ist. Dort wird letztlich der *urbane, industrielle Sektor* entscheidend sein für eine Besserstellung der schwarzen Bevölkerung.

In Südafrika gibt es keine Zimbabwe vergleichbaren Landreserven. Es wird nicht einfach sein, genügend Land für eine Umverteilung zu finden. Einen gewissen Spielraum bieten lediglich die Farmen im westlichen und nördlichen Transvaal, die von ihren Besitzern verlassen worden sind oder die nur noch mit massiver finanzieller Unterstützung des Staates am Leben erhalten werden,[36] sowie Ländereien, die vom Agro-Business in den letzen Jahren aufgekauft worden sind. Da die vom Agro-Business betriebene Landwirtschaft wegen ihres monokulturellen, exportbezogenen Charakters entwicklungspolitisch einen zweifelhaften Wert hat, sollte sie zugunsten einer gesunden bäuerlichen Entwicklung zumindest teilweise enteignet werden.

Entschließt man sich, diesen Weg einzuschlagen, dann wird die *westliche* Politik gefordert sein, mit Garantien und finanziellen Mitteln für eine angemessene Entschädigung einzuspringen, ähnlich wie seinerzeit in Zimbabwe. Gelder für eine Entschädigung von weißen Besitzern sind jedoch nur zu rechtfertigen, wenn gleichzeitig umfassende Mittel für eine Förderung der schwarzen Landwirtschaft bereitgestellt werden. Beide Fonds sollten mit weiteren (siehe unten) im Sinne eines *Marshall-Planes* gekoppelt werden.

Die Existenzangst der burischen Unter- und Mittelschicht

Aus der Sicht des burischen Bevölkerungsteils ist es die prinzipielle kulturelle Überlegenheit der weißen Rassen über die schwarze Bevölkerung, die die Apartheidpolitik nicht nur rechtfertigt, sondern sie sogar zu einem göttlichen Gebot macht. Dr. Daniel Malan, unter dessen Führung die Nationale Partei 1948 die Mehrheit im Kapstädter Parlament erreichte, hämmerte das seinen Anhängern im Wahlkampf ganz ungeschminkt ein: „Afrikaanertum ist nicht Menschenwerk, sondern eine Schöpfung Gottes. Wir haben das göttliche Recht, Afrikaaner zu sein. Unsere Geschichte ist das höchste Kunstwerk des Baumeisters der Jahrhunderte."[37] Heute wird kaum noch ein Politiker der NP derartige Sätze in der Öffentlichkeit sagen. Sie gehören jetzt in das Repertoire der Führer der KP, der *Herstigte Nasionale Party (HNP)* und der *Afrikaner Weerstandsbeweging (AWB)*.

Der harte Kern der Apartheid ist jedoch nicht *Überlegenheit*, sondern die *Angst* der burischen Mittel- und Unterschicht vor einer direkten Konkurrenz mit der schwarzen Mehrheit. Sie sind derjenige weiße Bevölkerungsteil, der in einem Südafrika ohne Apartheid wirtschaftlich und sozial am ehesten in Bedrängnis geraten wird. Er ist vergleichsweise schlecht ausgebildet, wirtschaftlich unbeweglich und verfügt über keine bedeutende finanzielle Absicherung. Für diese Schicht könnte der Abbau der Apartheid deswegen den Rückfall in eine Situation bedeuten, gegen die die Afrikaaner schon in den 20er und 30er Jahren angekämpft haben. Damals fanden sich viele Afrikaaner (Buren) in einer Situation wieder, die völlig ihrem alttestamentarischen Verständnis von einem Herr-Knecht-Verhältnis widersprach. In den Städten war eine breite, aber verarmte burische Arbeiterklasse entstanden. Das Land konnte sie aus verschiedenen Gründen nicht mehr ernähren, und sie mußten nun mit der schwarzen Bevölkerung direkt um die niedrigsten Arbeitsplätze konkurrieren. Gleichzeitig wurden sie von der britisch dominierten Oberschicht als ein kulturloses, ungebildetes Lumpenproletariat behandelt.

In den nächsten Jahrzehnten gelang es den burischen Führern jedoch, die Vormachtstellung des britischen Kapitals zurückzudrängen und das Afrikaanertum zur dominierenden politischen Kraft in Südafrika zu machen.[38] Der endgültige Triumph war der Wahlsieg der Nationalen Partei von 1948. Apartheid wurde nun umfassend implementiert *(Personal Registration Act, Group Areas Act etc.)*. Durch einen Ausbau der *job reservation* wurden die Weißen gegen die schwarze Konkurrenz völlig abgeschirmt, und es waren gerade die Angehörigen der Unter- und Mittelschicht, die in dem nun von der burischen Politik beherrschten Staatsapparat ein wirtschaftlich gutes und gesichertes Unterkommen fanden. Die „*swart gevaar*" schien gebannt zu sein. Heute sind nach südafrikanischen Statistiken 50 % aller Afrikaaner beim Staat (Polizei, Beamte, Lehrer etc.)

oder bei vom Staat unmittelbar beherrschten Institutionen angestellt.[39]

Im Falle einer politischen Gleichberechtigung von Schwarz und Weiß wird es gerade in diesem Bereich zu den einschneidensten Veränderungen kommen. Eine mehrheitlich schwarze Regierung wird nicht über längere Zeit mit einem mehrheitlich weißen Staatsapparat regieren können. Man mag mit Recht bezweifeln, ob es für dieses Problem überhaupt eine Lösung am Verhandlungstisch gibt. Befürchtungen, daß von diesem Bevölkerungsteil im Extremfall statt Verhandlungen eine Politik der verbrannten Erde betrieben wird, sind — wie erwähnt — ernst zu nehmen.

Jedoch sind Schritte vorstellbar, die Ängste dieses Bevölkerungsteils vor den Folgen einer politischen Gleichberechtigung zumindest zu mildern. Einer wäre, den weißen öffentlichen Angestellten und Beamten ihre Pensionen zu garantieren. Den Zusicherungen allein einer schwarzen Regierung werden sie allerdings kein Vertrauen schenken. Hier ist wiederum die westliche Politik mit Garantien bzw. der Errichtung eines Fonds gefragt. Er hätte Teil des erwähnten Marshall-Planes zu sein, ebenso wie umfangreiche Mittel, die eine Verbesserung der Ausbildung der schwarzen Bevölkerung, den Bau von Wohnungen, Verbesserung der Infrastruktur in den Townships, Förderung von *black business* und Management etc. sicherstellen.

4. Die politische Ordnung.

Eingangs war die These aufgestellt worden, daß das Grundproblem einer politischen Ordnung darin besteht, *one person, one vote* und die legitimen Minderheitsinteressen der verschiedenen Bevölkerungsgruppen in Südafrika in eine angemessene Balance zu bringen. Es sind weniger sachliche als machtpolitische Gründe, daß bei dieser Diskussion der Schutz der weißen Minderheit im Vordergrund steht. Konkordanzdemokratie scheint, so war weiter ausgeführt worden, das ideale Modell für eine derartige Balance zu sein. In diesem Modell hat jede(r) Bürger(in) eine Stimme. Gleichzeitig sind die Strukturen und Entscheidungsprozesse in diesem System aber so organisiert, daß — zumindest formal — keine Gruppe die andere überstimmen kann, denn jede von ihnen hat ein verfassungsrechtlich abgesichertes Veto-Recht in allen wichtigen Fragen. In der Praxis hat das zur Folge, daß auf der Basis einer Art permanenten Großen Koalition zwischen den Vertretern der verschiedenen Segmente regiert wird.

Konkordanzdemokratie

Nach Arendt Lijphart, dem bekanntesten Vertreter dieses Modells, weist Konkordanzdemokratie vier grundlegende Merkmale auf: Regierung durch große Koalition, gegenseitiges Veto, Gruppenproporz und Segmentautonomie.[40] Eine gesetzlich erzwungene Trennung in Rassen und Ethnien jedoch, wie sie gegenwärtig in Südafrika auf der Basis des *Population Registration Act* von 1950 praktiziert wird, ist mit konkordanzdemokratischem Denken unvereinbar. Die Zuordnung zu einer ethnischen Gruppe erfolgt auf *freiwilliger* Basis. Die bisherigen Versuche der Botha-Regierung, Teile der nichtweißen Bevölkerung im Zuge der Reformpolitik in das politische System der Weißen zu kooptieren, haben nichts mit Konkordanz zu tun. Theodor Hanf, ebenso wie Lijphart ein bekannter Befürworter konkordanzdemokratischer Lösungen, hat deswegen zusammen mit Heribert Weiland die 1983/84 in Südafrika vollzogene Verfassungsreform zu Recht als „Scheinkonkordanz" zurückgewiesen.[41]

Konkordanzdemokratie hat in der westlichen und liberalen weißen südafrikanischen Publizistik viele Anhänger gefunden. Polemisch könnte man sagen: Sie erscheint so beruhigend harmonisch. Keine Gruppe kann die andere unterdrücken. Erstaunlicherweise wird man auf seiten der schwarzen Bevölkerung jedoch nur wenige finden, die an diesem Modell Gefallen finden. Das hat seinen guten Grund, und er ist in diesem Beitrag bereits zur Sprache gekommen: Die Rassenpolitik hat in fast allen Bereichen des gesellschaftlichen Zusammenlebens, insbesondere im ökonomischen, eine gewaltige und strukturell außerordentlich verfestigte *Ungleichheit* zwischen der schwarzen und weißen Bevölkerung entstehen lassen. Allein die Einführung von *„one person, one vote"* wird diese Ungleichheit nicht beseitigen, sondern man wird dann erst wirklich anfangen können, sie abzubauen. Das wird ein langwieriger und schwieriger Prozeß sein, wie im Zusammenhang mit der Frage der Wirtschaftsordnung angedeutet wurde. Politische Stabilität wird nur mit einem Staats- und Verfassungsmodell zu erreichen sein, das diesen Prozeß fördert und nicht behindert.

Hier beginnt das Problem mit der Konkordanzdemokratie. Das konkordanzdemokratische Veto, dessen im Prinzip befriedende Wirkung in einer segmentierten Gesellschaft unbestreitbar ist, verkehrt sich zum Gegenteil. Es gibt der besitzenden Minderheit, also im Falle Südafrikas den Weißen, eine Blanko-Vollmacht, die notwendigen sozio-ökonomischen Veränderungen zugunsten der schwarzen Bevölkerung zu verhindern oder zumindest zu verschleppen. Erstere kann zum Beispiel die Verabschiedung des Haushalts oder von Gesetzen verweigern, die eine prozentual weit stärkere Anhebung der Haushaltsmittel für die Ausbildung der Schwarzen als der Weißen oder die Korrektur anderer Ungleichheiten der früheren Rassenpolitik zum Gegenstand haben. Natürlich könnte die schwarze Seite mit einer entsprechenden Blockierung von Gesetzen antworten, an deren Verabschiedung die weißen Politiker interessiert sind. Wer die sozio-ökonomischen Bedingungen in Südafrika kennt, weiß jedoch, daß die Weißen eine derartige Blockierung viel leichter durchstehen können als die Schwarzen. Es ist absehbar, daß sich die Politik in einer derartigen Situation auf die Straße verlagern würde. Ethnische bzw. rassistische Animositäten würden nicht abgebaut, sondern angeheizt.

Konkordanzdemokratie begünstigt in ihren Entscheidungsmechanismen also zu einseitig den Status quo. Dem entspricht, daß die Frage des sozio-ökonomischen Wandels in den meisten konkordanzdemokratischen Abhandlungen eine untergeordnete Rolle spielt. Kein Schwarzer wird nach den Erfahrungen der Vergangenheit darauf vertrauen, daß die weiße Minderheit freiwillig ihre Zustimmung zu den notwendigen Veränderungen geben wird. Denn sie könnten ja (und werden es zum Teil auch) auf Kosten der Weißen gehen. Das schließt jedoch nicht aus, daß konkordanzdemokratische Elemente auf der einen oder anderen Ebene, auf der sie den sozio-ökonomischen Veränderungsprozeß nicht behindern, durchaus am Platze sein können (siehe dazu später).

Ein-Parteien- oder Mehr-Parteien-Herrschaft

Die große Mehrheit der Weißen in Südafrika ist der Überzeugung, daß *one person, one vote* unweigerlich zu einer diktatorischen schwarzen Ein-Parteien-Herrschaft führen wird. Das Schlagwort von der „Mehrheitsdiktatur" geht, wie erwähnt wurde, um. Diese Befürchtungen haben kürzlich durch die Errichtung einer Einheitspartei in Zimbabwe Auftrieb erhalten. Die Tatsache, daß viele Weiße in Zimbabwe diese Entwicklung aus Gründen der auch für sie wichtigen Stabilität des Landes begrüßen, wird in Südafrika nur von wenigen zur Kenntnis genommen. Die Rivalitäten zwischen Shona und Matabele, die zeitweilig zu einem blutigen Konflikt eskalierten, konnten wohl nur auf diese Weise unter Kontrolle gebracht werden.

In einem Post-Apartheid-Südafrika wird es ebenfalls starke Tendenzen zu einem Ein-Parteien-System geben, auch wenn sich der ANC in seinen *guidelines* für ein Mehr-Parteien-System ausgesprochen hat. Denn Ein-Parteien-Systeme sind eher als Mehr-Parteien-Systeme in der Lage, die ethnischen Konflikte eines Landes kurz nach seiner Unabhängigkeit in den Griff zu bekommen. Darüber ist sich die politikwissenschaftliche Literatur, die sich mit dieser Frage am Beispiel Afrikas genauer befaßt hat, weitgehend einig.[42] Mehr-Parteien-Systeme dagegen tragen in dieser Phase des *„nation-building"* in der Regel zu einer Verschärfung von ethnischen Rivalitäten bei. Denn die Betonung von Pluralität und Gegensätzen ist als Mittel der Machtbalance ein gewolltes Grundelement derartiger Systeme. Gerade deswegen brauchen sie als Gegengewicht, das zeigt unter anderem die Erfahrung in den westeuropäischen Demokratien, solide sozio-ökonomische Verhältnisse und eine fortgeschrittene nationale Integration. Ohne sie dynamisieren sich die zentrifugalen Kräfte eines Mehr-Parteien-Systems in einer destruktiven Weise und fördern den Ausbruch ethnischer Rivalitäten.

Ein-Parteien-Systeme dagegen wirken aufgrund ihrer zentralistischen Struktur integrierend und geben zumindest vordergründig das Gefühl einer gemeinsamen, die ethnische Vielfalt überwindenden Identität. Drei Jahrzehnte Erfahrung mit Ein-Parteien-Systemen in Afrika haben jedoch auch gezeigt, daß für diesen Vorteil ein Preis gezahlt wird, und zwar ein beträchtlicher. In fast allen Fällen sind ineffiziente, ausufernde und selbstherrliche Bürokratie, Korruption sowie mehr oder weniger starker Machtmißbrauch bis hin zur offenen Diktatur ein integraler Bestandteil. Sie können nicht mehr als Einzelfälle abgetan werden. In einigen der Länder, die bereits über längere Zeit Ein-Parteien-Herrschaft praktiziert haben, zum Beispiel in Tansania, wird deswegen intensiv darüber nachgedacht, mit welchen Änderungen bzw. Mechanismen man dieser Mißstände Herr werden kann. Interessanterweise ist es die Stärkung der *Rechtstaatlichkeit*, die dabei besonders Beachtung findet.

In Südafrika wird man aus diesen Gründen und aufgrund des mehr oder weniger geschlossenen Widerstandes der Weißen gegen ein Ein-Parteien-System, versuchen müssen, einen Weg zu finden, der die Vorteile der beiden Modelle erhält, ihre jeweiligen Nachteile aber vermeidet. Mit anderen Worten: Es muß eine Balance gefunden werden zwischen der Notwendigkeit, Südafrika eine starke *zentralistische* Struktur zu geben — einer Struktur also, die das Land in seinen zentrifugalen, rivalisierenden Kräften zusammenhält und die für ein gesundes „*nation-building*" erforderlichen sozio-ökonomischen Veränderungen initiiert. Parallel dazu muß der ethnischen bzw. rassischen Vielfalt des Landes durch *dezentrale* Strukturen Rechnung getragen und ihnen genügend Raum für eine autonome Entfaltung gegeben werden. Beides ist für eine vitale gesellschaftliche und ökonomische Entwicklung in einem Post-Apartheid-Südafrika wichtig! (Der gegenwärtige Versuch der südafrikanischen Regierung, dieser Anforderung durch die Unterscheidung von „*general*" und „*own affairs*" gerecht zu werden, ist unakzeptabel. Denn sie dient der Festschreibung der Rassentrennung.

Grundelemente einer neuen Ordnung

Diesen Balanceakt zwischen Zentralisierung und Dezentralisierung erfolgreich zu bewältigen, ist zweifellos keine einfache Aufgabe. Heribert Adam hat jedoch zu Recht darauf hingewiesen, daß es eine Anzahl von Faktoren gibt, die zu der Feststellung berechtigen, daß „Ethnizität und Demokratie in Südafrika besser miteinander zu vereinbaren sind, als eine deterministische Perspektive unterstellt" — eben wenn die Notwendigkeit zu dem genannten Balanceakt ausreichend deutlich gesehen wird. [43] Deswegen zu ihm noch einige Anmerkungen:

Der *zentralistische* Aspekt könnte durch eine starke Präsidialstruktur gesichert werden. Die amerikanische, französische und andere Verfassungen sind insoweit interessante Vorbilder. Der Präsident würde direkt gewählt (Mehrheitswahlrecht), aber durch ein Parlament und die dort vertretenen Parteien kontrolliert. Die Wahlen zum Parlament dagegen sollten auf der Basis eines Verhältniswahlrechts durchgeführt werden, um Minderheiten von vornherein die Angst zu nehmen, daß sie keine Chance haben, dort vertreten zu sein. Jedoch wäre es in Anlehnung an das Grundgesetz sinnvoll, die Zahl der im südafrikanischen Parlament vertretenen Parteien zu begrenzen. Darüber hinaus dürfte die konkrete Ausgestaltung eines Parteiengesetzes großen Einfluß darauf haben, inwieweit ethnische Interessen in den Parteien jeweils ein wichtiger, möglicherweise sogar zu wichtiger Faktor werden. Die durch den Militärputsch unter General Buhari im Dezember 1983 wieder außer Kraft gesetzte Verfassung Nigerias ist insoweit eine interessantes Vorbild, obwohl ihr kein Erfolg beschieden war. Sie erlaubte nur denjenigen Parteien den Einzug ins Parlament, die in ihrer Wählerschaft prozentual eine angemessene überregionale (also transethnische) Verankerung nachweisen können. Ähnliches galt für den Präsidenten. Für seine Wahl genügte nicht, daß er die Mehrheit der Stimmen auf sich vereinigte, sondern er mußte darüber hinaus in zwei Dritteln der Bundesstaaten mindestens 25 % der Stimmen bekommen.

Die *dezentralisierte, ethnische* Ebene könnte auf verschiedene Weise Eingang in das Regierungssystem finden. Denkbar wäre eine nach *konkordanzdemokratischen* Prinzipien zusammengesetzte zweite Parlamentskammer. Dieser Weg wurde beim Indaba beschritten. Jede größere Bevölkerungsgruppe wählt eine feststehende Zahl von Vertretern in diese Kammer. Ihr Mitwirkungs- oder gar Veto-Recht würde sich im wesentlichen auf Angelegenheiten beschränken, die die kulturelle, sprachliche und religiöse Autonomie der verschiedenen dort repräsentierten Bevölkerungsteile betreffen. Diese Angelegenheiten wären natürlich genau zu beschreiben und es wäre sicherzustellen, daß die zweite Kammer durch Anrufung eines Verfassungs- oder Obersten Gerichtshofes ihr Mitspracherecht gegebenenfalls verteidigen kann.

Die zweite Kammer könnte aber auch nach *föderativen* Gesichtspunkten zusammengesetzt sein. Ethnische Minderheiten wären dann zwar nicht so direkt geschützt. Es entfiele aber der Nachteil einer konkordanzdemokratischen Lösung, daß nämlich ethnische Strukturen im Staats- und Regierungssystem eines Post-Apartheid-Südafrika weiterhin offiziell ihren Platz haben. Denn nach dem Mißbrauch, der in Südafrika mit ethnischen Fragen durch das *divide et impera* der Weißen zur Aufrechterhaltung der Vorherrschaft getrieben worden ist, erweckt jede Lösung, die auch nur ansatzweise ethnische Strukturen festschreibt, größtes Mißtrauen. Das gilt zumindest für die städtischen Schwarzen. Es gibt keinen Anlaß, dieses Mißtrauen weniger ernstzunehmen als das Mißtrauen der Weißen gegenüber den Folgen einer schwarzen Mehrheitsherrschaft.

Jedoch besteht seitens derjenigen, die eine verständliche Abwehr gegen auch nur die geringste Berücksichtigung ethnischer Strukturen haben, die Gefahr, traditionellen Formen afrikanischer Herrschaft (*Chief*- und *headman*-System) überhaupt keinen Spielraum zu lassen, obwohl sie eine Realität schwarzer Politik sind, zumindestens im ländlichen Raum. Die Erfahrungen in Angola, Mosambik und in anderen afrikanischen Staaten haben gezeigt, daß das ein gefährlicher Weg ist. Sie können zur Basis von Dissidentenbewegungen und Widerstandsgruppen werden, die mit externer Unterstützung einen Krieg gegen die Zentralregierung beginnen. (Eine solche Entwicklung könnte z.B. in KwaZulu eintreten, wenn die dortigen traditionellen, von der Inkatha-Bewegung dominierten Strukturen in einer neuen Ordnung keinen Platz finden.) Eine ausreichende Autonomie regionaler und lokaler Selbstverwaltungsstrukturen würde es erlauben, traditionelle Elemente in der jeweils angemessenen Weise zu berücksichtigen.

5. Verhandlungen und Aussöhnung

Wie dieser Beitrag möglicherweise auch, können nur wenige Wissenschaftler der Neigung entsagen, die Diskussion über ein Post-Apartheid-Südafrika im Sinne einer abstrakten Modelldiskussion zu führen. Die Versuchung, als Modellschneider aufzutreten und Südafrika das „richtige" Modell anzupassen, ist groß. Konkordanz-, Teilungs- und andere Modelle werden in den unterschiedlichsten Variationen vorgeführt und im Detail durchdekliniert. Breyten Breytenbach, der burische Schriftsteller, der mehrere Jahre in südafrikanischen Gefängnissen verbrachte, hat zu dieser Neigung im Juni 1988 bei einem Südafrika-Hearing in Bonn schlicht festgestellt: „Was das Ergebnis des Kampfes in Südafrika schließlich sein wird, ist natürlich nicht jenes Modell, das uns vor Augen steht".[44]

Es wäre jedoch falsch, der akademischen Diskussion ihren Wert abzusprechen. Sie hat die ganze Bandbreite von Regelungsmöglichkeiten und deren Vor- und Nachteile aufgezeigt, die denen, die dann praktisch am Aufbau eines Post-Apartheid-Südafrika beteiligt sind, zur Verfügung stehen. Dieser *Prozeß* des praktischen *Aushandelns* einer neuen Ordnung wird für eine Aussöhnung und eine stabile Post-Apartheid-Ordnung zweifellos wichtiger sein als alle angestrengten akademischen Überlegungen, welches nun letztlich das „richtige" Modell für Südafrika ist. Der enge Zusammenhang zwischen einem langwierigen *Verhandlungs*prozeß und einem Prozeß der *Aussöhnung* ist einer der wichtigsten Erfahrungen der Lancaster-House Verhandlungen. In Südafrika findet dieser Prozeß in einigen Bereichen, vor allem dem arbeitsrechtlichen, bereits statt und zeigt erstaunliche Erfolge. (Siehe auch das schon erwähnte Treffen in Broederstroom.[45] Dort hat die harte Konfrontation der Standpunkte von Geschäftsleuten und Vertretern der Anti-Apartheid-

Opposition nach zwei Tagen des Ringens zu einem weitreichenden Stimmungsumschwung und einem Entschluß der Geschäftsleute geführt, sich entschiedener als bisher für ein demokratisches Südafrika einzusetzen und den Dialog mit der Opposition zu intensivieren.)

In diesem Prozeß wird es als eine *vertrauensbildende* Maßnahme des Überganges möglicherweise notwendig sein, den Weißen für eine Übergangszeit ein Veto-Recht im Hinblick auf die Beseitigung bestimmter Grundelemente (Mehr-Parteien-Gesetz, Verbot einer umfassenden Verstaatlichung etc.) der neuen Ordnung zu geben. Diese Konzession hat sich in Zimbabwe als eine psychologisch sinnvolle Maßnahme erwiesen. Es bleibt abzuwarten, ob der Anti-Apartheid Widerstand zu einem entsprechenden Entgegenkommen bereit ist. Aus verhandlungstaktischen Gründen kann man nicht erwarten, daß er bereit ist, darüber zu sprechen, bevor die Verhandlungen begonnen haben.

Ähnliches gilt hinsichtlich von Überlegungen, den Weißen, insbesondere den Afrikaanern, eine territoriale Fluchtburg in From eines „Boerestan" oder „Whitestan" (‚weißes Bantustan') zuzugestehen, gewissermaßen als Gegenleistung für den Verzicht auf eine Politik der verbrannten Erde.[46] (Das ist eine Überlegung, deren Verwirklichung sorgfältig abzuwägen ist. Die Errichtung eines weißen Staates könnte mehr Probleme schaffen als lösen.)

Veto-Recht, Boerestan und andere Vorschläge zur Absicherung der Weißen sollten jedoch über folgendes nicht hinwegtäuschen: Den besten Schutz für alle in Südafrika Lebenden, auch die Weißen, gegen Willkür und Machtmißbrauch bietet eine funktionierende *Rechtsstaatlichkeit*, also die Rechtsgebundenheit der Verwaltung sowie die Nachprüfbarkeit staatlicher Gesetze und Maßnahmen durch eine unabhängige Rechtsprechung. (Hier gibt es, da die Rechtsprechung bisher völlig von den Weißen dominiert wird, wieder ein schwieriges Problem des Überganges. Die schwarze Seite wird mit Recht auf weitreichende personelle Veränderungen dringen.) Der ANC hat in seinen *guidelines* die Rechtsstaatlichkeit im Prinzip anerkannt. Die Weißen dagegen werden es eines Tages möglicherweise bereuen, daß ihre Regierung mit der Rechtsstaatlichkeit solchen Schindluder getrieben und sie zugunsten einer Ideologie der „totalen nationalen Sicherheit" weitgehend abgebaut hat.

Des weiteren wird Südafrika wohl kaum aus eigener Kraft und Einsicht zur erfolgreichen Durchführung des hier angedeuteten Verhandlungsprozesses in der Lage sein. Das Ausmaß des Mißtrauens und der Feindschaft zwischen den Konfliktparteien ist zu groß. Es wird einer vermittelnden Kraft bedürfen, sie — wie es die *Eminent Persons Group* (EPG) des Commonwealth 1986 versucht hat — nicht nur an einen Tisch zu bringen, sondern sie dort auch bis zu einer Einigung zusammenzuhalten. Die Geschichte Rhodesiens / Zimbabwes hat ebenso wie die der sich nun zehn Jahre hinziehenden Namibia-Verhandlungen gezeigt, wie schwierig das ist. An diplomatisches Geschick, politisches Durchhaltevermögen und staatsmännische Weitsicht werden die höchsten Anforderungen gestellt. Im Falle Südafrikas gilt das noch mehr als bei Rhodesien und Namibia.[47] Die EPG hat in dieser Hinsicht 1986 zwar einen interessanten Anfang gemacht und könnte in Verbindung mit dem unter den fünf westlichen Mächten für Namibia entwickelten Mechanismus der Kontaktgruppe die Basis für ein konzertiertes und konzentriertes Vorgehen der internationalen Gemeinschaft zur Beendigung des Rassenkonfliktes in Südafrika sein.[48] Es ist aber auch eine Vorgehensweise denkbar, angesichts der Größe des Problems sogar wünschenswert, die von vornherein die Sowjetunion miteinbezieht. Der „neue Realismus" eröffnet auch in der sowjetischen Südafrikapolitik nach dem erfolgreichen Zusammengehen der USA und der UdSSR bei der Lösung erst des Afghanistan- und dann des Angola / Namibia-Konfliktes neue Perspektiven.

6. Schlußbemerkungen

Im Sommer 1989 haben sich die politischen Entwicklungen in Südafrika dynamisiert. Die Ära Botha ist zu Ende gegangen. An seine Stelle ist als neuer Präsident F.W. de Klerk getreten. Vor seinem Abgang sorgte Botha aber noch für eine Sensation: Am 5. Juli traf er sich im ‚Townhouse' von Kapstadt mit Nelson Mandela zu einem Tee. Dieses Treffen wird in die Geschichte eingehen.

Eine neue Phase der Bemühungen um eine Beendigung der Apartheidpolitik scheint zu beginnen. Von de Klerk ebenso wie von der Führung des ANC in Lusaka (Sambia) wird nun die Notwendigkeit, durch Verhandlungen eine Lösung für den Konflikt zu finden, in den Vordergrund gestellt. Das veränderte internationale Klima und die Einsicht, daß es keinen Sieger geben wird, tragen ihre Früchte.

Mit einem kurzfristigen Durchbruch zu einer politischen Lösung ist jedoch nicht zu rechnen. Dazu sind beide Seiten in der Substanz, über die verhandelt werden muß, noch zu weit voneinander entfernt.

Im Juni 1989 verabschiedete die NP einen „Five Year Action Plan." Obwohl es in diesem Plan einige interessante neue Elemente gibt (Dekriminalisierung der Verstöße gegen das *Group Areas Act,* ein *Bill of Rights* und die Möglichkeit zu einer sogenannten offenen Gruppe), besteht bei Südafrikaexperten Einigkeit darüber, daß er als Basis für Verhandlungen keine Zukunft hat. Denn sein Ausgangspunkt ist nicht das Prinzip des allgemeinen und gleichen Wahlrechts (*one person, one vote*), sondern die gesetzlich festgelegte Aufteilung Südafrikas in ethnische und rassische Gruppen als Grundbausteine einer neuen Ordnung. Zusammen mit der bereits bestehenden Unterscheidung zwischen „eigenen" und „allgemeinen" Angelegenheiten sowie der Notwendigkeit zum Konsens zwischen allen Gruppen bei den wichtigen Fragen ist er ein Rezept zur Aufrechterhaltung der weißen Vorherrschaft auf indirekte Weise. Alle für die weiße Bevölkerung unangenehmen Veränderungen können durch das Veto ihrer Führer blockiert werden. Die Londoner Times kommentierte diesen Plan deswegen mit der Bemerkung, daß de Klerk sich — wenn er glaube, mit diesem Plan ein neues Südafrika bauen zu können — als ein Mann der Vergangenheit etabliert habe.[49]

Der ANC intensivierte seine Bemühungen, die eingangs zitierten Leitlinien für eine neue Verfassung mit den schwarzen und weißen Oppositionsbewegungen in Südafrika zu diskutieren und abzustimmen. Am 6. und 7. Juni 1989 fand in Lusaka zwischen dem ANC, der UDF und COSATU eine Konsultation auf höchster Ebene statt. Danach wurde ein gemeinsames Studiendokument über die Frage von Verhandlungen herausgegeben. Ihren vorläufigen Höhepunkt fanden die Bemühungen des ANC, sein Verhandlungskonzept durchzusetzen, am 10. August durch die Übergabe eines Friedensplanes an die sechs Frontstaatenführer und an das ad-hoc-Komitee der OAU unter dem Vorsitz des ägyptischen Präsidenten Mubarak am 21. August. Die OAU machte sich den Plan zu eigen, ebenso wie wenig später die Konferenz der Blockfreienbewegung. Der Friedensplan des ANC schlägt unter anderem einen Waffenstillstand und eine Übergangsregierung vor, die den Weg freimachen soll für Wahlen zu einer Verfassunggebenden Versammlung.[50]

Der Konflikt in Südafrika geht also in eine neue Phase. Verhandlungen werden ein neues Element der Auseinandersetzung um die Beendigung der weißen Vorherrschaft sein. Das wird den Charakter der Auseinandersetzung verändern. Am Ende dieser Phase mag es einen Durchbruch zu Verhandlungen in der Substanz geben, i.e.

Verhandlungen über die Gestaltung eines Südafrika ohne Apartheid. Das kann sehr bald, aber auch erst nach fünf oder zehn Jahren der Fall sein. F.W. de Klerk hat in einer Parlamentsrede einen Zeitraum von zehn Jahren für die von ihm angestrebte Umgestaltung Südafrikas genannt.

Anmerkungen

1 Auf Kooptierung zielt auch ein dem Kapstädter Parlament vorliegender Gesetzesentwurf ab, der die Errichtung eines „Nationalen Rates" vorsieht. Er soll nur beratende Funktion haben. Bisher haben alle maßgeblichen schwarzen Führer, auch so „gemäßigte" wie Gatsha Buthlezi, Präsident der Inkatha-Bewegung, eine Beteiligung an diesem Gremium abgelehnt.
2 Ich verstehe als Beseitigung der Apartheid die Aufhebung aller Gesetze und Verordnungen, die eine zwangsweise Trennung oder Diskriminierung nach rassistischen Kriterien zum Inhalt haben.
3 Vgl. den Konferenzbericht von Kühne, Winrich, Black Politics in South Africa and the Outlook for Meaningful Negotiations, Internationale Konferenz, abgehalten vom 10. bis 12. Dezember 1986 (unveröffentlichtes Manuskript), Ebenhausen, April 1987
4 Vgl. Citizen, 25.7.1988.
5 Vgl. dazu unter anderem Lienemann-Perrin, Christine / Lienemann, Wolfgang (Hrsg.), Politische Legitimität in Südafrika, Heidelberg, Januar 1988.
6 Vgl. zu den neueren Entwicklungen in der sowjetischen Politik gegenüber dem südlichen Afrika Kühne, Winrich, A 1988 Update on Soviet Relations with Pretoria, the ANC, and the SACP, in: CSIS Africa Notes, Center for Strategic Studies, Washington, No. 89 (Sept. 1988).
7 Vgl. dazu die Beiträge von Weimer, Bernd, und Maull, Hanns, im selben Band.
8 Weekly Mail, 23.4.1987.
9 Im Deutschen ist die Bezeichnung Bure, Burentum etc. noch gebräuchlich. In Südafrika wird sie, insbesondere aber die englische „Boer" inzwischen als herabsetzend empfunden. Dieser Beitrag bedient sich daher der Bezeichnung „Afrikaaner", die sich in der südafrikanischen Geschichtsschreibung schon seit langem eingebürgert hat. Sprachideologisch ist dieser Begriff jedoch nicht ohne Probleme. Auf elegante Weise verhüllt er nämlich die europäische Herkunft des Afrikaanertums und die daraus hervorgegangene Herrschaft über die schwarze Mehrheit im Namen der europäischen Zivilisation. Denn bis vor einiger Zeit wurde in den den südafrikanischen Gesetzen und auf den Parkbänken nicht zwischen „Afrikanern" und „Afrikaanern", sondern zwischen „Non-

Europeans" und „Europeans" (bzw. Weißen und Nicht-Weißen unterschieden). Aus diesem Grunde und um dem deutschsprachigen Gebrauch entgegenzukommen, wird in dieser Arbeit ein Kompromiß gemacht. Es wird von den „Afrikaanern", aber von der „burischen" Politik die Rede sein.

10 Erbrechtliche Gründe, schlechte Witterungsbedingungen, die wirtschaftlichen Folgen des Burenkrieges von 1899-1902 etc. hatten dazu geführt, daß viele burische Farmer oder ihre Söhne verarmten und in die Städte wanderten, um dort Arbeit, vor allem im Gold- und Diamantenbergbau, zu finden.

11 Ein Beleg dafür ist die Tatsache, daß sich die ANC-Führung auf den Versuch der sogenannten *Eminent Persons' Group* (EPG) des Commonwealth, Verhandlungen in Gang zu bringen, eingelassen hat. Pretoria dagegen hat diese Bemühungen durch demonstrative militärische Übergriffe auf drei Nachbarstaaten, in einem hielt sich die EPG gerade auf, zum Scheitern gebracht.

12 Der Text des Interviews ist abgedruckt in Leadership S.A., Vol. 5, No. 1 (1986), S. 50 ff.

13 Das gilt auch, wie schon angedeutet wurde, für sogenannte gemäßigte Politiker wie Gatsha Buthelezi. Der aus einem Indaba zwischen Vertretern seiner Inkatha-Bewegung und weißen Geschäftsleuten, Farmern etc. der Provinz Natal für KwaZulu und Natal gemeinsam ausgearbeitete Verfassungsentwurf wurde von Pretoria zurückgewiesen, weil seine Grundlage „one person, one vote" ist.

14 Ich verzichte an dieser Stelle darauf, Minderheitenschutz durch Teilung Südafrikas zu berücksichtigen, wie er zum Beispiel von von der Ropp, Klaus / Blenk, Jürgen vorgeschlagen worden ist. Vgl. Republik Südafrika: Teilung oder Ausweg? in: Aussenpolitik, Vol. 3, Nr. 27 (1976), S. 3008 - 3324. Es handelt sich um einen völlig anderen Ansatz, bei dem Südafrika in mehrere *„one person, one vote"* -Systeme aufgeteilt würde. Die große Mehrheit der Weißen und Schwarzen ist sich einig, daß sie eine derartige Teilung nicht wollen, da sie die Wirtschaft und Infrastruktur des Landes in ihrer gewachsenen Einheit schwer schädigen würde. Außerdem müßten nicht nur hunderttausende, sondern mehrere Millionen Südafrikaner (auch Weiße) umgesiedelt werden.

15 Vgl. Weekly Mail, 12.8.1988.

16 Abgedruckt in: Weekly Mail, 2.9.1988.

17 Vgl. dazu Lijphart, Arendt , Power-Sharing in South Africa, Institute for International Studies, University of California, Berkeley, 1985. Vgl. auch Hanf, Theodor; Weiland, Heribert; Vierdag, Gerda, Südafrika: Friedlicher Wandel? Möglichkeiten demokratischer Konfliktregelung — Eine empirische Untersuchung. München, 1978. Vgl. auch Maull, Hanns, in diesem Buch.

18 Vgl. Weekly Mail, 19.8.1988.

19 Vgl. BBC-SWB, ME / 8317 / B / 8, 22.7.1986: ANC appeals for end to „brain drain".

20 Der Pan Africanist Congress (PAC) und Teile der Black Consciousness-Bewegung vertreten in dieser Hinsicht eine konfrontativere Haltung. Sie betrachten die Abschaffung der Apartheid als einen Fall der Dekolonisierung. Das heißt nicht, daß sie die Weißen aus Südafrika vertreiben wollen. Sie vertreten aber eine sehr viel radikalere Position im Hinblick auf eine Beseitigung der ökonomischen Vormachtstellung der Weißen in einem Post-Apartheid Südafrika. Vgl zum Beispiel BBC-Wireless Bulletin, SWB ME7O2O2 B/1, vom 13.7.1988.

21 Vgl. du Preez, Max u. a., The Broederstroom Encounter, Johannesburg 1988.

22 Die Befreiungsbewegung PAC macht derartige prinzipielle Zusicherungen nicht, da sie Südafrika rechtlich als einen Fall der Dekolonisierung betrachtet. Sie redet aber auch nicht einer Vertreibung der Weißen das Wort.

23 Starushenko, Gleb, Problems of the Struggle against Racism, Apartheid and Colonialism in the South of Africa. in: For Peace, Cooperation and Social Progress, Material of the II. Soviet-African Scientific-Political Conference, USSR Academy of Sciences, Moskau 1988, S. 100 ff.

24 Vgl. Kühne, Winrich, Gibt es eine neue sowjetische Südafrikapolitik? SWP-LN 2558, Ebenhausen, März 1988.

25 Adam, Heribert, Exile and Resistance: the African National Congress, the S.A. Communist Party and the Pan Africanist Congress, in: Berger, P.L., Godsell, B. (eds.), A Future South Africa, Cape Town 1988, S. 95 - 124 (105).

26 Vgl. den Text in Front File, Vol. 2, No. 11 (August 1988).

27 Lodge, Tom, The Lusaka Amendments, in: Leadership S.A., Vol. 7, Nr. 4 (1988), S. 17-20 (19).

28 Vgl. dazu den Beitrag von Schmid, Sigmar, in diesem Band.

29 Die schriftlichen Beiträge für diese Konferenz werden demnächst veröffentlicht.

30 Vgl. South Africa Economic Research and Training Project, Beyond Apartheid, Working Papers, Vol. 1, No. 1 (1988).

31 Mehrere Beiträge zum Thema Post-Apartheid enthält auch das Sonderheft „After Apartheid" der Zeitschrift Third World Quarterly, Vol. 9, No. 2 (April 1987); vgl. auch Southall, Roger J., Post-Apartheid South Africa: Constraints on Socialism, in: The Journal of Modern African Studies, Vol. 25, No. 2 (1987), S. 345-374; desweiteren: Polley, James A. (Hrsg.), The Freedom Charter and the Future (Proceddings of the national conference on *The Freedom Charter and the Future — a critical appraisal*, organised and presented by the Institute for a Democratic Alternative for SA in Cape Town 15-16 July 1988), Cape Town, 1988.

32 Vgl. z.B. Van den Berghe, Pierre L., South Africa, A Study in Conflict, Middletown, Connecticut, 1965.

33 Vgl. dazu die programmatische Erklärung des PAC über seine Absichten und Ziele in: Monitor-Dienst (Afrika), 13.7.1988.

34 Vgl. zum erfolgreichen schwarzen „*commercial farming*" im 19. Jahrhundert Louv, Leon/Kendall, Frances, The Solution (2nd ed.), April 1987, S. 3 ff.
35 "*Tribal trust areas*" waren in Rhodesien die ausschließlich der schwarzen Bevölkerung vorbehaltenen Gebiete.
36 Diese Unterstützung wird aus militärischen Überlegungen gewährt. Leerstehende Farmen könnten den Untergrundkämpfern des ANC oder PAC als Unterschlupf dienen. Außerdem braucht die südafrikanische Armee die Farmer zur Unterstützung bei der Bekämpfung der Guerillas. Sie sind in ein auf die Zeit des Burenkrieges zurückgehendes Kommandosystem eingegliedert und jederzeit zum Einsatz in ihrer Umgebung abrufbar.
37 Zitiert nach Jaenecke, Heinrich, Die weißen Herren, 300 Jahre Krieg und Gewalt in Südafrika, Hamburg 1979, S. 183.
38 Vgl. dazu Raabe, Stephan, in diesem Band.
39 Vgl. Citizen, 20.6.1986.
40 Vgl. Lijphart, Power Sharing in South Africa; siehe auch Maull, Hanns, Innenpolitik, in diesem Band.
41 Vgl. Hanf, Theodor/Weiland, Heribert, Konkordanzdemokratie für Südafrika? in: Europa-Archiv, Folge 23/1978, S. 755 ff.
42 Vgl. dazu Nuscheler, Franz/Ziemer, Klaus, Politische Herrschaft in Schwarzafrika. Geschichte und Gegenwart, München 1980.
43 Adam, Heribert/Moodly, Kogila, Südafrika ohne Apartheid? Frankfurt/Main 1987, S. 236.
44 Vgl. Breytenbach, Breyten, Die Rettung eines Traums, einer Vision von Menschlichkeit, in: Frankfurter Rundschau, 1.8.1988, S. 8.
45 Vgl. dazu Anm. 21
46 Vgl. dazu Ropp/Blenk, Republik Südafrika: Teilung oder Ausweg? (Anm. 14)
47 Vgl. dazu den interessanten Erfahrungsbericht des Diplomaten Vergau, Hans-Joachim, Die Vereinten Nationen und Namibia. Ein Erfahrungsbericht, in: Ferdowsi, M.A./Opitz, P.J. (Hrsg.), Macht und Ohnmacht der Vereinten Nationen, München 1987, S. 105 ff.
48 Die Kontaktgruppe wurde 1977 von drei ständigen (USA, Großbritannien, Frankreich) und den zwei zeitweiligen Mitgliedern (Kanada, Bundesrepublik Deutschland) des Sicherheitsrates der VN gegründet.
49 Zitiert aus Africa Research Bulletin (Political Series), 15.6.1989, p. 9315.
50 Der PAC und die Black Consciousness Organisation AZAPO lehnen Verhandlungen zum gegenwärtigen Zeitpunkt als „Ausverkauf" an die Weißen ab.

Glossar

Afrikanischer Nationalismus: Der Begriff bezeichnet allgemein das Bestreben von Afrikanern, souveräne Staaten — meist in den von den Kolonialherren gezogenen Grenzen — zu schaffen und durch entsprechendes Nationalbewußtsein zu verankern. In Südafrika, dessen Situation nicht ohne weiteres mit dem Kolonialismus, wie er in anderen Staaten Afrikas zu finden war, zu vergleichen ist, ist das Ziel des afrikanischen Nationalismus ein einheitlicher Staat ohne Apartheid und ohne Ausgliederungen (z.B. der Homelands). Verschiedene schwarze Bewegungen vertreten unterschiedliche Auffassungen, ob dieser Nationalismus alle Bürger oder nur die Schwarzen einschließen soll.

Afrikanismus: Dieser Begriff wurde hauptsächlich von der ANC-Jugendliga und dem → PAC verwandt. Er wurde nie klar vom → afrikanischen Nationalismus abgegrenzt, legt aber mehr Gewicht auf die Identität als Afrikaner. Er billigt den Afrikanern ein vorrangiges Recht auf Südafrika zu.

ANC: *African National Congress* (Afrikanischer Nationalkongreß); 1912 gegründete schwarze Befreiungsbewegung. Der ANC versuchte anfangs, mit friedlichen Mitteln einen Wandel in Südafrika zu erreichen. Nach den Ereignissen von → Sharpeville wurde er 1960 verboten und mußte ins Exil bzw. in den Untergrund gehen. Seitdem hat er auch den bewaffneten Kampf zu einem seiner Mittel gemacht (→ *Umkhonto we Sizwe*). Der ANC ist die bedeutendste und populärste südafrikanische Befreiungsbewegung.

ARMSCOR: *Armaments Development and Production Corporation*; Staatskonzern zur Organisation der Rüstungsproduktion für die südafrikanischen Streitkräfte (SADF). Gehört zu den 20 größten Unternehmen des Landes; 1984 ca. 24000 direkt und rund 90000 indirekt (in Tochterunternehmen und Zulieferern) Beschäftigte.

Asiaten: Eine der vier großen offiziellen Bevölkerungsgruppen, die wiederum in mehrere Untergruppen unterteilt ist (Inder, Chinesen, Malaien).

Azania: Name, den die → *Black Consciousness*-Gruppen und der → PAC für Südafrika benutzen. Azania war in der Geschichte ein Gebiet in Ostafrika. Der → ANC lehnt diesen Namen bisher ab, da er nach seinen Informationen „Land der Sklaven" bedeutet; Sklavenjäger holten sich dort ihre Opfer.

AZAPO: *Azanian People's Organisation* (Azanische Volksorganisation); 1978 gegründete schwarze Organisation, die zur → *Black Consciousness*-Bewegung gehört. AZAPO nimmt nur Schwarze als Mitglieder auf.

Bantustans: frühere Bezeichnung der Eingeborenen-Reservate im Rahmen der ersten Ansätze der „großen Apartheid"; inzwischen im offiziellen Sprachgebrauch abgelöst durch die Bezeichnung *Homeland*.

Black Consciousness-Movement (BCM): In den siebziger Jahren entstandene Bewegung, die die Bedeutung von Werten und Kultur der Schwarzen für die Befreiung betont. (Als Schwarze werden dabei Afrikaner, Farbige und Inder betrachtet.) Bedeutendster Führer des BCM war Steve Biko, der 1977 in Polizeihaft an den Folgen von Folter starb. Im gleichen Jahr wurden die Organisationen des BCM verboten, es bildeten sich aber umgehend neue wie die → AZAPO.

BOSS: *Bureau for State Security*; südafrikan. Geheimdienst, 1978 umbenannt in *Department of National Security*; seit 1980 *National Intelligence Service* (→ NIS).

CAAA: *Comprehensive Anti-Apartheid Act*; 1986 gegen das Veto des Präsidenten verabschiedetes Sanktionsgesetz des US-Kongresses.

closed shops: Vereinbarungen zwischen Arbeitgebern und (in Südafrika ausnahmslos weißen) Gewerkschaften, die eine Beschäftigung von der Gewerkschaftszugehörigkeit abhängig machen; in Südafrika noch recht verbreitet.

CONSAS: *Constellation of Southern African States*; im Rahmen der → *Total National Strategy* von der Regierung Botha angestrebter Zusammenschluß der Länder des südlichen Afrika zu einer Wirtschafts- und Sicherheitsgemeinschaft.

COSATU: *Congress of South African Trade Unions*; 1985 gegründeter größter Gewerkschaftsverband mit ca. einer Million Mitgliedern in zwölf Industriegewerkschaften.

Constructive engagement: Leitlinie der Südafrika-Politik der Reagan-Administration, entwickelt und umgesetzt von Unterstaatssekretär *Chester Crocker*, wonach Südafrika durch Dialog und Bereitschaft zur Zusammenarbeit zu Zugeständnissen gebracht werden sollte.

DP: *Democratic Party;* Zusammenschluß der linken weißen Oppositionsparteien → PFP, → NDM und → IP.

Disinvestment: Auflösung von Direktinvestitionen und Beteiligungen ausländischer Firmen in Südafrika.

Divestment: Verkauf von Aktien bzw. andere Maßnahmen der Diskriminierung von in Südafrika aktiven Unternehmen mit dem Ziel, diese zur Auflösung ihrer Präsenz in der Republik zu veranlassen.

ESKOM: *Energy Supply Commission* (früher auch: ESCOM) südafrikanisches Energieversorgungs-Unternehmen.

Farbige: Eine der vier großen offiziellen Bevölkerungsgruppen; Nachkommen der Mischbevölkerung aus burischen Einwanderern und *Khoisan*. Unterteilt in Untergruppen.

FLS: *Front Line States*; Zusammenschluß der Staaten Angola, Botswana, Mosambik, Sambia, Tansania, Zimbabwe.

FNLA: *Frente Naçional de Libertaçao*; neben → MPLA und → UNITA eine wichtige Befreiungsorganisation gegen die portugiesische Kolonialherrschaft in Angola; seit Ende der 70er Jahre bedeutungslos.

Freedom Charter: (Freiheitscharta); 1955 von einem „Volkskongreß" angenommene programmatische Erklärung für ein demokratisches Südafrika. Die *Freedom Charter* beginnt mit dem Satz: „Südafrika gehört allen, die darin leben, Schwarzen und Weißen". Sie dient noch heute als Programm für → ANC, → UDF und andere Gruppen, die darum auch „Charteristen" genannt werden.

FRELIMO: *Frente de Libertaçao de Moçambique*; 1962 gegründete Widerstandsbewegung gegen die portug. Kolonialherrschaft in Mosambik; seit 1975 alleinige Regierungspartei.

Group Areas Act (1950): Führte getrennte Wohngebiete für Farbige, Asiaten und Weiße ein und sah entsprechende Umsiedlungsaktionen vor. Das Gesetzeswerk bildet die Grundlage der „Apartheid-Stadt", in der die räumliche Trennung der Rassengruppen systematisch geplant und umgesetzt wird.

HNP: *Herstigte Nasionale Party* („Erneuerte Nationalpartei"); 1969 von Albert Hertzog, einem Sohn des ersten NP-Ministerpräsidenten, mit anderen Ex-NP-Mitgliedern gegründete rechtsextreme Partei; Führer: Jaap Marais; seit 1987 weitgehend bedeutungslos.

Homeland: Der Begriff *Homeland* löste 1972 offiziell die Bezeichnung *Bantustan* für jene Gebiete ab, die in den Landgesetzen von 1913 und 1936 der afrikanischen Bevölkerungsmehrheit als Reservationen zugewiesen worden waren und inzwischen von Südafrika mit eigenen politischen Strukturen versehen und zu unabhängigen bzw. autonomen staatlichen Gebieten erklärt wurden.

IP: *Indipendent Party;* linke Abspaltung von der → NP unter Dennis Worrall, einem der führenden → *New Nats*; 1989 mit → PFD und → NDM fusioniert zur →DP.

Industrial Conciliation Act: 1924 verabschiedetes Gesetz zur Regelung der Arbeitsbeziehungen, das schwarze Arbeiter aus dem Schlichtungs- und Tarifvertragssystem ausschloß. Bis 1979 wurden den schwarzen Arbeitnehmern fast alle gewerkschaftlichen Rechte aberkannt (s.a. Wiehahn-Kommission).

Industrial Councils: Industrieräte, in denen Gewerkschaften, Unternehmen und Regierung Tarife und Arbeitsbedingungen für einzelne Branchen aushandeln.

Industrial Court: Arbeitsgerichtshof, der im Zuge der → Wiehahn-Reformen geschaffen wurde, um Streitfälle zwischen Gewerkschaften und Arbeitgebern zu verhandeln.

Inkatha: 1975 vom *Chief Minister* des Homelands KwaZulu, Mangosuthu Gatsha Buthelezi gegründete Organisation, die sich „Nationale kulturelle Befreiungsbewegung" nennt. *Inkatha* ist in KwaZulu Regierungs- und (de facto) Einheitspartei. Sie ist konservativer als die anderen Befreiungsbewegungen und wird von diesen häufig der Kollaboration beschuldigt.

IDASA: *Institute for a Democratic Alternative for South Africa*; vom ehem. PFP-Vorsitzenden Van Zyl Slabbert begründetes Institut, das neue Lösungsmöglichkeiten zur Überwindung der Apartheid-Strukturen durch den Dialog aller relevanten Kräfte erschließen sollte.

Inward industrialisation: Wirtschaftsstrategie, die auf einer umfassenden Erschließung des Binnenmarktes und den daraus abgeleiteten Industrialisierungsimpulsen fußt.

JMC: *Joint Management Centers*; regionale Verwaltungszentren des → NSMS; gewöhnlich von einem Armee- oder Polizeioffizier geleitet. Jedem JMC unterstanden mehrere Unter-Zentren (*sub*-JMCs), diesen wiederum örtliche Zentren (*mini*-JMCs).

Job reservation: Reservierung qualifizierter Arbeitsplätze für Weiße.

KP: *Konserwatiewe Party* (auch: *Conservative Party, CP*); 1982 von Andries Treurnicht gegründete Rechtsabspaltung der NP; nach erheblichen Wahlgewinnen seit 1987 größte Oppositionspartei.

Komitee-System: Arbeiterausschüsse mit äußerst beschränkten Rechten für schwarze Arbeiter.

Krügerrand: Südafrikanische Goldmünze; wegen Mehrwertsteuerbefreiung früher beliebte Geldanlage.

KwaZulu-Natal Indaba: Von → *Inkatha*, Vertretern der Wirtschaft und liberalen weißen Gruppierungen erarbeiteter Vorschlag, nach dem das Homeland KwaZulu mit der Provinz Natal, in der es liegt, unter einer gemischtrassigen Regierung mit allgemeinem Wahlrecht und extensiven Minderheitsrechten vereinigt werden soll. Gilt gelegentlich als mögliches Modell für eine friedliche Reform ganz Südafrikas.

LLA: *Lesotho Liberation Army*; seit 1979 von Südafrika unterstützte Guerillaorganisation gegen die Regierung von Lesotho; seit 1984 bedeutungslos.

MPLA: *Movimento Poular de Libertaçao de Angola*; 1956 gegründete Widerstandsorganisation gegen die portug. Kolonialherrschaft; seit der Unabhängigkeit 1975 alleinige Regierungspartei.

MDM: *Mass Democratic Movement*, loser Zusammenschluß der Anti-Apartheid-Bewegung zur Organisation des Protestes gegen die Wahlen 1990.

NACTU: *National Congress of Trade Unions*; mit ca. 420 000 Mitgliedern in 23 Gewerkschaften zweitgrößter Gewerkschafts-Dachverband, der ideologisch der → *Black Consciousness*-Bewegung nahesteht.

Natives Land Act (1913): Legt fest, daß Afrikaner außerhalb der Reservationen keinen Grund erwerben dürfen. Die Reservationen (heute: Homelands) umfaßten ursprünglich 7,3 %, derzeit ca. 13 % der Gesamtfläche Südafrikas.

Natives (Urban Areas) Act (1923): Führte getrennte Wohngebiete für städtische Afrikaner ein und gab den Stadtverwaltungen die gesetzliche Handhabe, den Zuzug von Afrikanern zu kontrollieren. Diese Befugnisse wurden mit dem *Native (Urban Areas) Consolidation Act* von 1945 erweitert, der auch das Aufenthaltsrecht von Afrikanern in den städtischen Gebieten einschränkte.

NDM: *National Democratic Movement*; linke Absplitterung von der NP unter einem der Vertreter der → *New Nats*, Wynand Malan — 1989 mit → PFD und → IP zusammengeschlossen zur → *Democratic Party*.

Neo-Apartheid: Zusammenfassender Begriff zur Kennzeichnung der technokratisch-reformistischen Veränderungen der Apartheid-Politik unter der Regierung Botha.

New Nats: Bezeichnung für gemäßigt-liberale burische Politiker, die sich von der NP gelöst haben.

NF: *National Forum* (Nationales Forum); 1983 gegründeter Dachverband, zu dem u.a. → AZAPO gehört.

NIS: *National Intelligence Service*; Nachfolgeorganisation von → BOSS. Leiter: Dr. Lukas D. Barnard.

Nkomati-Vertrag: („*Agreement on Non-Aggression and Good Neighbourliness*"); am 16. März 1984 zwischen den Regierungen Südafrikas und Mosambiks abgeschlossenes Abkommen zur gegenseitigen Nichteinmischung in innere Belange.

NP: *National Party*; gegründet 1913; seit 1948 Regierungspartei und wichtigste politische Kraft der burischen Bevölkerungsgruppe.

NRP: *New Republic Party*; gemäßigte, mit der → PFP kooperierende Oppositionspartei; inzwischen bedeutungslos.

NSMS: *National Security Management System*; administrative Struktur zur Durchsetzung der Entscheidungen des Staats-Sicherheitsrates (→ SSC).

NUM: *National Union of Mineworkers*; Bergarbeitergewerkschaft; mit ca. 340 000 Mitgliedern größte und mächtigste Einzelgewerkschaft in Südafrika.

OAU: *Organization of African Unity*, Organisation afrikanischer Einheit.

oorbeligte: Bezeichnung für burische Intellektuelle und Politiker, die eine völlige Abschaffung der Apartheid vertreten.

Panafrikanismus: Der Panafrikanismus ist eine Sonderform des afrikanischen Nationalismus: er strebt den Zusammenhalt aller Afrikaner und die Bildung eines einheitlichen Staates „von Kairo bis zu Kap" an. Diese Vorstellung war in den fünfziger und sechziger Jahren sehr populär, hat aber angesichts der derzeitigen Aussichtslosigkeit ihrer Verwirklichung an Attraktivität eingebüßt.

PAC: *Pan Africanist Congress of Azania* (Panafrikanistischer Kongreß von Azania); 1959 vom → ANC abgespaltene Befreiungsbewegung, die den → Panafrikanismus vertrat und den Einfluß von Nicht-Afrikanern und Kommunisten im ANC kritisierte; sie vertritt heute allerdings ein entschiedener sozialistisches Programm als der ANC. Der PAC wurde 1960 in Südafrika verboten.

Parallelgewerkschaften: nach Rassen getrennte Sektionen von weißen Gewerkschaften, die nach dem Verbot gemischtrassiger Gewerkschaften 1956 entstanden.

Patriotic Front: Dachorganisation der Widerstandsbewegungen gegen das weiße Minderheitsregime in Rhodesien.

petty Apartheid: Rassentrennung im Alltagsleben.

PFP: *Progressive Federal Party*; gegründet 1959; bis 1987 wichtigste Oppositionspartei; vertritt traditionell liberale und gemäßigt Apartheid-kritische Positionen; Wählerbasis ist primär die englischsprachige Bevölkerungsgruppe. Nach dem Rücktritt des charismatischen Vorsitzenden Frederick Van Zyl Slabbert (1986) (→ IDASA) empfindliche Rückschläge. 1989 mit → NDP und → IP Zusammenschluß zur → *Democratic Party*

PIDE: *Policia Internacional e de Defesa do Estado*; in den ehemaligen portugiesischer Kolonien operierender portugiesischer Geheimdienst.

Population Registration Act: Gesetz, das die Rechtsgrundlage der Rassenklassifizierung der Bevölkerung bildet. Auf dieser Basis wird die gesamte Bevölkerung Südafrikas in Rassengruppen eingeteilt und die Rassenzugehörigkeit amtlich festgehalten. Zur Durchsetzung wurde eine eigene Verwaltung aufgebaut (*Race Classification Board*). Gegen deren Entscheidungen ist Einspruch bei einer Appelationsinstanz (*Race Registration Appeal Board*) möglich.

Populists: Bezeichnung für eine Tendenz innerhalb der schwarzen Gewerkschaftsbewegung, die politischer Arbeit den Vorrang vor Gewerkschaftsarbeit einräumt.

PWV-(Pretoria-Witwatersrand-Vereeniging)Region: Region um die Städte Johannesburg und Pretoria; u.a. durch die Konzentration der Bergbauproduktion in diesem Teil die wichtigste Wirtschaftsregion des Landes.

R (Rand): Südafrikanische Währung. (Wechselkurs 1983: 1 R = DM 2,25; 1987: 1 R → DM 0,90). Die südafrikanische Währung war lange (und ist heute wieder) gespalten in einen Finanzrand (mit einem Abschlag versehene Verrechnungseinheit zur Abwicklung von Kapitaltransfers; begünstigt Auslandsinvestitionen, behindert jedoch die Auflösung von Kapitalanlagen) und den normalen Handelsrand.

Rand-Aufstand: auch als „Rand-Revolte" bekannter Aufstand weißer Bergarbeiter im Jahr 1922 gegen Bestrebungen der Bergwerkskonzerne, die Rassenschranken im Bergbau zu lockern, um billigere schwarze Arbeitskräfte beschäftigen zu können. Der Aufstand wurde von südafrikanischen Truppen blutig niedergeschlagen und führte zwei Jahre später zum Erlaß des → *Industrial Conciliation Act*.

Rand Monetary Area: Währungsunion im südlichen Afrika auf der Basis der südafrikanischen Währung.

Recces: (sprich: „Reckies") *reconnaissance commandoes*; eine zum großen Teil aus Söldnern bestehende Spezialeinheit der südafrikanischen Armee, die hauptsächlich zu Sabotageaktionen eingesetzt wurde.

Registrierung: staatliche Erfassung der Gewerkschaften, bildet die Voraussetzung für legale gewerkschaftliche Arbeit. Wurde von vielen Gewerkschaften heftig bekämpft, weil dazu alle wichtigen Organisationsdaten offengelegt werden müßten.

Riekert-Kommission: von der Regierung 1977 eingesetzte Ein-Mann-Kommission des früheren Wirtschaftsberaters Vorsters, Piet Riekert, der Änderungsvorschläge für das Aufenthaltsrecht für Schwarze in städtischen Gebieten und die Zuzugskontrollen (*influx control*) ausarbeiten sollte.

RNM (auch: Renamo) *Resistencia nacional Moçambicana*; 1975 vom rhodesischen Geheimdienst gegründete Terrororganisation; seit 1980 weitgehend unter Kontrolle Südafrikas.

RSA: Republik Südafrika.

RSC: *Regional Services Councils*; seit 1985 aufgebaute Struktur von gemischtrassigen regionalen Verwaltungsorganen zur Bereitstellung von Dienstleistung.

SACC: *Southern African Council of Churches* (Südafrikanischer Kirchenrat); Zusammenschluß verschiedener protestantischer Kirchen in Südafrika; die Einzelkirchen haben zusammen über 10 Mio. Mitglieder. Der SACC betätigt sich in vielfältiger Weise aktiv gegen die Apartheid.

SAP: *South African Party*: 1911 als Zusammenschluß der burischen Parteien in den ehemaligen Burenrepubliken und der Kapprovinz gegründet; primär Interessenskoalition aus Großfarmern und Bergwerkbesitzern unter Führung der Burengeneräle L. Botha und (ab 1919) J.C. Smuts. Nach Abspaltung burischer Nationalisten unter A. Hertzog verlor die SAP zunehmend an Rückhalt bei der burischen Wählerschaft und war im Parlament auf die Unterstützung der *Unionist Party*, der Partei der (englischsprachigen) Bergbaumagnaten angewiesen, die sich 1920 der SAP anschloß. Nach Smuts' Intervention zugunsten der Bergbauindustrie in der → Rand-Revolte von 1922 verlor die SAP 1924 die Regierungsmacht an ein Bündnis aus Hertzogs → *National Party* und dem politischen Arm der weißen Arbeiterschaft, der *Labour Party*.

SACU: *Southern African Customs Union*; 1968 gegründete Zollunion zwischen Südafrika, Botswana, Lesotho und Swaziland.

SADCC: *Southern African Development Coordination Conference*; 1980 gegründeter Zusammenschluß der Länder Angola, Botswana, Lesotho, Malawi, Mosambik, Sambia, Swaziland, Tansania und Zimbabwe zur regionalen Wirtschaftszusammenarbeit und Lösung aus der Abhängigkeit von Südafrika.

SADF: *South African Defence Forces*; südafrikanische Streitkräfte.

SASOL: *South African Coal, Oil and Gas Corporation*; betreibt Anlagen zur Kohleverflüssigung (SASOL I-III).

SATS: *South African Transport Services*; Südafrikanische Staatseisenbahn.

Schwarze: alle „nichtweißen" Gruppen, nämlich Afrikaner, Farbige und Inder/Asiaten, d.h. die Gruppen, die durch die Apartheid einen minderen Rechtsstatus haben.

Sharpeville: → Township im Transvaal bei Vereeniging (südl. von Johannesburg). Wurde bekannt durch das Massaker, das die Polizei dort 1960 an 69 Demonstranten bei einer vom → PAC organisierten Kampagne verübte.

Shop stewards: betriebliche Vertrauensleute, die nach britischem Vorbild direkt von den Arbeitern gewählt werden.

Siege economy: „Belagerungswirtschaft": Wirtschaftspolitische Strategie zur Bewältigung internationaler Isolierung durch Importsubstitution, Autarkiepolitik und Sanktionsumgehungsmaßnahmen.

Soweto: *South Western Townships*; Das mit schätzungsweise 2 Mio. Einwohnern größte der → Townships, gelegen bei Johannesburg. Hier brachen 1976 die sog. „Soweto-Unruhen" aus, bei denen unter maßgeblichem Einfluß der *Black Consciousness*-Bewegung Schüler und Studenten sowie später auch Arbeiter protestierten. 575 Menschen, möglicherweise auch mehr, wurden von den Sicherheitskräften im Verlauf dieser Unruhen getötet.

SSC: State Security Council: Staatssicherheitsrat, formell ein Kabinettsausschuß, faktisch die Spitze des → NSMS.

Stayaway: wörtlich: „Wegbleiben"; Protestform schwarzer Arbeiter, die nicht am Arbeitsplatz erscheinen, um bestimmten, meist politischen Forderungen Nachdruck zu verleihen. Diese Streikform machte es den Sicherheitskräften schwer, gegen die Streikenden, wie sonst oft üblich, mit Gewalt vorzugehen.

Sullivan Code: Ein von dem amerikanischen Geistlichen Leon Sullivan entwickelter und zunächst in privater Initiative durchgesetzter Verhaltenskodex für in Südafrika vertretene amerikanische Unternehmen mit dem Ziel der Gleichstellung der Bevölkerungsgruppen am Arbeitsplatz. Sullivan befürwortete später den völligen Rückzug westlicher Unternehmen.

SWAPO: *South West Africa People's Organisation*; 1960 gegründete Befreiungsbewegung gegen die südafrikan. Besetzung von Namibia.

TNS: *Total National Strategy*; umfassende nationale Sicherheitsstrategie der Regierung Botha unter Einbeziehung militärischer, politischer, sozialpolitischer und wirtschaftlicher Elemente zur Sicherung der weißen Vorherrschaft nach innen und außen.

Tomlinson-Kommission: 1950 eingesetzte Untersuchungskommission zur Entwicklung eines tragfähigen Konzeptes der „großen" Rassentrennung durch den Ausbau der Reservate zu → Homelands.

Township: Wohnsiedlungen der in den „weißen" Städten beschäftigten Schwarzen außerhalb dieser Städte; (Farbige, Asiaten und Afrikaner dürfen nicht in „weißen" Gebieten wohnen). Die Townships waren ein Zentrum der Unruhen 1984-86.

UDF: *United Democratic Front* (Vereinigte Demokratische Front); Dachorganisation von etwa 800 einzelnen Gruppierungen — von politischen Organisationen bis zu Sportvereinen — mit insgesamt 2,5-3 Mio. Mitgliedern. Die UDF zählt zu den Charteristen, den Anhängern der → *Freedom Charter* und bekennt sich zur Gewaltfreiheit. Sie war der wichtigste Träger der Unruhen nach 1984 und wurde 1988 mit Betätigungsverbot belegt.

Umkhonto we Sizwe: (Speer der Nation); 1961 gegründeter bewaffneter Arm des → ANC.

UN-Sicherheitsrats-Resolutionen mit Bedeutung für Südafrika: Sicherheitsrats-Resolution No. 418 / 1962 (unverbindliches Waffenembargo), No. 558 / 1977 (bindendes Waffenembargo) und 435 / 1978 (Unabhängigkeit Namibias).

UNITA: *Uniao Nacional para la Independencia Total de Angola*; 1966 von Jonas Savimbi gegründete angolanische Widerstandsorganisation gegen die portug. Kolonialherrschaft; wandte sich bereits während des Befreiungskrieges gegen die → MPLA und bekämpft diese mit südafrikanischer und zeitweilig amerikanischer Unterstützung.

UP *(United Party)*; Die UP entstand 1934 durch den Zusammenschluß der → *National Party* A. Hertzogs und der → *South African Party* J.C. Smuts' vor dem Hintergrund der Auswirkungen der Weltwirtschaftskrise in Südafrika und bildete bis 1948 die Regierung. Der südafrikanische Kriegseintritt auf Seite der Alliierten 1939 führte zum Ausscheiden Hertzogs und der Neugründung der NP, die dann 1948 die Macht übernahm. Die UP, die in der Opposition immer weiter geschwächt wurde, löste sich 1977 auf.

Verkrampte: ultrakonservative Vertreter der traditionellen Positionen der Apartheid.

Verligte: Anhänger eines technokratisch-reformistischen Kurses innerhalb des politischen Burentums („Neo-Apartheid").

Wiehahn-Kommission: unter dem Vorsitz des südafrikanischen Arbeitsrechtlers Wiehahn 1977 von der Regierung einberufene Kommission zur Erarbeitung von Reformvorschlägen im Arbeitsrecht und zur Integration der schwarzen Gewerkschaften in das System der Industriebeziehungen. Die recht weitgehenden Vorschläge der Kommission wurden seit 1979 zumindest teilweise realisiert und führten zur Legalisierung der schwarzen Gewerkschaftsbewegung.

Anhang

Daten zu Bevölkerungsentwicklung und Gruppenklassifizierung
a) Entwicklung der Bevölkerung nach Gruppenzugehörigkeit

	1960		1970		1980		1985	
	Mio.	(%)	Mio.	(%)	Mio.	(%)	Mio.	(%)
Weiße	3,1	(19,3)	3,8	(17,3)	4,5	(15,7)	5,0	(14,7)
Farbige	1,5	(9,4)	2,1	(9,4)	2,6	(9,1)	2,9	(8,6)
Asiaten	0,5	(3,0)	0,6	(2,9)	0,8	(2,8)	0,9	(2,6)
Afrikaner	10,9	(68,3)	15,3	(70,4)	20,9	(72,5)	24,9	(74,1)
Gesamt	16,0	(100)	21,8	(100)	28,8	(100)	33,6	(100)

Angaben einschließlich unabhängiger Homelands; Zahlen für 1985 nach oben korrigiert, um Umvollständigkeiten der statistischen Erfassung zu berücksichtigen.

Quelle: Central Statistical Service

b) Afrikanische Ethnien und die Verteilung auf die Homelands

Sprachgruppen	Untergruppen		Homeland
	Name	Mio. (1979)	
Nguni	Zulu	5,244	KwaZulu
	Xhosa	4,872	Ciskei, Transkei
	Swazi	0,611	KaNgwane
Sotho	Tswana	2,644	Bophuthatswana
	North Soto	2,037	Lebowa
	South Soto	1,686	QwaQwa
Andere	Tsonga-Shangaan	0,788	Gazankulu
	Ndebele	0,579	KwaNdebele
	Venda	0,466	Venda

Quellen: Anthony Lemon, Apartheid in Transition, London 1987, p. 199
Harold D. Nelson (ed), South Africa, Washington 1981, p. 379

c) Repräsentativität der Homelands

Homeland / Ethnie		% der Gesamtbevölkerung der Ethnie im Homeland	Anteil an der afrikanischen Gesamtbevölkerung
		(1980)	(1985)
Bophuthatswana	(Tswana)	41,6	9,0
Ciskei	(Xhosa)	(60,5)[a]	14,4
Gazankulu	(Shangaan)	39,1	2,6
KaNgwane	(Swazi)	16,1	2,1
KwaNdeble	(Ndebele)	32,8	1,2
KwaZulu	(Zulu)	56,9	19,6
Lebowa	(North Soto)	58,1	9,6
QwaQwa	(South Soto)	11,7	0,9
Transkei	(Xhosa)	(60,5)[a]	15,3
Venda	(Venda)	60,7	2,4

[a] Angaben für Transkei und Ciskei zusammengefaßt

Quellen: Lemon, op.cit., p. 199; South African Institute of Race Relations, Race Relations Survey 1986, Johannesburg 1986.

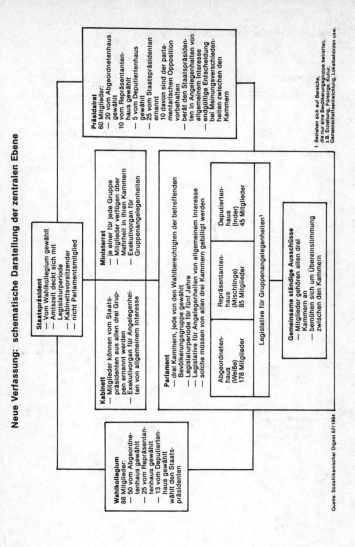

Quelle: Chr. Sodemann, Die Gesetze der Apartheid, Bonn 1986

Gewerkschaftsdachverbände in Südafrika

Dachverband	Anzahl der Mitgliedsgewerkschaften	Mitgliederstand
COSATU	12	ca. 1 000 000 (davon 850 000 beitragszahlend)
NACTU	23	ca. 500 000 (davon 300 000 beitragszahlend)
NFTU	8	ca. 150 000
SACLA	12	110 000 (nur weiße Mitglieder)
TUCSA	32	ca. 160 000[1]
Ungebundene Gewerkschaften	50–80[2]	ca. 500 000
UWUSA	4–5[3]	ca. 130 000[4] (davon 100 000 beitragszahlend)

Quellen: Work in Progress 49/1987; Race Relations Survey 1987/88
SALB 1987; SAJLR 1987; eigene Berechnungen

---

[1] letzte verfügbare Zahlen vor der Selbstauflösung im November 1986
[2] keine genauen Angaben möglich, eigene Schätzungen
[3] eigene Schätzung
[4] Angaben der UWUSA, wahrscheinlich zu hoch

Unser Programm

Politik
Politikwissenschaft
Soziologie
Psychologie
Politische Bildung
Erziehungswissenschaft
Medien (-pädagogik)

Wir veröffentlichen Lehrbücher und aktuelle Taschenbücher, Nachschlagewerke, Forschungsmonographien und Zeitschriften
Fordern Sie ausführliches Informationsmaterial an.

Leske + Budrich
Postfach. 5090 Leverkusen 3

Die Zeitschrift für Studium und Praxis der politischen Bildung

Themen: Politik — Gesellschaft — Wirtschaft
Autoren: Fachwissenschaftler
Darstellungsformen: Fachwissenschaftliche Aufsätze — Aktuelle Informationen — Kontroversdokumentationen — Didaktische Planung — Curriculum-Bausteine — Analysen
Leistung: Vier Ausgaben jährlich mit rund 500 Seiten für 36,— DM, Studenten 28,— DM (plus Zustellgebühr).
Probehefte: kostenlos vom Verlag

Leske + Budrich